KB122073

고려에서 조선으로

여말선초, 단절인가 계승인가

고려에서 조선으로 — 여말선초, 단절인가 계승인가

초판 3쇄 발행 2021년 6월 10일
초판 1쇄 발행 2019년 1월 31일

지은이 정요근 외
펴낸이 정순구
책임편집 조수정 정윤경
기획편집 조원식
마케팅 황주영

출력 블루엔
용지 한서지업사
인쇄 한영문화사
제본 한영제책사

펴낸곳 (주) 역사비평사
등록 제300-2007-139호 (2007.9.20)
주소 10497 : 경기도 고양시 덕양구 화중로 100(비전타워21) 506호
전화 02-741-6123~5
팩스 02-741-6126
홈페이지 www.yukbi.com
이메일 yukbi88@naver.com

〈이 도서는 한국출판문화산업진흥원의 출판콘텐츠 창작자금 지원 사업의 일환으로 국민체육진흥기금을 지원받아 제작되었습니다.〉

고려에서 조선으로

여말선초, 단절인가 계승인가

정요근 외 지음

麗末鮮初

역사비평사

차례 _ **고려에서 조선으로**

머리말 **8**

제1부 정치 세력과 성리학 이해 ─────────

제2부 통치 제도의 개편과 정비 ━━━━━━

머리말

1

'변화 속의 돌출된 과정인가, 단절을 통한 새로운 시작인가?' 이 문구는 2016년 7월, 이 책의 기획을 위한 첫 번째 모임 당시 조선왕조 개창의 역사적 의미를 어떻게 규정지을 수 있을지에 대하여 참석자들이 공감했던 문제의식이었다. 그동안 한국사학계는 한국사의 발전적 전개와 관련하여 조선왕조의 개창에 중요한 역사적 의미를 부여해왔다. 조선왕조 건국의 주도 세력으로서 신진사대부의 역할이 강조되었으며, 신진사대부는 부패한 기성 지배 세력인 권문세족을 제압한 개혁적인 대안의 집권 세력으로 여겨졌다. 그에 따르면 신진사대부의 등장 그 자체가 한국사의 커다란 진보가 되는 셈이다. 나아가 이른바 '급진파 사대부'는 신진사대부의 이념적 기반인 성리학에서 혁명적 요소를 추출하여 실천에 옮긴 역사 흐름의 선도자이자 혁명가로서 평가를 받기도 했다.

해방 이후 식민사학의 정체성론을 극복하고 한국사의 발전적 성격을 탐구하는 발전론적 역사 인식이 오랫동안 한국사학계를 풍미했다. 발전론적 관점에서는 조선왕조의 개창이 단순한 왕조 교체가 아니라 발전의 큰 성취를 이룬 시기로 이해되고 있다. 조선왕조의 개창을 주도했던 신진사대부는 성리학을 기반으로 한 개혁 세력에 해당하며, 사전 혁파와 양민 확보를 통한 국가 재정의 안정, 중앙집권 체제의 정비, 불교계의 폐단 일소 등 각종 개혁 정책을 성공적으로 수행하여, 권문세족의 통치로 대표되는 고려 후기 정치·사회·경제 각 분야의 모순점들을 극복한 진보 세력이 된다. 고려 후기를 이해하는 기본 사료인 『고려사』 자체가 조선 개창 세력의 시각에서 편향적으로 서술되었다는 점 역시 고려 후기와 조선 전기를 분절적으로 보는 계기를 제공하는 데 일조했다.

그러나 근래의 많은 연구는 고려와 조선의 왕조 교체를 발전론적 관점만 가지고 이해할 수 있는가에 대한 의문을 표하고 있다. 신진사대부가 기존의 권문세족과 구분되는 정치 세력인가에 대한 본질적인 의문은 이미 오래전부터 제기되었으며, 조선왕조 개창을 주도한 급진파 사대부가 온건파 사대부 등 다른 정치 세력과 차별화되는 성리학 사상 체계를 갖고 있지 않았다는 연구도 나왔다. 실제로 조선 태종 연간 이후에는 권근 등 온건파 사대부의 가치가 국정 운영에 큰 영향을 끼쳤으며, 16세기 중반 이후 조선의 정계를 전면적으로 장악한 사림 세력 역시 급진파 사대부가 아닌 온건파 사대부의 계승자를 자처했다.

국가 통치와 제도 운영의 측면에서도 새로운 관점과 견해가 제기되고 있다. 지방 사회의 편제와 관련해서 기존에는 왕조 교체와 함께 고려의 주현－속현 제도가 소멸하고 조선의 군현제가 성립되었다고 생각해왔지만, 주현－속현 제도가 붕괴하고 지방 향리의 영향력이 약화하는 현상은 이미 몽골 복속 시기부터 보편화되었음이 지적되었다. 아울러 조선 건국 세력이 야심 차게 추진했던 토지개혁이나 노비변정사업 등도 고려 후기부터 진행된 대토지 소유나 다수의 노비 소유 현상을 막아내기는커녕, 오히려 심화하는 원인을 제공했다. 국가의 재정 구조 역시 몽골 복속 이후 17세기 대동법 시행 이전 까지 공물을 중심으로 하는 경상비 조달이 주류였다는 연구가 발표되었다.

외교나 국제 관계의 측면에서도 과거의 견해와 차별적인 관점의 연구들 이 근래에 다수 발표되었다. 조선의 성리학자들이 조선은 명을 중심으로 하는 천하의 일부라고 보편적으로 생각하게 된 것은 고려의 몽골(원) 복속 경험에 그 기원을 두고 있으며, 명과 조선 사이의 외교적·의례적 관계의 형성과 유지 역시 과거 몽골(원)과 고려의 관계를 주요한 기준으로 삼았음이 강조되었다. 또한 몽골 복속기 고려의 지배층이 몽골(원)의 문물을 보편 문화의 기준으로 상정했다면, 조선의 지배층은 원을 계승한 명의 문물을 보편 문화의 기준이라 생각했다는 견해도 제기되었다.

불교사 연구 역시 인상적이다. 조선의 개창을 유불 교체의 결정적인 근거로 이해하던 기존의 통설을 비판하는 다양한 연구가 발표되었다. 그 가운데, 적어도 15세기까지는 고려의 불교 전통이 조선 시대에도 큰 위축 없이 여전히 강고하게 남아 있었다는 근거들이 여러 측면에서 제시되었다.

2

이 책은 위와 같은 문제의식을 기반으로 한 다수의 글들을 수록했다. 부분적으로 새로운 논증이 포함되기도 했지만, 대체로 이미 발표된 연구 성과들을 정리하여 종합적인 견해를 제시하는 형태로 작성되었다. 이 책에 실린 글들은 지난 2017년 8월부터 2018년 8월까지 5회에 걸쳐 계간 『역사비평』에게재된 논문들을 바탕으로 수정·보완되었다. 전체 16편의 글을 단행본으로 엮으며 주제별로 5부로 나누어 편성했다.

　제1부에서는 국가 운영을 주도했던 정치 세력과 그들이 이념적 도구로 삼았던 성리학에 대한 이해를 주제로 세 편의 글을 실었다.

　「01장: 지배 세력의 변동과 유교화」(송웅섭)에서는 강남 농법을 도입하고 신유학을 수용한 지방의 재지사족이 고려 말의 신진사대부로 성장하고 조선 시대 사림 세력의 근간이 되었다는 기존의 통설을 비판했다. 그리고 권문세족과 훈구파를 수구적인 존재로, 신진사대부와 사림파를 진보적이고 발전적인 존재로 설정하는 이분법적 인식의 극복을 주장했다. 이는 조선의 개창을 권문세족에 대한 신진사대부의 정치적 승리의 결과물로 보는 기존의 관점을 비판한 것이다. 나아가 사림파 역시 초기에는 지속적으로 재생산되는 정치 세력의 속성을 지니지 않았으며, 청요직에 진출해 있던 인사들이 조광조 등 특정 인물을 중심으로 결집하면서 하나의 정치 세력으로 형성되었음을 강조했다.

　「02장: 성리학의 수용과 그 성격」(강문식)에서는 고려 말의 사대부들이 정치적인 면에서 두 가지 흐름으로 분기된 것은 사실이지만, 그것을 학문적 측면으로 확장하여 해석해서 두 흐름이 처음부터 각기 전혀 다른 경향의 성리학을 받아들였고 서로 다른 학문·사상의 지향을 지녔다고 보는 관점에 대해 비판했다. 강문식은 오히려 당시 성리학의 요소들을 공유하면서 각자의 정치적 입장과 경제적 기반의 차이에 따라 고려 말 개혁 추진 과정에서 상이한 정치적 선택을 했다고 보는 것이 타당하다고 말한다. 그에 따르면, 조선을 개창한 급진파 사대부와 조선 건국을 반대한 온건파 사대부 사이에는 정치적 지향을 제외하면 학문적으로 본질적인 차이를 찾을 수 없다는 결론에 도달한다.

「03장: 성리학적 역사 인식과 조선적 문명교화론의 탄생」(최봉준)에서는 원 간섭기 고려에 성리학이 수용되면서 단군을 중심으로 하는 고려의 독자적 역사 인식이 약해지고 유교적 교화의 상징인 기자를 중시하는 경향이 강화되었음을 강조했다. 고려 말에 이르러 단군의 가치를 중시하는 이색 계열과 기자의 가치를 극대화하려는 정도전 계열의 갈등이 있었으나, 양자의 분열은 조선 초기 권근에 의해 단군의 의미가 강조되는 형태로 봉합되었음에 주목했다. 원 간섭기 성리학의 수용으로 변형되기 시작한 고려의 이중적 자아 인식은 권근 이하 조선 초기 성리학자들의 문화적 지향 속에서 단군의 가치가 중시되는 형태로 정리되었음을 밝힌 것이다.

제2부에는 지방 편제, 노비 제도, 토지 제도, 재정 운용 등 통치 체제의 개편과 관련된 네 편의 글을 실었다.

「04장: 수령 중심 군현 편제의 전개와 연속성」(정요근)에서는 지방 사회의 편제와 운영의 측면에 비춰 원 간섭기부터 16세기 사림의 집권에 이르는 약 300년의 기간을 '연속성'의 관점에서 바라볼 것을 제안한다. 이 시각은 조선의 개창이 새로운 시대를 여는 변화의 동력을 제공한 계기가 아니라, 원 간섭기 이래 진행되던 변화와 개편을 제도적으로 공고히 했다는 점에서 더 중요한 역사적 의미를 지닌다는 견해에 토대를 두고 있다. 정요근은 고려 특유의 주현-속현 제도는 대몽항쟁기에 사실상 붕괴했으며, 원 간섭기에 수립된 수령 중심의 군현 통치 정책이 조선 초기로 계승되어 더욱 공고해졌음을 논증했다. 수령 중심의 군현 통치 정책은 16세기 중반 이후 사림의 집권이 확고해지면서 재지사족 중심의 향촌 자치의 방향으로 변화해갔다고 파악했다.

「05장: 전민변정과 노비 정책」(박진훈)에서는 조선 초기에 시행된 노비 정책을 고려 후기 전민변정의 연장선상에서 검토했다. 이 글에 따르면, 조선 건국 후에 노비주 사이의 소유권 분쟁을 막기 위한 노비 법제의 정비가 체계적이고 정교하게 이루어져서 노비 지배를 둘러싼 지배층 사이의 갈등이 상당히 완화되었다. 하지만 노비주가 노비를 안정적으로 소유하고 지배하며 상속하는 데 기본 토대가 되었던 노비 세전과 일천즉천의 원칙은 고려시대와 마찬가지로 조선 초기에도 그대로 유지되었다. 따라서 고려 후기에 사회문제화되었던 노비 숫자 증가와 소유권 분쟁의 발생 가능성은 그대로 잔존했다. 즉, 조선의 개창은 고려 후기 이래의 노비 문제 해결에 본질적인 해결책을 제시하는 계기가 되지 못했다고 본 것이다.

「06장: 토지 제도 개혁과 사회 변화」(이민우)는 고려 말 토지개혁의 불완전성을 조선 전기 노비 인구 비중의 증가와 연결하여 고려 후기와 조선 전기의 연속성을 이해하고자 했다. 고려 말 조선 개창 세력이 주도한 사전 혁파를 통해 경작이 동반되지 않는 토지 소유는 원칙적으로 금지되었으나, 고려 후기 이래의 대토지 소유자들은 사전 혁파 이후에도 토지 경작을 위한 노동력 확보에 최선을 다하여 여전히 대규모 토지를 계승, 세습하고 있었다. 이민우에 따르면, 토지 제도의 개혁에 동반되어야 할 호적 제도의 개혁이 시행되지 못했기 때문에 대토지 소유자들은 대규모의 사적 예속인을 호의 구성원으로 은닉할 수 있었고, 그 인원들을 활용하여 과거의 사전을 그대로 계승, 세습했다. 그 과정에서 조선 건국 이후에도 노비 인구의 급속한 증가라는 역사적 현상이 나타났으며, 사전 혁파로 대표되는 고려 말의 토지개혁은 지배층의 대토지 소유나 노비 인구의 확대를 제어하지 못했다는 것이 그의 주장이다.

「07장: 재정 구조의 연속성과 공납제」(소순규)는 재정 구조와 공납제 운영을 검토한 글이다. 고려 후기와 조선 전기의 기본적인 재정 구조는 '공물을 통한 관서의 경상비 조달'이라는 측면에서 연속성을 강하게 드러내고 있음을 강조했다. 소순규에 따르면, 조선은 건국 직후인 태종 연간부터 공납제 개편을 진행했지만, 고려 후기 이래로 이루어지던 공물을 중심으로 한 국가의 경상비 조달 구조를 본질적으로 바꾸지는 못했다. 아울러 각 관서의 경상비 지출을 공물로 조달하는 시스템은 대동법 수립 이전까지 그대로 계승되었다.

제3부는 세계 인식과 국제 관계를 주제로 한 세 편의 글로 구성되었다.

「08장: 13~15세기 천하질서와 국가 정체성」(최종석)에서는 고려의 원 복속과 성리학 도입을 통해 이전까지 독자적인 천하질서를 갖고 있던 고려인들이 자신을 이(夷)로 간주하는 화이 의식을 내향화했다는 점을 서술했다. 최종석은 이 인식이 조선왕조 개창 후에도 계승되어, 조선이 중국과 명확히 구분되는 존재이면서도 중국 중심 천하질서 속의 제후적 존재라는 천하 인식으로 나아갔다고 이해했다. 즉, 조선시대 유자들의 보편적 천하 인식의 기원과 계기를 고려의 원 복속에서 찾은 것이다.

「09장: 성지(聖旨)를 통해 본 정치·외교 환경」(이명미)에서는 황제의 성지를 통해 여말선초의 정치와 외교 환경을 분석했다. 이명미는 몽골 복속기에는 몽골 황제권이 고려의 권력 구조 최상위에 존재하는 실질적인 정치 권위로 기능했던 반면, 명의 등장 이후 고려/조선에서 명 황제권의 역할은 국내 정치 세력들이 스스로 정당성이나 명분을 확보하기 위해 기대는 정치적 권위로 제한되었다고 보았다. 하지만 조선의 내정에 직접적인 영향력을 행사하지 않았던 명 황제의 성지가 조선의 정치 세력들이 공유하는 실질적인 명분으로 작용했던 현상 자체는 몽골 황제의 성지가 고려의 내정에서 실질적인 힘을 발휘했던 것으로부터 영향을 받은 것임에 주목했다.

「10장: 몽골제국의 붕괴와 고려-명의 유산 상속 분쟁」(정동훈)은 몽골(원)의 붕괴 이후 고려/조선과 명의 관계를 몽골(원)의 유산 상속 분쟁이라는 관점에서 검토했다. 정동훈에 따르면, 명은 천하 유일의 패권 국가로서 몽골(원)이 갖고 있던 예제적 지위를 계승하여 고려 등 주변 국가로부터 인정받고자 했으며, 고려/조선은 예전 몽골(원)과의 관계를 근거로 삼아 명의 의도에 자발적으로 부응했다. 또한 그는 명과 고려가 요동과 한반도 북부, 제주도 등의 영토와 인호 귀속권을 둘러싸고 서로 경쟁한 것을 두고서, 과거 중국의 영역에 속하지 않다가 새로이 몽골(원)의 판도 안에 들어왔던 지역에 대한 양국 간 상속 분쟁이라는 관점에서 분석했다. 1388년의 위화도 회군은 그 분쟁이 일단락된 사건으로 이해된다.

제4부는 보편 문화의 수용과 대외 정책의 전개를 다루었는데, 관복제의 변화, 역서(曆書)의 반사(頒賜), 대외 정벌을 주제로 한 세 편의 글을 수록했다.

「11장: 관복제의 변화와 문화적 지향」(김윤정)에서는 여말선초 관복제의 변화를 통해 당대의 문화적 지향을 살펴보았다. 김윤정에 따르면, 고려는 전통적으로 후주와 송의 제도를 바탕으로 요·금의 복제를 수용하여 관복제를 운용했으나, 몽골(원)과의 관계가 깊어지면서 몽골(원)을 문화의 중심인 중화로 인식하고 몽골풍 관복제를 도입했다. 이후 명이 등장하자 조선의 집권층은 몽골풍 관복제 대신 명의 관복제를 받아들였다. 이는 몽골(원)과의 관계 속에서 고려 집권층이 상정했던 보편 문화의 적용이 명과의 관계 속에서 조선의 집권층에게 그대로 계승된 결과라고 이해했다.

「12장: 역서 반사(頒賜)의 의미와 그 변화」(서은혜)에서는 고려와 조선에 대한 중국 왕조의 역서 반사를 통해 고려 후기와 조선 초기의 연속성을 고찰했다. 서은혜에 따르면, 고려 전기에는 중국 왕조의 역서 반사가 정기적으로 이루어지지 않았고 책봉과 결부되지도 않았으나, 몽골 복속기 이후에는 정례적으로 해마다 천자국으로부터 역서를 받아야 한다는 인식이 생겨났다고 한다. 이후 명에서도 조선에 매년 역서를 반사했으며, 조선에서는 자국의 역서가 명의 역서와 합치되어야 한다는 관념이 굳건해졌다. 요컨대, 중국 왕조로부터 역서를 반사받는 것은 몽골 복속기 이래 정례화된 현상이라는 것이다.

「13장: 전쟁과 지도의 변화」(이규철)에서는 15세기 조선의 대외 정벌이 공민왕 때의 정책을 모범으로 삼아 진행되었다는 점에 주목하고 대외 정벌의 측면에서 고려 말기와 조선 초기의 연속성을 검토했다. 몽골 복속기와 조선 초기의 연속성·계승성을 강조하는 이 책의 다른 글들과 궤를 약간 달리하는 측면이 있지만, 공민왕 때의 대외 정벌 정책이 몽골 복속기의 유산에 기인했다는 점에서 본다면, 앞서 10장에서 정동훈이 제시했던 몽골 복속기의 유산 상속이라는 관점과 상통하는 면이 있다.

제5부에는 여말선초의 불교를 주제로 한 세 편의 글을 실었다.

「14장: 조선 불교, 단절인가 연속인가?」(김용태)에서는 정치 이념과 시대의식 등에 한정하면 여말선초의 불교는 연속보다 단절의 측면이 강하다고 전제하면서도, 조선 초기, 적어도 15세기까지는 불교가 고려시대 이래 견고한 기반을 유지해온 주류의 사상적 전통으로 유지되었다고 보았다. 특히 여말선초의 사료에서 드러나는 배불의 공론화, 억불의 가시화 이면에 사상과 신앙을 두 축으로 불교 전통이 계승되고 있었음을 강조하면서, 16~17세기가 되어야 기존과 단절되는 조선의 새로운 불교 전통이 창출된다고 보았다.

「15장: 도승제 강화의 역사적 의의」(양혜원)에서는 고려시대는 물론 조선 초기까지도 승려의 숫자가 상당히 많았다는 사실에 주목하여 조선 초기 승려의 사회적 신분이 절대로 낮지 않았음을 강조했다. 특히 『경국대전』의 조문과 달리 조선 초기 법전인 『경제육전』은 도첩의 발급 대상을 소수의 상층 양반 자제로 제한하는 등 도첩승을 상층 신분으로 간주했다. 이는 조선 초기에도 고려시대와 마찬가지로 승려의 신분적 지위가 인정되었다는 근거일 것이다. 양혜원은 조선 초기에 승려가 군역 의무를 갖지 않았던 것도 천민 신분에 속했기 때문이 아니라 성균관이나 향교의 학생처럼 '면제'된 것이었다고 역설했다.

「16장: 15세기 불교 서적의 재발견」(손성필)에서는 조선 초기 불서 간행의 양상을 분석하면서 고려 후기와 조선 초기 불교의 연속성을 논했다. 손성필은 조선 개창 후인 15세기에도 불서의 간행량은 전혀 줄지 않았고, 고려 후기와 조선 초기 모두 사찰뿐만 아니라 국가와 왕실이 불서 간행의 주요 주체로 참여했음에 주목했다. 나아가 15세기 불교계는 불서의 간행은 물론이고, 국왕의 통치 행위, 국가 승정 체제의 운영, 불교계의 규모와 저변, 간행 서적의 향유 계층과 같은 측면에서 고려시대와 연속성을 지닌다는 점이 고려되어야 함을 강조했다.

3

이상에서 소개한 글들은 고려 후기와 조선 초기를 보는 하나의 통일된 시각을 갖고 있지는 않다. 다만 이 글들은 조선왕조의 개창이 시기구분의 중요한 기점이라는 통념을 부정하며, 그 대신 고려의 몽골 복속이 변동의 중요한 계기가 되었다고 보고 있다. 전체적으로 고려의 몽골 복속으로부터 15세기 말~16세기 전반에 이르는 기간을 동일한 시기로 보아야 한다는 견해와, 조선왕조의 개창 대신 고려의 몽골 복속이 더 중요한 시기구분의 기점이 된다는 견해로 구분할 수 있다. 그러나 몽골 복속을 기점으로 그 이전을 중세, 그 이후를 근세로 설정하는 구상은 시도하지 않았다. 그것은 한국사 전반에 대한 이해 속에서 고려와 조선의 왕조 교체가 갖는 의미를 찾는 문제와 관련되기 때문이다. 연구를 축적하고 나서 향후에 다시 검토해야 할 과제이다.

또 하나, 시기에 대한 용어 사용의 문제를 언급할 필요가 있다. 학계에서는 몽골과 고려의 화친 이후 시기에 대하여 '원 간섭기', '원 복속기', '몽골 복속기' 등 다양한 용어를 사용하고 있다. 그것은 해당 시기 몽골(원)과의 관계 속에서 고려가 지닌 특수하고도 복합적인 위상으로 인한 연구자들 사이의 인식과 관점의 차이에서 비롯된 것이다. 이 책에서는 연구자 각자의 견해를 존중하여 본인의 글에 어떤 용어를 사용할 것인지는 필자의 관점과 입장에 일임했다.

기성 학계는 조선왕조의 개창에 여러 가지 중요한 의미를 부여해왔다. 집권 세력으로서 신진사대부의 등장을 강조하고, 기존의 지배 세력과 구별되는 신진사대부의 계급적 기반에 대해서도 주목했다. 성리학이 국가 이념으로 정착하면서 사회 전반에 영향을 끼치기 시작했고, 중국과의 사대 외교가 새롭게 정착되는 계기로 이해했다. 고려시대에 미숙했던 중앙집권 체제가 조선왕조의 개창으로 높은 완성도를 갖게 되었다는 관점과도 연관된다. 식민사관을 극복하기 위한 발전론적 역사 인식의 영향이 짙게 드리운 결과이다.

하지만 조선왕조의 개창 이전과 이후에 정치·사회·경제의 각 측면에서 뚜렷한 질적 차이가 나타났는지에 대한 실증적 검토는 기존의 발전론적 역사 인식의 신화에서 벗어나야 한다는 동기를 제공해주고 있다. 당대의 관찬 사료들에 보이는 조선왕조 개창 세력의 역사 인식에서 한 발짝 벗어난다면, 조선왕조의 개창을 '과거와의 단절' 혹은 '미래로의 발전'이라는 관점에서만이 아니라, '연속'과 '계승'의 관점에서 바라보고 해석할 수 있다. 이제는 발전론적 역사 인식에서 탈피할 것을 심각하게 고민해야 할 때이다. 이 책의 발간은 그러한 문제의식에서 비롯되었다.

이 책의 기획을 구상하고 주도한 대표 필자로서, 바쁜 가운데 귀한 시간을 쪼개 기획에 참여하고 기꺼이 논문을 써주신 공동 필자들께 감사의 말씀을 올린다. 아울러 아직 논리적으로 충분히 완숙되지 못했음에도 선뜻 출간을 결정해주신 역사비평사에 감사의 말씀을 드린다. 막상 단행본으로 출간되는 단계에 이르러 돌아보니, 기획에서 미흡하고 부족한 점이 너무나 많이 발견된다. 하지만 이 책의 발간을 통해 연속성의 관점에서 고려 후기와 조선 초기를 바라보는 연구 시각이 더욱 확산되고 깊어질 것이라는 희망도 있다. 새로운 관점의 연구가 활성화되고 '고려에서 조선으로'의 전환이 갖는 역사적 의미에 대한 풍부한 해석이 축적될 수 있을 것으로 생각한다. 선후배 연구자들의 많은 관심과 비판을 기대한다. 기획에 참여한 연구자들에게 학문적 도움이 될 뿐만 아니라, 이 책에서 드러낸 관점과 시각에 정교함을 더할 수 있을 것이다.

2019년 1월
필자들을 대표하여
정요근

지배 세력의 변동과 유교화

| 송웅섭 |

1. 향촌 사회의 유교화 여정

정조 즉위 무렵 정인(鄭汯)이라는 사람이 안정복(安鼎福)에게 편지를 보냈다.[1] 숙부의 소실(小室)에게 시양자(侍養子)가 있는데, 이 사람이 숙부의 상(喪)에 상복을 입어도 되는지, 입는다면 어떤 종류의 상복을 입어야 하는지를 묻는 편지였다. 숙부가 자식 없는 애첩이 보낼 쓸쓸한 노년을 안쓰럽게 여겨 먼 일가붙이 서얼 중에서 시양자를 들이도록 했는데, 그가 숙부를 위해 상복을 입으려 한다는 것이었다. 정인의 편지에 안정복은 그 시양자가 상복을 입어서는 안 된다는 답변을 해주었다. 숙부의 소실이 사적으로 삼은 아들에 해당하므로 숙부와는 친속 관계가 없다는 이유에서였다. 한마디로 그와 숙부는 노상(路上)에 있는 사이라는 것이다.

숙부의 시양자도 아니고 소실의 시양자가 입으려 하는 상복 문제까지 고

---

1   安鼎福, 『順菴先生文集』 卷8, 答鄭都事汯問.

민하는 모습에 예송 논쟁의 민간 버전이라는 생각이 들 수도 있을 것이다. 하지만 이 문제를 조금 다른 각도에서 바라보면, 18세기 후반에 이르러서는 첩의 시양자까지 예법에도 없는 예를 지키고자 할 만큼 조선의 유교화가 깊숙이 진행되었음을 느끼게 된다. 누가 시켜서가 아니라, 상을 당해서는 예법에 맞게 상복을 입어야 한다는 인식이 하나의 상식으로 자리 잡고 있었던 것이다. 첩이 들인 서얼 출신의 시양자까지도 말이다.

줄곧 그러했을 것 같은 조선의 유교화 양상은 시간을 조금만 거슬러 올라가보면 이와는 사뭇 다른 모습에 당혹스러움마저 드는 경우가 많다. 일례로 16세기 초 사재(思齋) 김정국(金正國)이 『경민편(警民編)』을 저술하게 된 상황이 그렇다. 김정국의 문집에는 그가 이 책을 짓게 된 사연이 소개되어 있다.[2] 그가 황해도 관찰사로 재임하고 있는 동안 연안(延安)에 사는 이동(李同)이라는 사람이 잡혀와서 중벌에 처해질 운명에 놓았다고 한다. 죄목은 부친에게 상해를 입힌 강상죄였다. 김정국은 엄벌에 처할 요량으로 취조를 시작했는데, 이동으로부터 뜻밖의 답변을 듣게 된다. 아버지와 식사 도중 말다툼을 벌이다가 홧김에 밥그릇을 집어던져 아버지가 다쳤으며, 평소 아버지와 말다툼하는 일이 많았고 다툴 때면 욕을 하거나 물건을 집어던지고 때리기도 했다는 것이다. 이번이 처음도 아니었고 아버지가 때려서는 안 되는 위치에 있는 사람인 줄도 몰랐다는 것이다.

부친을 폭행한 강상죄인을 단죄하려 했던 김정국은 기본적인 윤리조차 모르는 이동의 진술에 마음이 흔들렸다. 그러고는 이동과 비슷한 일로 처벌

2　金正國, 『思齋集』 卷4, 摭言 "내가 황해도 감사로 있을 때 연안에 사는 백성 이동이란 자가 있었는데, 밥을 먹던 중 아버지와 서로 힐난하다가 아버지에게 밥그릇을 집어던졌다. … (余爲黃海監司時 延安有百姓李同者 方食 與其父母相詰 擧食鉢投打其父…)."

을 받는 사람이 많다는 생각에, 『경민편』을 지어서 무지 속에 형벌에 처해지는 일을 막고자 했다. 앞의 시양자 사례와는 사뭇 대조적인 모습으로서, 16세기 초반 조선의 일부 백성들에게는 아버지를 욕하고 때리는 일이 대수롭지 않게 여겨질 만큼 유교 윤리 자체가 생경한 것이었음을 알 수 있다.

시간을 다시 거꾸로 되돌리면 향촌 사회에서 유교화와 거리가 있는 풍경이 좀 더 흔하게 발견된다. 고려 말~조선 초에 시행된 '매향(埋香)' 풍습은 그 같은 사례 가운데 하나이다.[3] 매향이란 미륵 신앙에 바탕을 둔 신앙 행위로, 극락왕생과 현실 기복적 염원을 담아 향목(香木)을 묻고 비(碑)를 건립하는 풍속이다. 왜구 출몰이 잦았던 고려 말, 지역공동체의 안녕을 기원하는 의식이기도 한 매향과 매향비의 건립은 주로 연해 지역에서 시행되고 있었다. 흥미로운 사실은, 지역사회를 이끌어가는 유향품관(留鄕品官)과 향도(香徒) 등이 매향과 매향비의 건립을 주관하고 있었으며, 경우에 따라서는 지방관도 참여했다는 점이다. 향촌 사회를 이끌어가는 유력자들이 중심이 되어 비유교적 행사를 주도하고 있었던 셈인데, 그 행사가 불교적 색채를 띤 것이었음에도 별다른 거부감을 느끼지 않았다. 이 같은 매향 풍속은 세종 연간까지도 지속되고 있었는데, 이를 통해 고려 말 조선 초 유교화가 더디었던 향촌 사회의 일단을 엿볼 수 있다. 매향 풍속이 이렇게 오래 계속되었다는 사실은 지역사회의 유력 계층이 유교식 전통을 새로이 수립하는 데 그만큼 어려움을 겪고 있었음을 보여주는 사례라고도 할 수 있다.

고려 말~조선 전기 신진사대부와 사림파로 일컬어지는 새로운 정치 세력의 등장에 대해 검토하는 이 글에서 향촌 사회의 유교화 정도를 가늠해볼 수

---

3 이해준, 「매향신앙과 그 주도집단의 성격」, 『김철준박사화갑기념사학논총』, 1983; 채웅석, 「여말선초 향촌사회의 변화와 埋香활동」, 『역사학보』 143, 2002.

있는 장면들을 언급하는 이유는, 이것이 우리가 살펴볼 주제와 무관하지 않기 때문이다. 통설에 따르면 이른바 신진사대부와 사림파, 그리고 이들의 근거지인 향촌 사회는 유학 사상에 정통한 인사들을 다수 배출해냄은 물론, 유교 질서의 구현에 선진적인 공간으로 이해되고 있다. 하지만 여말선초의 매향 풍습과 16세기 초 이동의 부친 구타 사건을 고려해볼 때, 과연 향촌 사회에서 유교적 가치와 풍속이 그렇게 선진적으로 안착될 수 있었을까 하는 의구심이 든다. 이 글에서는 이미 오래전부터 논란이 되어왔던 고려 말~조선 전기의 지배 세력 문제를[4] 향촌 사회의 '실상'이라는 관점에서 접근해보고, 정치사와 사회사 연구를 즉자적으로 연결시켜왔던 그간의 연구 경향을 거칠게나마 되돌아보고자 한다.

2. '신진사대부'와 '사림파'라는 개념

서로 시간적인 거리가 짧지 않지만, 사실 신진사대부와 사림파의 성격에 대한 설명은 여러 모로 닮은 데가 많다. 우선 이들은 모두 지방 출신으로 향촌에서 사회경제적 변화를 주도했거나 새로운 사회질서의 구축을 위해 노력했던 계층에 속해 있다. 또한 이들은 과거 합격자들 가운데서도 학식과 덕망이 뛰어났으며, 개혁 활동에 참여하는 과정에서 중앙의 권문세족이나 훈구파

---

4 이 주제와 관련해서는 이미 몇 차례 정리된 바 있다. 鄭杜熙, 「朝鮮前期」, 『歷史學報』 104, 1984; 鄭杜熙, 「朝鮮前期 支配勢力의 形成과 變遷―그 硏究史的인 成果와 課題」, 『韓國社會發展史論』, 一潮閣, 1992; 이익주, 「권문세족과 사대부」, 『한국역사입문 2: 중세편』, 풀빛, 1995; 金範, 「조선 전기 '훈구·사림 세력' 연구의 재검토」, 『韓國史學報』 15, 2003.

와 갈등을 겪었고, 궁극적으로는 정권을 장악하는 데 성공한다.

이 같은 통설이 형성되는 과정에서 이우성의 연구는 그 출발점이 되었을 뿐만 아니라 기본 구도를 구축하는 데 기여한 바가 컸다. 이우성은 무신 집권기 실무 능력과 문학적 교양을 동시에 구비한 지방 향리층 출신, 즉 '능문능리(能文能吏)의 신관료층'을 '사대부(士大夫)'로 규정하면서, 지역 향리층 출신인 사대부들이 고려 후기의 사회적·경제적 변동에 힘입어 정치적·사회적 기반을 확립하고, 나아가 조선 건국에서 주동적 사명을 담당했다고 주장했다.[5] 이우성의 연구는 '사회경제적 변동과 향촌 사회 주도 계층의 성장→지방 출신 신진 세력의 중앙 진출→중앙집권 세력과 갈등→정치적 승리'라는 구도를 제시하여, 이 프레임에 입각한 정치사와 사회사 분야의 다양한 후속 연구를 촉발시켰다.

이우성의 연구가 향촌 사회 세력의 성장에 초점을 맞춘 통설적 구도의 출발점이었다면, 민현구의 연구는 그런 구도에 기초하면서도 '보수 세력 vs 개혁 세력'의 대립을 통해 정치사를 서술하는 정치적 양립 구도의 정착에 커다란 역할을 했다.[6] 민현구는 무신 집권기에서 원 간섭기를 거치는 과정에 집권 세력으로 자리 잡은 '지배적 가문'을 추적하고, 이들을 '권문세족'이라는 이름으로 개념화했다. 아울러 권문세족은 과거(科擧)가 아닌 음서(蔭敍)를 통해 관직에 진출했음을 강조하면서 능문능리적 소양과 과거를 통해 성장하고 있던 사대부와 결이 다른 세력으로 그 성격을 규정했다. 요컨대 이우성이 '향촌 사회에 기반을 둔 사대부의 성장'이라는 시각을 제시했다면, 민현구는 사대부가 성장하는 과정에서 대립했던 보수 세력으로서의 '권문세족'이라는 개

---

5 李佑成,「高麗朝의 吏에 對하여」,『歷史學報』63, 1964.

6 閔賢九,「高麗後期 權門勢族의 成立」,『湖南文化研究』6, 1974.

념을 제시하여 고려 말의 정치사를 '권문세족 vs 사대부' 혹은 '친원(親元) vs 자주(自主)'라는 '보혁 갈등 구도'로 이해할 수 있는 기초를 마련했다.

이우성과 민현구 등에 의해 구축된 통설의 기본 구도는 이태진의 '중소 지주층으로서의 사림(士林)'이라는 개념으로 재정립되어 정치사 연구는 물론 보혁 갈등 구도에 기반한 향촌 사회사 연구를 활성화시키는 계기를 마련했다.[7] 이태진은 향리 출신의 사대부를 무신 집권기까지 소급하는 데 대해 비판적인 입장을 보이면서도 고려 말~조선 전기 전함품관(前銜品官)·유향품관 등으로 지칭되는 이들을 지방의 '중소 지주'로 규정하고, 이들이 유향소 설치를 통해 향리들과 자신들을 차별화하는 한편 사창 및 향약과 같은 성리학적 사회질서를 보급하며 향촌 사회를 주도해 나갔다는 입장을 제시했다. 아울러 중소 지주들은 건국 이후 집권 세력에 의한 관권 우위의 향촌 주도 정책이 갖는 한계를 자각하면서 향사례(鄕射禮)·향음주례(鄕飮酒禮) 등에 기초한 자율적인 향촌 사회 운영을 추구했으며, 성종대 김종직(金宗直)과 그 문도들이 중앙 정계에 진출하여 유향소복립운동을 추진하면서는 하나의 정치 세력(사림파)으로서 훈구파와 갈등을 빚게 되었다고 이해했다.

이태진의 '중소 지주층으로서의 사림'이라는 개념은 고려 후기~조선 전기의 생산력 발전과 향촌 사회의 성장을 주도했던 사회 세력의 실체를 한층 구체화했다는 점에서 의의가 크다. 그뿐만 아니라 중소 지주 출신 사림파의 대척점에 훈구파를 위치시킴으로써, 관권을 우위에 두고자 했던 중앙 세력과 성리학적 질서를 통해 그 한계를 보완하고자 했던 지방 세력 간의 보혁 갈등

---

7 이태진의 사림 관련 사회사 연구는 다음의 두 책으로 정리되었다. 이태진, 『韓國社會史 研究―農業技術 발달과 社會變動』, 지식산업사, 1986; 이태진, 『朝鮮儒敎社會史論』, 지식산업사, 1989.

구도를 조선 전기로 재설정하는 계기를 마련했다. 따라서 이 같은 보혁 갈등 구도 속에서 사림의 중앙 정계 진출은 진보적 의미를 한껏 부여받은 채, 정치사 및 향촌 사회사 연구자들의 기본적인 연구 방향으로 자리 잡게 되었다.

3. 용어와 역사상을 둘러싼 논쟁들

고려 말~조선 전기의 새로운 정치 세력이 지방 향리층 혹은 재지 중소 지주층으로부터 등장했다는 입장이 통설로 자리 잡은 뒤, 이에 대한 비판이 제기되었다. 먼저 고려 말의 신진사대부론에 대해서는 '사대부'와 '권문세족'의 용례 분석을 통해 통설의 개념과 실제로 통용되었던 의미 사이에 괴리가 크다는 사실이 지적되는 한편, 신진사대부로 상징되는 새로운 사회계층의 성장에 대해서도 의문이 제기되었고, '권문세족 vs 신진사대부'와 같은 대립 구도를 통해 이 시기 정치사를 이해하는 데 대한 비판이 제기되었다.

먼저, 김당택은 '사대부'의 개념을 새롭게 정의했는데, '사족(士族) 출신 인물들로서 관도(官途)에 진출한 문무 관료들을 지칭하는 용어'라는 입장을 제시했다.[8] 원 간섭기에 원의 후광을 배경으로 왕권 강화가 진행되는 과정에서 전통적인 치자 계층이 아닌 천계(賤系) 출신들이 부상했는데, 이 천계 출신 관료들에게 불만을 가진 부류가 바로 사족이었으며, 이들은 관직 진출에 신분 제약을 받지 않는 기존의 관료 계층으로서, 그중 관도에 오른 인물들을 '사대

8　金塘澤, 「忠烈王의 復位 과정을 통해 본 賤系 출신 관료와 '士族' 출신 관료의 정치적 갈등─'士大夫'의 개념에 대한 검토」, 『東亞研究』 17, 1989; 김당택, 「忠宣王의 復位敎書에 보이는 '宰相之宗'에 대하여─소위 '權門勢族'의 구성분자와 관련하여」, 『歷史學報』 131, 1991.

부'라 지칭했다고 주장했다. 따라서 원 간섭기 이후 고려 말까지의 지배 세력을 권문세족과 사대부로 양분하는 것은 재검토되어야 하며, 권문세족의 대표 사례라 할 수 있는 '재상지종(宰相之宗)'은 왕비나 재상, 다수의 과거 합격자를 배출한 전형적인 사대부 가문이었다고 주장했다.

김광철은 고려 후기의 정치 지배 세력을 지칭하는 용어로 사용되어온 '권문세족'이라는 용어에서 '권문(權門)'과 '세족(世族)'을 분리하여, 권문은 신분과 계층을 지칭하는 용어가 아니라 특정 개인이 행사하고 있던 권력의 정도를 표현하는 용어였다고 지적하고, 고려 후기 유력한 위치에 있었던 가문을 '세족'이라 지칭할 것을 주장했다.[9] 또한 고려 후기 세족에 대한 다양한 분석의 결과 세족에게도 과거를 통한 관인의 배출이 가문의 성쇠를 가늠하는 중요한 요소였으며, 공민왕대 이후로 내려갈수록 세족 가문에서 과거를 통해 관인이 배출되는 경향이 증가하였음을 지적했다. 한편, 세족들은 원 간섭기 동안 폐행(嬖幸)을 통해 왕권을 강화하는 국왕들에 의해 세력이 위축되는 등, 가문 그 자체의 힘만으로 성세를 유지하기가 어려웠음을 지적했다. 아울러 고려 후기 '사대부'라는 용어가 관인층 전체를 지칭하고 있었다는 입장에서 세족과 사대부를 대적적인 정치 세력으로 설정하기 어려우며, 고려 말 개혁의 성격이 계층 간 갈등을 해소하는 것이 아니었던 만큼 세족층도 개혁 세력으로 활동하고 있었으며 그 결과 조선 개국공신에 세족 출신의 인물이 다수 포함되어 있었다는 점을 지적했다.

미국인 연구자 던컨(John B. Duncan)의 경우, 중앙 관원을 배출한 가문에 대한 분석을 통해 고려에서 조선왕조로 이행되는 시기에 지배 세력의 전면

---

9   金光哲, 『高麗後期 世族層研究』, 동아대학교출판부, 1991.

적인 교체가 있었다는 통설에 부정적인 입장을 피력했다.[10] 그는 '관원 배출 수'나 '재추(宰樞) 배출 수'와 같은 기준을 통해 고려 후기(1260~1392)의 주요 가문 22개를 추출하고, 이 가운데 2/3(16개) 정도가 조선 초기(1392~1405)의 주요 가문으로 이어졌다는 점, 조선 초기에 관직자와 고위 관원을 배출한 38개 가문 가운데 불과 8개 가문 정도가 신생 가문에 해당된다는 점, 아울러 과거 출신 고위 관원들의 비율이 높지 않음과 과거에 합격한 인사들의 상당수가 음서를 통해 관직 생활을 하다가 과거에 급제했다는 점 등을 근거로 신흥 세력으로서의 '사대부'가 주축이 되어 조선을 건국했다는 통설을 비판했다.

미국을 비롯하여 해외의 한국학 연구자들에게 지대한 영향을 미친 와그너(Edward W. Wagner)의 경우, 한국사에서 지배 세력의 동질성이 매우 강하였음을 강조했다. 그는 『문화류씨세보(文化柳氏世譜)』 가정본(嘉靖本) 분석을 통해, 사림파가 진출했다고 하는 성종~중종 약 70년 동안의 문과 급제자 중 70%(1,120명)가 이 세보에 올라 있으며, 현량과 합격자 28명 가운데 26명이 이 세보에서 확인된다는 사실을 밝히고, 이 시기 지배 세력을 훈구파와 사림파로 구분하는 것에 회의적인 입장을 드러냈다.[11] 아울러 훈구파와 사림파의 갈등으로 사화가 일어났다는 통설에 대해서도 이의를 제기하면서,[12] 사화는 삼사(사헌부·사간원·홍문관)의 영향력 강화로 삼사와 정부 고관 및 국왕 간에 지속되어온 알력이 폭발하면서 일어난 것이라고 주장했다.

이러한 수정주의적 견해에 대해 통설을 계승하는 입장에서 재반박 또한

---

10 존 B. 던컨 지음, 김범 옮김, 『조선왕조의 기원』, 너머북스, 2013.

11 Edward W. Wagner, 「李朝 士林問題에 관한 再檢討」, 『전북사학』 4, 1980.

12 Edward W. Wagner, 「政治史的 立場에서 본 李朝 士禍의 性格」, 『역사학보』 85, 1981.

진행되었다. 신진사대부론의 경우, 이익주는 '사대부'와 '세족'의 용례 분석에 기반하여 통설을 부정하는 견해에 대해 새로운 정치 세력의 성장 및 그 역사적 의미를 희석시키는 주장이라고 비판했다.[13] 이미 '사대부'라는 용어 대신 '신흥유신'이나 '신진사류'와 같은 용어가 대안으로 제시되어 있으며, 어떤 용어를 사용하든지 고려 후기에 새롭게 등장한 세력의 존재 자체를 부인할 수 없는 이상 신흥유신과 권문세족의 대립 구도 자체를 부인할 수 없다는 비판이다. 그뿐만 아니라 사대부가 반드시 지방의 중소 지주층과 연결되지는 않는다는 반론에 대해서도, 비록 사대부를 중소 지주층과 동일시하는 데 실증의 문제가 있기는 하지만, 후속 연구들을 통해 고려 후기 새로운 농법의 도입에 따라 중소 지주층의 경제적 자립도가 크게 높아지고 그들의 이해를 대변하는 사상 체계로서 신유학이 수용되었다는 사실이 밝혀진 만큼, 사대부가 중소 지주라는 확증이 없다는 이유만으로 입론 자체를 섣불리 폐기할 수는 없다고 주장했다. 아울러 수정주의적 입장의 연구 경향은 고려에서 조선으로의 이행을 사회 변화의 결과로 이해하기를 거부하는 시각에 기초하고 있다면서, 고려 후기 농업생산력의 발달과 그 주도 세력으로서 신흥사대부의 존재 및 사회 모순을 개혁하려는 그들의 의지 등에 대한 서술이 부재함을 비판했다.

사림정치론의 경우, 최이돈은 통설의 입장에서 중소 지주로서의 사림의 중앙 정계 진출을 기본적으로 인정하는 가운데 사림이 자천권(自薦權)을 매개로 조정 내에서 영향력을 확대해 나갈 수 있는 정치 구조를 형성해간 양상

---

13 이익주, 「(서평) 고려 후기 사대부와 권문세족에 대한 새로운 이해—『고려 후기 세족층 연구』(김광철, 동아대학교출판부, 1991)」, 『역사와 현실』 8, 1992; 이익주, 「권문세족과 사대부」, 『한국역사입문 2: 중세편』, 풀빛, 1995.

및 그를 기반으로 재야 사림의 공론까지 수용해 나갔던 공론 정치의 전개 과정을 천착했다. 와그너와 정두희[14] 등이 삼사와 언론에 대한 연구를 통해 통설에 비판적인 입장을 보이자, 지방 출신 사림이 삼사 언론을 통해 어떻게 성장할 수 있었는지를 한층 정치하게 분석함으로써 통설의 입장을 방어했다고 할 수 있다.[15]

김돈은 출신 기반 및 경제적 기반의 차이와 같은 사회경제적 배경에 초점을 두고 양자의 특성을 도식적이거나 이분법적으로 구분한 것은 지나친 부분이 있음을 인정하면서도, 훈구는 조선 초기에 대두하고 중기에는 소멸하는 반면, 사림은 이와 반대의 추이를 보이는 정치 세력으로서 주도 시기가 엇갈리는 존재로 이해했다. 또한 지배층 및 정치 세력으로서 훈구와 사림의 이질성에 대해 의문을 제기하고 사회계층으로서의 동질성을 강조한 연구들은 이러한 시기적 차이를 간과한 한계가 있다고 비판했다.[16]

요컨대, 신진사대부론과 사림정치론에 대한 비판적인 연구들은 사대부·권문세족·사림·훈구 등의 개념에서 당대적인 맥락과 통설 쪽이 사용하는 개념 사이에 무시할 수 없는 차이가 발생하고 있는 점을 지적하고, 동질성이 강한 지배 세력을 이분법적으로 나누어 대립시키는 정치사 서술 방식에 이의를 제기하며, 조선 건국과 16세기 사회로의 전환 과정에서 지배 세력의 교체와 같은 급격한 사회변동이 있었다는 입장에 부정적인 시각을 드러낸 것이라 할 수 있다.

---

14 정두희, 『朝鮮時代의 臺諫研究』, 일조각, 1994.

15 최이돈, 『朝鮮中期 士林政治構造研究』, 일조각, 1994.

16 김돈, 「정치 세력인 사림의 역사적 성격과 과제」, 『내일을 여는 역사』 26, 2006, 196~197쪽.

반면, 통설을 계승한 연구들은 기본적으로 고려 말 조선 전기의 사회경제적 변화를 인정하는 가운데, 그러한 변화를 주도한 재지사족 계층에서 새로운 정치 세력을 배출하고 있었다는 사실 자체를 부인할 수 없다는 입장이라고 할 수 있다. 사대부나 사림 등의 개념 설정에 다소 문제가 있고 대립되는 두 세력 사이의 동질성도 상대적으로 크지만, 그럼에도 불구하고 사회경제적 변화와 그에 기초하여 새롭게 성장하는 정치 세력의 존재 자체는 허구가 아니기 때문에, 더구나 이러한 유의미한 사회 변화에 걸맞은 역사 발전의 의미를 부여하기 위해서라도, 통설의 기본 구도를 유지하되 한계로 지적된 부분은 보완해 나가자는 입장이라 할 수 있다.

4. 향촌 사회는 유교화에 선구적이었나?

통설을 계승하여 수정주의적 시각을 비판한 연구들은 '왕조 교체'나 '사화'와 같은 정치 격변의 이면에는 사회경제적 발전에 기초한 향촌 사회와 재지사족의 성장이 있었다는 인식을 갖고 있다. 또한 중소 지주나 재지사족 출신의 선진적이면서도 개혁적인 정치 세력의 모집단이 향촌 사회에 존재한다고 전제하고 있다. 방법론상으로는 일종의 사회경제사에 기초한 정치사 서술이라고 할 수 있다. 그런 측면에서 정치사 서술에 나타나는 문제점들을 사회경제사 분야의 연구 성과를 들어 방어하는 것은 자연스러운 귀결이다. 즉, '권문세족 vs 신진사대부', '훈구파 vs 사림파' 구도처럼 정치 세력을 이분법적으로 구별하기 어렵다는 비판에 대해 신진사대부와 사림이 '향촌의 재지사족' 출신임을 근거로, 또 여말선초의 재지사족은 신유학이나 강남 농법과 같은 선진 문물의 수입에 적극적이었다는 연구에 기초하여 이분법적 보혁 갈등 구도를 고수하고 있는 것이다.

그러면 이 같은 입장은 통설을 변호하는 논리로 충분한 것일까? 필자는 그렇지 않다고 생각한다. 우선, 여말선초 재지사족을 중심으로 하는 향촌 사회상이 과도하게 선진적으로 그려지는 한편, 그같이 과도하게 의미 부여된 향촌 사회상에 기초해서 역으로 지방 출신들로 구성된 개혁적 정치 세력의 존재를 상정하는 일종의 순환론적 접근법을 취하고 있다. 통설에 따르면 여말선초 향촌 사회의 재지사족들은 중소 지주층의 사상인 신유학과 그들의 선진 농업인 강남 농법의 도입에 선구적인 면모를 보였다고 이해되고 있다.[17] 하지만 이 같은 주장에 대한 증명은 향촌 사회에서 나타나는 직접적인 변화들에 근거해 있기보다는 주로 원 간섭기 이래의 정치적 격변을 서술하는 '정치적 서사'에 의해 이루어지고 있다는 점에서 문제가 있다. 사료의 부족으로 불가피한 측면이 없지 않지만, 그럼에도 정치적 서사 속에 향촌 사회의 선진적인 면모가 투사되고 있다는 인상을 지울 수 없다.

무엇보다 신유학 사상이 광범위한 독서인층의 존재를 배경으로 성립했다는 점을 고려할 때, 과연 고려 말 조선 초기의 향촌 사회에 이런 독서인층이 어떻게, 또 어느 정도나 자리 잡고 있었을지 의문이다. 과거에 합격한 지방 출신 인사들이 조정에서 성리학적 사회질서나 새로운 농법에 관한 주장을 했다고 해서 이 시기 향촌 사회에 '독서인으로서 광범위한 사대부 계층'이 형성되어 있었다고 상정할 수 있을지 의문이다. 통설에서는 중국 송대의 신유학이 중소 지주들의 사상이고 남송대의 중소 지주들은 강남 농법에 따른 농업경영을 하고 있었다는 점에 착안하여, 향촌 출신의 신흥유신들이 관료활동 과정에서 제기한 개혁안들이 향촌 사회에서 실제로 이루어지고 있었던

---

17 이태진, 「15·16세기 新儒學 정착의 社會經濟的 배경」, 『奎章閣』 5, 1981.

것으로 간주했다. '중소 지주', '신유학', '강남 농법'과 같은 상징을 통해 고려 말 조선 초의 선진적인 향촌 사회상과 사족 사회상이 실재화되고 있는 것이 아닌가 의심스럽다.

오히려 자료를 통해 확인되는 고려 말~조선 초기 향촌 사회의 선진 문물 수용 양상은 '선진적인' 모습과 거리가 멀다고 할 수 있다. 특히 이 시기의 사료들에서 산견되는 지방 유력자들은 새로운 사회질서의 수용에 적극적이라기보다는 소극적이거나 지체되고 있는 모습에 더 가깝다. 멀리 고려 말까지 올라가지 않더라도 15~16세기 향촌 사회에서 보이는 음사(淫祀)와 관련된 모습을 통해 이 같은 정황을 엿볼 수 있다.

최종석의 연구에 따르면, 여말선초 사전(祀典) 제도가 정비되는 과정에서 향촌의 민인들이 독자적으로 산천에 지내던 기왕의 제사들은 음사로 규정되었다.[18] 명제(明制)의 수용에 따라 음사의 개념이 신분에 맞지 않게 제사를 지내거나 사전(祀典)에 등재되지 않은 대상에 제사를 지내는 행위로 전환되고, 제후(국가)만이 산천에 제사를 지낼 수 있기 때문에 국가에서는 제사의 대상과 주체를 엄격하게 규정하고 관리했다. 지역사회에서 행해지던 성황제(城隍祭)도 역시 중요한 변화가 일어났는데, 일단 향촌의 민인들은 독자적으로 성황제를 지낼 자격을 박탈당하였고, 대신 지방관이 제사의 주체가 되었다. 장소 또한 기왕의 성황사(城隍祠)가 아니라 새로 설치된 노천 성황단(城隍壇)으로 바뀌었다.

흥미로운 사실은 국가의 제재에도 불구하고 향촌에서는 기왕의 관습대로 성황제를 지내고 있었다는 사실이다.[19] 16세기 후반에 이르러서야 음사적 성

---

18 최종석, 「조선 전기 淫祀的 城隍祭의 양상과 그 성격」, 『역사학보』 204, 2009.

19 최종석에 따르면, 『신증동국여지승람』 단계(1530)에서는 폐사설단(廢祠設壇)이 거의

황제에 대한 제재가 확대되었는데, 제재의 주체도 대체로 지방관이었다. 단 발적이나마 일부 선도적인 사족들이 기왕의 관행을 바꿔보려고 노력하기도 했지만, 16세기까지도 음사적 성황제는 광범위하게 존속했으며 사족들조차 음사적 성황제에 참여하고 있었던 것이 당시 향촌 사회의 실정이었다.[20]

이런 양상은 16세기 후반 성주에 유배된 이문건(李文楗)의 향촌 생활 모습을 통해서도 확인된다. 최선혜의 연구에 따르면,[21] 이문건은 매우 빈번하게 다양한 무사(巫事)를 지내고 점을 치는 등 기복 민속의식의 요청자이면서 동시에 시행자이기도 했다. 아울러 음사를 시행하는 과정에서 갈등하거나 고민하는 모습도 그다지 보이지 않았는데, 이는 그와 교유했던 다른 재지품관들도 마찬가지였다. 이 시기 조정에서는 국가에서 금지한 음사를 재지품관들조차 거리낌 없이 시행하고 있다고 인식했는데, 『묵재일기(默齋日記)』에 나타난 이문건의 모습이 그에 부합했다.

오히려 이 시기 향촌 사회에서 유교적 질서를 추구하는 흐름은 석전제·산천제·기우제 등 국가가 정비한 유교식 의례들이 지방관을 통해 정기적으

이루어지지 않았고, 『여지도서(輿地圖書)』 단계(1750~1760)에 가서야 의미 있는 수준으로 기왕의 성황사가 폐지되고 별도의 성황단이 만들어졌다. 그뿐만 아니라 17세기까지도 지방관이 주관하는 정사(正祠)로서의 성황제가 예전의 성황사에서 거행되었고, 음사(淫祀)로 전락한 민인들 주도의 성황제 역시 동일 공간에서 구래의 방식대로 시행되고 있었다고 한다.

20 재지사족들이 음사적 성황제에 대한 제재에 그다지 적극적이지 않았다는 점은 다음의 연구를 통해서도 확인된다. 이해준, 「淳昌 城隍祭의 變遷과 主導勢力」, 『역사민속학』 7, 1998. 이해준에 따르면 1563년(명종 18) 기묘사림의 후손인 양응정(梁應鼎)이 순창 성황제를 정비했는데, 그 정비 양상은 '고려적인 전통과 유제의 존속' 및 '유교적 외피의 마련'에 그쳤으며, 상을 훼파하거나 그에 대한 의식적인 거부감을 드러내는 모습은 거의 보이지 않는다고 했다.

21 최선혜, 「조선 전기 재지품관의 제사와 기복 민속의식」, 『조선시대사학보』 29, 2004.

로 시행되면서 추동되었다는 것이 실상에 가깝다고 생각된다. 특히 향교에서 시행되는 석전제의 경우 수령과 훈도, 유생, 명망 있는 사족들이 참석하는 매우 중요한 행사로, 석전제에 불참하는 향교 교생에게는 군역 면제의 혜택이 철회되는 등 일정한 구속력까지 지니고 있었다. 이렇듯 16세기 후반의 재지사족들까지도 음사적 성황제나 각종 무속과 불사를 크게 거리끼지 않았고, 석전제같이 관 주도의 정기적 의례가 이 시기 향촌 사회의 유교화 진전에 기여하고 있었다면, 통설의 향촌 사회상에 대해서는 재고의 여지가 많다고 생각된다.

한편, 재지사족의 자율적인 향촌 지배를 상징하는 유향소·향음주례·향사례에 대해서도 기존의 견해와 다른 주장이 제기되어 있어 여말선초의 향촌 사회 모습을 가늠하는 데 또 다른 참고가 된다. 유향소의 경우, 통설에서는 국가가 재지사족들의 자치활동을 저지하거나 훈구파의 경제적 기반 확대 수단으로 악용되면서 치폐가 반복되었다고 이해했다.[22] 하지만 이와는 달리, 국가가 향촌 사회의 유력자들을 통치 체제 안에 포섭하는 매개로 유향소를 활용하면서 양자가 우호적인 협력 관계를 갖고 있었다는 시각이 제기되었다.[23] 갈등이 전혀 없었던 것은 아니지만 서로를 필요로 하는 가운데 협력적인 관계를 유지하고 있었다는 지적으로, 이는 이 시기의 향촌 사회를 이해할 때 국가권력과 재지사족의 관계를 대립 일변도로 보는 시각에서 벗어날 필요가 있음을 환기시킨다. 아울러 유향소의 일상적인 기능과 성격에 주목하기보다는 치폐와 같은 문제에 착목하여 과도하게 정치적으로 해석하는 것도 주의

---

22 이태진, 「士林派의 留鄕所 復立運動」 上·下, 『진단학보』 34·35, 1972·1973; 정진영, 「朝鮮前期 安東府 在地士族의 鄕村支配」, 『대구사학』 27, 1985.

23 최선혜, 「조선 초기 留鄕所와 국가지배체제의 정비」, 『역사학보』 22, 2002.

를 기울일 필요가 있다.

향음주례·양로례(養老禮)·향사례의 경우, 기왕의 연구에서는 사림과 인사들이 향촌 사회에서 성리학적 질서를 추구하며 시행한 일종의 자치활동으로 이해하고 있다. 하지만 박사랑의 연구에 따르면, 향음주례 등의 제도적 기반은 오히려 국가가 유교 질서의 정착을 고민하는 과정에서 마련되었다는 점이 주목된다. 즉, 세종대에 국가가 표방하는 이념을 주부군현(州府郡縣)의 향인들에게까지 전달하며 중앙과 지방에 통일성을 부여하는 방법으로 향례를 운영하려는 노력이 기울여졌고, 그 같은 국가의 의지가 『세종실록』「오례」의 '향례' 조항으로 정리되었다고 한다. 다시 말해 향음주례·향사례·양로례와 같은 향례는 경전적 근거에 기초하여 국가 의례 차원에서 지방관들에 의해 주도되고 있었다는 것이다.[24] 그렇게 향례를 주도하던 지방관들 가운데 김종직 같은 이른바 사림파 계열의 인사들이 포함되어 있지만, 그것이 추동된 맥락은 국가의 향례 시행이라는 차원에서 이해해야 하는 것으로, 김종직의 향사례·향음주례 시행 역시 그가 지방관으로 재임하면서 시행했다는 점을 상기할 필요가 있다.[25]

유향소와 향례에 대한 이 같은 연구들은 '국가 vs 재지사족'의 대립 구도를 속에서 향촌 사회와 재지사족을 이해하는 통설을 반박한 이견들이다. 따라서 성황제의 시행에서도 확인되듯이 15세기는 물론 16세기까지도 향촌의 재지사족들은 구래의 전통적 질서에서 크게 벗어나지 못했고, 오히려 지방관

---

24 박사랑, 「15세기 조선 정부의 鄕禮 논의와 향촌 질서 구축」, 『韓國史論』 62, 2016.

25 '부민고소금지법(部民告訴禁止法)' 역시 지방 사족에 대한 국가의 일방적인 제재 조치라기보다 향촌 사회를 국가가 온전히 통제하기 어려운 시대적 여건 속에서 시행된 측면이 있었다는 주장도 제기되었다. 백승아, 「15·16세기 부민고소금지법의 추이와 지방통치」, 『한국사론』 61, 2015.

주도로 시행되는 국가 의례가 향촌 사회에 새로운 질서를 보급하는 계기가 되고 있었다고 할 때, 그동안 '국가 vs 재지사족', '중앙 vs 지방'의 대립 구도 속에서 사회변동에 관련된 유의미한 변화들을 지방의 중소 지주나 재지사족, 혹은 그 출신으로 분류되는 신흥유신·사림파 계열과 직접적으로 연계시켜온 이해 방식은 재고의 여지가 많다고 생각된다.

오히려 정작 궁금해지는 부분은 고려 말 조선 초 향촌 사회에서 사족이 어떻게 형성되고 있었는가 하는 부분이다.[26] '유교화'라는 관점에서 보자면 이 시기 향촌 사회의 유력자들은 이전 시대의 비유교적·토호적·향리적 속성으로부터 벗어나 '사(士)'로 표상되는 속성을 갖추어 나가는 것이 과제였을 터인데, 그것이 어떤 과정을 통해 이루어지고 있었는지 통설을 통해서는 이해하기 어렵다. 이족(吏族)과 사족(士族)이 분리되어 사족이 향촌 사회를 주도해 나갔다고 하지만,[27] 사족 중심의 질서가 정착하기까지 소요되는 시간과 양상, 지역적 편차 등에 대해서는 아직 충분한 논의가 이루어지지 못했다. 특히 사족이 어떻게 이족을 압도해 나갔나를 고민해볼 때 관권(官權)의 협력 없이는 불가능했다고 생각한다. 그렇다면 '관권과 사족의 관계', '중앙과 지방의 관계'를 대립 일변도로 규정하기는 힘든 것이며, 이는 다시 지방 출신 인사들을 중앙 출신들과 다른 별개의 정치 세력으로 자동 전제하는 것 또한 곤란하다는 것을 의미한다. 여말선초~조선 전기에 형성되고 있던 향촌의 사족들은 관권에 저항하며 자치권을 확보해간 '반항아' 모델이라기보다는 오히려 관권

---

26 '성리학적 사회질서의 정착'이란 성리학에 해박하고 뛰어난 학식을 갖춘 몇몇 인사들이 간헐적으로 등장하는 것이 아니라, 앞서 언급했던 매향과 같은 민간신앙 등의 각종 음사들을 '자발적으로' 배척해 나가는 동시에, 그것을 유교적 의례들로 대체해 나가는 흐름 속에서 이루어지는 것이 아닐까 생각한다.

27 이수건, 『韓國中世社會史研究』, 일조각, 1984, 342~345쪽.

과 타협하고 보편적 가치를 차츰 수용해가며 향촌 사회에서 자기 위상을 강화한 '모범생' 모델에 더 가깝지 않았나 생각된다.

요컨대, 여말선초 생산력의 발전이나 향촌 사회의 변화와 같은 유의미한 사회변동이 정치적인 서사 수준에서 벗어나 재지사족의 실상과 연관되어 좀 더 구체적인 실증을 거칠 필요가 있다고 할 수 있다. 그런 측면에서, 보혁 갈등 구도에 입각해 신흥유신이나 사림파를 선험적으로 전제하고 그들에게 개혁적 의미를 부여한 뒤 그것을 다시 향촌 사회의 발전과 연계하여 이해하는 것은, 앞서 살펴본 이 시기의 향촌 사회 모습을 고려할 때 쉽게 받아들이기 어렵다. 그 같은 접근법은 오히려 이 시기의 향촌 사회에서 일어나고 있던 유의미한 변화에 대한 합리적인 이해마저 어렵게 만드는 것이 아닌가 하는 아쉬움이 있다.

5. 정치 세력은 재생산되고 있었나?

다음은 정치 세력의 속성과 관계된 문제로, 정치 세력의 '재생산 기제' 혹은 '지속성'이라는 문제를 지적할 수 있다. 다시 말해 권문세족과 훈구파, 신흥유신과 사림파가 재생산 기제를 갖고 지속적으로 재생산되는 정치 세력이었는가 하는 문제이다. 통설에서는 정치 세력으로서 이들의 재생산 능력을 자연스럽게 전제하고 있다. 하지만 재생산 문제는 그렇게 단순하지 않다. 정치 세력이 재생산되고 있었다고 간주하려면 그것이 어떻게 가능했는지가 해명되어야 한다. 가령, 붕당의 경우 학맥·가문·지연·관직 등의 유기적 결합 속에 재생산 기제가 만들어지며 정파가 지속되었다. 덧붙여, 붕당의 형성은 왕권이 신료 사회의 분화를 더 이상 막기 어려워진 상황에서 이루어진 것이기도 했다.

　하지만 붕당 형성 이전의 정치 세력이 이 같은 재생산 기제를 갖추고 있었는지에 대해서는 의문이 든다. 권문세족과 훈구파의 경우, 주로 가문 배경(세족·거족)과 출신 지역(개경·한성)에 기초하여 지속적으로 집권해 나간 정치 세력으로 이해되고 있다.[28] 신흥유신과 사림파의 경우, 그들과 대비되는 가문과 지역 배경을 갖고 향촌에서 세력을 유지하고 있었던 것으로 이해된다. 전체적인 측면에서 보자면, 통설에서 고려 말~조선 전기에 이르는 시기 동안 정치 세력을 구획하는 방식은 재지사족과 같은 모집단을 기본적인 상수로 상정한 뒤 특정 사건을 중심으로 시기에 따라 권문세족과 훈구파를 그와 대립했던 세력으로 배치하는 설정에 가깝다.

　이렇듯 정치 세력의 재생산 기제에 대한 통설의 설명이 모호하자, '훈구파의 실체가 없다'는 주장이 제기되기도 했다. 유승원은 사림파를 성리학 근본주의적 성향을 지닌 정치 세력으로 규정하면서도, 훈구파에 대해서는 정치 세력이라 할 수 있는가에 회의적인 입장을 드러냈다.[29] 즉, 훈구 대신은 존재했지만 사림파에 상대되는 하나의 정치 세력 혹은 사회 세력으로서의 '훈구파'는 애초부터 존재한 적이 없었다는 입장이다. '훈구파'라 불린 집단은 사림파와 반목하거나 사림파에게 공격받은 개별적인 존재들을 기계적으로 모아놓은 집합에 불과하며, 지금까지 훈구파와 사림파를 구분해온 기준들, 이를테면 가문, 지역적 배경, 학문적 성향, 개혁 성향 등에서 양자가 명확하게

28　권문세족과 훈구파의 경우, 신흥유신과 사림파의 집권으로 정치 무대에서 사라진 것으로 이해되고 있다. 하지만 조선 건국 이후와 붕당 형성 이후에도 세족이나 훈구로 분류되는 가문 출신이 계속해서 중앙 정치 무대에 등장했다는 사실을 고려할 때, 권문세족이나 훈구파의 몰락이 무엇을 의미하는지 잘 이해되지 않는다.

29　유승원, 「조선시대 '양반' 계급의 탄생에 대한 시론」, 『역사비평』 79, 2007, 203~206쪽.

갈린다고 보기 어렵고, 사림파가 '붕당'으로 지목될 만큼 결속력을 가진 것에 비해 훈구파로 분류되는 인사들은 그들을 대표하는 인사도 부재했고 별다른 지원 세력도 없었으며 특별한 결속력도 보이지 않았다고 지적했다. 그뿐 아니라 딱히 공동의 사업이나 활동이라 지목할 만한 것도, 사림파의 활동을 조직적·집단적으로 반대한 일도 찾아보기 어렵다고 했다. 결국 흔히 말하는 '훈구파'의 특성이라는 것은 훈구 대신들 중 문제가 많은 사람들의 개별적 행위나 성향을 일반화한 데 불과한 것으로, 훈구 대신들은 정치 세력 또는 사회 세력으로 간주할 만한 요건을 제대로 갖추고 있지 못했다면서 정치 세력으로서 훈구파의 설정 자체에 대해 부정적인 입장을 피력했다.

앞서 언급했듯이 권문세족이나 훈구파는 뚜렷한 실체를 가진 존재라기보다 신진사대부나 사림파의 설정 과정에서 그 대척점에 세워진, 실체가 모호한 존재라는 인상이 짙다. 세족에게도, 그리고 훈구에게도 관직에 진출하는 것은 가문의 성세를 유지하기 위해서 꼭 필요한 일이었다. 중세 유럽의 세습 귀족이 대대로 작위를 계승해 나갔던 것과 달리, 그들은 관직을 매개하지 않고 가문의 힘만으로 세를 유지해 나가기가 어려운 존재였다. 따라서 이 같은 측면을 고려할 때, 권문세족이나 훈구파와 같이 지속적으로 재생산되는 정치 세력을 상정하는 것은 무리가 있다. 특히 훈구 세력에 대한 설정이 공신이나 척신이라는 지표를 통해, 혹은 사화를 일으킨 주모자들을 중심으로 이루어지면서, 그들이 집권층으로 오랫동안 공고한 권력을 유지하고 있었던 것처럼 이해하고 있지만, 성종대 이래 국왕권이 상대화되고 사화와 반정으로 군주의 권위가 추락하는 과정에서 공신과 척신들이 대를 이어가며 집권했다고 보는 것은 현실과 부합하지 않는다. 일시적으로 특정한 사건이나 인물을 중심으로 세가 형성될 수는 있겠지만, 그 같은 세력이 장기 지속성을 갖기 어려운 구조였다. 적어도 붕당이 형성되기 이전에는 그랬다고 생각한다.

한편, 필자는 훈구파뿐만 아니라 사림파라 불리는 이들 또한 지속적으로 재생산되는 정치 세력으로 간주하기가 어렵다고 생각한다. 흔히 조선 성종 대 이래 대간의 적극적인 언론 활동으로 정치적 갈등이 격화되고 사화가 거듭되는 현상을 사림파라는 정치 세력이 조정에 진출했기 때문으로 이해하고 있다. 하지만 언론의 활성화는 새로운 정치 세력의 진출로 이루어졌다기보다 조정 내 권력 구조의 변동에서 기인한 것이었다고 할 수 있다. 다시 말해 대간의 언론이 활발해지고 대신에 대한 탄핵이 거침없어진 것은 새로운 세력이 등장해서가 아니라, 청요직(淸要職)의 영향력이 강화되면서 나타난 권력 구조의 변화와 관련된 현상이었다.

대간을 포함한 조선시대 당하관 관료의 임명은 사일(仕日)·고과(考課)·관계(官階)·관직(官職)이 유기적으로 연동되는 순자법(循資法)을 통해 이루어지는 것으로서,[30] 이 같은 인사 규정의 특성상 특정 세력이 한꺼번에 언관직에 진출하는 것은 구조적으로 어려운 일이었다. 적어도 관료 사회가 분화되기 이전에는 불가능한 일이었다고 보는 것이 타당하다. 더군다나 홍문관·대간·사관 등이 주축을 이루고 있던 청요직은 출중한 문한(文翰) 능력과 거족(鉅族) 출신이라는 요건을 갖추어야 진입할 수 있는 핵심 엘리트 코스였다.[31] 따라서 훈구파에 비해 한미한 가문 출신인 사림파 인사들이 일거에 언관직에 진출하여 언론이 활성화되었다는 이해는 관료 조직의 생리가 전혀 고려되지 않은 과도한 설정일 수밖에 없다. 성종과 중종이 훈구파를 제어하기 위해 사림파를 기용했다고 간주하면서 향촌 출신 사림파의 언관직 진출을 합리화하기도 하지만, 성종과 중종은 그런 정도의 왕권을 갖고 있지도 못했을뿐더러 만

---

30 이지훈, 「조선 초기 循資法의 정비와 운영」, 『역사학보』 229, 2016.

31 송웅섭, 「조선 전기 淸要職의 위상과 인사이동 양상」, 『한국사상사학』 55, 2017.

약 그런 조처를 취했다면 대간직뿐만 아니라 관료 조직 전체가 들썩이는 대대적인 인사이동이 있어야 가능한 것이었다.

정치 세력으로서 비교적 색채가 뚜렷한 조광조(趙光祖) 일파의 경우도 훈구파와 대별되는 일군의 정치 세력이 조정에 등장했던 것처럼 이해되고 있으나, 사실은 청요직에 진출해 있던 인사들이 신씨복위상소(1515년 중종이 천재지변을 맞아 구언 전교를 내리자, 담양 부사 박상과 순창 군수 김정이 사망한 장경왕후를 대신할 왕비로 이미 폐위되어 있던 신씨의 복위를 요청한 상소) 사건 이후 조광조를 중심으로 단일한 대오를 형성하면서 세력화한 것이었다. 그리고 기묘사화를 겪으면서 '피화(被禍)'라는 기준을 통해 '기묘사림'으로 명명되었던 것이다. 즉, 처음부터 같은 정파 출신이었기 때문에 단일한 목소리를 냈던 것이 아니라, 청요직이라는 직책에 있으면서 한목소리를 내다가 피화되었기 때문에 같은 세력으로 인식되었던 것이다.

이 시기 사림파의 활동으로 간주된 여러 일들은 대체로 청요직군에 있었던 인사들의 활동으로 귀결된다. 그들이 이 시기에 적극적인 활동을 할 수 있었던 배경은 청요직 간의 상호 연계된 인사 체계 속에서 홍문관을 중심으로 결집하는 한편, 홍문록(弘文錄)·피혐(避嫌)·서경(署經) 등을 통해 인사권의 일부를 확보하며 국왕과 대신의 그늘에서 벗어날 수 있는 권력 구조를 구축했기 때문이다. 그리고 그 같은 권력 구조의 기초 위에서 도덕적 권위와 공론이라는 위상에 기대 거침없이 언론을 행사하고 있었던 것이다. 김일손(金馹孫)·조광조 등은 청요직 여론을 주도했던 '주론자(主論者)'의 역할을 담당한 인사였으며,[32] 조광조에게 붙여진 '사림의 영수'라는 표현도 그런 맥락에서 이해할 필요가 있다.

---

32 송웅섭, 「조선 전기 主論者의 등장에 대한 검토」, 『조선시대사학보』 68, 2014.

결국 필자의 입장은 적어도 붕당이 형성되기 이전까지 권문세족이나 신흥유신, 훈구파와 사림파 모두 지속적으로 재생산되는 정치 세력의 속성을 갖고 있었다고 보기 어렵다는 것이다. 재생산되는 정치 세력을 전제하고 있는 기왕의 정치사 서술 방식에 변화가 필요하다고 생각한다. 그리고 그 변화는 그동안 신진사대부나 사림파를 지속적으로 재생산되는 정치 세력으로 규정해온 연구자들의 인식론적 기반이 무엇이었나를 고민하는 데서부터 출발할 수 있지 않을까 싶다.

6. 새로운 '서사'와 '역사상'을 기대하며

정리하자면, 통설, 그리고 통설을 계승한 연구 방법론이 갖고 있는 문제점은 보혁 갈등 구도에 입각한 역사 해석 속에서 조선의 건국이나 사화와 같은 특정한 사건들을 중심으로 이 시기 집권층을 서로 다른 계보를 가진 별개의 정치 세력으로 구분한 뒤, 권문세족적인 것과 신진사대부적인 것, 혹은 훈구적인 것과 사림적인 것으로 나누고, 신진사대부와 사림파의 '등장'을 사회경제적 변화와 직결시키며 이들의 존재를 실체화했던 접근법에 있다고 본다. 변화와 발전 자체가 없었다고 생각하지는 않는다. 문제는 그러한 변화와 발전이 어떻게 이루어지고 있었는지를 당대적 맥락 속에서 실증적으로 밝혀내야 하는데, 실증이 요구되는 사안마다 신진사대부와 사림파의 등장을 전가의 보도처럼 활용하는 가운데 궁극적으로는 정치적 서사를 통해 선진적인 향촌 사회상을 실재화시켰던 것이다. 그 결과 이 시기 향촌 사회의 발전상에도 불구하고 '그런 발전이 어떻게 이루어졌는가'라는 질문에 이르러서는, '신진사대부와 사림파의 활동으로 가능했다'는 환원론적 설명으로 귀결되고 만다.

한편 수정주의적 입장의 연구들이 가진 문제점은 지배층의 동질성을 강조한 나머지, 유의미한 변화를 포착하고 새로운 틀 속에서 그런 변화를 설명하는 데 도달하지 못한 것이라고 생각한다. 수정주의적 연구들 중에는 급격한 사회변동에 대한 부정적인 인식 속에서 권문세족이나 훈구의 역사적 의미를 강조한 경우도 있는데, 이러한 접근은 도리어 통설의 선험적·이분법적 프레임에서 벗어나지 못한 채 기왕의 구도를 강화하는 역설적인 결과를 낳는다고 본다. 중요한 점은 통설의 프레임 자체가 지닌 한계를 넘어서려는 노력을 해나가는 가운데 이 시기에 이루어지고 있던 정치·사회 부문의 변화를 당대적 맥락 속에서 설명할 수 있는 '새로운 역사상'의 구축이지 않을까 생각된다.

향후 고려 말~조선 전기의 정치 세력에 대한 이해는 보혁 갈등 구도 속에서 사회 변화를 정치 세력과 즉자적으로 연결시키는 접근법으로부터 벗어날 필요가 있다. 각각의 영역에서 이루어졌던 변화들에 대한 좀 더 실증적인 연구의 축적 위에서 이 시기 정치적 격변에 대한 설명과 향촌 사회의 변화상을 재구성할 필요가 있다.

아울러 고려 말~조선 전기 '관(官)'으로 상징되는 국가의 역할과 의미에 대해서도 새로운 접근과 이해가 요구된다. 향리·재지사족 출신이든 중앙의 핵심 지배층 가문 출신이든, 이들에게 '관'이라는 무대가 지니고 있었던 위상과 역할이 무엇인지 고민해보아야 한다. 통설은 '관권(官權)'에 대해 부정적인 관점에서 재지사족과 같은 향촌 유력자들에게 신문화 도입의 주도적인 역할을 부여했지만, 성리학과 선진 문물의 유입 및 도덕적 권위의 창출이 오히려 '관'을 매개로 형성되었음을 고려해야 한다. 이 시기 '관'에 의해 구축된 권위와 질서를 재지사족들이 어떻게 전유해 나가고 있었는지, 아울러 재지사족들을 중심으로 한 서사 구조(이를테면 도통론과 같은)는 또 어떻게 확립되고 있었는지에 대한 분석이 필요하다. 그런 측면에서, 붕당정치의 폐단이 심각해지는 조선 후기뿐만 아니라 재지사족이 형성되는 시점에서도 재지사족들의 권력욕 및 타락 가능성에 대한 적극적인 고려가 필요하다. 지배층이라 할 수 있는 재지사족들 전체를 권문세족이나 훈구파와 대비하면서 '선하게' 그리고 있는 통설의 역사상은, 조선시대 어느 시점에 형성된 재지사족들을 중심으로 한 정치적 서사의 영향을 받은 것은 아닌지 역시 검토해볼 필요가 있다.

성리학의 수용과 그 성격

| 강문식 |

1. 여말선초 성리학 연구 시각에 대한 문제 제기

고려 말 원(元)으로부터 성리학을 수용한 일은 몇 가지 점에서 중요한 역사적 의의를 갖는다. 우선 무인 집권기 이후 침체에 빠져 있던 고려 유학이 새롭게 부흥하는 계기가 되었다. 10~11세기에 북송(北宋) 신유학(新儒學)과 교류를 통해 상당한 수준의 발전을 이루었던 고려 유학은 무인 집권기를 거치면서 많은 학자들이 화를 입거나 이를 피해 불문(佛門)에 투신함으로써 학문의 기반이 크게 쇠락했다. 하지만 원 간섭기에 성리학이 유입되어 관학(官學)을 중심으로 교육과 연구가 이루어지면서 고려 유학은 새로운 전기를 맞이했다.

14세기 초부터 본격적으로 고려에 수용된 성리학은 14세기 후반 공민왕대 성균관 중영(重營) 이후 연구와 교육이 활발하게 진행되었다. 정도전(鄭道傳)의 『불씨잡변(佛氏雜辨)』, 권근(權近)의 『입학도설(入學圖說)』・『오경천견록(五經淺見錄)』 등은 14세기 후반 이후의 성리학 연구와 이해 수준을 보여주는 대표적 저술이다. 이 같은 성과는 고려 말 정치·사회 개혁의 추진, 나아가 조선 건국의 토대가 되었다. 15세기의 학자들 역시 선배 학자들의 성리학 이해를 수용하고 그 기반 위에서 조선을 성리학 국가로 만들기 위해 필요한 각종 제도와 문물을 정비해 나갔다. 『경국대전(經國大典)』과 『국조오례의(國朝五禮儀)』로 대표되는 15세기 제도·문물 정비의 성과는 비록 지속적인 보완이 이루어지기는 했지만 기본적으로 조선 말까지 국가 운영의 기본 원칙이 되었다.

이렇듯 고려 말 성리학의 수용은 우리나라 사상사 전개 과정에서 매우 중요한 의의를 갖는다. 그에 따라 많은 연구자들이 이 시기 성리학의 수용 과정 및 그 성격에 대한 여러 논저들을 발표했다. 하지만 오랜 기간의 연구에 비해 여말선초 성리학의 성격이나 역사적 의미가 충분히 설명되지는 못한 것으로 보인다. 이는 근본적으로 이 시기 성리학의 내용과 성격을 보여주는 사료가 절대적으로 부족한 데 기인하지만, 다른 한편으로 이 시기 성리학을 보는 연구자들의 시각에도 재고의 여지가 있다고 생각된다.

기존 연구에서는 여말선초의 성리학을 전후 시기의 학풍과 단절적으로 이해하는 시각이 주류를 이루었다. 그중 고려 중기 유학과의 단절성 문제는 고려 중기에 북송 신유학을 받아들이고 무인 집권기에 불교적 심학화(心學化) 과정을 통해 성리학 수용의 토대가 마련되었다는 일련의 연구들을 통해 어느 정도 해소되었다고 할 수 있다.[1] 반면, 여말선초 성리학과 16세기 이후의 성리학을 서로 다른 것으로 파악하는 관점은 여전히 계속되고 있다. 그뿐 아니라 고려 말 성리학을 수용한 사대부의 정치적 분기를 학문적·사상적 분기로 확대하여 설명하면서 그 둘을 서로 다른 사상으로 이해하는 시각도 있다.

---

1 문철영, 「고려 중기 사상계의 동향과 新儒學」, 『국사관논총』 37, 1992; 『고려 유학사상의 새로운 모색』, 경세원, 2005.

이상과 같은 기존 연구들의 시각은 여말선초 성리학의 계기적 발전 과정 및 전후 시기와의 관계를 고찰하는 데 어려움을 주고 있다. 이에 이 글에서는 '연속성'의 관점에서 여말선초 성리학에 관한 기존 연구들의 내용과 한계를 검토하고, 그 대안을 모색해보고자 한다.

2. 고려 말 사대부의 사상적 분기 재검토

고려 말 성리학에 대한 이분법적 시각

고려 말 성리학을 수용한 사대부들이 고려 사회의 개혁을 추진하는 과정에서 정치적 노선 차이로 인해 이른바 온건개혁파와 급진개혁파로 분기했다는 것은 주지의 사실이다. 고려 말 사대부의 정치적 분기는 사전(私田) 개혁 과정에서 극명하게 드러났으며, 급진개혁파들이 '폐가입진(廢假立眞)'을 명분으로 창왕 폐위와 공양왕 옹립을 단행하고 이색(李穡) 등 온건개혁파에 대한 공세를 강화하면서 양측의 대립과 갈등은 격화되었다. 그런데 이 시기의 사상사 연구 중에는 고려 말 사대부의 분기가 단순히 정치적 노선 차이에서 비롯된 게 아니라 사상의 차이, 즉 그들이 수용한 성리학의 내용과 성격이 달랐던 데서 연유한다고 주장하는 연구들이 있다.

온건개혁파와 급진개혁파의 사상적 차이를 지적한 논저로는 먼저 한영우의 연구를 들 수 있다.[2] 정도전에 대한 이 연구에서는 14세기 전반의 성리학을 '지주적 성리학', 14세기 말 정도전 단계의 성리학을 '농민적 성리학'으로 구분하고, 농민적 성리학을 통해 고려적·중세적 질서와 불교적 세계관을 극

---

2 한영우, 『(개정판) 정도전 사상의 연구』, 서울대학교출판부, 1983.

복하고 근세적·성리학적 질서를 건설하려는 새로운 개혁주의 노선이 나타났다고 주장했다.

　이 연구에서 지주적 성리학과 농민적 성리학의 구체적인 내용이나 차이점이 명확히 제시되지는 않았다. 하지만 16세기 이후에는 지주적 성리학이 주류를 이루었다는 설명으로 볼 때, 지주적 성리학은 일반적으로 이해되는 성리학의 내용을 상정한 것으로 보인다. 또 이 연구는 정도전이 지주적 성리학을 농민적 성리학으로 고양시킬 때 의지했던 모델이 『주례(周禮)』에 기초한 자작농(自作農) 사회이고, 그가 정주학(程朱學)에 바탕을 두면서도 명분론 수용에는 극히 제한적이었으며, 사회문제 해결에 필요하다면 불교·도교 등도 부분적으로 절충하였다고 했다. 이를 고려하면, 자작농 사회의 건설을 위해 성리학 이외의 사상도 탄력적으로 수용하거나 성리학 이념의 일부를 제한했던 것이 농민적 성리학의 특징이라고 할 수 있겠다.

　한영우의 연구에 대해서는 이미 지주적 성리학과 농민적 성리학의 구분이 가능한 것인가라는 근본적인 의문이 제기되었다.[3] 이는 성리학이 기본적으로 지주의 입장을 대변하는 이데올로기라는 점에서 제기된 의문이었다. 또한 농민적 성리학의 핵심은 '자작농 사회의 건설'이라고 할 수 있는데, 물론 이것이 새로운 사회체제 형성이라는 점에서 중요한 문제이기는 하지만 과연 성리학의 성격 규정을 좌우할 만큼의 결정적 요인인지는 의문이다.

　농민적 성리학의 특징으로 제시된 비성리학적 요소의 절충이나 성리학 이념의 제한적 수용도 다시 검토할 필요가 있다. 먼저 『주례』 문제를 들 수 있는데, 한영우는 성리학의 왕도주의에 대비해서 『주례』의 질서는 왕도와 패도의 조화를 추구한 것이라며 『주례』를 성리학과 분리하여 이해했다. 하지만

---

3 정재훈, 「정도전 연구의 회고와 새로운 사상사의 모색」, 『한국사상사학』 28, 2007.

최근 연구를 통해 정도전이 수용한 『주례』의 내용은 송대 사공학(事功學) 계열의 유서(類書)들에 수록된 주희의 『주례』 연구 성과를 인용했던 것임이 확인되었다.[4] 그렇다면 정도전이 『주례』를 받아들였다는 구체적인 의미는 성리학 이외의 사상을 절충했다는 것이 아니라 성리학의 정치 이론을 인용했다는 것으로 보는 편이 타당하다.

정도전이 성리학의 명분론 수용에 제한적이었다는 설명도 사실과 다르다. 한영우는 명분론의 제한적 수용의 근거로 정도전이 『주자가례(朱子家禮)』나 『강목(綱目)』의 수용을 고려하지 않았다는 점을 들었다. 하지만 정도전이 『조선경국전(朝鮮經國典)』 「예전(禮典)」에서 마지막 네 항목을 '관례(冠禮)'·'혼인(婚姻)'·'상제(喪制)'·'가묘(家廟)'로 설정하고 관혼상제의 사례(四禮)를 강조한 것은 『주자가례』의 시행과 밀접한 연관을 갖는다.[5] 그가 친영(親迎)과 가묘의 시행을 역설했을 뿐만 아니라 그 자신이 부모의 삼년상을 치른 사실도 『주자가례』 시행에 적극적이었음을 보여준다. 또 정도전은 『경제문감별집(經濟文鑑別集)』에서 중국의 삼국을 촉한(蜀漢) 위주로 서술함으로써 촉한에 정통성을 부여했는데, 이는 그가 『강목』의 역사 인식을 수용했음을 뜻한다.[6] 이상을 종합하면, 농민적 성리학의 특징으로 제시된 다양한 사상의 탄력적 절충이나 성리학 이념의 제한적 수용은 실제와 거리가 있는 설명이라고 할 수 있다.

고려 말 사대부의 분기 원인을 양측의 사상적 차이에서 찾았던 또 하나의

---

4 도현철, 『조선 전기 정치사상사』, 태학사, 2013.

5 고영진, 「15·16세기 朱子家禮의 시행과 그 의의」, 『한국사론』 21, 1989, 90쪽.

6 김인호, 「정도전의 역사인식과 군주론의 기반」, 『한국사연구』 131, 2005. 주희는 사마광(司馬光)이 『자치통감』에서 위(魏)를 정통으로 정한 것을 비판하면서 유비(劉備)의 촉한(蜀漢)을 정통으로 규정했고, 위와 오(吳)는 참국(僭國)으로 분류했다. 麓保孝, 「朱子의 歷史論」, 『中國의 歷史認識 (下)』, 창작과 비평사, 1985.

대표적인 논저로 도현철의 연구를 들 수 있다.[7] 이 연구에 따르면, 고려 말의 사대부들은 주자학을 현실 정치에 이용하여 당시의 정치·사회 위기를 타개할 개혁을 구상했고, 원으로부터 관학 주자학을 적극 받아들여 고려 사회에 대입시키고자 했다. 그런데 원의 주자학은 실천윤리를 강조하며 지배질서에 순응하도록 요구하는 제한적 의미의 주자학이고, 그 때문에 사대부 내에서는 원의 관학 주자학에서 벗어나 송의 주자학을 그 자체로 이해하려는 흐름이 나타났는데, 정도전·조준(趙浚)·윤소종(尹紹宗) 등이 그 중심인물이었다.

그들은 원 관학 주자학이 제시하는 실천윤리에서 벗어나 송이 직면한 대내외적 위기 상황, 즉 여진·몽골이라는 이민족의 침입과 농민항쟁 속에서 탄생한 주자학의 정치사상을 연구했고, 『주자대전(朱子大全)』·『주자어류(朱子語類)』 등을 학습하여 현실 정치에 적용했으며, 나아가 현실 변혁의 근거 수단으로 활용했다. 즉, 초기 사대부들이 원의 관학 주자학에 머물러 있던 것과 달리 그들은 송 주자학을 직접 접하면서 주자학적 이상 정치를 고려 사회에 적용시키려 했다는 것이다. 그리고 원 관학에 머물러 있던 초기 사대부들은 주자학을 원용하여 고려 구래의 질서를 복구함으로써 당시의 사회변동을 타개하고자 했다는 점에서 '구법파(舊法派)'로, 반면에 송 주자학을 직접 접하면서 주자학적 이상 정치를 추구했던 이들은 구법을 개혁하고 주자학을 기초로 새로운 법과 제도를 만들려 했다는 점에서 '신법파(新法派)'로 규정했다.

이어서 이 연구는 원 관학 주자학을 수용한 구법파와 송대 주자학을 수용한 신법파의 사상을 불교관, 예론, 화이관, 정치체제론·군주론, 대민 정책 등으로 나누어 비교 검토하면서, 양측이 확연히 구분되는 사상적 기반을 가지고 있었다고 주장했다. 이 연구에서 제시된 양측의 사상적 차이점을 정리하

---

7 도현철, 『高麗末 士大夫의 政治思想研究』, 일조각, 1999.

〈표 1〉도현철이 제시한 구법파와 신법파의 사상 비교

	구법파	신법파
불교관	유불동도론(儒佛同道論)과 불교개선론(佛敎改善論)	척불론(斥佛論)과 불교개혁론(佛敎改革論)
예론(禮論)	사은(私恩) 중시의 예론	공의(公義) 중시의 예론
화이관(華夷觀)	형세·문화론적(形勢文化論的) 화이관	명분론적(名分論的) 화이관
정치체제론 군주론	정치체제 개선론 왕패겸용적(王霸兼用的) 이상군주론	정치체제 개혁론 왕도적(王道的) 이상군주론
대민 정책	지방관 자율의 인성 교육과 민소생론(民蘇生論)	국가 주도의 생업 안정과 학교론

* 출처: 도현철, 『高麗末 士大夫의 政治思想硏究』, 일조각, 1999의 내용을 바탕으로 필자가 정리.

면 〈표 1〉과 같다.

한편, 정재훈은 고려 말에 도입된 성리학에는 원대의 체제교학(體制敎學)을 수용한 흐름과 남송의 성리학을 수용한 흐름이라는 상이한 두 가지 계열이 존재한다고 주장했다. 그에 따르면, 원대 체제교학의 흐름을 대표하는 학자가 이제현(李齊賢)·이색이고, 남송 성리학의 흐름을 대표하는 인물이 정도전·조준 등으로, 양측은 중국으로부터 받아들인 성리학의 내용에서 차이가 있었으며 그 차이가 당시 국내외의 혼란스러운 상황에 대해 서로 다른 대처 양식을 갖게 하였다고 했다. 그리고 과거 대부분의 연구가 이들이 수용한 성리학의 성격 차이는 고려하지 않은 채 이들의 정치적 혹은 학문적 입장의 차이만 지적하였다고 비판했다.[8] 이와 같은 주장은 기본적으로 앞서 본 도현철의 연구 성과를 받아들이면서 이를 성리학 수용의 계통적 차이로까지 확대한 것이라고 할 수 있다.

---

8   정재훈, 『조선 전기 유교정치사상 연구』, 태학사, 2005.

고려 말에 성리학을 수용한 사대부층을 구법파와 신법파, 원대 체제교학과 남송 성리학 등의 두 계열로 구분하여 양측의 차이와 특징을 분석한 연구들은 고려 말 성리학의 다양한 면모와 성격을 밝혀주었다는 점에서 연구사적으로 중요한 의의를 갖는다. 하지만 고려 말의 성리학이 판이하게 다른 두 계열로 분립되었다는 결론은 과도한 이분법적 접근에서 비롯된 규정으로, 다시 검토될 필요가 있다고 생각한다. 다음 절에서는 이와 관련된 몇 가지 문제를 제기해보고자 한다.

'원대 체제교학 vs 남송 성리학'론 재검토

첫 번째로 "고려 말에 도입된 성리학에는 크게 두 가지 계열의 상이한 흐름이 존재"하며 "받아들인 성리학의 내용에서도 차이를 갖는 것"이라는 주장을 검토해보겠다. 이는 고려 말 성리학을 수용하는 과정에서 내용적으로 서로 다른 두 계통이 있었고, 이 두 계통이 고려에서 계속 별개로 존재하며 각각 계승되었음을 의미한다고 할 수 있다.

이런 주장은 구체적인 자료 검토를 통해 확인된 것이 아니라 윤남한·지부일 등의 기존 연구 성과에 근거한 것이다. 윤남한은 여말 전기의 배불적(排佛的) 정주학이 원대의 화북(華北) 정주학풍과 연결된 것이라면, 정몽주 등의 여말 후기 정주학풍은 절강(浙江)·금화(金華)를 중심으로 한 남방 주자학의 의리학풍과 연결될 수 있으며 그러한 까닭에 정치적으로 반원향명(反元向明) 정책으로 전환될 수 있었다고 했다. 또 이러한 관점에서 볼 때 고려와 조선의 왕조 교체는 사상적으로 정주학의 교체와 연결된다며 고려 말 성리학의 성격에 변화가 있었음을 강조한다.[9] 지부일은 윤남한의 연구를 계승하면서 좀

---

9 尹南漢, 「韓國儒學史」, 중앙문화연구원 편, 『韓國文化史新論』, 중앙대학교출판국, 1975.

더 구체화했는데, 즉 정몽주·정도전·권근 등이 원·명 교체 이후 명에 사신으로 파견되어 주자학의 적통인 금화학파와 교류함에 따라 남방계 주자학을 수용하였다고 했다. 그리고 "진정한 주자학파는 친명배불 정책을 주장한 정몽주·정도전·권근 등에 의해 비로소 형성되었다"라고 하여 정몽주 등을 그 이전의 학자들과 분리하여 파악했다.[10] 하지만 윤남한·지부일 등의 연구 역시 당시 정황을 통해 유추한 결론일 뿐, 자료를 통해 검증된 사실은 아니다.

고려 말 성리학 수용 과정에서 허형(許衡) 학풍 중심의 원대 관학이 도입되었다는 점에는 이론의 여지가 없다. 하지만 여러 연구를 종합해볼 때, 고려 말 성리학에 남송의 성리학적 요소들이 존재했던 것 역시 사실이다. 이제현이 만권당에서 교유했던 학자들 중에는 관학에서 성장한 학자들뿐만 아니라 '요로(饒魯)－오징(吳澄)' 등 남방 지역 학자들의 학풍을 잇는 우집(虞集)·원명선(元明善) 등도 포함되어 있었다.[11] 또 이제현은 충선왕을 호종하여 강절(江浙) 지역을 여행할 때 강남 지역의 대표적 성리학인 허겸(許謙)·진초(陳樵) 등과 교유한 바 있다.[12] 정몽주는 성균관 교관 시절에 허형과는 다른 학풍을 지녔던 주자학자 호병문(胡炳文)의 학설과 일치하는 내용을 강의했는데, 이는 고려 말 성균관에서 호병문의 학설이 수용되고 있었음을 보여준다.[13] 또

---

10 池富一, 「高麗 後期에 수용된 朱子學의 性格」, 『백산학보』 45, 1995.

11 李亨雨, 「萬卷堂에 대한 일고찰」, 『元代性理學』, (사)포은사상연구원, 1993.

12 鄭玉子, 「麗末 朱子性理學의 도입에 관한 小考」, 『진단학보』 51, 1981.

13 호병문(1253~1333)은 휘주(徽州) 무원(婺源) 출신의 학자로, 가학(家學)을 통해 주희의 학문을 전수받아 그 학설을 충실히 따르고 존숭하는 학풍을 가졌던 인물이다. 특히 사서(四書)와 『서경』, 『주역』에 관한 저술을 많이 남겨 당시 중국 동남 지역의 대학자로 명성을 날렸다. 요컨대, 호병문은 허형의 학설이 중심을 이룬 원대 관학과는 학문적 경향을 달리하는 학자였다.

그는 1372년(공민왕 21) 명에 사신으로 파견되었다가 1년여 동안 남경에 거주했던 적이 있는데,[14] 그 과정에서 강남 지역 성리학의 영향을 받았을 가능성이 꽤 높다. 정도전은 송대 사공학파의 유서들을 통해 주희의 정치사상을 수용하고 이를 『조선경국전』·『경제문감』 등의 저술에 반영했다.[15] 권근도 『오경천견록』·『입학도설』 등에서 『주자어록』이나 황진(黃震)·요로·항안세(項安世)·웅화(熊禾)·오징·왕신자(王申子)·조채(趙采)·동진경(董眞卿) 등 원·명대 여러 학자들의 학설을 폭넓게 수용했다.[16] 이상의 사실들은 당시 고려에 수용된 성리학이 원의 관학에만 국한되지 않고 강남 지역의 성리학까지 포괄하는 등 내용적으로 상당히 다양했음을 보여준다.

주의할 점은 이처럼 다양한 계통의 성리학이 고려에 들어온 이후 계속 별개의 흐름으로 분리되어 있었던 것이 아니라 중앙의 관학(官學), 특히 공민왕대 중영된 성균관을 중심으로 수렴되어 하나로 합해졌다는 것이다. 이제현은 10여 년간의 재원(在元) 생활을 마친 후 고려에 돌아와 관학에서 활동하며 자신의 학문을 전수했고, 그 문하에서 배출된 이곡(李穀)·이색 등은 고려의 관학을 주도했다. 특히 이색은 공민왕대 성균관이 중영되자 대사성을 맡아 관학의 성리학 연구와 교육에서 중심적인 역할을 담당했다. 정몽주는 성균관이 중영되었을 때 교관으로 임명되어 활동했고, 정도전도 정몽주 등의 추천을 받아 1370년(공민왕 19)에 성균관 교관으로 발탁되었다. 권근은 1368년(공민왕 17) 성균관에 입학하여 교육을 받았고, 관직에 진출한 이후에는 관학을 주

---

14 강문식, 「圃隱 鄭夢周의 交遊 관계」, 『한국인물사연구』 11, 2009.

15 도현철, 『조선 전기 정치사상사』, 태학사, 2013.

16 강문식, 『권근의 경학사상 연구』, 일지사, 2008.

도하는 학자이자 관료의 한 사람으로 성장했다.[17]

인적 교류뿐만 아니라 서적의 수입 역시 관학을 중심으로 진행되었다. 충숙왕대에는 성균관 박사 유연(柳衍)이 중국 남경에 가서 10,800여 권의 경학 서적을 구입해 왔고, 원의 황제가 송나라 비각(祕閣)에 소장되어 있던 서적 4,371권을 고려에 기증했을 때 이 서적들 역시 권보(權溥)·권한공(權漢功)·이진(李瑱) 등 관학의 학자들이 맡아 정리했다.

이처럼 고려 말 성리학의 수용과 연구에서 중추적 역할을 담당했던 학자들은 대부분 관학에서 활동했으며, 중국에서 서적을 수입하는 일 또한 관학을 중심으로 이루어졌다. 따라서 원대 관학의 성리학이든 강남의 성리학이든, 고려에 수용된 성리학은 그 흐름이 별개로 존재했던 것이 아니라 성균관으로 대표되는 관학으로 수렴되어 연구·교육되고 확산되었다고 할 수 있다. 그 결과 고려 말의 관학에는 성리학의 여러 조류들이 함께 공존했으며, 따라서 정치적 분기 여부와는 별개로 관학을 통해 성리학을 흡수했던 고려 말 사대부는 기본적으로 이와 같이 다양한 학풍을 공유했다고 보는 것이 타당하다. 즉, 고려 말에 수용된 성리학이 원대 체제교학과 남송 성리학이라는 서로 다른 계통으로 계속 존재했다는 주장은 사실과 다르다고 할 수 있다.

'구법파 vs 신법파'론 재검토

두 번째로 정도전을 비롯한 신법파가 원 관학 주자학에서 벗어나 송의 주자학을 그 자체로 이해하려 했다는 주장에 대해 검토해보자. 도현철은 "원의 주자학은 실천윤리를 강조하며 지배질서에 순응하도록 요구하는 제한적 의미의 주자학이었고, 이에 따라 사대부 내에서 원 관학 주자학에서 벗어나 송

---

17 『고려사』 권34, 충숙왕 원년 6월, 7월.

주자학을 그 자체로 이해하려는 흐름이 나타났다"고 했다. 이 주장대로라면 정도전 등은 원 관학 성리학이 '실천윤리를 강조하며 지배질서에 순응하도록 요구하는 제한적 의미의 주자학'이기 때문에 주자학의 본질에서 벗어난 변형된 것으로 인식했으며, 그에 따라 주체적 의지를 가지고 주자학의 본질에 가까운 송의 주자학을 받아들이고자 했다고 볼 수 있다.

그런데 위와 같은 해석이 가능하기 위해서는 정도전 등 이른바 신법파 학자들이 원 관학의 역사적 맥락과 형성 과정, 주요 내용과 특징, 정치사회적 의미와 한계 등에 대한 심도 있는 연구를 수행했다는 사실이 전제되어야 한다. 그러한 연구가 뒷받침되지 않고는 원 관학 주자학의 문제점을 파악하는 것이 어렵기 때문이다. 하지만 정도전이 활동하던 고려 말에 과연 원대 성리학에 대한 종합적인 연구 및 그에 따른 학문적 성격과 한계의 파악이 가능했는지 의문이다.

원대 성리학에 대한 여러 연구들을 통해 원 관학 성리학에 체제교학 또는 체제 순응적 성격이 있다는 점은 어느 정도 확인되었다.[18] 그런데 이러한 성과는 모두 최근에 와서 송·원 시기의 정치사회적 상황 및 학문적 사조의 전개 등을 종합적으로 비교·검토하는 과정을 통해 도출된 근대 학문의 결과물이다. 따라서 전근대 시대, 특히 성리학이 본격적으로 수용된 지 70~80년 정도밖에 지나지 않은 고려 말에 정도전 등이 원 관학 성리학의 체제교학적 성격과 그것이 갖는 문제점을 파악하고 그로부터 탈피하고자 하는, 근대 학문의 연구 결과와 동일한 인식을 갖는 것은 불가능한 일이다.

---

18 周采赫, 「元 萬卷堂의 設置와 高麗 儒者」, 『손보기박사정년기념 한국사학논총』, 1988; 포은사상연구원 편, 『원대성리학』, (사)포은사상연구원, 1993; 도현철, 『高麗末 士大夫의 政治思想硏究』, 일조각, 1999.

허형에 대한 조선 후기 학자들의 평가 역시 위와 같은 해석을 뒷받침해 준다. 조선 후기 학자들은 허형이 원 조정에 출사한 일을 두고 '실절(失節)'이라며 비판하기도 했지만, 또 다른 한편에서는 허형이 주자학을 사수하여 이적(夷狄)의 치하에서 도통(道統)을 전승한 공적을 긍정적으로 평가하는 흐름이 꾸준히 이어졌고, 그에 따라 문묘종사도 계속 유지되었다.[19] 이는 조선 후기에도 허형으로 대표되는 원 관학 주자학을 제한적 의미의 주자학이나 변질된 주자학으로 이해하지는 않았음을 보여준다. 중국에서도 주희 이후의 성리학사가 정리된 것은 15세기 말부터이며, 그나마도 원대 학자들에 관한 내용은 누락되었다.[20] 따라서 정도전 단계에서 송·원대의 학술사를 종합적으로 이해한다는 것은 불가능하다. 이런 점들을 고려할 때 정도전 등 여말 사대부들이 원 관학의 체제교학적 한계를 인식하고 그에서 탈피하려 했다는 설명은 사실과 거리가 멀다고 생각된다.

한편, 정도전이 자신의 학문을 허형으로부터 내려오는 계보 속에 자리매김했다는 점도 주목되는데, 이와 같은 인식은 그가 지은 「도은문집서(陶隱文集序)」에 잘 나타나 있다. 그 글에서 정도전은 이색이 중국에서 "올바른 사우(師友)와 연원(淵源)"을 얻어 성명도덕(性命道德)의 학설을 궁구한 뒤에 귀국했으며, 자신은 정몽주·이숭인(李崇仁)·박상충(朴尙衷)·김구용(金九容)·권근·윤소종 등과 함께 이색을 보고 흥기한 학자들 가운데 한 사람이라고 규정했

---

19 김정신, 「16~7세기 조선 학계의 중국 사상사 이해와 중국 문헌」, 『규장각 자부(子部) 도서와 사상사학의 신지평』(2017년 한국사상사학회 동계 학술대회 자료집), 2017, 20~21쪽.

20 대표적 저술로는 명대 학자 양렴(楊廉, 1456~1527)의 『伊洛淵源錄新增』과 『皇明理學名臣言行錄』, 사탁(謝鐸, 1435~1510)의 『伊洛淵源錄續錄』 등이 있다. 이 책들의 편찬·간행 경위 및 조선 학계에 끼친 영향 등에 대해서는 김정신의 위 발표문을 참조.

다.[21] 이색의 학문적 연원이 바로 허형이므로 결국 정도전은 자신의 학문적 연원을 '허형 → 이색 → 정몽주·이숭인 등'으로 이어지는 도통 의식 속에서 찾았다고 할 수 있다.[22] 즉, 정도전 스스로 자신의 학문이 허형으로부터 나왔음을 천명한 것이다. 따라서 정도전이 허형의 학문을 부정적으로 인식했다는 해석은 재고될 필요가 있다.

세 번째로 구법파와 신법파의 사상을 비교한 내용을 살펴보고자 한다. 도현철의 연구에서는 구법파와 신법파의 사상을 불교관, 예론, 화이관, 정치체제론·군주론, 대민 정책 등으로 나누어 비교 검토했다(앞의 〈표 1〉 참조). 이러한 접근은 고려 말 성리학을 수용한 사대부의 사상적 면모와 특징을 세밀하게 분석하고 정리했다는 점에서 이 시기 사상사 이해에 많은 기여를 했다. 하지만 부분적으로는 양측의 사상적 특징이 달라야 한다는 선입견 때문에 조금은 무리한 해석이 이루어진 면도 없지 않다.[23] 여기서는 두세 가지 문제만 간략히 검토해보자.

먼저, 형세·문화론적 화이관과 명분론적 화이관의 구분이다. 이 구분의 핵심은 구법파가 형세·문화론적 화이관에 근거하여 원의 중원 지배를 인정한 반면, 신법파는 형세·문화론에 종족(種族)적 개념까지 추가된 명분론적 화이관에 의거하여 반원친명을 주장했다는 것이다. 그런데 정도전은 『경제문감별집(經濟文鑑別集)』에서 고려의 역대 국왕들을 서술할 때 인종이 금(金)에

---

21 鄭道傳, 『三峯集』 卷3, 「陶隱文集序」.

22 문철영, 『고려 유학사상의 새로운 모색』, 경세원, 2005.

23 기존 연구에서는 구법파가 사은(私恩) 중시의 예론을 제시했다는 주장에 대해서 구법파로 분류되는 이색·권근 등은 모두 공의(公義)를 지녔던 인물이며, 이들이 효를 강조한 것은 체제를 뒷받침하는 이념으로서 효를 중시한 것으로 보아야 한다는 지적이 있었다. 정재훈, 앞의 책, 2005, 65쪽.

사대(事大)한 일과 원종이 원에 조회하여 화의(和議)를 이끌어낸 일에 대해서 "동맹을 맺어 변방의 근심거리가 없었다"(인종), "동방 백성들로 하여금 백 년 동안의 태평한 낙을 누리게 했으니 가상한 일이다"(원종)라며 긍정적으로 평가했고, 특히 금과 원을 '상국(上國)'으로 표현했다.[24] 즉, 한족(漢族)이 아닌 이민족 국가에 대한 고려의 사대를 부정적으로 비판하지 않았던 것이다. 이러한 인식은 형세적 관점에서 원을 인정했던 이색 등의 화이관과 크게 다르지 않다.[25] 또한 고려 중기에 이미 금에 대한 사대가 이루어졌던 사실을 고려할 때, 구법파의 '형세·문화론적' 화이관이 필시 원 관학의 영향이라기보다는 고려의 전통적 화이관과 연결된 것으로 보는 편이 더 타당할 듯싶다.

다음으로, 왕패겸용적(王霸兼用的) 이상군주론과 왕도적(王道的) 이상군주론의 비교이다. 도현철의 연구에서 구법파를 '왕패겸용', 신법파를 '왕도'로 보는 핵심 근거는 제왕학의 교재로 구법파는 『정관정요(貞觀政要)』를, 신법파는 『대학연의(大學衍義)』를 강조했다는 점이다. 그런데 『정관정요』를 강조했다고 해서 무조건 '왕패겸용'이나 '패도의 긍정'으로 보는 것은 정당한 평가가 아니며, 이들이 『정관정요』의 어떤 내용을 국왕의 덕목으로 강조했는지가 평가의 기준이 되어야 한다. 이색 등이 중시한 것은 국왕이 신하들의 간언을 잘 수용하는 '납간(納諫)'이었고, 이는 '왕도'에 해당하는 내용이라 할 수 있다. 따라서 이색 등이 『정관정요』를 중시했다고 해서 이들의 군주론을 '왕패겸용'으로 규정하는 것은 재고되어야 한다.

마지막으로, 항심론(恒心論)과 항산론(恒産論)의 비교이다. 이 비교의 핵심

---

24 鄭道傳, 『三峯集』卷12, 「經濟文鑑別集 下」.

25 도현철의 연구도 정도전 등이 이색 계열의 사대부들과 유사한 화이관을 피력했다는 점을 인정한 바 있다. 도현철, 앞의 책, 1999, 196~197쪽.

은 신법파가 『맹자』를 인용하여 "항산이 항심의 기반이 된다"고 한 반면, 구법파는 그와 반대로 항심을 중시하여 "항심에 의해 항산이 결정된다"고 주장했다는 것이다. 하지만 이는 자료 해석의 오류에서 비롯된 것으로 생각된다. 구법파 항심론의 근거는 『가정집(稼亭集)』에 실린 "爾無恒産 因無恒心 故流徒耳"라는 구절인데, 밑줄 친 부분은 『맹자』의 "無恒産而有恒心者 惟士爲能 若民則無恒産 因無恒心"을 그대로 인용한 것이다. 『맹자』의 밑줄 친 구절은 "(백성들은) 항산이 없으면 그로 인해 항심도 없어진다"로 해석된다. 하지만 도현철의 연구에서는 이를 인용한 『가정집』의 구절을 "너희가 항산이 없는 것은 항심이 없기 때문이다"로 해석했고, 이에 근거하여 구법파가 항심을 항산의 선행조건으로 보았다고 주장했다. 즉, 동일한 문장을 다르게 해석함으로써 양측의 입장이 반대되는 결론이 나온 것으로, 이 부분은 수정될 필요가 있다.

서두에서 말했듯이 고려 말의 사대부들이 정치적인 면에서 두 가지 흐름으로 분기된 것은 부정할 수 없는 사실이다. 그러나 이것을 그들의 학문적인 측면까지 확장하여 해석함으로써 그들이 처음부터 각각 전혀 다른 흐름의 성리학을 받아들였고 그에 따라 학문·사상의 내용과 지향도 서로 달랐다고 결론을 내리는 것은 사실과 거리가 있다. 오히려 원으로부터 수용하여 관학으로 수렴된 성리학의 다양한 내용을 기본적으로 공유하는 가운데 각자의 정치적 입장과 경제적 기반 등의 차이에 따라 강조하는 내용이 달라졌고, 그 결과 고려 말 개혁 추진 과정에서 서로 다른 정치적 선택을 했다고 보는 쪽이 타당하다고 생각된다.[26]

---

26 도현철의 연구도 고려 말 사대부의 정치·경제적 기반의 차이를 사대부 분기의 중요한 원인으로 지적한 바 있다. 도현철, 앞의 책, 1999, 61쪽.

3. 여말선초 성리학의 성격 및 16세기와의 연속성

여말선초 성리학의 성격

여말선초 성리학의 내용 및 성격에 대한 기존 연구들은 다음과 같은 세 가지 경향으로 나누어 볼 수 있다.[27]

① 15세기를 성리학에 대한 이해가 아직 불철저한 과도기로 이해하는 견해

② 주자성리학을 수용했지만 정치 개혁의 틀은 『주례(周禮)』와 같은 한당(漢唐) 유학의 영향을 받았다는 견해

③ 여말선초의 성리학 또는 신유학에는 여러 가지 요소들이 혼재되어 있다고 보는 견해

위의 세 가지 견해 가운데 ①은 16세기 이후의 성리학을 하나의 완성된 기준으로 상정하고, 그것과의 비교를 통해 여말선초 성리학을 미진하거나 불철저한 것으로 평가했다. 즉, 조선 후기의 관점에서 여말선초 성리학을 평가한 것으로, 당대적 관점이 결여되어 있다고 할 수 있다. 이에 비해 ②와 ③은 상대적으로 조선 후기의 관점에서 탈피하여 여말선초 성리학의 특징을 파악하고자 했던 것으로 보인다. 하지만 이들 연구 역시 16세기 이후의 성리학을 하나의 전형으로 상정하고, 한당(漢唐) 유학의 경향이나 유서학(類書學)·여학(呂學)·육학(陸學) 등 신유학의 다양한 조류들과 같이 16세기 이후의 전형적인

---

27 정재훈, 『조선 전기 유교정치사상 연구』, 태학사, 2005, 17~18쪽. 세 가지 경향의 주요 연구 성과에 대한 검토는 정재훈의 같은 책, 18~22쪽의 내용을 참조.

성리학과 다른 '비(非)성리학적' 요소들을 여말선초 유학 사상의 특징으로 규정했다.

여말선초 유학 사상의 비성리학적인 요소들을 해석하는 관점은 크게 두 가지로 나뉜다. 먼저 15세기를 긍정적으로 평가하는 연구자들은 15세기 유학의 비성리학적인 요소들에 대해서 정치사회적 문제를 해결하고자 성리학에만 얽매이지 않고 다양한 학문과 사상을 수용했다는 식으로 '사상의 유연성' 측면에서 긍정적으로 평가했다.[28] 이에 비해 16세기 이후를 긍정적으로 평가하는 연구자들은 여말선초의 성리학을 불완전한 것으로 인식하고, 16세기 이후 이른바 '사림'이 등장하여 성리학의 본질을 새롭게 인식함으로써 비성리학적 요소들이 극복되고 성리학이 본연의 궤도에 오르게 되었다고 평가했다.[29]

위 두 가지 관점은 15세기에 대해 상이한 평가를 내리고 있지만, 15세기의 성리학을 불완전한 것으로 이해하고 비성리학적인 요소들을 더 중요한 특징으로 파악했다는 점에서는 동일하다. 또 15세기 성리학에서 16세기 성리학으로의 전개를 '사상적 다양성의 퇴보' 또는 '비성리학적 요소의 극복'으로 해석함으로써 양 시기의 성리학을 단절적으로 이해하는 모습을 보였다. 여기에, 15세기 말에서 16세기로 이어지는 정치 상황을 '훈구와 사림의 대립·갈등'으로 파악한 기존의 정치사 연구는 양측의 사상을 더욱 단절적으로 이해하게 만드는 요인이 되었다고 생각한다.

여말선초는 원으로부터 성리학이 수용되어 기초적인 연구와 이해, 교육

---

28 한영우, 『(개정판) 정도전 사상의 연구』, 서울대학교 출판부, 1983; 문철영, 『고려 유학 사상의 새로운 모색』, 경세원, 2005.

29 이태진, 『조선유교사회사론』, 지식산업사, 1989.

과 보급이 이루어지던 시기였다. 따라서 성리학의 완결된 전체상과 비교해본다면 당연히 불완전한 모습을 보일 수밖에 없다. 특히 사단칠정(四端七情) 논쟁이나 호락(湖洛) 논쟁과 같이 사변적인 이론 탐구와 논변이 심화되었던 조선 후기의 시각에서 보면, 여말선초 성리학의 이해 수준은 더욱 낮게 보일 수 있다. 하지만 사변적인 이론 연구의 미진함을 성리학의 불완전성으로 연결하는 데는 쉽게 동의하기 어려운 점이 있다. 이기심성(理氣心性)에 대한 고차원적인 이론 탐구가 성리학에서 가장 중요하고 필수 불가결한 본질이라고 보기는 어렵기 때문이다.

주희가 집대성한 성리학의 가장 핵심적인 본질은 인간학 혹은 윤리학에 있었다.[30] 그것은 인간이 태어나면서 하늘로부터 부여받은 선한 본성(本性)을 잘 보존하고 발휘하도록 하는 것이며, 현실적으로는 일상생활 속에서 사람이 마땅히 지켜야 할 윤리의 덕목들을 실천하도록 하는 것으로 정의할 수 있다. 주희가 연구한 이기심성론이나 자연과학 등은 인간학 혹은 윤리학 정립의 이론적 기반이 되었고, 그의 정치관이나 역사관은 인간학·윤리학을 현실에서 실천하기 위해 연구한 학문 영역이었다고 할 수 있다. 그런 관점에서 볼 때 여말선초의 성리학자들은 성리학적 인간학과 윤리학의 본질을 비교적 정확히 이해했다고 판단되는데, 이를 잘 보여주는 사례가 권근의 천인합일론(天人合一論)이다.[31]

권근의 천인합일론은 고려 말 성리학 수용 이래 나타난 천리적(天理的) 또는 이법적(理法的) 천관(天觀)에 기초하여 성립된 이론으로, 그 핵심은 천리(天理)의 실체를 분명히 인식하고 그에 부합되는 인도(人道)를 구현함으로써 천

---

30 아마다 케이지 지음, 김석근 옮김, 『주자의 자연학』, 통나무, 1991.
31 강문식, 『권근의 경학사상 연구』, 일지사, 2008.

인합일이 실현된 이상사회를 만드는 것이었다.[32] 권근은 인도 구현의 방법으로 인간의 성(性), 즉 사람의 마음에 부여된 천리의 구현을 강조하면서 그 구체적인 내용으로 인의예지(仁義禮智)의 사덕(四德)을 제시했는데, 이는 곧 윤리의 영역으로 연결된다. 요컨대, 권근은 인간이 윤리적 실천을 통해 하늘로부터 부여받은 선한 본성을 발휘함으로써 천리에 부합하는 인도를 구현할 수 있다고 보았다.[33]

권근뿐 아니라 정도전도 성(性)과 이기(理氣)의 개념, 인간관, 존심궁리(存心窮理)의 방법론 등 성리학의 핵심 내용들을 거의 정확하게 이해했다.[34] 권근과 정도전의 성리학 학습·연구 과정이나 당시 학계에서 이들이 차지했던 위상을 고려하면 이와 같은 그들의 인식은 시대적 대표성을 갖는다고 할 수 있다. 따라서 성리학의 본질에 대한 이해라는 측면에서 볼 때 여말선초 성리학을 불완전한 것으로 보는 시각은 재고해야 한다.

토대와 연속: 16세기 성리학과의 관계

이제 여말선초 성리학과 16세기 이후의 성리학을 단절적으로 이해하는 문제를 검토해보도록 하자. 물론 16세기 이후의 성리학이 앞선 시기의 성리학에 비해 이해의 폭과 깊이에서 훨씬 심화되었다는 점에는 이론의 여지가

---

32 권근이 천인합일론의 기반이 되는 천(天) 인식에서 성리학의 천리적 천관(天觀)을 수용한 점은 그가 송대 성리학의 핵심 이론들을 정확히 이해하고 받아들였음을 보여준다. 천리적 천관의 내용과 의미에 대해서는, 풍우(馮寓) 지음, 김갑수 옮김, 『천인관계론』, 신지서원, 1993 참조. 고려 말 성리학 수용 이후 고려 학자들의 천관 변화에 대해서는 문철영, 『고려 유학사상의 새로운 모색』, 경세원, 2005 참조.

33 강문식, 앞의 책, 227~234쪽.

34 柳仁熙, 「退·栗 이전 朝鮮性理學의 問題發展」, 『동방학지』 42, 1984.

없으며, 따라서 양 시기의 성리학에 분명한 차이가 존재하는 것은 사실이다. 하지만 이러한 차이를 단절적인 것으로 이해하는 시각은 다시 생각해볼 필요가 있다. 여말선초 학자들이 성리학의 본질적 측면을 정확히 이해하고 있었음을 고려한다면, 16세기의 성리학은 여말선초 성리학에 대한 이해의 바탕 위에서 한층 심화된 연구를 통해 이해의 수준이 깊어지는, 다시 말해 연속적이며 계기적인 발전 과정을 거쳤다고 보는 것이 타당하다. 이에 지금부터는 두 시기 성리학의 연속성을 보여주는 근거들을 몇 가지 살펴보고자 한다.[35]

먼저, 양 시기의 성리학 학습과 연구의 기본 텍스트가 동일하다는 점에 주목할 필요가 있다. 원 간섭기에 성리학을 도입한 이래로 여말선초 학자들이 학습한 텍스트는 『사서집주(四書集註)』로 대표되는 사서오경(四書五經)의 성리학 주석서였다. 특히 원·명대 과거 시험에서 사서오경의 성리학 주석을 표준 텍스트로 삼으면서 이에 대한 학습은 더욱 강화되었다.[36] 명 영락제 때 편

---

35 이 글의 서술에 대해, 15세기와 16세기 성리학의 연속성을 지나치게 강조한 측면이 있으며, 두 시기 성리학의 연속성과 변화의 모습을 균형 있고 체계적으로 고찰할 필요가 있다는 지적을 받은 바 있다. 필자 역시 연속의 측면과 변화의 측면이 함께 서술되어야 한다는 지적에 전적으로 동의한다. 다만, 이 글은 기존 연구들이 두 시기 사상의 차이점을 강조하면서 그 토대의 연속성을 소홀히 했던 측면에 문제를 제기하려는 목적을 갖고 있으므로 변화보다는 연속에 초점을 맞춰 서술했다. 이 글에서 검토한 연속성의 근거들은 그 하나하나가 개별 연구의 주제가 될 만하다. 그 때문에 압축적으로 논의를 전개한 짧은 이 글에서 연속과 변화의 내용을 깊이 있게 밝히기에는 어려운 면이 있다. 독자에게 이해를 구한다.

36 원 인종(仁宗) 연간(1311~1320)에 제정된 과거 시험의 과목을 보면, 사서(四書)는 주희의 집주(集註)와 장구(章句)를 병용하고, 삼경(三經)의 경우 『시경』은 주희, 『서경』은 채침(蔡沈), 『주역』은 정이(程頤)와 주희의 주석을 위주로 하면서 고주소(古註疏)를 겸용하도록 했다. 『춘추』는 『좌전(左傳)』·『곡량전(穀梁傳)』·『공양전(公羊傳)』·『호전(胡傳)』을 모두 허용했고, 『예기』는 고주소를 사용하도록 했다. 한편 명나라 홍무(洪武) 연간(1368~1398)의 과거에서는 『시경』과 『주역』에서 고주소를 배제하고 주희의 『시집전

찬된 『사서오경대전(四書五經大全)』은 조선에 수입된 이후 조선 학자들의 표준 학습서가 되었다. 『사서오경대전』에서 『사서대전』은 주희의 집주(集註)·장구(章句)·혹문(或問)을, 『오경대전』은 주희·정이(程頤)·채침(蔡沈) 등의 주석을 기본 토대로 하면서 송·원대 여러 학자의 주석들을 종합한 것이다. 이처럼 성리학 학습과 연구의 기반이 되는 사서오경의 텍스트에서 여말선초와 16세기 이후 사이에는 큰 차이가 없었다. 이는 양 시기의 성리학이 이해의 깊이에서는 차이가 있었을지언정 본질에서는 크게 다르지 않았을 가능성을 보여준다.

15세기에 관학을 중심으로 진행된 경서 구결(口訣)과 16세기 이후 추진된 경서 언해(諺解)도 두 시기 성리학의 계기적 발전 과정을 보여주는 근거가 될 수 있다. 경서 언해는 경전 원문을 우리말로 번역하는 것으로, 조선에서는 올바른 경전 해석의 지침을 세우기 위해 일찍부터 언해에 많은 힘을 기울였다. 정확한 언해를 위해서는 정확한 구결이 선행되어야 한다. 구결은 경서 원문의 구두점 위치에 토(吐)를 붙이는 것으로, '현토(懸吐)'라고도 하며, 한문과 우리말 사이의 언어 간격을 좁히기 위한 독해법이다. 구결은 경문의 뜻을 규정하여 올바른 경서 해독의 지침이 되었다.[37]

경서 구결과 언해는 15세기부터 시작되었는데, 15세기가 구결 중심이었

(詩集傳)』과 『주역본의(周易本義)』, 정이의 『이천역전(伊川易傳)』만 사용하도록 했다. 또 『서경』은 『서집전(書集傳)』을 기본으로 하면서 다른 주석들을 겸용했고, 『예기』는 진호(陳浩)의 『예기집설(禮記集說)』을 기본으로 하되 고주소를 겸용했으며, 사서와 『춘추』는 원의 제도와 동일하였다. 馬宗霍, 『中國經學史』, 臺灣商務印書館, 1936(1987년 제7판), 128~132쪽.

37 김항수, 「16세기 經書諺解의 思想史的 考察」, 『규장각』 10, 서울대학교 규장각, 1987. 이하 15~16세기의 경서 구결 및 언해에 관한 내용은 김항수의 논문에서 참고하고 인용했다.

다면 16세기에는 기존의 구결 성과를 바탕으로 언해를 추진하는 것이 주류를 이루었다. 15세기에 이루어진 경서 구결의 성과가 현재까지 전해지는 것은 없다. 하지만 실록에 따르면, 이미 고려 말에 정몽주가 『시경』 구결 작업을 진행했으며, 조선 건국 후에는 태조가 하륜(河崙)에게 사서(四書)에 구두점을 찍도록 하였다. 또 태종대에는 권근이 자신의 경학 연구 성과를 바탕으로 『시경』·『서경』·『주역』에 구결을 붙였으며, 세종대에도 김문(金汶)·김구(金鉤) 등이 중심이 되어 사서 구결을 추진했다.

15세기 동안 경서 구결이 가장 활발히 이루어진 시기는 세조대이다. 세조는 집현전 출신의 여러 학자들에게 경서를 분담하여 구결하도록 했으며, 특히 『주역』과 『소학』의 구결은 자신이 직접 진행했다.[38] 그리고 학자들로 하여금 자신의 『주역』 구결과 권근의 『주역』 구결을 비교하고 검토하도록 했는데, 당시 세조의 구결을 지지하는 학자들과 권근의 구결을 지지하는 학자들 간에 치열한 토론이 벌어졌던 것으로 알려진다. 세조대의 경서 구결은 비록 최종적인 완성을 보지 못했지만, 고려 말부터 꾸준히 진행된 구결 과정을 볼 때 상당한 성과가 축적되었을 것으로 추정된다.

경서 구결을 위해서는 일정한 기준에 따른 경서 해석이 필요하고, 경학 및 성리학에 대한 충분한 연구가 선행되어야 가능하다. 그렇다면, 15세기에 구결 작업이 활발히 진행되었다는 사실은 이 시기에 꽤 높은 수준의 경서 연구와 이해가 동반되었음을 보여준다고 할 수 있다. 그러한 연구의 축적과 구결의 성과가 16세기 이후 진행된 경서 언해의 토대가 되었을 것이다. 16세기

---

38 당시 경서 구결에 참여했던 학자들과 분담한 경서는 다음과 같다. 세조 - 『주역』·『소학』 / 정인지(鄭麟趾) - 『시경』 / 정창손(鄭昌孫) - 『서경』 / 신숙주(申叔舟) - 『예기』 / 이석형(李石亨) - 『논어』 / 성임(成任) - 『맹자』 / 홍응(洪應) - 『대학』 / 강희맹(姜希孟) - 『중용』. 김항수, 위의 글, 25쪽.

경서 언해의 대표적 성과로는 이황(李滉)의 『사서삼경석의(四書三經釋義)』, 유희춘(柳希春)의 『대학』·『논어』 언해, 이이(李珥)의 사서(四書) 언해, 선조대 교정청(校正廳)의 경서 언해 등이 있다. 이 언해들이 15세기 구결의 토대 위에서 이루어졌다는 자료적 근거는 확인되지 않는다. 하지만 경서 해석의 기준이 하루아침에 확립될 수 없는 지난한 것임을 고려할 때, 15세기에 축적된 경서 구결의 성과가 어떤 식으로든 16세기 경서 연구의 기반이 되었을 가능성은 충분하다.

『소학』에 대한 강조 역시 여말선초와 16세기 성리학의 연속성을 보여주는 연결 고리가 될 수 있다. 주지하는 바와 같이 원 간섭기 고려에 수용된 성리학의 큰 줄기 중 하나가 허형이 주도한 원대 관학이었고, 그 핵심은 『소학』에 기반한 '일용윤리(日用倫理)'의 실천이었다. 그에 따라 이숭인·정몽주·정도전·권근 등 고려 말의 성리학자들은 『소학』적 삶의 실천을 강조했다. 이숭인은 "『소학』의 쇄소응대(灑掃應對)가 학문으로 나아가는 기틀"이라고 하여 학문의 근본으로서 『소학』의 실천을 강조했고, 정몽주는 유자(儒者)의 도는 모두 일용평상(日用平常)의 일이라고 하면서 주자학의 정체성을 일용윤리적인 삶에서 찾았다. 정도전은 인간이 타고난 천리(天理), 즉 천성(天性)의 실현을 윤리로 규정하면서 특히 일상생활 속에서 인(仁)의 실천을 중시했다. 권근은 가정 윤리의 확립을 인도(人道) 구현의 출발점으로 강조했으며, 특히 '효(孝)'의 실천을 가장 중요하게 여겼다.

권근은 『소학』 교육의 제도적 정착에도 크게 기여했다. 그는 1407년(태종 7)에 올린 「권학사목(勸學事目)」에서 『소학』을 인륜(人倫)과 세도(世道)에 절실한 책으로 규정하고, 중외의 학교교육에서 『소학』을 가장 먼저 강(講)하게 할 것과 성균관에 입학하고자 하는 자에게는 먼저 『소학』의 통부(通否)를 시험하여 응시 여부를 결정할 것을 건의했다. 이와 같은 『소학』 교육의 강조에는 유생들로 하여금 성리학적인 윤리와 예절을 학습하고 이를 일상에서 생활화하게 하려는 의도가 반영되었다고 할 수 있다.[39] 그 결과 『소학』은 부학(部學)과 향교의 선수(先修) 과목이 되었고, 이는 『속육전(續六典)』의 규정을 거쳐 성종대 『경국대전(經國大典)』을 통해 법제화되었다.[40]

15세기 말~16세기 초에 등장한 김종직(金宗直)·정여창(鄭汝昌)·김굉필(金宏弼) 등의 신진 학자들은 관료의 도덕성을 중시했으며, 이를 위해 수신(修身)의 교과서인 『소학』을 철저히 학습하고 『소학』에 담긴 성리학의 윤리와 규범을 일상생활 속에서 실천해야 한다는 점을 강조했다. 특히 김굉필은 스스로 '소학동자(小學童子)'라고 일컬을 만큼 『소학』의 규범을 궁리(窮理)하고 실천하는 일에 전력을 기울였다. 그는 『소학』의 규범을 배우고 실천하는 것을 통해 인격의 기초가 확립될 수 있다고 생각했으며, 이러한 신념을 교육의 기본 원칙으로 강조했다.

기존 연구에서는 16세기 학자들의 『소학』 강조를 15세기 유학과 구별되는 16세기 성리학의 특징으로 파악한 경우가 대부분이었다.[41] 물론 16세기 학자들이 이전 시기의 학자들에 비해 『소학』의 가치와 중요성을 더 깊이 인식했던 것은 부인할 수 없다. 하지만 그와 같은 인식의 심화가 15세기와는 전혀 무관하게 16세기에 들어 새롭게 등장했다고 볼 수 있을까? 그보다는 고

---

39 강문식, 앞의 책, 79~80쪽.

40 이희덕, 「조선 초기 유교의 실천윤리에 대한 일고찰」, 『서울산업대학논문집』 9, 1975; 이희덕, 『高麗儒教政治思想의 研究』 일조각, 1984; 김준석, 「朝鮮前期의 社會思想」, 『동방학지』 29, 1981.

41 기존 연구에서는 15세기 중반 이후 사장학(詞章學)의 확산과 경학의 부진, 『소학』 교화의 필요성에 대한 인식의 부족 등으로 15세기의 『소학』 교육이 큰 성과를 거두지 못했다고 평가했다. 김준석, 위의 글, 133쪽.

려 말 성리학 수용 이후 꾸준히 『소학』을 중시하고 학습해온 과정들, 특히 조
선 초에 『소학』 학습을 제도적으로 정착시켰던 토대 위에서 나타났다고 보는
것이 더 타당할 듯하다.

　태종~세종대의 학자인 허조(許稠)는 "『소학』은 과거 응시 때 강(講)하기 때
문에 학자들이 부득이 공부하지만, 『효경』은 초학자들이 배우지 않는다"라
고 말한 바 있다.[42] 이는 『소학』을 고강(考講)하는 제도적인 장치가 유생들에
게 『소학』 학습을 강제한 효과가 있었음을 잘 보여준다. 비록 개인이나 사회
가 자발적으로 『소학』의 필요성을 인식하지는 못했지만, 국가적 차원에서 유
생들의 『소학』 학습을 강제하고 의무화하는 제도적인 발판이 15세기에 마련
되었던 것이다. 이와 같은 과정이 오랫동안 지속되면서 『소학』에 대한 이해
가 축적되었고, 그 토대 위에서 16세기 학자들의 『소학』 이해 심화와 자발적
실천이 나타날 수 있었다고 본다. 이 점에서 『소학』의 학습과 실천은 여말선
초 성리학과 16세기 이후 성리학의 연속성을 가장 잘 보여주는 주제라고 할
수 있다.

　이 밖에 도설(圖說)을 통해 성리학의 이론을 정리하는 전통이 권근의 『입
학도설』에서 시작되어 조선 후기까지 지속된 점,[43] 송대 주자학과 궤를 같이
하여 발달한 유서학(類書學)이 15세기의 문물·제도 정비에서 큰 비중을 차지
했을 뿐만 아니라 16~17세기에도 그에 대한 관심이 계속되어 다양한 유서류
편찬으로 이어진 점도[44] 15세기와 16세기 이후의 학문적 연속성을 보여주는
요소라고 할 수 있다.

42　『세종실록』 권43, 세종 11년 3월 22일(무진).

43　장숙필, 「권근의 입학도설과 그 영향」, 『도설로 보는 한국 유학』, 예문서원, 2000.

44　이태진, 「海東繹史의 學術史的 검토」, 『진단학보』 53·54, 1982.

4. 새로운 시각의 모색:
연속과 변화의 균형적 고찰

근래의 조선시대사 연구 동향을 보면, 조선 초기 사상사 연구는 이전에 비해 부진한 모습이다. 이는 이 글의 첫머리에서 언급했듯이 일차적으로는 자료적 한계에 기인하는 바가 매우 크다. 안타깝게도 자료의 한계는 쉽게 극복될 수 없는 성질의 문제이다. 그렇다면 결국 조선 초기 사상사 연구의 부진을 타개하기 위해서는 연구 시각의 전환이 필요하다고 생각된다.

기존의 여말선초 사상사 연구는 이 시기의 사상적 특징을 밝히는 데 주력했고, 그에 따라 전후 시기의 사상과 구분되는 차이점에 연구의 초점이 맞춰졌다. 이와 같은 연구들은 여말선초의 사상적 특징을 밝히는 데 많은 공헌을 했지만, 동시에 차이점의 이면에 있는 공통적 기반을 간과했다는 한계를 가지고 있기도 하다.

여말선초의 성리학은 13세기 말~14세기 초에 수용된 이래로 14세기 후반 관학에서 진행한 연구와 교육, 15세기의 문물·제도 정비라는 일련의 과정을 통해 그 이해가 지속적으로 축적되었다. 그리고 그 토대 위에서 16세기 이후 성리학 가치의 재발견과 이론적 심화가 이루어졌다고 할 수 있다. 즉, 겉으로 드러나는 차이의 이면에는 여말선초 성리학과 16세기 성리학이 공유하는 학문적 기반이 존재했다. 앞으로의 연구는 바로 이 '공통적 기반'에 주목할 필요가 있다. 연속과 변화의 균형적 고찰을 통해 여말선초 사상사의 지평을 확장할 수 있으리라 기대한다.

성리학적 역사 인식과
조선적 문명교화론의 탄생

| 최봉준 |

1. 조선 건국, 어떻게 볼 것인가

성리학 수용은 우리 역사에서 세계관과 자아 인식의 변화를 이끌어냈다. 그리고 이를 수용한 신진 세력에 의해 신국가 '조선'이 건국됨으로써 정치사회적 변화의 본격적인 출발을 알렸다. 성리학은 한당(漢唐) 유학과 구분하여 신유학(Neo-Confucianism)이라고 부르기도 한다. 이는 성리학자들이 이전의 한당 유학과는 다른 목적 지향과 정체성을 갖고 있다는 의미로,[1] 인간의 선한 본성을 재발견하고 이를 어떻게 관철할 것이며, 어떻게 정치와 사회질서를 확립하고 국가적 목표를 잡아 나갈 것인가 하는 물음과 관련 있다.

그 물음의 해답을 얻기 위해 성리학자들은 역사 속에서 도(道)를 찾고, 이를 현실 세계에서 실천하고자 했다. 그리하여 궁극적으로 도달하고자 하는

---

1 피터 K. 볼 지음, 심의용 옮김, 『중국 지식인들과 정체성』, 북스토리, 2008; 피터 K. 볼 지음, 김영민 옮김, 『역사 속의 성리학』, 예문서원, 2010.

목표가 바로 왕도정치이다. 왕도는 모든 신민이 성리학으로 교화되어야 가능하기 때문에 위로는 국왕으로부터 아래로는 천민에 이르기까지 성리학 예제를 몸소 익혀야 했다. 한당 유학에서 예제는 지배층의 전유물이었지만, 성리학에서 예제는 피지배층까지 그 실천 범위를 확대한다. 그리고 이는 중국 중심의 동아시아 세계에서 새외(塞外) 민족까지 모두 적용되어야 한다. 따라서 성리학은 문화적 개별성을 인정하지 않는 보편 지향적 성격을 지닌다.[2]

성리학의 수용과 내면화에 관해서는 이미 많은 연구가 이루어졌다. 연구의 대부분은 수용 초기 성리학의 성격과 수용의 지표를 여러 방면에서 찾으려는 것으로, 상당 부분 성과를 거두었다. 구체적으로 살펴보면 다음과 같다. 고려 후기 성리학의 성격은 대체로 이기론(理氣論)보다는 실천을 중심으로 하는 것으로 보았다.[3] 그에 따라 실천성이 담보된 윤리의식과 예제에 관한 연구가 많이 이루어졌다. 윤리의식은 '충'에서 '효'를 중심으로 하는 가족 윤리로 옮겨가고 있었으며,[4] 삼년상제와 혼인제의 변화[5] 등이 주목을 받았다.[6] 그

---

2 이용주, 『주희의 문화이데올로기』, 이학사, 2003.

3 邊東明, 『高麗後期性理學受容研究』, 일조각, 1995; 李源明, 『高麗時代 性理學受容研究』, 국학자료원, 1997; 都賢喆, 『高麗末 士大夫의 政治思想研究』, 일조각, 1999; 金仁昊, 『高麗後期 士大夫의 經世論 研究』, 혜안, 1999; 高惠玲, 『高麗後期 士大夫와 性理學 受容』, 일조각, 2001.

4 金勳埴, 「高麗後期의 『孝行錄』 普及」, 『韓國史研究』 73, 1991.

5 이순구, 「朝鮮初期 宗法의 수용과 女性地位의 변화」, 한국정신문화연구원 박사학위논문, 1994; 崔淑, 「麗末鮮初 新興士大夫의 婚姻制度 改革論」, 『韓國史의 構造와 展開』, 혜안, 2000; 권순형, 『고려의 혼인제와 여성』, 혜안, 2006.

6 池斗煥, 「朝鮮初期 朱子家禮의 理解過程」, 『韓國史論』 8, 1982; 高英津, 「15·16世紀 朱子家禮의 施行과 그 意義」, 『韓國史論』 21, 1989; 李範稷, 『韓國中世禮思想研究』, 일조각, 1991; 曹福鉉, 「『朱子家禮』의 著述과 韓國傳來時期의 社會的 背景 研究」, 『中國史研究』 19, 2001.

외에도 주자서의 도입과 확산,[7] 과거(科擧) 과목의 변화,[8] 척불론 및 불교에서 유학으로 국가 지도이념의 변화,[9] 군신 관계,[10] 화이론,[11] 당대사의 출현 및 역사 인식과 자아 인식,[12] 그리고 단군이나 기자 등 국조(國祖)를 바라보는 관점,[13] 풍수지리[14] 등 여러 방면에서 성리학 수용과 조선의 건국에 이르는 과정이 검토되었다. 이를 통해 성리학 수용 이전과 이후가 확실히 구분되었으며, 조선 건국을 고려 말 개혁의 최종 단계로서 우리나라 중세 사회의 계기

7 都賢喆, 「高麗後期 朱子學 受容과 朱子書 普及」, 『東方學志』 77·78·79 합집, 1993.

8 許興植, 『高麗科擧制度史研究』, 일조각, 1981; 金仁昊, 앞의 책, 1999.

9 韓永愚, 『鄭道傳 思想의 研究』, 서울대학교출판부, 1973; 김해영, 「鄭道傳의 排佛思想」, 『淸溪史學』 1, 1984; 金勳埴, 「麗末鮮初 儒佛交替와 朱子學의 定着」, 『金容燮教授停年紀念 韓國史學論叢』 (2), 지식산업사, 1996; 都賢喆, 『高麗末 士大夫의 政治思想研究』, 일조각, 1999; 金仁昊, 앞의 책, 1999; 이정주, 『성리학 수용기 불교 비판과 정치 사상적 변용』, 고려대학교 민족문화연구원, 2007.

10 金勳埴, 앞의 글, 1996; 김인호, 「여말선초 군주수신론과 『대학연의』」, 『역사와 현실』 29, 1998; 都賢喆, 앞의 책, 1999.

11 김순자, 「고려 말 대중국관계의 변화와 신흥유신의 사대론」, 『역사와 현실』 15, 1995; 도현철, 「원명교체기 고려 사대부의 소중화 의식」, 『역사와 현실』 37, 2000; 채웅석, 「원 간섭기 성리학자들의 화이관과 국가관」, 『역사와 현실』 49, 2003.

12 박종기, 「이색의 당대사 인식과 인간관」, 『역사와 현실』 66, 2007; 박종기, 「원 간섭기 역사학의 새경향―當代史 연구」, 『한국중세사연구』 31, 2011; 최봉준, 「14세기 고려 성리학자의 역사인식과 문명론」, 연세대학교 박사학위논문, 2013; 최종석, 「고려 후기 '자신을 夷로 간주하는 화이의식'의 탄생과 내향화」, 『민족문화연구』 74, 2017.

13 盧泰敦, 「三韓에 대한 認識의 變遷」, 『韓國史研究』 38, 1982; 韓永愚, 「高麗~朝鮮前期의 箕子認識」, 『韓國文化』 3, 1982; 金成煥, 『高麗時代 檀君傳承과 그 認識』, 경인문화사, 2002; 최봉준, 위의 글, 2013; 조원진, 「고려시대의 기자 인식」, 『韓國史學史學報』 32, 2015.

14 金基德, 「韓國 中世社會에 있어 風水·圖讖思想의 전개 과정」, 『한국중세사연구』 21, 2006.

적 발전으로 볼 수 있게 되었다.

　이렇게 고려 말 성리학 수용에서 조선 초기에 이르는 사상사 연구는 대부분 '변화'를 염두에 두고 있다. 그러나 성리학의 철학적 논리 구조가 완전히 이해되기까지 200년이 넘는 시간이 걸렸다는 점을 감안한다면,[15] 느리고 점진적인 발전 과정 속에서 변화보다 지속의 관점으로 볼 부분이 분명히 존재한다. 성리학은 문화적으로 개별성보다는 보편성을 중요시한다. 그에 따라 자기 문화를 중국과 일치시켜 나가는 가운데, 성리학 예제를 일원적으로 적용하기 위해 불교 등 이단으로 간주되는 사상과 종교는 엄격하게 배격한다. 이는 근본적으로 주변에 대비하여 자기 자신을 바라보는 시각(자아 인식)을 변화시켰고, 자신으로부터 주변을 바라보는 시각(세계관) 또한 변화시켰다. 결과적으로 중국 중심의 보편성을 일원적으로 적용시키며, 이를 통해 민을 교화하고 국가 운영에도 성리학 중심의 일원적 기준을 적용하고자 했다. 그런 점에 비춰 성리학을 수용하고 내면화하는 것은 크게 보면 변화된 인식과 시각이 점진적으로 적용되어 나가는 과정으로서, 이는 곧 지속성의 측면에서 바라볼 수 있는 부분도 있다.

　이 글에서는 성리학 수용 이후 여러 문헌에서 관찰되는 자아 인식과 주변 세계에 대한 인식을 통해 중국 중심의 보편 문화에 대한 인식의 방향이 어떻게 설정되었는지를 살펴볼 것이다. 이를 위해 단군과 기자에 대한 인식에서 국조 인식과 정체성 형성의 방향이 성리학 수용을 통해 어떻게 변화했으며, 그 변화는 어떤 과정을 통해 지속성으로 정착되었는지 살펴볼 것이다. 이를 통해 고려에서 조선으로 왕조가 교체된 의미를 재인식할 수 있었으면 한다.

15　김항수, 「조선 전기의 성리학」, 『한국사 (8)』, 한길사, 1994.

2. 역사 인식과 윤리의식의 전환

고려는 전통적으로 중국 중심의 동아시아 보편 문화에 대해 유연한 자세를 취했다. 태조는 훈요 10조의 제4조에서 "우리 동방은 예부터 당풍(唐風)을 흠모하여 문물과 예악은 모두 그 제도를 따랐으나 풍토가 다르기 때문에 인성이 각기 다르므로 굳이 따를 필요는 없다"고 했다.[16] 이는 고려의 전체적인 국가 운영의 방향을 일정 부분 제시하고 있는 것이라 할 수 있다. 고려는 중국 중심의 동아시아 보편 세계에 편입되어 있으므로 보편적 지위를 갖는 중국의 문화와 제도를 도입하지 않을 수 없다. 그러나 고려의 실정에 맞지 않으면 수용하지 않을 수도 있다. 비슷한 내용이 최승로(崔承老)의 시무 28조에도 보인다. 그는 "중국의 제도는 따르지 않을 수 없으나 천하의 습속은 풍토에 따르는 것이므로 바꾸기 어렵습니다. 시서예악의 가르침과 군신·부자의 도리는 마땅히 중국을 모범으로 삼아 비루한 습속을 개혁하되, 나머지 거마(車馬)와 의복 제도는 토풍(土風)을 따르도록 하여 사치와 검약의 중도를 얻을 것이며 반드시 따를 필요는 없습니다"라고 했다.[17] 태조의 훈요 10조가 국초의 국가 운영에 관한 일종의 원칙 제시라고 한다면, 시무 28조는 이를 구체화한 시무책이라는 차이가 있다. 그러나 종합하면 고려 초기 태조와 최승로에게 중국 중심의 보편 문화는 반드시 수용해야 할 당위가 아니라 경우에 따라서는 취사선택이 가능한 선택의 문제였던 것으로 볼 수 있다.

이를 정체성 또는 자아 인식으로 해석할 경우, 다음과 같은 설명이 가능하다. 우리는 전통적으로 역사의 기원을 단군과 기자의 두 존재에게서 찾았

---

16 『高麗史』卷2, 世家2, 太祖 26년(943) 4월.

17 『高麗史』卷93, 列傳6, 崔承老.

다. 상징성으로 볼 때, 단군이 역사적 독립성과 문화적 개별성을 상징한다면 기자는 중국에서 건너와 교화를 행한 유교문화의 시조이자 중국 중심의 보편 문화를 상징한다. 그런데 문헌 기록에는 단군보다 기자의 출현 빈도수가 월등하게 많다. 기자가 『사기(史記)』 송미자 세가(宋微子世家)를 비롯한 한나라 이후의 문헌에 지속적으로 등장하는 반면,[18] 단군은 일연(一然)의 『삼국유사』가 나오기 전까지는 기록에 등장하지 않았다. 그리고 『삼국유사』 이후의 기록에서 단군은 요동과 압록강을 기준으로 하는 지리적 구분을 전제한 혈통적 시조로 인식되었지만,[19] 기자는 유교문화의 시조로 인식되었다.[20] 이 때문에 중국의 사서를 귀족적 소양으로 익힌 유교 지식인[21]에게는 실질적으로 기자가 단군에 비해 우선시되었다고 할 수 있다. 기자 이후 유교적 교화가 고려에 뿌리를 내리면서, 고려는 일찍이 시서예악을 전승하며 중국에 사대를 하는 소중화(小中華)로 기억되었던 것이다.

그런데 여기서 생각해봐야 할 것은 기자가 동아시아 보편과 사대주의만 상징하지는 않았다는 점이다. 신라 말 최치원(崔致遠)은 기자가 중국의 문화를 한반도에 전수하여 교화했지만 그 이래로 한반도는 중국의 지배를 받은 적이 없었다는 사실을 명시했으며,[22] 고려 전기에도 그와 같은 인식은 계속 이어지고 있었다.[23] 따라서 기자가 순전히 사대주의와 문화적 보편성만을 지

---

18 조원진, 「고려시대의 기자 인식」, 『韓國史學史學報』 32, 2015.

19 『帝王韻紀』 下卷, 地理紀.

20 『三國史記』 卷22, 高句麗本紀10, 寶藏王 論曰.

21 『舊唐書』 卷199, 列傳149(상), 東夷, 高麗.

22 『孤雲集』 卷1, 讓位表.

23 『三國史記』 卷22, 高句麗本紀10, 寶藏王 論曰.

향한다고 보기는 어렵다. 기자는 유교 중심의 동아시아 보편과 역사적 독립성이라는 두 가지 상징성을 동시에 띠고 있었던 것이다. 역사적 시조로부터 정체성을 형성했다고 본다면, 기자가 갖고 있는 두 가지 정체성에 따라 신라 말 이래로 자아 인식도 두 가지 방향에서 형성되어왔다고 볼 수 있다. 즉, '이중적 자아 인식'이라고 할 수 있는 것이다.

그러다가 몽골과의 전쟁이 끝나고 강화가 맺어진 직후에 일연의 『삼국유사』에서 단군이 처음으로 등장했다. 그리고 이승휴(李承休)의 『제왕운기(帝王韻紀)』에서 고려는 지리적으로 요동 및 압록강을 경계로 중국과 구분되었으며, 단군은 역사적으로 중국과 고려가 다른 혈통을 지니게 된 연원으로 해석되었다.[24] 이는 문헌 기록상 단군과 기자가 비로소 균형을 이루는 시점으로 이해할 수 있다. 마침내 정체성에서 단군과 기자라는 두 가지 계통이 만들어졌으며, 자아 인식에서도 단군으로부터 형성된 문화적 개별성과 역사적 독립성, 기자로부터 형성된 문화적 보편성과 중국에 대한 사대라는 두 자아의 균형 또한 갖춰지게 되었다. 원(몽골)과 긴밀한 관계가 시작되던 무렵에 역설적으로 독립성과 개별성의 인식 대상이 만들어지고 있었던 것이다.

성리학의 수용은 이러한 자아 인식에 변화를 가져왔다. 『삼국유사』와 『제왕운기』 이후 단군은 「조연수묘지명(趙延壽墓誌銘)」을 제외하고는 문헌에 등장하지 않는다. 「조연수묘지명」에는 "평양의 군자(君子)는 삼한의 앞에 있어 천 년을 장수하고 선인(仙人)이 되었다"[25]라는 구절이 보인다. 여기서 단군은 일연의 『삼국유사』에 기록된 단군과는 성격이 다른 평양의 지역 신으로 묘사되었는데, 보기에 따라서 『삼국유사』 이전으로 되돌아갔다는 인상을 줄 수도

---

24 『舊唐書』卷199, 列傳149(상), 東夷, 高麗.

25 金龍善, 『高麗墓誌銘集成 (上)』, 1993, 452쪽.

있다. 그렇지만 단군이 '삼한의 앞에 있어 천 년을 장수하고 선인이 되었다'는 대목에서 단군신화의 흔적을 확인할 수 있다. 즉, 『삼국유사』에 나타난 역사화된 단군의 이미지를 이어가고 있었던 것이다.[26]

그러나 전체적으로 볼 때, 비록 적은 사례에 불과하지만 14세기 전반기에는 단군보다 기자가 문헌에 훨씬 더 많이 나타나는 게 사실이다. 이는 당시 고려가 처했던 대외적 상황과 성리학 수용을 결부해서 생각해볼 수 있다. 성리학의 시각으로 단군과 기자 두 국조를 보았을 때, 성리학이 갖고 있는 보편 문화 중심의 일원성을 실천하고 그에 참여하기 위해서, 그리고 원과의 관계를 원활하게 풀어 나가기 위해서는 단군을 강조하기보다 기자를 강조하는 편이 더욱 유리했을 것이다.

원 간섭기 유학자들이 생각했던 '보편'은 성리학 지향성을 지니고 있었다. 이제현(李齊賢)은 송나라의 유학자들과 마찬가지로 고문창도론(古文倡導論)을 주장하는 한편,[27] 군신 관계에서는 신권을 왕권에 예속되는 것으로 보지 않았다.[28] 이는 이제현의 문생인 이곡(李穀) 역시 비슷했다. 두 사람은 한나라 고조 유방(劉邦)의 인성에 결함이 있다고 보았다.[29] 특히 이곡은 「배갱설(杯羹說)」에서 항우(項羽)가 유방의 아버지를 사로잡고 "항복하지 않으면 아버지를 삶아 고깃국으로 만들겠다"고 협박하자 유방이 "나에게도 한 그릇 주면 좋겠다"고 했던 고사를 들어,[30] 유방이 천하를 차지하는 것은 거스를 수 없는 천

---

26 金成煥, 앞의 책, 2002, 153쪽.

27 『高麗史』 卷110, 列傳23, 李齊賢.

28 최봉준, 앞의 글, 2013, 27~30쪽.

29 『益齋亂藁』 권4, 田橫; 『稼亭集』 卷7, 說, 杯羹說.

30 『史記』 卷7, 項羽本紀; 『漢書』 卷31, 項籍.

명이었지만 효를 위배했다는 점에서는 군왕으로서 결함이 있다고 평가했다. 이런 평가는 군주의 인성과 수신의 필요성을 언급했다는 점에서 이전과 다소 달라진 군주에 대한 시각을 보여준다.

이곡은 효는 군왕에서 관료에게로, 그리고 아녀자에게까지 확대될 수 있는 덕목으로서[31] 충과 효가 부딪칠 경우 효를 우선해야 한다고 보았다.[32] 이는 고려 전기까지 국자감을 중심으로 교육되는 지배층의 유교적 소양에 불과했던 효 윤리[33]가 성리학 수용 이후에 누구나 지켜야 할 윤리로 부각되기 시작하는 상황을 잘 보여준다. 이제현과 이곡의 단계에서 성리학이 점차 내면화되고 새로운 군신 관계와 가족 윤리 중심으로 윤리의식이 전환되고 있었던 것이다.

이들의 역사 인식도 윤리의식의 전환과 유사한 변화 과정을 겪었다. 이제현은 아들(당 중종과 예종)의 권력을 찬탈한 측천무후(則天武后)를 비판했다. 또한 그는 명분을 어긴 측천무후를 비판하지 않은 구양수(歐陽脩)가 정통론을 어겼다고 보았다. 재미있는 것은 이제현이 자신의 소신을 남송의 범조우(范祖禹)와 주자(朱子)의 글을 통해 재확인했다는 점이다.[34] 성리학은 천명의 윤리성에 대한 확고한 신념을 통해 역사 속에 나타난 도(道)가 실제로 존재한다는 것을 믿어 의심치 않으며, 현실 세계에서 이를 구현하려고 한다. 그런 점에서 보면, 이제현이 한 고조 같은 인성이 잘못된 군주가 천하를 차지한 일을 부정하지 않은 점은 성리학의 역사 인식과 거리가 있다. 그렇지만 여기서 중요

---

31 『稼亭集』 卷1, 節夫曹氏傳.

32 『稼亭集』 卷1, 趙苞忠孝論.

33 『高麗史』 卷74, 志28 選擧2, 學校, 國學.

34 『益齋亂藁』 卷3, 則天陵.

한 것은, 주자의 정통론이 수용되었다는 점과 윤리의식이 가족 윤리 중심으로 점차 전환되고 있었다는 점이다. 원 제국의 국학이자 동아시아 전체에서 보편적 지위를 차지한 성리학을 중심으로 인식의 전환이 이루어지고 있다는 점에서, 문화적 개별성보다는 보편성에 좀 더 무게가 실리게 될 것을 예상할 수 있는 대목이다.

물론 그렇다고 고려 전기부터 지향해온 문화적 개별성과 자기 전통을 유지하려는 속성을 포기한 것은 아니었다. 충렬왕대 정동행성 관리인 고르기스(闊里吉思)는 양인과 천인이 교혼할 경우 일천즉천(一賤則賤)에 따라 신분을 판정하는 고려의 노비 제도를 일량즉량(一良則良)을 기반으로 하는 원의 제도로 바꾸려 했다. 그러자 충렬왕 이하 지배층 전체가 집단적으로 반발했으며, 결국 고르기스의 시도는 실패하고 말았다.[35] 이는 원 세조가 추진했던 한화 정책의 성과를 고려에 적용하려 했던 것으로,[36] 고려의 풍토를 무시하고 원의 제도 적용을 황제의 덕화라면서 천하에 보편적으로 시행해야 하는 것으로 보았던 인식이 빚은 혼란이었다.

이때 고려가 제기했던 반론의 근거가 바로 '불개토풍(不改土風)'이었다. '불개토풍'이란 원 세조가 고려와 강화를 하면서 맺었다고 전해지는 약속으로, 고려의 풍속과 종묘사직은 고치지 않는다는 것이었다. 그에 따라 고려는 원의 정치적 간섭과는 별도로 왕조와 법제 등 기본적 질서에서 자율성을 인정받고 있었다.[37] 고려의 풍토를 무시한 채 제도적·문화적 일치를 꾀하려고 했던 원에 고려가 저항했다는 것은, 원 간섭기의 성리학자들을 비롯한 관료

---

35 『高麗史節要』卷22, 忠烈王 26年(1300) 10月.

36 李康漢,「征東行省官 闊里吉思의 고려 제도 개변 시도」,『韓國史研究』139, 2007.

37 李益柱,「高麗·元關係의 構造와 高麗後期 政治體制」, 서울대학교 박사학위논문, 1996.

사회 일반과 국왕 등 지배층에 이중적 자아 인식이 작용하고 있었기 때문이라고 이해할 수 있다. 원 제국의 제도와 문화를 수용하고 보편 문화에 참여해야 한다는 인식이 지배하는 가운데 원의 고려 지배에 대해 반발할 여지는 크지 않다. 그럼에도 불구하고 고려의 고유한 풍속과 문화를 해치는 행위에 대해서는 불개토풍을 내세워 반박했다. 이는 기자가 가지고 있는 문화적 보편성이 반영된 자아와 역사적 독립성·개별성을 지향하는 자아, 즉 '조공국으로서의 자아'와 '독립성을 지향하는 자아' 이 두 가지 모두가 작용하고 있었기 때문이다.

원 간섭기의 지식인들은 이러한 문화적 보편성과 개별성의 혼재를 양자의 조화와 공존으로 해결하고자 했다. 그와 같은 상황 인식은 이곡이 정동행성에 파견된 원의 관리 게이충(揭以忠)과 나눈 대화를 통해서도 확인할 수 있다. 게이충이 고려에서 원의 법제가 잘 시행되고 있지 않는 이유를 묻자, 이곡은 기본적으로는 원의 법제를 따를 필요가 있지만 오랫동안 고수해온 고려의 법제 또한 버릴 수 없기 때문에 원의 보편 법제가 잘 시행되지 않은 것이라고 답하였다.[38] 이곡의 말은 보편성을 지닌 원의 법제와 개별성을 지닌 고려의 법제 양자를 모두 인정한 발언으로서, 보편성과 개별성의 조화·공존을 지향했다고 이해된다.[39] 그렇지만 원 법제의 당위성을 인정했다는 점에서, 이제 보편 문화는 선택의 문제가 아닌 당위의 문제가 되었다는 것 또한 살펴볼 수 있다.

---

38 『稼亭集』 卷9, 送揭理問序.

39 최봉준, 「李穀의 箕子 중심의 국사관과 고려·원 典章調和論」, 『한국중세사연구』 36, 2013.

3. 고려적 전통에 대한 견해차와 이중적 자아 인식

고려 말 정치적 대립 구도는 잘 알려져 있다시피 성리학자 이색(李穡)과 정도전(鄭道傳)의 대립이었다. 그런 만큼 고려 말 단계에 이르러 성리학은 고려 유학의 지배적인 흐름으로 자리 잡아 나갔다고 할 수 있다. 고려 말 성리학자들 사이의 정치적 대립은 곧 사상적 대립이자 현실 인식의 대립이었다. 이는 특히 조선 국가의 성립과 이후 국가 운영 방향과도 밀접하게 관련되어 있었다.

원·명 교체기 이후 자아 인식에서 나타난 변화는 단군의 재등장이다. 그 결과 단군은 혈통적 시조로, 기자는 문화적 시조로 자리매김하게 되었다. 이 때 기자가 지닌 이중적 이미지도 유지되었다. 따라서 크게 보면 이중적 자아 인식과 성리학 수용 이후에 나타난 당위로서의 보편 문화에 대한 인식은 유지되었다고 할 수 있다. 그러나 단군과 기자의 이미지를 어떻게 정리할 것인지, 또 이를 국가 운영과 보편 문화의 수용에 어떻게 반영할 것인지를 두고 방법론의 대립이 나타났다.

이색은 이중적 자아 인식을 유지하면서 성리학에 배치되는 고려의 전통을 유지하고자 했다. 그는 단군이 건국한 이래 고려는 중국의 지배를 받지 않았다고 했다. 이는 기자가 주 무왕(周武王)의 책봉을 받은 이후에도 줄곧 이어져왔다고 했다. 고려가 건국된 지 500여 년이 흐르는 동안 중국과는 문화적으로 많은 차이가 났으나, 유교적 전통 또한 지켜왔다고 보았다.[40] 즉, 고려는 문화적·역사적으로 중국과 명확하게 구분되는 존재이면서도 매우 밀접한 관계를 이어왔으며, 외교적으로도 중국에 대한 독립국이면서 사대 관계 또한

---

40 『牧隱集』 文藁 卷9, 送偰符寶使還詩序.

이어왔다고 본 것이다. 이를 자아 인식의 측면에서 보면, 중국과 혈통적·지리적·문화적으로 구분되어 있다는 의식이 전제되어 있다. 성리학적 시각으로 볼 때 고려가 중국 문화의 영향을 받을 수밖에 없는 상황에서 기자의 전통을 자체적으로 계승하여 오랜 유교문화의 전통이 존재한다는 것으로 파악했다고 볼 수 있다. 즉, 성리학의 시각으로 본 이중적 자아 인식이다. 이 논리에 따르면 고려는 비성리학적 전통 아래서도 유교적 전통을 계승할 수만 있다면 '자체적인 교화'를 통해 왕도의 실현이 가능한 국가였다.

반면, 정도전에게서는 이색보다 기자 지향성이 더 강하게 나타난다. 그는 '조선' 국호에 대해 정통론적 입장에서 접근했다.[41] 그는 주 무왕의 책봉을 받은 기자조선 외에 다른 국호는 모두 중국의 허락을 받지 않았으므로 정통성이 없다고 했다.[42] 중국과의 명분 관계 여부가 국호의 정통성을 결정하는 요인이라고 보았다는 점에서, 그리고 정통론적 관점에서 조선이 취해야 할 방향은 기자의 전통 계승, 즉 고려적 전통을 최대한 배제하고 명을 중심으로 하는 보편 문화 중심으로 국가를 운영해 나가는 것이라고 보았다는 점에서, 정도전은 단군이 상징하는 문화적 개별성보다는 기자가 상징하는 문화적 보편성을 따르고자 했음을 알 수 있다.[43] 하지만 그렇다고 정도전이 단군을 완

---

41 최봉준, 「'조선' 국호로 본 여말선초의 역사인식과 이상국가론」, 『역사와 현실』 108, 2018.

42 『三峯集』 卷7, 朝鮮經國典(上), 國號.

43 '조선' 국호에 대한 정통론적 입장과 반응은 조선 건국에 반대했던 이들을 통해서도 확인할 수 있다. 원천석(元天錫)은 '조선' 국호에 대해, "천자가 동방을 중히 여기시니, 조선 국호를 명하신 이치가 적당하네. 기자가 남긴 유풍을 장차 다시 진작한다면, 반드시 여러 나라가 관광(觀光)을 다툴 것이라네"라고 했다(『耘谷行錄』 권5, 改新國號爲朝鮮). 이는 조선 건국에 찬성하든 반대하든, '조선' 국호가 명 태조에 의해 확정되었다는 점과 '조선' 국호가 지향하는 바에 대해서는 어느 정도의 공감대가 있었다는 것을 의

전히 부정했다고 볼 수는 없다. 단군의 혈통적 전통을 인정했기 때문이다.

문제는 방법과 속도에 있었다. 이색은 불교의 효용성을 인정하는 유불동도론(儒佛同道論)을 견지했다.[44] 성리학자조차 불교 신앙을 인정하고 유불의 공존을 주장했을 만큼, 불교는 고려인의 심성과 매우 친숙한 존재이자 전통이었다.[45] 설사 이단으로 치부되더라도 그것은 불교 자체가 지닌 문제라기보다는 불교의 사회경제적 폐단에 가깝기 때문에, 불교의 사회적 존재 양태만교정한다면 충분히 존재 가치를 인정받을 수 있다고 보았다. 이색은 풍수지리와 그에 근거한 천도론에는 부정적이었으나,[46] 그럼에도 성리학적 가족 윤리의 출발이라 할 수 있는 효의 실천에 부합된다면 충분히 존재 가치가 있다고 여겼다.[47] 즉, 이색은 고려의 다원적 사상 지형을 일정 정도 인정하는 입장이었으며, 이는 기자의 전통을 계승하는 한편 단군의 혈통적·지리적·역사

미한다. 그리고 이들 모두의 목적은 문명 교화와 왕도의 실현에 있었다는 점도 확인할수 있다.

44 都賢喆, 앞의 책, 1999.

45 『高麗史』 卷115, 列傳28, 李穡. "이색은 1387년(우왕 13)에 지은 서보통탑(西普通塔)의기문(記文)에서 '우리 태조께서는 창업하시고 왕통을 드리우시면서 불법(佛法)을 널리드날리셨으며', 선왕께서는 '삼보에 귀의하시고 숭앙하셨으니, 지금 전하께서 탑을 수리하시는 것이 이와 같은 것은 전하의 마음과 태조의 마음이 합치'되는 것이라고 하였다."

46 『牧隱集』 詩藁 卷5, 慈恩寺 讀玉龍書有感.

47 『牧隱集』 文藁 卷16, 金純夫父母墓表. "이색은 풍수지리를 이단이라 보고 있었다. 그렇지만 그는 과거 시험 동년인 김순부가 찾아와서 부모의 묘표를 부탁하자 풍수지리에관해서는 '후세의 술가(術家)들이 산수와 일월에 관한 설(說)로서 비록 성인의 법은 아니다'라고 하면서도 '사람의 자식으로서 감히 폐할 수 없는 것이다. 내 몸의 길흉과 자손의 화복(禍福)은 나의 부모가 마땅히 근심하는 바이니, 비록 백세가 지나도 잊을 수없는 것이다. 사람의 자식으로 마땅히 부모의 마음을 본받는 자들은 길한 곳에 자리를잡는 데 진실로 삼가고 삼가야 할 것이다'라고 하였다."

적 독립성을 인정하는 역사 인식 및 정체성과 연관되어 있었다.

그에 비해 정도전은 고려적 전통을 최대한 배제하고 성리학을 전면에 내세운 국가 운영을 추구했다. 그는 「불씨잡변(佛氏雜辨)」에서 불교 교리를 성리학 논리로 정면 비판했다. 천도재(薦度齋)와 같은 불교식 예제는 낭비에 불과하며, 현세의 유가족에게 고통을 전가한다고도 비판했다.[48] 남귀여가혼(男歸女家婚) 역시 인품이 아니라 오로지 재산을 기준으로 배필을 고르기 때문에 혼인의 본래 의미를 살리지 못한다고 보았다.[49] 이와 함께 정도전은 '재상정치론'을 주장했다. 국왕은 민과 하늘의 중간적 존재로서 반드시 수신이 되어 있어야 하며, 언제나 민의와 신하의 말에 귀를 기울여야 한다고 했다. 이는 고려의 전통적인 국왕 중심 정치 운영에서 벗어나 주자가 의도한 정치 운영에 한 발 더 다가서는 것이었다.[50] 정도전은 이색에 비해 단군의 의미를 최대한 축소하고 기자 전통의 계승을 확대하여 성리학 중심의 국가 운영을 지향했다. 정체성의 측면에서 보면, 이색에 비해 기자 중심의 문화적 보편성을 강화하고자 했다고 볼 수 있다.

이러한 차이점에도 불구하고 이색과 정도전 두 사람의 목표는 공히 '왕도의 실현'이었다. 이색은 고려의 전통과 성리학의 일시적 공존을 추구하면서 점진적 개혁을 통해 왕도를 실현할 수 있다고 보았다. 그런 점에서 이색은 원 간섭기에 형성된 문화적 보편성과 개별성의 공존을 주장한 이제현과 이곡을 계승하고 있다. 그에 반해 정도전은 고려적 전통을 부정하고 신국가 건설과 성리학 지향성을 극대화하고자 했다. 물론 정도전 역시 단군을 부정하

---

48 『三峯集』卷7, 朝鮮經國典 (上), 禮典, 喪制.

49 위의 책, 婚姻.

50 도현철, 『조선 초기 정치제도사』, 태학사, 2013.

지 않았다는 점에서 일연의 『삼국유사』 이래의 인식적 전통과 연결되고 있기는 하다. 외형적으로 이색과 정도전은 모두 기자로부터 형성된 정체성에 따라 문화적 보편성을 실천해야 한다는 당위성을 긍정하고 있었다. 그러나 단군을 인식하는 온도 차는 고려적 전통과 다원적 사상 지형에 대한 인정의 폭을 결정하는 중요한 포인트이다. 이색이 다원적 사상 지형을 어느 정도 인정했다면, 정도전은 다원성보다는 보편 문화 중심의 일원성에 훨씬 가까이 다가가 있었다. 결국 고려 말에서 조선 건국 직후까지 이중적 자아 인식은 이어지고 있었다고 볼 수 있지만, 고려적 전통에 대한 온도 차는 중국과의 문화적·혈통적 구분을 상징하는 단군과 문화적 개별성을 어느 만큼 인정하는가를 결정하는 중요한 요인이었다.

4. 단군 인식의 강화와 조선적 문명교화론

조선 건국 이후에도 단군과 기자 두 존재로부터 형성된 이중적 자아 인식은 이어졌다. 이전과 달라진 점은 단군에 대한 인식이 점차 강화되었다는 것이다. 공민왕 말기, 이색에 의해 다시 등장한 단군은 기자와 함께 국조로 인식되어 중국과 구분되는 혈통적·문화적 독립성을 상징했다. 문헌에서는 단군신화의 특징적인 부분들이 제시되며 점차 이야기의 형태가 복원되었다.

조선 건국 직후의 단군과 기자 인식은 권근(權近)을 통해 확인할 수 있다. 권근은 명 태조의 명으로 지은 시에서 단군이 신단수 아래로 내려와 나라를 건국했으며, 단군에 이어 기자가 나라를 계승하였다고 했다.[51] 이는 우리가

---

51 『陽村集』卷1, 應製詩, 始古開闢東夷主.

아는 단군 이야기의 구조와 차이가 있지만, 그가 단군과 기자의 계승 관계를 분명하게 밝혔다는 점은 조금 특별하게 다가온다. 특히 표전(表箋) 문제를 해결하기 위해 명 태조를 알현하는 자리에서 권근이 단군신화를 언급한 일은 그 의미를 곰곰이 생각해볼 필요가 있다. 중국과 다른 혈통적·문화적 구분을 하고 조선의 개별성을 분명하게 제시함으로써, 조선이 명의 문화적·제도적 영향력으로부터 자유롭지는 않으나 스스로의 역량으로 교화가 가능하다는 점을 밝히려 했던 의도로 짐작되기 때문이다.

권근의 학문적 경향은 이색과 정도전의 학문 모두를 반영하고 있다고 이해된다. 그는 이색 계열의 성리학자로서 조선 건국에 반대했으나, 1394년(태조 3) 마침내 조선 조정에 출사했다.[52] 조선 건국 과정에서 정도전과 권근은 서로 다른 길을 걸었지만, 이제 정치적 입장과 국가 운영의 견해를 함께하게 된 것이다. 이는 권근이 정도전의 『삼봉집』에 수록된 「불씨잡변」의 주석을 달았다는 점을 통해서도 확인할 수 있다. 즉, 고려적 전통의 가장 중요한 부분인 불교에 대한 비판에서 권근과 정도전은 의견의 일치를 보고 있었다. 게다가 권근은 이색의 제자로서, 스승의 학문적 성과 또한 충실하게 계승하고 있었다.[53]

권근은 역사 인식에서 '리(理)'에 중점을 두었다. 이는 주자가 이야기한 '일리(一理)'와 상통하는 것으로, 역사는 현실 정치의 귀감이며 기본적으로 천리에 따른 정치의 득실을 기록함으로써 후세의 본보기가 되어야 한다는 논리이다. 여기서 권근이 천리를 강조한 것은 결국 '천인감응설(天人感應說)'을

52　『太祖實錄』卷6, 太祖 3年(1394) 9月 乙巳.

53　姜文植, 「鄭道傳과 權近의 생애와 사상 비교」, 『韓國學報』115, 2004; 도현철, 「권근의 유교 정치 이념과 정도전과의 관계」, 『역사와 현실』84, 2012.

'의리'의 관점에서 해석한 것이었다.[54] 권근은 『동국사략』에서 『삼국사기』의 즉위년칭원법(卽位年稱元法)을 유년칭원법(踰年稱元法: 전왕이 죽은 이듬해를 새 왕의 원년으로 부르는 연호 사용법)으로 고치고, 『삼국사기』에 원형 그대로 보존된 신라 고유의 왕호를 중국식으로 고쳤다. 그뿐 아니라 성리학의 시각으로 고대사를 재평가했다. 즉, 혁거세와 알영 모두를 성인으로 칭한 것, 왕실 내부에서 동성혼을 행한 것, 여왕의 즉위 등을 모두 성리학적 가족 윤리의 잣대로 비판했다. 그리고 고구려의 신대왕이 국왕(차대왕)을 죽인 신하인 명림답부(明臨荅夫)를 등용한 것은 인륜에 어긋나는 일이었다고 보았다. 그 밖에 삼국시대에 널리 행해진 화장이나 풍장 풍습, 불교·도교 등에 대해서도 비판의 날을 세웠다.[55]

하지만 권근은 동시에 권도(權道) 역시 강조했다. 권근의 스승인 이색은 앞서 남송의 호인(胡寅, 1098~1156)의 글을 빌려 창왕의 즉위를 동진 원제(元帝)의 즉위와 같은 것으로 보았다. 즉, 북방에서 오랑캐가 침략을 반복하자 동진이 남쪽으로 나라를 옮겨 가는 과정에서 부득이하게 사마씨(司馬氏)가 아닌 우씨(牛氏)를 황제로 세울 수밖에 없었는데, 이러한 동진의 상황이 고려 말 우왕과 창왕의 즉위와 같다고 본 것이다.[56] 이는 우창비왕설(禑昌非王說)이나 폐가입진(廢假立眞) 논리에 대한 이색의 대응 논리로서, 고려의 국체를 보전해야 한다는 대전제하의 임시적 조치에 해당하는 권도를 용인한 것으로 이해할 수 있다. 그 연장선에서 권근은 두 차례에 걸친 왕자의 난으로 형제를 죽이고 왕위에 오른 태종을 합리화했다. 태종이 왕위에 오르던 무렵은 국가적인

---

54 강문식, 『권근의 경학사상 연구』, 일지사, 2008, 307~314쪽.

55 최봉준, 앞의 글, 2013, 132~133쪽.

56 『高麗史』 卷115, 列傳28, 李穡.

위기가 거듭된 시기이기 때문에, 권근이 볼 때 태종의 즉위는 화변을 수습하기 위함이었다. 요컨대 중국에서도 어쩔 수 없이 권도를 쓸 수밖에 없었는데, 조선도 그와 비슷한 상황이니 굳이 상도(常道)를 고집할 필요가 없다는 것이었다.[57]

그러나 리(理)를 실천하는 데 권도는 한계가 있을 수밖에 없다. 권도는 상도를 실천하기 위한 임시적 조치에 불과하기 때문이다. 조선 건국에 반대하던 권근의 신왕조 참여는 바로 이 지점에서 이해해볼 부분이 없지는 않다. 그의 입장에서 왕조 교체는 상도에 어긋나는 일이었지만, 권도가 상도의 범위를 벗어날 가능성이 있으면 구태여 신왕조에 출사할 이유는 없다. 권근이 조선왕조에 출사한 까닭은 상도의 궁극적 목표인 왕도를 실천할 수 있는 가능성에 주목한 것이었다고 해석할 수 있다.

그렇다면 현실적으로 중국과 문화적 풍토가 다른 조선에서 어떻게 왕도를 실현할 수 있을지 고민하지 않을 수 없다. 권근은 평양을 가리켜 기자가 도읍을 정하고 터전을 잡은 곳으로 수천 년 예의의 교화가 여기서 시작되었다고 했으나, 이후 오랑캐의 풍습에 물들어 교화가 크게 무너졌다고 보았다. 따라서 풍속을 교정한다면 부국강병을 이룩할 수 있다고 판단했던 것이다.[58] 권근 단계에 와서 원 간섭기 이후에 나타난 중국 중심의 문화적 보편성에 대한 입장이 크게 변화한 것은 아니다. 문제는 어떻게 보편에 다가갈 것인가 하는 점에 있었다.

권근이 제시한 방법은 조선의 고유한 문화적 풍토를 활용하고 그와 공존하는 것이었다. 그는 『향약제생집성방(鄕藥濟生集成方)』 서문에 쓰기를, 조

---

57 『太宗實錄』卷12, 太宗 6年 8月 庚戌.

58 『陽村集』卷12, 平壤城大同門樓記.

선으로서는 중국의 약재를 구해 환자를 치료하는 방법이 가장 좋지만, 중국과 조선은 지리적 거리 때문에 원활하게 약재를 공급받을 수 없으므로 향약으로 그와 유사한 효과를 낼 수밖에 없다고 했다.[59] 이는 중국 중심의 한의학 체계, 즉 보편 문화 안에서 향약을 사용하는 권도를 용인하여 애민을 실천함으로써 궁극적으로는 왕도의 실현을 추구하고자 하는 조선 국가의 입장이 반영된 것이다. 요컨대, 상도 실천을 위해 권도를 활용하려 하는 것이 권근의 사고방식이었다고 할 수 있다. 현실적으로 조선이 중국의 보편 문화 아래서 자유로울 수는 없지만, 조선의 문화적 개별성 또한 중요하다는 이중적 입장인 셈이다. 문제의식에서는 성리학 수용 이전과 크게 다르지 않으면서도, 원 간섭기 이래 줄곧 이어져오던 '당위로서의 보편'이 작용하고 있음을 쉽게 간추릴 수 있다.

이후 세종 때 만들어진 『향약집성방(鄕藥集成方)』에도 유사한 인식이 반영되었다. 『향약집성방』은 고려 고종대에 만들어진 『향약구급방』을 계승한 의학서이다. 그 서문에서는 중국의 약재를 중국의 처방대로 사용하면 가장 효과적이겠지만, 조선에도 비슷한 약효를 구현할 약재가 있다면 그것을 쓸 수 있다고 했다.[60] 이를 문화적으로 해석하면, 중국의 방법으로 실시하는 교화가 가장 이상적이기는 하지만, 현실적으로 중국의 교화를 사용할 수 없다면 조선의 방법으로 실시하는 교화도 분명히 의미가 있다는 논리로 받아들여진다.

이와 같은 권도의 논리적 근거는 "고려는 산이 경계를 이루고 바다가 가로막아 하늘이 동이(東夷)를 만들었으므로 중국이 통치할 바는 아니다"[61]에

---

59 『陽村集』卷17, 鄕藥濟生集成方序.

60 『世宗實錄』卷60, 世宗 15年(1435) 6月 壬辰.

61 『太祖實錄』卷2, 太祖 元年(1392) 11月 甲辰, "高麗限山隔海 天造東夷 非我中國所治".

있다. 곧 조선은 중국과 지리적으로 구분되어 있어 중국 황제의 통치력이 미치지 않기 때문에 스스로 성교(聲敎)할 수 있다는 말이었다(聲敎自由).[62]

이는 바로 조선은 스스로의 역량을 통해 유교적 교화에 이를 수 있는 자율성을 확보했다는 논리에 다다르게 된다. 태종대 변계량(卞季良)은 기자가 조선에 책봉된 이후부터 자신이 살고 있는 당대까지 하늘에 제사를 지낸 일에 대해, 천자가 하늘에 제사 지내고 제후가 산천에 제사 지내는 것이 상도(常道)이지만, 제후가 하늘에 제사를 지내는 일도 있었다고 했다. 노나라와 기(杞)나라, 송나라를 예로 들어 각각 주나라에서 허락한 경우라고 했다.[63] 따라서 조선 역시 명으로부터 스스로 교화할 자격을 부여받은 만큼, 하늘에 제사를 지낼 자격이 있다는 논리이다. 이는 보기에 따라서는 원 간섭기 당시 원 세조가 고려에 약속한 '불개토풍'을 연상시킨다. 명 태조의 '성교자유(聲敎自由)'에 따를 경우 고려 때부터 지내오던 제천행사를 조선에서 이어받아 계속 행할 수도 있다는 말과 다름없다.

세종의 한글 창제도 이와 똑같지는 않으나 비슷한 논리적 연관성을 갖는다. 널리 알려진 『훈민정음해례본』 서문에는 세종의 애민 의식이 반영되어 있다. 동아시아 국가들의 공통된 표기 수단인 한문(漢文)은 보편적인 지위를 갖고 있었다. 그에 따라 한자음을 표준화하기 위해 『동국정운(東國正韻)』을 만들어 보편 언어를 수용하려고 했다. 그러나 이는 동시에 조선의 언어를 이용한 교화 시도라는 점에서 문화적 개별성에 해당하기도 한다.[64] 훈민정음을

---

62 최종석, 「조선초기 국가위상과 '聲敎自由'」, 『韓國史硏究』 162, 2013 참조.

63 『春亭集』 卷7, 永樂十四年丙申六月初一日封事(1416).

64 정다함, 「麗末鮮初 동아시아 질서와 朝鮮에서의 漢語, 漢吏文, 訓民正音」, 『韓國史學報』 36, 2009.

이용하여 『삼강행실도』를 편찬한 것은 조선의 언어를 이용하여 성리학적 교화를 실현한다는 의미였으며, 나아가 애민을 실현하여 궁극적인 왕도에 도달하겠다는 의지가 반영되어 있는 것이었다.

5. 장기 지속적 관점에서 바라본 역사 인식과 자아 인식

고려는 다원적 사상 지형 아래서 이중적 자아 인식을 지녀왔다. 이는 해동천자인 고려가 일본과 여진 등 이민족을 교화한다는 소중화적 관점과 결부되어 있었다. 다시 말해, 크게 보면 중국의 보편 문화에서 자유로울 수 없었던 문화적 배경하에 중국에 대한 조공국으로서의 자아와 이민족에 대한 해동천자로서의 자아, 즉 문화적 보편성을 지향하는 자아와 개별성을 지향하는 자아가 결합되어 있는 것이었다.

성리학 수용 주체들은 유구한 역사적 전통과 문화적 개별성을 상징하는 단군을 최대한 배제하면서도 원 제국과 원만한 관계를 유지하기 위해 유교적 교화를 상징하는 기자에게 역사적 독립성의 의미까지 부여했다. 그러면서 고려의 전통을 국가의 존망과 연결된 바꿀 수 없는 것이자 동시에 개혁의 대상으로 보았다.[65] 그러나 성리학은 그 속성상 다원성보다는 일원성을 추구하기 때문에, 중국 중심의 동아시아 보편 문화는 선택의 대상이 아닌 당위로서 고려 국가가 궁극적으로 추구해야 할 대상으로 변화했다. 그 안에서 고려는 기자를 통해 앞서 언급한 이중적 자아 인식을 이어오고 있었다.

---

65 채웅석, 앞의 글, 2003.

고려 말에 이르러 이색과 정도전의 개혁론이 분화된 것은 그동안 심화되고 있던 성리학 이해의 결과였다. 공민왕대 이후 단군이 재등장하면서 원 간섭기 이전의 국조 인식으로 되돌아간 측면이 관찰되기도 하지만, 그보다는 성리학의 문화적 일원성을 관철하기 위한 방법론적 분화가 더 뚜렷이 발견된다. 이색은 단군을 혈통적 시조로 인식하면서도 고려가 시서예악의 전통, 즉 기자의 교화를 계승했다고 했다. 이는 문화적으로 고려적 전통의 효용성을 인정한 것으로, 고려적 전통과 성리학적 교화의 공존이 가능하다는 논리였다. 그에 비해 정도전은 단군의 의미를 할 수 있는 한 크게 축소하고 기자를 극대화하면서, 고려적 전통은 최대한 배제하고 새로운 성리학적 문화 배경하에서 왕도를 구현하고자 했다. 이 같은 분화는 성리학적 교화를 점진적으로 추진할 것인가, 급진적으로 추진할 것인가 하는 속도와 방법의 문제였으며, 궁극적으로 당위적 성격으로 변화한 문화적 보편성 추구는 그대로 유지되었던 것으로 보인다. 하지만 그 안에서는 이중적 자아 인식 또한 유지되고 있었으며, 다만 성리학적으로 재해석되었다고 볼 수 있다.

분화된 왕도 실현 방법론은 조선 초기 권근에 이르러 결합되기 시작했다. 단군에 대한 언급이 좀 더 상세해지고, 기자에게서 역사적 독립성의 의미가 점차 탈각되었다. 그리고 조선의 역사는 성리학의 시각에서 본격적으로 정리되기 시작했다. 그런 가운데서도 국가 운영과 교화의 문제에서는 중국의 보편 문화 아래 조선적인 방법으로 교화하는 '조선적 문명 교화'를 실현해 나갈 수 있다고 보았다.

이러한 문제의식은 세종대 훈민정음 창제까지 이어졌다. 훈민정음은 15세기 조선 국가의 이중적 자아 인식과 정체성이 반영된 것으로서, 성리학 수용으로 변형된 고려인의 이중적 자아 인식이 지닌 당위로서의 보편 문화 추구의 일환이었다고 할 수 있다. 즉, 보편 문화를 추구하면서도 그 안에서 자율성과 문화적 개별성이 하나의 방법론으로 부각되었던 것이다.

그러한 의식의 심층으로 거슬러 올라가면 단군과 기자 두 존재를 만나게 된다. 일연 이전까지 단군은 평양·구월산·강화 등 지역적 숭배의 대상에 불과하고 기자가 문화적 개별성과 독립성, 그리고 보편성 모두를 상징하는 존재였다. 그러나 개별성과 보편성은 공존하면서 조화를 이루고 있었다. 태조 왕건은 훈요 10조의 제4조에서 '고려는 오랫동안 당풍(唐風)을 적용해왔으나, 고려의 실정에 맞지 않는다면 굳이 따르지 않아도 된다'고 했으며, 이는 최승로의 시무 28조에서 재확인되었다. 훈요 10조가 태조의 유훈이라는 점을 고려하면, 이는 고려 국가의 중국 문화, 즉 보편 문화에 대한 공식 입장이라고 할 수 있으며, 이를 한층 구체화한 것이 바로 시무 28조라고 할 수 있다. 이러한 입장은 정체성과 따로 떼어서 이해할 수는 없다. 신라 말 최치원 이래로 기자는 중국의 유교적 교화를 상징했으며, 기자 이후로 한반도는 중국의 지배를 받은 적이 없는 곳이었다. 즉, 기자는 문화적 보편성과 역사적 독립성, 나아가 개별성을 모두 상징하는 양면적 존재였던 것이다. 이후 일연의 『삼국유사』는 단군을 문헌 기록으로 옮기고 그에게 국조의 지위를 부여함으로써 단군과 기자에 대한 이중적 자아 인식의 대상을 더욱 구체화했다는 점에서 의의가 있다.

비록 원 간섭기에 단군이 잠시 문헌에서 거의 자취를 감추기도 했으나, 공민왕대 이색에 의해 다시 기록에 등장한 것은 이제 단군과 기자를 성리학적으로 인식해 나가기 시작했다는 의미를 지닌다. 이색과 정도전의 대립을 거쳐 나타난 15세기 조선 국가의 이중적 자아 인식은 서로 다른 성격의 두 가지 지향성이 하나의 의식구조 안에 결합되어 있는 형태였다. 결국 15세기 조선 국가의 문화적 지향성은 원 간섭기 성리학 수용으로 약간의 형태적 변형을 거친 이중적 자아 인식이 반영된 것이라 할 수 있다. 따라서 거시적 관점으로 볼 때, 이는 멀게는 고려 국가 성립기에 만들어진 의식이 지속되고 있었던 것으로 이해할 수 있다.

제2부
통치 제도의 개편과 정비

수령 중심 군현 편제의 전개와 연속성

| 정요근 |

1. 여말선초 지방 제도 개편을 보는 새로운 관점

조선 초기에 편찬된 『고려사』는 원 간섭기 이후의 고려 사회를 혼란과 탈법으로 가득 차 전면적인 개혁이 필요한 시기로 묘사했다. 반면 『조선왕조실록』에는 조선 초기 통치 제도의 정비와 관련하여 상대적으로 풍부하고 다양한 내용이 실려 있다. 두 사료를 통해 그려지는 시대상과 왕조 교체라는 역사적 사건이 맞물리면서, 많은 연구자들은 조선왕조의 개창을 역사적 단절의 시점이자 시대적 변화의 계기로 이해해왔다.

그런 인식은 지방사회의 통제와 운영에 대해서도 동일하게 적용되었다. 고려시대 5도 양계제의 8도제로의 개편, 속현(屬縣)의 소멸과 모든 군현(郡縣)에 대한 지방관 파견, 향·부곡·소 등 특수 지방행정구역의 일반 촌락화, 면리제(面里制) 시행 보편화 등이 대표적인 변화의 증거로 제시되곤 한다.

그러나 이런 요소들을 왕조 교체의 결과물, 혹은 조선왕조 개창 세력이 주도하여 이룩한 성과물로만 파악하는 것이 타당한지에 대해서는 보다 심도 있는 고찰이 필요하다. 조선 건국 이후 집권 세력은 다양한 분야에서 제도 정비와 개혁을 추진했지만, 그중에는 고려 후기부터 지속된 변화와 개편의 과정에서 이해할 수 있는 것들이 적지 않다. 조선 전기 지방사회의 실상 역시 고려 후기와 크게 다르지 않은 사례가 다수 확인된다.

예를 들어 조선의 광역 지방 편제인 8도제를 보자. 8도제는 고려의 경기를 경기도로 확장하고 새로 개척한 동북방의 영토를 동계 북부에 합쳐 함경도로, 동계 남부를 교주도에 합쳐 강원도로 편성했지만, 전체적으로 고려의 경기 및 5도 양계와 기본 편제가 동일하다. 한편 조선시대 8도 관찰사는 2품의 고관으로서 상위 지방장관 역할을 수행했던 데 반해, 고려시대 5도 안찰사는 4~6품의 낮은 품계로 임기도 6개월에 불과했으며 감찰 등의 제한적인 역할만 수행했다는 면에서 그 미숙성과 모순점이 지적되기도 했다.[1] 그러나 고려 후기의 안찰사(안렴사)는 수령(守令)에 대한 규찰은 물론, 별도의 본영(本營)을 기반으로 군사 지휘권을 갖거나 사법 및 조세행정을 담당하는 등 광역의 행정장관 역할을 수행하고 있었다.[2] 또한 조선 전기의 관찰사는 임기가 1년에 지나지 않았고, 조선 후기의 관찰사에 비해 기능이나 권한이 제한되었다.[3] 결국 품계의 상승을 제외하고 고려 후기 안찰사와 큰 차이가 없었다는 것이다.

학계에서는 여전히 조선의 개창이 지니는 역사적 의미를 강조하여 조선 건국을 기준으로 중세와 근세를 구분하는 관점이 큰 영향력을 발휘하고 있

1 邊太燮, 「高麗按察使考」, 『高麗政治制度史研究』, 一潮閣, 1971, 186~193쪽.
2 박종진, 「고려 시기 안찰사의 기능과 위상」, 『동방학지』 122, 2003, 240~246쪽.
3 李樹健, 「朝鮮初期 郡縣制整備와 地方統治體制」, 『韓國中世社會史研究』, 일조각, 1984, 360~367쪽.

다. 이 장에서는 군현체제나 지방 세력의 통제 등 중앙정부가 지향했던 지방
사회 편제의 측면에서, 고려 후기와 조선 전기의 유사성과 연속성을 검토해
보고자 한다. 이를 통해 조선 건국의 역사적 의미와 건국 직후의 제도 개편
을 새로운 각도에서 이해해보고, 왕조 중심의 역사 인식에 대해서도 문제를
제기해보고자 한다.

2. 12세기 수령급 독립 외관 인원의 증가

지방관이 파견된 주현(主縣)이 주변의 속현까지 관할하는 '주현-속현 제
도'는 고려시대 지방 제도의 대표적 특징이다. 주현-속현 제도는 1018년(고
려 현종 9)에 제도적으로 완성되었다. 『고려사』 지리지(地理志)에 따르면 전체
503개의 군현 중 속현은 373개로, 주현 하나가 평균 2.87개의 속현을 거느렸
다고 기록되어 있다. 군사적 성격이 강했던 양계 지역을 제외하면 주현이 56
개, 속현은 340개로 주현당 평균 속현은 6.07개에 달했다.[4]

GIS 방식에 따라 군현 간 경계를 고증한 〈지도 1〉에 따르면, 고려시대 청
주(淸州)와 공주(公州) 등 대읍의 면적은 주변 속현과 비교하여 월등히 넓었음
을 알 수 있다. 다른 지역의 경우도 마찬가지였다. 면적뿐만 아니라 인구 규
모에서도 고려시대 대읍과 속현 사이에는 상당한 규모의 차이가 있었을 것
이다.

고려시대 주현은 여러 속현을 거느리고 있었던 만큼, 주현의 수령 하위에
는 판관(判官)이나 사록참군사(司錄參軍事), 장서기(掌書記) 등의 외관(外官)이 편

---

4 변태섭, 「高麗時代 地方制度의 構造」, 『國史館論叢』 1, 1989, 63~64쪽.

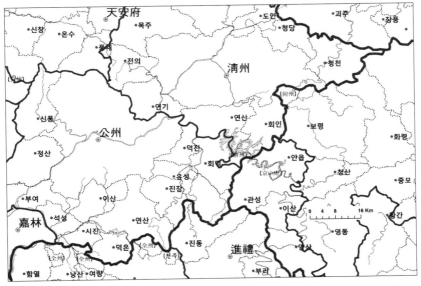

〈지도 1〉 고려 전기(1055년 기준) 청주·공주 일원 군현 영역도

위 지도를 통해 청주·공주 등의 주현이 주변의 속현보다 훨씬 넓은 영역을 보유한 것이 확인된다. 지도 제작: 정요근·김현종.

성되었다. 그중 6~7품의 관직에 해당하는 판관은 모두 86명이었다.[5] 최하급 주현의 수령인 현령(縣令)이 7품관이었으므로, 판관은 그와 동등하거나 그보다 상위의 지위를 지녔다. 판관은 수령을 보좌하여 군현의 행정 업무를 총괄하고 속현을 관리·감독하는 업무를 맡았다.[6] 속현의 숫자가 10곳이 넘는 대읍에서 수령이 혼자 관할 영역 전체를 직접 관장하기는 어려웠으므로, 수령

---

5 박종기, 『지배와 자율의 공간, 고려의 지방사회』, 푸른역사, 2002, 281~284쪽.

6 윤경진, 「高麗 郡縣制의 構造와 運營」, 서울대학교 박사학위논문, 2000, 240~249쪽; 박종기, 앞의 책, 2002, 257~262쪽, 279~293쪽.

의 직임을 분담하는 판관의 역할과 기능이 중요했다. 따라서 판관의 비중이
나 중요성은 하위의 사록참군사나 장서기 등에 비해 훨씬 높았다.

주현에만 지방관이 파견되는 고려의 지방 제도는 모든 군현에 지방관이
파견되었던 조선의 지방 제도에 비해 미숙한 체제로 인식되곤 했다. 『고려
사』 지리지 기준으로 고려 전기의 주현 숫자가 127개였고, 『경국대전』 기준
으로 조선 전기 수령이 파견된 군현 숫자는 332개에 이른다는 상징적인 비교
는 그런 인식의 핵심적인 근거가 되었다. 그러나 수령을 보좌하는 역할을 맡
았던 판관과 현위(縣尉)의 숫자까지 비교하면 이 인식은 재고되어야 한다.[7] 조
선 전기 『경국대전』에는 군현에 파견되는 판관의 정원이 36명으로 기록되어
있지만, 고려시대 판관의 정원은 86명에 달했다. 또한 고려시대 현령이 파견
된 주현에는 현위가 추가로 임명되었다. 『고려사』 지리지 기준으로 현령이
15명이었으므로, 현위도 그와 동일한 인원수였다고 추산할 수 있다. 고려시
대 현령 이상의 수령급 외관과 그들을 보좌하는 판관, 현위 등의 정원은 최
소 228명으로, 조선시대 전국의 수령과 판관 인원 365명의 약 62%가 된다.[8]

고려 예종 연간(1105~1122)부터는 속현 지역에 최하급의 수령인 감무가 파
견되기 시작했다. 현령 파견 인원도 증가했다. 〈표 1〉은 각 속현에 최초로 수
령이 파견된 시점을 현령 이상과 감무로 나누어 시기별로 정리한 것이다.[9]
이에 따르면 예종~인종 연간(1105~1146)에 신설된 감무는 77명이고, 현령도
15명에 달했다. 신설된 현령과 감무를 포함하여 이 시기 수령급 외관과 판

---

7 이러한 관점은 이미 박종기, 앞의 책, 2002, 281~284쪽에서 제시된 바 있다.

8 이상 고려의 주현 수와 조선의 군현 수 및 지방관 정원 숫자는 박종기, 앞의 책, 2002,
   277~284쪽에 기록된 수치에 근거하여 산정했으며, 현위는 15명으로 파악했다.

9 〈표 1〉의 수치는 윤경진, 앞의 글, 2000, 260~287쪽의 내용을 기초로 필자가 재정리한
   것이다.

<표 1> 고려 중·후기 군현의 수령 최초 파견 시점

시기	감무 신설 군현	속현에서 현령 이상으로 승격한 군현
1106(예종 1)	22	0
1108~1109(예종 3~4)	47	1
1122~1146(인종 연간)	8	14(미상 시기 4곳 포함)
1170~1197(명종 연간)	65	3
1197~1388(신종~우왕)	5	11
미상(1388년 이전)	7	0
1389~1391(공양왕 연간)	41	0
1392~1418(조선 태조~태종)	23	미조사
합계	218	29

관·현위의 정원은 300명을 훌쩍 넘어 조선시대 수령과 판관의 인원 총합에 근접했다. 그 외 판관 하위의 외관 숫자도 고려와 조선 사이에 별 차이가 없었다.[10] 고려 후기에는 속현의 주현 승격 등으로 인해 수령의 숫자가 더욱 증가했다. 게다가 고려는 조선에 비해 영토가 협소하고 인구가 적었다. 따라서 수령의 인원수가 적다는 이유로 고려 중앙정부의 지방 통제력이 조선보다 미약했다고 단정할 수는 없다. 고려시대에는 개별 군현을 단위로 한 수령의 통치가 일반화되지 않았을 뿐, 주현에 파견된 수령이 판관·현위 등의 보좌를 받아 관할 속현의 영역까지 다스리는 형태가 보편적이었다.

고려 중기부터는 감무 등 개별 군현만 독자적으로 다스리는 수령의 파견이 전국적으로 확대되었다. 수령급 외관 중 가장 낮은 품계를 지닌 감무는 조선 초기인 1413년(조선 태종 13)에 현감(縣監)으로 명칭이 바뀌었다.[11] 감무에

---

10 박종기, 앞의 책, 2002, 281~285쪽.

11 『태종실록』 권26, 태종 13년 10월 신유.

게 지급된 녹봉의 양이 8품의 현위와 동일했기 때문에[12] 고려시대 감무는 7품의 현령보다 낮은 8품의 관직으로 여겨진다. 현령이 파견된 주현은 대개 속현을 거느리고 있었으나, 감무가 파견된 군현은 속현을 거느리지 않았다. 단 감무가 이웃 속현을 겸임했던 사례는 일부 확인된다. 감무의 파견은 속현이 없는 독립 군현의 대거 탄생이라는 점에서 고려의 지방 통치에 변화를 가져오는 주요한 계기가 되었다.

그런데 고려시대 감무가 파견된 군현은 독립 군현이 아니라 여전히 속현이었다고 보는 시각도 있다. 공양왕 연간(1389~1392)에 파견된 감무가 '신정감무(新定監務)'라 불렸던 점에 착안하여, 고려 말기에 이르러서야 감무 파견 군현이 보통의 주현과 동등한 단위로 인식되었다고 파악하는 것이다. 감무를 보좌하는 예하 관원이 없었다는 점, 감무 설치 군현은 속현을 거느리지 않았다는 점 등이 주요 근거로 제시되었다.[13] 이는 고려시대 주현-속현 제도의 붕괴와 조선왕조의 새로운 지방 제도 성립의 단초가 공양왕 연간에 마련되었다고 보는 입장이다.

감무가 낮은 품계의 관직이고 감무 파견 군현의 인구나 영역 규모 역시 협소했지만, 감무는 분명 독립 군현의 수령이었다. 조선시대 현감이 다스리는 군현에는 현감 외에 향교에서의 교육을 담당하는 훈도(訓導)가 임명되었지만, 조선 후기에는 폐지되었다. 즉 감무의 후신인 조선시대 현감도 예하에 관원이 없었던 것이다. 따라서 예하 관원이 없었다는 점이 감무 설치 군현을 독립 군현이 아니라고 볼 근거가 될 수는 없다.

---

12 『고려사』 권80, 식화3 祿俸 外官祿 仁宗朝.

13 윤경진, 앞의 글, 2000, 267~268쪽; 이인재, 「고려 중후기 지방제 개혁과 감무」, 『외대사학』 3, 1989, 132~135쪽 및 150~156쪽에서도 감무 파견 군현을 속현으로 이해했다.

1198년(고려 신종 1)에 발급된 장성감무관첩(長城監務官貼)은 중앙관청인 승록사(僧錄司)와 장성 감무 사이에서 문서 행정이 직접 이루어졌음을 보여주는 귀중한 자료이다.[14] 장성은 원래 영광(靈光)의 속현이었으나, 1172년(고려 명종 2)에 감무가 설치되었다.[15] 장성에 감무가 파견되지 않았다면 중앙의 문서는 영광을 거쳐 장성의 읍사(邑司)로 전달되었을 것이다. 중앙관청과 장성 감무 사이에서 문서 행정이 직접 이루어졌다는 것은 감무가 주현의 지방관과 행정적으로 독립된 별도의 수령급 외관이었다는 증거이다. 따라서 고려 중기 이래 감무 파견 군현은 속현을 거느리지만 않았을 뿐 주현과 동등한 독립 군현이었다고 간주된다.

〈표 1〉에서 본 바와 같이, 12세기에는 최소 140개 이상의 군현에 감무가 신설되었다. 12세기 감무 설치의 주요 이유는 주민들의 유망 방지와 무신정변 참여 인사들에 대한 포상 등으로 알려져 있다. 그러나 이 시기에 신설된 감무는 대부분 일회성이 아니라 후대까지 계승되었다. 즉 감무 신설의 근원적인 이유는 유망 방지나 포상이 아니라 해당 군현에 대한 보다 안정적이고 효과적인 통치의 필요성이었으며, 인구 증가와 경작지 확대 등 고려 전기 이래의 지속적인 사회경제적 발전이 전제되어 있었다.[16]

12세기에는 140여 개에 달하는 감무 신설 군현 외에 18개의 속현이 주현으로 승격되었다. 12세기 내내 전국 373개의 속현 가운데 40%가 넘는 지역에 새로이 현령과 감무 등 수령급 외관이 파견되었다. 따라서 수령과 판관·현위 등의 숫자는 이전 시기보다 크게 증가했다. 그 외에 최소 20개 이상의

---

14 노명호 외, 『韓國古代中世古文書硏究 (상)』, 서울대학교출판부, 2000, 363~372쪽.

15 『고려사』 권57, 地理2 全羅道 靈光郡 長城郡.

16 金東洙, 「고려 중·후기의 監務 파견」, 『全南史學』 3, 1989, 95~100쪽.

속현이 상위 주현의 변경으로 소속 관계의 변동을 겪기도 했다.[17] 이상과 같이 12세기에는 주현-속현 제도의 운영에 큰 변화가 일어났다. 정치적 혼란을 가져온 무신정권의 성립은 오히려 수령 파견 군현의 증가를 통해 중앙정부의 지방 통제를 강화하는 계기가 되었다. 무신정권 시기 전국 각지의 하층민 봉기는 중앙정부로 하여금 증가된 수령급 외관의 인원수를 그대로 유지시켜야 할 필요성을 더욱 각인하게 했다.

한편 12세기 수령급 외관의 대폭 증가는 군현 간 영역 경계를 복잡하게 만들기도 했다. 기존 대읍에 소속되어 있던 속현이 독립 군현으로 승격하면서, 대읍의 중심 영역과 분리된 다른 속현이나 향·부곡 등은 해당 대읍 소속의 월경지(越境地)가 되었다. 그리고 이 월경지는 시간이 흐를수록 점점 더 늘어났다. 농경지 개간을 위한 주민 이주, 새로운 거주지의 개척 등은 월경지 증가의 주요 요인이었다. 조선 후기까지 존재했던 낙동강 상류 지역의 여러 월경지 중 절반 이상은 12~13세기에 생성되었으며,[18] 전라도 남부 지역에서도 이 시기에 발생한 월경지가 다수 확인된다.[19]

고려 전기의 주현-속현 체제는 주현에 파견된 수령급 외관이 판관이나 현위의 도움을 얻어 속현의 영역까지 관리·감독하는 형태로 운영되었다. 대읍과 속현의 영역별·인구별 편차는 상당히 컸다. 12세기에는 현령과 감무 파견 군현의 숫자가 대폭 증가하여 지방 제도 운영에 적지 않은 변동이 있었다. 수령 인원수의 급증은 지방사회의 사회경제적 성장을 배경으로 하고 있

---

17 정요근, 「고려~조선 전기 전라도 서남해상 島嶼 지역의 郡縣 편제와 그 변화」, 『도서문화』 39, 2012, 90~95쪽.

18 정요근, 「고려~조선시대 낙동강 상류 지역의 越境地 분석」, 『한국문화』 71, 2015, 87~98쪽.

19 정요근, 「전남 지역의 고려~조선시대 越境地 분석」, 『한국문화』 63, 2013, 51~57쪽.

었다. 그러나 12세기 내내 진행된 수령급 독립 외관의 증가가 주현-속현 편제에 기초한 고려의 지방 제도를 본질적으로 변화시킨 것은 아니었다. 현령이나 감무가 신설된 곳 외에 나머지 200여 개의 속현은 그 위상에 별다른 변동이 없었다.

3. 원 간섭기 수령 중심 군현 통치 기반의 수립

원 간섭기에 들어서면, 수령의 지위가 높아지고 수령이 개별 군현을 독립적으로 통치하는 방식이 확산되었다. 수령 중심의 군현 통치 정책이 본격 시행된 것이다. 이 시기에 나타난 지방 제도의 특징적인 변화 현상으로 다음두 가지를 꼽을 수 있다.

첫 번째는 특례(特例) 승격 군현의 발생과 확산이다. 〈표 1〉에서 정리한바와 같이, 1197년 이후 1388년까지 200여 년간 감무가 신설된 군현은 5개에 지나지 않았다. 하지만 같은 기간 국가에 공을 세운 인물의 연고지, 외적 침략에 대한 방어, 그 외 왕실과의 인연 등으로 군현 읍격이 상승하는 이른바 '특례 승격'의 사례가 다수 확인된다. 〈표 1〉에는 속현에서 현령 이상의 읍격으로 승격한 군현이 11개로 조사되었지만, 실제로 이 시기 감무나 현령이 지주사(知州事)나 지군사(知郡事), 혹은 그 이상의 수령급 외관으로 승격한 경우가 40개 이상 확인된다. 고려시대 군현의 특례 승격은 1258년(고려 고종 45) 최씨 정권을 무너뜨린 위사공신의 연고지에서부터 본격화되었고, 이후 14세기 후반까지 꾸준히 추가되었다.[20] 특례 승격이 이루어진 군현 중에 원

---

20 윤경진, 앞의 글, 2000, 268~273쪽.

래 감무나 현령이 임명되던 곳은 속현을 거느리지 않았던 경우가 대부분이었지만, 특례 승격 후에도 속현을 거느리는 경우는 거의 없었다.

　두 번째로는 판관과 현위 등 수령의 역할을 분담하는 관직의 정원을 감축하거나 폐지한 것을 들 수 있다. 현령을 보좌하는 8품관인 현위는 1256년에 폐지되었다.[21] 현위의 혁파는 몽골의 침입이 장기화되면서 인구와 토지가 감소하고 현위의 임무를 맡을 적임자를 찾기 어려워진 상황과 관련된 것으로 생각된다. 또한 고려 중기 이후 감무 파견이 확대되면서 현령 파견 주현의 속현 숫자가 감소한 상황도 현위 폐지와 밀접히 연관되어 있었다. 양광도 가림(嘉林)의 경우 원래 5개의 속현을 거느렸으나 홍산(鴻山)을 제외한 4곳에 이미 감무가 설치되었으며, 전라도 진례(進禮)도 5개의 속현 중 무풍(茂豊), 부리(富利) 2곳에 감무가 설치되어 있었다.[22] 경상도 대구(大丘)는 1143년(고려 인종 21)에 현령이 신설된 곳으로, 속현이 하빈(河濱)과 화원(花園) 2개밖에 없어[23] 굳이 현위가 필요 없었다. 다른 지역들도 상황이 크게 다르지 않았다. 즉 현위의 폐지는 12세기 초반 이후 현령과 감무의 설치가 증가하고, 장기간 지속된 전쟁으로 인해 각 군현의 인구와 물산에 대한 관리가 여의치 않은 가운데 단행된 조치였던 것이다.

　현위의 폐지 이후 곧이어 판관 인원의 감축이 시행되었다. 1276년(고려 충렬왕 2)에는 청주 판관이 폐지되었다가 2년 만에 복구되었다.[24] 고려 전기 이

21　『고려사』 권77, 百官2 外職 諸縣. 한편 고려 인종 연간에는 현위가 파견된 지역에는 진명을 제외하고 모두 현령이 파견되었고, 현령이 파견된 지역 중에서 현위가 파견되지 않은 지역은 11개가 확인된다. 『고려사』 권80, 식화3 녹봉 외관록 인종조.

22　『고려사』 권56, 지리1 楊廣道 嘉林縣; 권57, 지리2 전라도 進禮縣.

23　『고려사』 권57, 지리2 慶尙道 京山府 大丘縣·花園縣·河濱縣.

24　『고려사』 권28, 충렬왕 2년 1월 경인; 충렬왕 4년 3월 무술.

래 청주의 속현은 9개였지만, 당시 문의(文義) 등 4곳은 수령급 외관이 파견되면서[25] 이미 청주로부터 분리되어 있었다. 따라서 청주 판관의 폐지와 복구는 나머지 5개의 속현만 거느리고 있던 청주에 판관을 유지해야 하는지에 대한 고민의 흔적으로 해석할 수 있다.

청주 판관이 복구된 직후인 1280년(충렬왕 6)에는 각 지방 판관과 녹사(錄事)를 대거 혁파했다.[26] 하위 관직인 녹사의 폐지가 전면적으로 시행되었다는 점을 고려하면, 폐지된 판관의 숫자도 상당히 많았을 것으로 추론할 수 있다. 1304년(충렬왕 30)에는 진주(晉州)와 나주(羅州), 명주(溟州), 인주(仁州), 영광, 밀성(密城) 등의 판관이 혁파되었다.[27] 나주의 경우 16개의 속현 중 7개가 당시에 이미 분리 승격된 상태였고, 영광은 10개 속현 중 3개, 밀성은 6개 속현 중 3개, 인주는 2개 속현 중 한 개가 이미 분리 승격된 상황이었다.[28] 명주는 속현의 분리 승격 사례는 없었지만 원래 속현이 3개뿐이었다.

1301년에는 원에서 파견한 고르기스(闊里吉思)의 요구로 강화(江華), 의성(義城), 양주(梁州), 연산(燕山), 고성(固城), 거제(巨濟), 고부(古阜), 금양(金壤) 등 주현이 혁파되었다가 1304년에 모두 복구되었다.[29] 이때의 주현 혁파는 실제 군현의 혁파라기보다는 해당 군현 수령을 폐지한 것으로 보아야 한다. 1304년 판관의 감축은 원의 수령관 감축 요구의 대안으로 시행된 방안이었을 가능성이 크다.

---

25 『고려사』 권56, 지리1 양광도 淸州牧.

26 『고려사』 권29, 충렬왕 6년 10월 정해.

27 『고려사』 권32, 충렬왕 30년 1월 계해.

28 『고려사』 권56, 지리1 양광도 仁州; 권57, 지리2 경상도 密城郡; 지리2 전라도 羅州牧·영광군.

29 박종기, 앞의 책, 2002, 467~470쪽.

현위의 폐지와 수령 예하 판관의 인원 감축은 속현의 주현 승격이 누적되어 나타난 현상이었으며, 주현에 파견된 수령을 도와 판관이나 현위가 예하 속현들의 통치를 분담하는 주현-속현 제도의 통치 방식을 사실상 붕괴시키는 계기가 되었다. 주현의 수령은 판관이나 현위의 도움 없이 줄어든 관할 속현들을 직접 다스려야 했으며, 속현에서 승격된 군현의 수령은 타 주현의 간섭 없이 자기 영역을 개별적으로 통치했다.

특례 승격 군현의 확산, 판관의 감축과 현위의 폐지 등은 수령급 외관의 품계를 높이고 관할 영역에 대한 직접 통치를 강화하는 요인이 되었다. 이런 현상은 개별 군현에서 향리(鄕吏)의 위상이 낮아지고, 향리의 향역(鄕役) 이탈이 확산되는 경향을 가져왔다.

기존 연구에서는 고려 후기 향리의 위상 약화와 향역 이탈 등의 원인으로 권력층의 수탈이 주로 언급되었다.[30] 그러나 집권층의 하층민 수탈은 이 시기에만 발생했다고 보기 어려운 만성적인 현상이다. 기층 사회의 붕괴는 곧 국가 체제의 몰락을 의미했기 때문에, 중앙정부는 지방 사회의 안정을 위한 대책을 꾸준히 추진했다. 따라서 군현의 특례 승격을 통한 수령급 외관의 파견 확대 등은 단순히 논공행상과 포상의 관점에서만 보기 어렵고, 수령 중심 군현 통치의 본격화로 해석하는 것이 합리적이다.

호장(戶長) 등 상층 향리가 중심이 되어 군현의 행정을 담당하는 것은 고려 전기 지방 통치의 주요한 특징이었다. 각 군현에서는 토착 향리의 책임과 임무가 중시되었고, 주현 단위로 파견된 수령과 판관 등은 예하 속현을 포함한 관할 지역의 행정을 포괄적으로 관리·감독했다. 각 군현의 상층 향리들은

---

30 윤경진, 앞의 글, 2000, 309~311쪽; 강은경, 『高麗時代 戶長層 硏究』, 혜안, 2002, 319~325쪽.

'읍사'라 불리는 집무소에서 업무를 담당했으며, 지방관이 파견된 주현에서 조차 읍사는 수령이 업무를 수행하는 관아, 즉 외관청(外官廳)과 별도로 고유한 기능을 담당하고 있었다.[31]

그러나 12세기 수령급 외관 파견의 급증은 지방 사회의 실질적인 지배층으로 존재했던 향리층의 사회적 위상을 약화시키고, 향리의 향역 이탈에 일차적인 계기가 되었다. 장기간에 걸친 몽골의 침략 또한 지방 사회에서 향리층의 기반을 무너뜨린 요인이었다. 게다가 원 간섭기 군현의 특례 승격으로 인한 수령의 품계 상승, 판관 인원의 축소와 현위의 폐지를 통한 수령의 배타적 통치권 강화 등은 향리의 입지 약화를 촉진시켰다. 중앙정부는 향리의 향역 이탈을 막기 위한 강제 조치를 강화했지만,[32] 향역에서 이탈하는 향리 인원은 꾸준히 증가했다.

호장 이하 9단계로 구분되었던 고려시대 군현별 향리 직제는 13세기에 이르면 호장과 조문기관(詔文記官), 도군(都軍)의[33] 삼반제로 변화한다. 삼반제 아래서 고위 향리인 호장층은 읍사 행정과 조세 수취 등을 맡았으며, 하위 향리인 기관(조문기관)은 외관청에서 수령을 보좌하고 행정 실무를 담당했다.[34] 그러나 원 간섭기 이후 수령의 품계가 높아지고 배타적 통치가 강화되면서 고려 말기에는 호장이 기관 직책을 맡을 정도로 향리의 지위가 하락했다.[35]

---

31 이수건, 「高麗時代 '邑司' 研究」, 『國史館論叢』 3, 1989, 58~61쪽, 77~83쪽.

32 강은경, 앞의 책, 2002, 290~306쪽.

33 도군은 장교(將校)라고도 일컬어진다.

34 강은경, 앞의 책, 2002, 155~168쪽.

35 위의 책, 2002, 166~168쪽.

결국 읍사의 업무는 외관청으로 흡수되었다.[36]

원 간섭기는 고려의 지방 제도 운영 방식에 중요한 변동이 일어났던 시기이다. 고려 정부는 장기간의 대몽 항쟁으로 피폐해진 지방 사회를 재건하기 위해 전통적인 군현 체제를 최대한 온존시킨 채 기존 군현들의 복구와 재건을 추진했다. 그러나 주현에 파견된 수령이 판관 혹은 현위의 도움을 얻어 속현의 영역까지 다스리는 고려 고유의 주현-속현 체제가 그대로 복원된 것은 아니었다.

주현-속현 체제는 지방 향리들의 권위와 협조 위에서 운영될 수 있었지만, 몽골과의 전쟁이 장기화되면서 전쟁을 피하기 위해 오랫동안 살아왔던 지역 기반을 포기하고 다른 지역으로 이주한 사람들이 많았다. 소규모 속현 중에서는 전쟁의 여파로 군현으로서 존재 기반을 상실한 곳들도 적지 않았으며, 지방 향리층의 상당수는 토착 기반을 잃어버렸다. 향·부곡 등 군현 하위의 특수 지방행정구역 가운데 속현으로 승격한 곳들도 일부 있었지만, 속현의 기반이 약화되는 시대적 추세를 막아내기에는 역부족이었다. 오히려 그중에는 수령이 파견되는 독립 군현으로 승격하는 경우도 종종 있었다.

고려 정부는 대몽 항쟁과 전후 복구 과정에서 토착 향리층보다 중앙에서 파견한 수령에게 더 중요한 역할을 부여했다. 지방 사회의 재건을 위해 수령 중심 군현 통치 방식을 채택했던 것이다. 특례 승격이라는 형식을 띠고 있었지만, 수령급 독립 외관이 파견된 군현 중 40여 곳의 읍격이 상향되었고 해당 군현 수령의 품계 역시 동반상승했다. 물론 수령이 새로 파견된 군현들도 있었다. 14세기 초반에는 재상급 인사가 대읍의 수령으로 파견되는 경우도

36　윤경진, 앞의 글, 2000, 309~315쪽.

있었다.[37]

원 간섭기에 이르러 수령급 외관이 파견된 독립 군현을 하나의 단위로 하는 수령 위주의 군현 통치 체제가 수립되고, 토착 기반이 약화된 향리층은 수령의 통치를 보조하는 존재로 위상이 하락했다. 소규모 속현 가운데 군현으로서 존속 자체가 어려운 곳들이 속출하면서, 고려 전기 이래의 주현−속현 체제는 사실상 해체의 운명을 맞이했다.

4. 수령 관할 영역의 광역화와 방위 면 편성

앞의 〈표 1〉에 따르면, 공양왕 연간인 1389~1391년에[38] 수령급 외관이 신설된 군현은 41곳으로, 모두 최하급 품계의 수령인 감무가 파견되었다. 당시의 신설 감무는 자기 군현 외에 인접한 속현이나 향·부곡·소 등을 관할 영역에 포함하는 사례가 많았고, 해당 감무의 관할 영역 전체는 조선 초기에 이르러 대부분 하나의 군현으로 통합되었다. 조선 초기에 신설된 감무의 관할 구역 역시 2개 이상의 속현 및 향·부곡 등의 통폐합을 전제로 하는 경우가 많았다.

이상의 내용은 공양왕 연간에 이르러서야 감무 파견 군현이 기존 주현과 동등한 수준의 주현으로 간주되기 시작했다는 견해의 근거로 제시되었다.[39]

---

37 이강한, 「고려 후기 외관(外官)의 신설·승격 및 권위 제고」, 『한국사연구』 171, 2015, 76~83쪽.

38 공양왕의 재위 기간은 1392년까지이지만, 이 글에서는 이성계가 조선 태조로 즉위하는 1392년을 편의상 공양왕 재위 기간에서 제외했다.

39 윤경진, 앞의 글, 2000, 280~287쪽.

그러나 공양왕 연간의 감무 신설을 고려의 지방 제도가 조선의 지방 제도로 전환되는 결정적인 계기로 보는 인식에 대해서는 재고가 필요하다. 여말선 초의 특징적 현상으로 알려진 감무의 이웃 속현 겸임은 12세기부터 확인되고 있다. 낭천(狼川)과 승령(僧嶺), 영강(永康) 등의 감무는 1106년 신설 때부터, 한산(韓山)과 무풍의 감무는 1175~1176년 신설 때부터 겸임 지역을 보유하고 있었다.[40]

원 간섭기에 들어서면 이런 경향은 몽골과의 전쟁으로 심대한 타격을 입었던 서북면(북계) 지역에서 본격적으로 나타난다. 몽골이 침입하자 서북면 지역 주민들은 상당수가 해도(海島)로 피했다가 전쟁이 끝난 뒤 육지로 돌아왔는데, 원래의 근거지로 복귀하지 못한 경우가 많았다. 13세기 후반에는 서북면 지역 전체가 20년 이상 원의 동녕부 소관으로 넘어가기도 했다. 원 간섭기 고려는 서북면 지역의 통치 체제 복구를 위해 대표 군현에 파견된 수령으로 하여금 주변 3~4곳 내외의 군현들을 묶어 다스리게 함으로써 관할 영역을 광역화하는 방식을 채택했다.[41] 묶인 지역들은 모두 몽골 침입 이전에는 별도의 수령이 파견되던 독립 군현이었으나, 원 간섭기에는 대표 군현에 소속되어 사실상 독자성을 상실했다. 다만 그중 일부는 원의 간섭에서 벗어난 공민왕 연간(1351~1374)에 독립 군현으로 복구되었다.[42] 복구된 군현의 읍

---

40 『고려사』 권56, 지리1 양광도 가림현 韓山縣; 권57, 지리2 전라도 진례현 茂豊縣; 권58, 지리3 交州道 春州 狼川郡; 東州 僧嶺縣; 西海道 甕津縣 永康縣.

41 옛 昌州와 郭州의 주민들은 신설된 隨州에 편입되었고 雲州는 延山府(延州)에 소속되었으며, 泰州·博州·撫州·渭州 등은 嘉州에, 孟州는 安州에, 德州는 成州에 각각 소속 혹은 병합되었다. 『고려사』 권58, 지리3 北界.

42 태주와 곽주, 운주, 박주, 덕주 등이 이때 복구된 군현들이다. 『고려사』 권58, 지리3 북계.

치(邑治)와 관할 영역은 몽골 침입 이전의 옛 영역이나 근방에 설정되었다. 그러나 대표 군현의 관할하에 들어간 군현들 중 상당수는 끝내 복구되지 못하고 통폐합되었다.

서북면 지역에서 군현 체제 정비는 조선 세조 연간(1455~1468)까지 꾸준히 진행되었다. 조선 건국 이후에도 원 간섭기 이래로 추진되어온 군현 복구의 원칙과 방향이 계승되었다. 맹산(孟山)이나 영원(寧遠)은 몽골 침입 이전의 옛 영역에 복구되었으며, 구성(龜城)은 폐4군(廢四郡) 중 여연(閭延)과 무창(茂昌) 주민들의 이주를 통해 옛 귀주(龜州)를 복원하는 형태로 신설되었고, 순안(順安)은 옛 순화(順和)를 기반으로 설치되었다.[43] 영변(寧邊)은 옛 연주(延州)와 무주(撫州), 위주(渭州)의 통합 군현으로 만들어졌다.[44]

한편 원 간섭기 100여 년간 쌍성총관부가 설치되어 원의 지배 아래 있던 동북면 북부 지역의 경우, 수복 직후인 공민왕 연간에 군현 체제의 개편이 본격화되었다. 화주(和州), 즉 영흥(永興)과 정평(定平: 고려의 定州), 고원(高原: 고려의 高州), 문천(文川: 고려의 文州), 안변(安邊), 덕원(德源) 등에 주변 소읍을 병합하여 해당 군현의 영역을 광역화하는 정책이 시행되었다.[45] 이러한 개편은 조선 개창 이후에도 계승되었다. 병합된 고려시대의 옛 진(鎭)은 사(社)라는 하위 단위로 재편되었다.

몽골과의 전쟁이 종식된 이후 남도 지역에서도 군현 통치 체제가 정비되어야 했지만, 이는 북방 지역에서처럼 수령 관할 영역의 광역화로 곧바로 이

---

43 『세종실록』 권154, 지리지 平安道 順安縣・孟山縣; 『新增東國輿地勝覽』 권53, 평안도 龜城都護府 建置沿革; 권55, 평안도 寧遠郡 건치연혁.

44 『신증동국여지승람』 권543, 평안도 영변대도호부 건치연혁.

45 耀德鎭과 長平鎭 등은 쌍성총관부 수복 직후에 縣으로 칭해졌다가 1371년(공민왕 20) 화주에 병합되었다. 『세종실록』 권155, 지리지 咸吉道 永興大都護府.

어지지 않았다. 남도 지역에서는 북방과는 달리 몽골과의 전쟁 이후에도 각 군현의 지역적 기반이 어느 정도 유지되고 있었다. 게다가 중앙의 정치적 불안정이 지속되는 상황에서 수령 관할 영역의 광역화를 전면적으로 추진하기에는 어려움이 있었다. 따라서 군현의 특례 승격 등을 통해 수령의 역할을 부각하는 방식으로 그 개편이 제한되었던 것이다. 원의 정치적 간섭에서 벗어나는 공민왕 연간에 이르러서도, 남도 지역에서 수령 관할 영역의 광역화가 본격화될 수 있는 여건은 조성되지 않았다. 빈발하는 왜구의 침략이 전국적으로 지방 사회에 큰 피해를 입혔기 때문이다. 해안가 군현의 읍치와 주민들의 광범위한 내륙 피난이 계속되면서, 군현 체제의 개편 작업은 온전히 진행될 수 없었다.

1380년대 후반부터 왜구의 공세가 한풀 꺾이자, 파괴되거나 내륙으로 이전되었던 남도 지역 해안 군현들이 복구되기 시작했다. 읍치의 위치를 새롭게 정하고 주민들을 불러 모았으며, 신읍치의 방어를 위한 읍성이 축조되기도 했다. 이후 어느 정도 사회적 안정이 이루어지는 공양왕 연간이 되어서야 각 군현의 감무 신설이 확산되었다. 하지만 기존 군현 가운데 소규모 지역은 끝내 옛 모습을 회복하지 못한 곳들도 적지 않았다. 그리하여 수령급 외관이 파견된 군현은 인접 속현 등을 관할 영역으로 흡수하면서 군현 통폐합의 수순으로 나아갔던 것이다.

이후 조선 초기까지도 군현 간 통폐합을 지향한 감무 파견의 확대가 지속되었으며, 속현은 대부분 정리되었다. 16세기 전반에 이르러 전라도에는 속현으로 간주되는 곳이 단 2군데 남아 있었다. 경상도에는 44개, 산악 지형으로 인해 고립된 거주지가 많았던 강원도에는 16개의 속현이 잔존했다.[46] 그

---

46 이수건, 앞의 책, 1984, 389~394쪽.

러나 잔존 속현들은 본 군현의 읍치와 거리가 멀리 떨어진 고립된 곳들이 대부분이었다. 게다가 16세기까지 잔존한 속현은 기능이나 위상이 고려시대와 같지 않았다. 상주(尙州)의 속현인 비옥(比屋)의 향리가 상주에서 고초를 당하는 기록은[47] 고려 말기 속현의 취약한 위상을 잘 보여준다. 1445년(조선 세종 27) 단행한 각 군현 임내(任內) 공수위전(公須位田)의 혁파는[48] 더 이상 속현 지역의 독립적인 재정 운용을 용인하지 않겠다는 중앙정부의 강력한 의지를 표명한 조치였다.

속현의 독자성 상실에 따른 군현 간 통폐합과 함께, 해당 지역 주민들은 통합 군현의 읍치 위치 선정에 관심을 갖기 시작했다. 통합 군현의 읍치 유치는 해당 지역 향리층이나 품관층이 지역 사회에서 주도권을 쥐는 데 유리한 기반이 되었다. 병합된 속현의 세력이 약소한 경우에는 대읍에 순순히 흡수되었지만, 어느 정도 세력을 갖춘 경우에는 자기 지역의 근거지로 통합 군현의 신읍치를 유치하려 했으며,[49] 통합 군현의 새로운 명칭에 병합된 자기 지역의 명칭이 반영되게 하기 위해 노력했다.[50] 또한 군현 통폐합 과정에서 지역 세력들은 이웃 군현과의 영역 조정에 민감하게 반응했다. 견아상입지(犬牙相入地)나 월경지의 영역 조정에 대한 의견이 나오기도 했지만, 중앙정부는 부세 문제 등 지역 세력의 반발을 의식하여 군현 간 영역 변경에 적극적으로 나서지 않았다.[51] 다만 읍세가 열세인 지역의 경우, 군현 통합의 과정에

---

47 『신증동국여지승람』 권25, 경상도 比安縣 樓亭.

48 『세종실록』 권109, 세종 27년 7월 을유.

49 정요근, 「여말선초 군현 간 합병·통합과 신읍치(新邑治)의 입지경향」, 『역사와 현실』 80, 2011, 195~197쪽.

50 이수건, 앞의 책, 1984, 385~386쪽.

51 정요근, 앞의 글, 2015, 109쪽.

서 중앙정부가 강제로 월경지를 만들어 읍세를 보완해주기도 했다.[52]

원 간섭기 서북면 지역에서 시작된 수령 관할 영역의 광역화 경향은 공민왕 연간에 북방 지역에서 더욱 확산되었다. 왜구의 침략이 약화된 공양왕 연간에는 전국적으로 적용되어 조선 건국 이후에도 계속되었다. 군현의 명칭 개정이 이루어진 조선 태종 연간의 군현 개편 정책도 수령 관할 영역 광역화의 흐름 속에 있었다. 이후 세조 연간에 시행된 군현 개편 역시 이전 시기의 경향과 차별화되는 특별한 의미를 지니지는 못했다.[53] 따라서 속현의 소멸과 개별 군현 영역의 광역화, 모든 군현으로의 수령 파견 등은 조선왕조 개창의 산물이라기보다는, 12세기부터 시작되어 원 간섭기를 거쳐 15세기 중반까지 점진적으로 진행되어온 군현제 개편의 결과물로 이해하는 것이 타당하다.

개별 군현 영역의 광역화 경향과는 상관없이, 조선시대에 들어서도 대읍과 소읍 간 읍세의 규모 격차는 여전히 막대했다.[54] 대읍도 소읍과 마찬가지로 인접한 속현들을 병합하여 읍세를 확장한 곳들이 많았기 때문이다. 경상도 상주의 경우, 조선 초기 『세종실록』 지리지 기준으로 2,521호 6,275명, 조선 후기 『호구총수(戶口總數)』 기준으로 18,667호 70,497명의 규모를 지녔지만, 고려시대에 상주의 속현이었던 충청도 청산(靑山)의 읍세는 『세종실록』 지리지 기준 235호 607명, 『호구총수』 기준 2,421호 10,796명에 지나지 않았다. 즉 전기나 후기를 막론하고 조선시대에도 동일 지역의 대읍과 소읍 규모는 작게는 7배에서 크게는 10배 이상의 차이가 났던 것이다. GIS 방식에 기초하여 복원한 조선시대 상주 일대의 군현 경계 지도(지도 2)에서도 대읍과 소

---

52 충청도 靑山의 酒城部曲, 경상도 漆原의 龜山縣 등이 이와 같은 월경지에 속한다.

53 이수건, 앞의 책, 1984, 401~414쪽.

54 이수건, 『朝鮮時代 地方行政史』, 民音社, 1989, 127~128쪽.

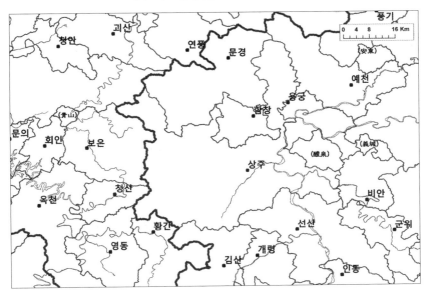

〈지도 2〉조선시대 상주 일대 군현 영역도

상주의 영역은 주변 군현보다 월등히 넓었고, 청산이나 함창 등의 영역은 상대적으로 매우 협소했다(1789 년 기준). 지도 제작: 정요근·김현종.

읍의 관할 영역 면적에서 큰 차이가 확인되고 있다. 이는 다른 지역에서도 공통적으로 나타나는 현상이었다.

한편 조선시대에는 군현 하부 단위로 면·리가 편제되었다. 5호를 1통(統)으로 하여 통주(統主)를 두고 5통마다 이정(里正)을 두며, 면에는 권농관(勸農官)을 두되 땅이 넓고 호수가 많으면 추가로 더 두게 했다.[55] 또한 면에는 감고(監考)를 두어 진휼 등의 업무를 담당하게 했다.[56] 권농관이나 감고는 향리

---

55 『經國大典』 권2, 戶典 戶籍.

56 朴鎭愚, 「朝鮮初期 面里制와 村落支配의 강화」, 『韓國史論』 20, 1988, 140~149쪽.

가 아니라 사족(士族)이나 농민 중에서 수령에 의해 임명되어, 지방 사회에서 향리의 영향력을 약화시키고 수령 중심의 향촌 지배를 강화하는 기능을 수행했다.[57]

하지만 군현 하부에 면·리의 체제가 일률적으로 편성되는 것은 조선 후기에야 나타나는 현상이다. 16세기까지도 군현의 하위 행정 단위로서 면의 존재는 뚜렷이 부각되지 않았다. 조선 초기의 면은 방위 면 형태로 존재했으며, 촌이나 리 등의 명칭이 면을 대신하는 경우가 많았다.[58] 고려시대에도 촌, 리, 동 등이 군현의 하위 지명으로 확인되며, 면의 존재는 뚜렷하게 부각되지 않았다고 알려져 있었다.[59] 그런데 최근 고려시대에도 방위 면이 존재했음을 보여주는 자료가 발표됨으로써,[60] 늦어도 고려 후기부터는 군현 하부에 방위 면의 편제를 상정할 수 있게 되었다.

또한 13세기 후반 경주(慶州)에는 동촌과 서촌, 남촌, 북촌 등 방위 촌이 존재했다.[61] '면'이 아닌 '촌'이지만, 이미 원 간섭기부터 읍치를 중심으로 방위 개념에 따라 군현의 관할 영역을 구분하여 통치하고 있었던 것이다. 고려에서는 일찍이 987년(고려 성종 6)에 각 촌락의 수장층(首長層)인 대감(大監)과 제감(弟監)이 촌장(村長)과 촌정(村正)으로 개명되는 등[62] 초기부터 군현 하위에

---

57 이수건, 앞의 책, 1984, 399~400쪽; 채웅석, 「고려 말 조선 초기 향촌 사회의 변화와 지배 질서의 재편」, 『중세 사회의 변화와 조선 건국』, 혜안, 2005, 275~278쪽.

58 이수건, 앞의 책, 1984, 395~399쪽.

59 박종기, 앞의 책, 2002, 307~332쪽.

60 구산우, 「고려 시기 面에 관한 새로운 자료의 소개와 분석」, 『한국중세사연구』 30, 2011, 508~521쪽.

61 『三國遺事』 권1, 紀異1 新羅始祖 赫居世王.

62 『고려사』 권3, 성종 6년 9월 무진.

행정촌 편제가 강화되었다.[63] 당시의 행정촌 편제가 방위에 따른 편제였는지는 분명하지 않지만, 경주와 같은 대읍에서는 늦어도 원 간섭기부터 방위 촌제도가 운영되고 있었던 것이다. 이후 16세기에도 면과 촌의 구분이 명확히 드러나지 않았을 정도로, 조선 전기까지 면리제는 지방 사회에 완전히 뿌리 내리지 못했다.

고려시대 군현의 하위에는 촌, 리 등으로 불리던 일반 촌락 외에도 향·부곡·소 등으로 편성되어 일반 군현 영역과 구분되던 특수 지방행정구역이 900여 곳 존재하고 있었다.[64] 고려 말기에 이르면 이 지역들 역시 군현으로 승격하거나 일반 촌락이 되는 등 대부분 해체된다. 향·부곡·소 등의 군현 승격은 원 간섭기부터 일부 사례가 확인되지만, 그 숫자가 많지는 않았다. 규모가 일반 군현보다 작고 군현의 하위 단위로 존재했던[65] 향·부곡·소는 몽골 침입이나 왜구 침략 등과 같은 병란을 겪으면서 독자성을 상실하고 군현 예하에서 일반 촌락화의 길을 걸었다. 그 흐름은 고려 말기에 본격화되어 조선 초기까지 계속되었으며,[66] 이는 수령 관할 영역 광역화의 경향과 맞물려 진행되었다.

전라도에서 향·부곡·소 등은 1409년(조선 태종 9)에 속현과 함께 혁파되어 조선 개창 직후 사실상 폐지되었다.[67] 1430년대의 상황을 보여주는 『세종실록』 지리지에는 전국에 100개 내외의 향·부곡 등이 기록되어 있지만, 16세

---

63 박종기, 앞의 책, 2002, 327~329쪽.

64 박종기, 『고려의 부곡인, '경계인'으로 살다』, 푸른역사, 2012, 35~39쪽.

65 정요근, 「고려시대 鄕·部曲의 성격 재검토」, 『사학연구』 124, 2016, 18~26쪽.

66 박종기, 앞의 책, 2002, 493~507쪽.

67 『세종실록』 권151, 지리지 전라도 全州府.

기 전반에 이르면 단 13개의 부곡만 남아 있었다.[68] 또한 『세종실록』 지리지나 『신증동국여지승람』에는 예전의 향이나 부곡 등을 촌이나 리로 기록한 사례가 다수 확인된다. 고려의 특수 지방행정구역은 조선 전기에 완전히 일반 촌락화되었던 것이다.

수령 관할 영역의 광역화와 군현 통폐합은 이미 원 간섭기에 시작되었으며, 공민왕 연간부터 가속화되었다. 다만 남도 지역에서는 왜구의 침략이 진정되는 공양왕 연간에야 본격화되었다. 속현이 소멸한 조선시대 개별 군현의 영역은 고려시대에 비해 넓어졌지만, 대읍과 소읍 사이의 영역이나 호구 규모의 엄청난 편차는 고려시대와 조선시대 사이에 별반 차이가 없었다. 고려의 특수 지방행정구역인 향·부곡·소 등은 수령 관할 영역의 광역화와 함께 본격적으로 일반 촌락화의 길을 걸었다. 늦어도 원 간섭기에는 대읍을 중심으로 방위 촌 혹은 방위 면 체제가 형성되어 있었다. 16세기까지도 조선의 면리제는 방위 면 체제에 지나지 않았고, 면은 촌이나 리로 병칭되는 상황이었다. 조선 전기의 방위 면 체제는 고려 후기의 방위 촌(면) 체제를 계승한 것이었다. 따라서 조선의 개창이 즉각적인 면리제 시행을 가져온 것은 아니었으며, 면리제 정착을 고려 후기와 차별화되는 조선 전기의 특별한 현상이라고 보기도 어렵다.

5. 수령권 강화를 위한 법제 정비

원 간섭기에 빈발하던 군현의 특례 승격은 자연스럽게 수령의 품계와 권

---

68 이수건, 앞의 책, 1984, 393~397쪽; 박종기, 앞의 책, 2002, 504~507쪽.

위의 전반적 상승을 가져왔다. 이후 공민왕 연간에는 현령이나 감무 등 최하급 수령의 지위와 품계를 상향시키는 정책이 채택되면서, 수령급 외관의 권위 상승이 가속화되었다.

1353년(공민왕 2)에는 현령과 감무에 7품 이하 경관(京官)을 임명하도록 하여[69] 그 위상을 명확히 규정했다. 이후 1359년(공민왕 8)에는 감무와 현령을 안집별감(安集別監)으로 개칭하여 등과사류(登科士流) 출신의 5~6품 관리들을 임명하도록 했다.[70] 비록 안집(안집별감)으로 파견되는 인원의 자질 문제는 쉽게 해결되지 않았으나,[71] 현령은 종5품, 현감은 종6품의 위계를 갖도록 한 조선시대 『경국대전』 규정은 여기에서 기원했음을 알 수 있다.

13세기 후반부터 확인되는 도(道) 단위 파견 안집별감은[72] 특수 목적을 위한 임시직이었으나, 1359년에 개칭된 안집별감 혹은 안집사(安集使)는 상설직으로서 개별 군현 단위에 파견된 수령이었다. 당시 연해 지역 군현들 중에는 창궐하던 왜구의 침략으로 주민들이 이탈하여 정상적인 존속이 어려운 곳들이 많았던 까닭에, 현령과 감무를 안집으로 대체하고 품계를 올린 것이다. 또한 연해 지역으로 파견된 안집별감의 자질 검증 문제도 제기되었다.[73]

하급 수령인 현령·감무의 품계 상향이 제도적으로 정착하기 위해서는 관할 영역의 확대가 동반되어야 했다. 7~8품의 수령과 5~6품의 수령이 다스리는 관할 영역의 면적과 인구 규모가 동일해서는 안 될 것이기 때문이다. 이

---

69 『고려사』 권77, 백관2 外職 諸縣.

70 『고려사』 권77, 백관2 외직 제현.

71 『고려사』 권75, 選擧3 銓注 凡選用守令 공민왕 8년.

72 『고려사』 권80, 食貨3 賑恤 災免之制 충렬왕 17년 7월.

73 『고려사』 권44, 공민왕 22년 1월 계해; 권75, 선거3 전주 범선용수령 우왕 4년 12월.

는 결국 속현 지역의 통폐합을 통한 수령 관할 영역의 광역화를 전제로 한 것이었다. 하지만 왜구의 침략이 극심했기 때문에 안집별감은 방어와 주민 분산 방지에 급급한 상황이었으며,[74] 주민들에 대한 탐학을 일삼는 자들도 여전히 존재하고 있었다.[75] 따라서 당시에는 안집의 관할 영역 확대를 체계적으로 추진할 여건이 만들어지지 못했다.

이후 1388년에 조준(趙浚)이 안집으로 파견되는 인원의 자질 문제를 제기하면서 안집별감은 현령과 감무로 환원되었으며, 서리(胥吏) 출신자를 배제하고 5~6품의 인재를 현령과 감무에 임명한다는 원칙이 결정되었다.[76] 5~6품의 사류를 최하 품계의 수령으로 임명하는 조치는 조선 건국 주도 세력이 새롭게 제기한 개혁책이 아니라 이미 공민왕 초년부터 국정에 적용되어온 것이었다. 게다가 공민왕 연간 이전에도 품계만 7~8품 정도로 낮았을 뿐, 등과 사류를 현령·감무로 임명하는 것은 반드시 지켜야 할 원칙이었다.[77] 즉 고려시대에도 서리 출신자를 수령 임명에서 배제하는 정책이 수행되고 있었던 것이다. 물론 그 현실적인 적용은 쉽지 않았다. 조선시대에도 서리 출신의 수령이 다수 임명되었음은 주지의 사실이다.[78]

조준은 공민왕 연간의 5~6품 안집 파견이 큰 효과를 거두지 못했다고 평가하고 그 원인으로 파견 인원의 자질 문제를 거론했지만, 실상 왜구의 침략이 더 본질적인 원인이었다. 안집이 현령·감무로 환원된 1388년은 왜구의

74　『고려사』 권134, 列傳47 辛禑 5년 5월.

75　『고려사』 권133, 열전46 신우 2년 7월; 권135, 열전48 신우 9년 3월.

76　『고려사』 권75, 선거3 전주 범선용수령 辛昌 즉위년 8월; 권77, 백관2 외직 제현.

77　『고려사』 권75, 선거3 전주 범선용수령 공민왕 8년.

78　임용한, 『朝鮮前期 守令制와 地方統治』, 혜안, 2002, 178~183쪽.

침략이 소강 상태로 접어든 시점이었던 까닭에, 그동안 지연된 5~6품 수령의 관할 영역 확대 정책이 본격적으로 시행될 여건이 조성되었다. 따라서 공양왕 연간의 감무 신설이 1389~1390년 사이에 집중된 것은 조준의 주장에 따른 5~6품 현령·감무의 파견 개시와 밀접한 연관이 있었다고 보아야 한다.

앞서 〈표 1〉에 정리한 바와 같이, 공양왕 연간에 신설된 감무 파견 군현은 41곳이다. 공양왕 연간의 감무 신설이 가지는 주요한 의미는 수령 관할 영역의 광역화 정책이 전국적으로 확대되었다는 것이었다. 하지만 그것은 이전부터 추진되던 정책의 연장선상에 있었다. 왜구의 침략으로 지연되었다가 공양왕 연간에 확산되었으며, 조선왕조 개창 세력은 이를 계승했던 것이다. 즉 공양왕 연간의 감무 파견은 조선왕조 개창 세력의 독창적인 통치 이념이 반영된 결과라기보다는, 원 간섭기에 시작되어 공민왕 연간부터 본격화된 수령 관할 영역의 광역화, 그리고 공민왕 연간에 시행된 하급 수령의 품계 상향에 뒤이어 진행된 정책이었다.

한편 고려 후기에는 수령의 잦은 교체가 수령권의 강화에 도움이 되지 못하므로 수령의 임기를 보장하여 권한을 확고히 해야 한다는 의견도 적극 제기되었다. 고려시대 수령의 임기는 3년이었던 것으로 여겨지지만, 실제로 그 기간을 채우는 경우는 드물었기 때문에 임기를 모두 채워야 한다는 건의가 반복적으로 제기되었다.[79] 이는 조선 건국 이후에도 마찬가지였다. 결국 세종 연간(1418~1450)에 수령 임기를 60개월로 연장하는 수령6기법(守令六期法)이 시행되어 『경국대전』에도 수록되었다.[80] 하지만 조선시대에도 임기를 끝까지 채우는 수령은 많지 않았다. 오히려 수령 임기의 연장이 우수 인재들의 외관

---

79 『고려사』 권75, 선거3 전주 범선용수령 신우 6년 6월; 공양왕 2년 12월.

80 임용한, 앞의 책, 2002, 168~173쪽.

직 기피를 야기한다는 의견도 제기되었다.[81] 그런데 수령으로 하여금 규정된 임기를 채우도록 해야 한다는 주장은 여말선초에만 특별히 나타난 것은 아니었다. 고려시대에도 임기를 채우지 못하는 수령이 대다수였다는 점을 감안하면, 조선 초기 수령6기법 시행이 수령권 강화에 얼마나 공헌을 했는지는 의문이다.

수령의 권위에 대한 지역 토착 세력의 도전을 차단하는 것은 수령의 지위를 보장하기 위한 실질적인 조치이다. 대표적으로 향리의 권력 남용 제한을 생각할 수 있다. 향리에 대한 단속과 규제는 조선뿐만 아니라 고려시대에도 중요하게 간주되었다. 이는 일찍이 고려 초기 최승로(崔承老)의 시무책에서부터 확인되며, 1358년(공민왕 7)에는 원악향리(元惡鄕吏)의 횡포에 대한 철저한 조사가 행해지기도 했다.[82] 고려시대에는 호장층 등 상층 향리의 영향력이 조선시대보다 훨씬 강력했으므로, 중앙정부는 고려 전기부터 향리층에 대한 항상적인 통제를 유지해왔다.[83] 강성한 향리의 횡포를 억누르는 원악향리처벌법은 수령의 권위를 보장하기 위해 조선 초기에 확립된 것으로 알려져 있지만, 그런 성격을 가진 법제의 필요성은 이미 오랜 전통을 갖고 있었다. 고려 후기 이래 향리의 사회적 위상은 이전보다 약화되어 향역의 이탈이 만성적인 현상이 되었다. 조선 개창 직후의 향리 공복제(公服制) 개편이나 1445년 인리위전(人吏位田)의 혁파 등은 조선왕조에서 하락한 향리의 사회적·경제적 위상을 그대로 보여준다.[84]

---

81   임용한, 앞의 책, 2002, 137~139쪽, 171~173쪽.

82   『고려사절요』 권2, 성종 원년 6월; 『고려사』 권85, 刑法2 禁令 공민왕 7년 4월.

83   『고려사』 권75, 선거3 전주 범선용수령 현종 9년 2월.

84   강은경, 앞의 책, 2002, 166~186쪽.

원 간섭기 이후로는 향리층 외에도 향원(鄕愿), 즉 지방 품관층에 대한 수령의 통제력 확보가 시급한 문제로 제기되었다. 지방 품관층은 조선시대 향촌 사족층의 모태이자 향역을 담당하지 않는 지방 세력이라는 점에서 향리층과 차별성이 있었으며, 고려 후기 수령의 권위 상승 및 향리의 위상 하락과 맞물려 지방 사회의 주축으로 성장했다. 향역에서 이탈한 상층 향리 출신이나 중앙에서 낙향한 관인 출신들이 지방 품관층의 주축을 이루었으며, 이들은 첨설직(添設職) 획득 등을 통해 기반을 다졌다.

고려 후기 이후 수령권 강화의 정책적 흐름 속에서 지방 품관층에 대한 단속과 제어가 꾸준히 강조되었다. 지방 품관층의 비리를 직접 처벌하기 위한 규정인 향원 추핵(推劾)의 법제는 1411년(태종 11)에 강화된 것으로 알려져 있지만,[85] 향원에 대한 제어와 처벌은 1379년(고려 우왕 5)에 이미 그 사례가 확인된다.[86] 1389년(고려 공양왕 1)에도 향원의 군역(軍役) 회피에 대한 해결책이 제안된 바 있으며, 조선 태조 역시 향원에 대한 징계를 강조했다.[87] 즉 향리층과 구별되는 지방 품관층에 대한 추핵은 조선 초기에 시작된 것이 아니라 고려 후기부터 부각된 문제였던 것이다.

수령의 위상과 권위를 보장하기 위한 보다 강력한 규정은 부민고소금지법(部民告訴禁止法)이었다. 1420년(조선 세종 2)에 제정된 부민고소금지법은 수령에게 강력한 권한을 부여하기 위해 수령에 대한 지방 품관층이나 향리층의 고소를 금지한 법제이다.[88] 그런데 부민고소금지법의 기원이 된 제도가

---

85 『태종실록』 권22, 태종 11년 10월 을사.

86 『고려사』 권113, 열전26 최영.

87 『고려사절요』 권34, 공양왕 원년 12월; 『태조실록』 권8, 태조 4년 11월 경오.

88 이수건, 앞의 책, 1984, 375~376쪽.

고려시대에 시행된 적이 있었다.[89] 호장층이 강력한 지방 세력으로 존재하던 고려시대에는 수령의 권위 보장을 위해 토착 세력이 수령을 고소하지 못하게 하는 형태의 규정이 절실히 필요했을 것이다. 고려시대 어느 시기에 얼마나 오랫동안 적용되었는지 알 수 없고, 처벌 강도나 방식에도 차이가 있었겠지만, 부민고소금지법 역시 고려시대와 구별되는 조선시대만의 지표나 특징으로 보기는 어렵다.

부민고소금지법은 수령의 자질과 밀접한 연관을 갖는 규정이었다. 고려 후기 수령급 외관의 정원이 늘어나면서 자질을 갖추지 못한 수령의 전횡과 부정이 만성적으로 부각되었다. 앞서 언급했듯이 고려 말기에는 수령의 자질과 행위를 엄격히 제한하고 감시해야 한다는 대책이 지속적으로 제기되었다. 지역 인사들이 수령을 고소하지 못하도록 하는 규정은 그 과정에서 폐지되었을 것으로 여겨진다. 하지만 조선 건국 후에는 다시 수령의 권위를 높여야 한다는 의견이 힘을 얻으면서 1420년에 부민고소금지법이 만들어진 것이다.[90]

고려 초기부터 운영되었던 사심관(事審官) 제도는 향리에 대한 규찰을 통해 각 군현의 풍속을 바로잡고 민의 생계를 안정적으로 유지한다는 목적을 갖고 있었다. 하지만 이는 지역 향리층 입장에서도 중앙의 관료와 인적 연결을 유지할 수 있는 제도적 장치라는 점에서 유용한 장점을 지녔다. 결국 사심관 제도를 통한 중앙의 고위 관료와 지역 향리층의 결탁은 세력가의 토지

---

89 『세종실록』 권77, 세종 19년 5월 기유.

90 최이돈은 1420년 부민고소금지법의 제정이 민의 지위를 제한했지만 이는 한편으로 민의 노력에 의해 이루어진 성과였다고 이해했다. 최이돈, 「조선 초기 守令 告訴 관행의 형성 과정」, 『한국사연구』 82, 1993, 75~79쪽.

탈점 등 여러 부작용을 양산했다. 사심관은 수령의 통치 행위에 제약을 주기도 했지만, 경우에 따라서는 수령과 결탁하여 해당 지역에서 불법적 이득을 취하기도 했던 것이다.

결국 사심관 제도는 1318년(고려 충숙왕 5)에 폐지되었다.[91] 몽골 침입 이후 지역 사회에서의 위상이 현저하게 약화된 향리층에게 사심관 제도는 부담을 가중시켰던 것이다. 따라서 사심관의 폐지는 원 간섭기 향리층의 사회적 위상 약화를 보여주는 상징적인 사건으로도 해석할 수 있다. 하지만 사심관 제도의 폐지는 중앙 관료와 지방 사회 사이의 제도적 연결고리의 소멸을 의미했다. 이는 중앙 권세가에 대한 향리층의 예속을 약화시키고 수령의 독자적인 권위를 강화시키는 계기로 작용했을 것이다.

그러나 지방 사회에 대한 중앙 관료의 관리와 통제의 필요성을 중시하는 이들은 사심관 제도가 부활되어야 한다고 주장했다.[92] 이는 사심관의 후신이라 할 수 있는 경재소(京在所)의 설치로 이어졌다. 경재소의 최초 신설 시기는 공민왕 연간 이후의 고려 말기로 판단된다.[93] 즉 사심관의 전통은 조선시대에 이르러 경재소로 계승되었던 것이다. 중앙 관료층이 군현 단위로 지방사회를 감독하고 통제한다는 점에서 사심관과 경재소는 동일한 성격을 지녔다. 하지만 사심관 제도는 군현의 지방 행정을 담당하는 향리층과 연결된 것인 반면, 경재소는 향리층 대신 유향소(留鄕所)를 통해 지방 품관층과 소통하는 기구라는 점에서 차별성이 있었다. 비록 경재소는 수령권을 침해하지 못하도

---

91 『고려사』 권75, 선거3 전주 事審官 충숙왕 5년 4월.

92 『고려사』 권75, 선거3 전주 사심관 공민왕 18년; 권112, 열전25 白文寶.

93 李成茂, 「京在所와 留鄕所」, 『擇窩許善道선생정년기념한국사학논총』, 일조각, 1992, 358~361쪽.

록 법제적 규제를 받았지만,[94] 지방 품관층에 대한 관리와 감독은 물론, 그들이 요구하는 지역의 민원을 반영하기 위해 노력하는 등 수령의 통치에 영향을 끼치는 경우가 적지 않았다.[95]

약화된 향리층을 대신하여 지방 사회의 새로운 여론 주도층으로 성장한 지방 품관층은 수령의 통치를 보좌하고 향리층의 권한 남용을 단속한다는 명분으로 유향소를 조직했다. 지역마다 차이는 있지만, 유향소는 고려 말기부터 설립되었고 조선 개창을 전후하여 전국으로 확산되었다.[96] 유향소는 원래 지방 품관층이 향촌에서의 영향력 확장을 위해 주도적으로 설립하고 운영한 조직이었다. 그러나 중앙정부는 경재소를 통해 유향소의 운영에 개입했으며, 수령권을 침해했다는 이유로, 혹은 수령권과 결탁할 수 있다는 가능성을 이유로 유향소 혁폐를 명하기도 했다.[97] 그리하여 유향소는 16세기 전반까지도 지방 사족들의 자치 조직으로서 제대로 기능을 수행하지 못했다.

하지만 16세기에 접어들면 '재지사족'이라 불리는 지방 품관층의 후예들이 수령 중심의 향촌 통제 정책에 순응하지 않고 수령권과 중앙정부의 일방적인 영향력으로부터 벗어나 향촌 사회에서 독자적인 영역을 확보하고자 했다. 향약의 보급과 서원의 설립을 추진하고, 유향소 운영에서도 중앙 관료들의 영향력을 배제하고자 했다. 1598년(조선 선조 31)의 경재소 폐지 또한 그 과정에서 이루어진 조치로 이해할 수 있다. 원 간섭기부터 본격화되고 조선 개

---

94 『세종실록』 권69, 세종 17년 9월 기사.

95 이수건, 앞의 책, 1984, 418~424쪽.

96 李泰鎭, 「士林派의 留鄕所 復立運動」, 『韓國社會史研究』, 지식산업사, 1989, 142~149쪽.

97 이수건, 앞의 책, 1984, 420~424쪽; 이태진, 앞의 글, 1989, 142~149쪽.

창 전후에 제도적으로 정착한 수령 중심의 군현 통치는 16세기 중반 이후 향촌 재지사족의 역할이 중시되는 방향으로 전환되는 시대적 변화를 맞이한 것이다.

수령권의 강화와 향리층의 지위 하락으로 대표되는 수령 중심의 군현 통치는 몽골 침입 이후 원 간섭기에 지방 사회 재건 과정에서 적용되기 시작하여 공민왕 연간부터 확산되었다. 남도 지방에서는 왜구의 침략이 뜸해지는 고려 말기 공양왕 연간에 본격화되었고, 조선 건국 이후에도 계승되어 제도적으로 더욱 공고화되었다. 현령과 감무(현감)의 품계를 높이고 자질이 검증된 인물을 수령으로 파견했으며, 상향된 품계에 걸맞게 속현 병합 등으로 수령의 관할 영역을 이전보다 광역화했다. 고려 후기부터 본격적으로 추진된 수령권 강화 정책은 조선왕조 개창 이후에 제도적으로 완성되었다. 원악향리의 처벌 강화, 경재소와 유향소를 통한 감독과 통제, 향원 추핵과 부민고소금지법을 통한 법제적 규제 등은 그런 관점에서 이해할 수 있다.

6. 연속성의 관점에서 바라본 13~16세기 지방 사회

지방 사회의 편제 및 운영과 관련하여 원 간섭기부터 16세기 후반 사림의 집권까지 약 300여 년의 기간을 연속성의 관점에서 바라보자는 것이 이 글의 제안이다. 그렇게 보면, 조선의 개창은 새로운 시대를 여는 변화의 동력을 제공한 계기라기보다는, 원 간섭기 이래 진행되던 변화와 개편을 제도적으로 공고히 했다는 점에서 더 중요한 역사적 의미를 지니게 된다.

주현-속현 제도 중심의 고려시대 군현 편제는 몽골과의 전쟁 후 국가 재건 과정에서 사실상 붕괴되었다. 원 간섭기에 들어서 수령 중심의 군현 통치 정책에 토대를 둔 지방 사회 편제와 운영이 시작되었으나, 정치적 불안정으로 인해 전국적으로 진행되지는 못했다. 이어 공민왕 연간에 본격적으로 실시되었고, 왜구 침략이 어느 정도 진정된 공양왕 연간부터 조선 초기까지 전국적으로 확산되었다. 조선은 중앙정부를 구심점으로 하는 강력한 국가 통치체제를 지향했으며, 고려 후기부터 진행되던 수령 중심의 군현 통치 정책을 계승하고 공고화했다. 원 간섭기에 시작된 지방 사회의 장기지속적 변화와 재편이 조선 건국 이후 완성되었던 것이다.

16세기에 들어서면 지방 사회의 편제와 운영에서 새로운 움직임이 나타난다. 군현제로 대표되는 지방 제도의 틀은 조선 후기까지 큰 변화 없이 이어졌지만, 사림의 집권과 함께 재지사족의 영향력이 강화되고 면리제의 행정체제가 기반을 갖추면서 향촌 자치의 경향이 지방 사회에 정착되었다. 수령 중심의 일방적인 통치가 약화되고 향촌 사족의 역할이 부각되기 시작한 것이다.

이 글에서는 조선의 건국이 지니는 역사적 의미를 가급적 상대화하고자 노력했다. 그러나 원 간섭기 이후 고려 후기 상황에 대한 사료 부족이 논지 전개에 적지 않은 제약이 되었다. 이 글을 통해 조선왕조 개창의 역사적 의미를 새로운 각도에서 조명할 수 있는 기회가 확산되기를 기대한다.

전민변정과 노비 정책

| 박진훈 |

1. 전민변정과 인물변정 문제

고려 후기 이래 신진사대부와 권문세족, 그리고 이른바 급진파 사대부와 온건파 사대부 사이에 전개된 치열한 정치 투쟁의 결과 고려왕조가 일단락되고 조선왕조가 건국되었다. 고려 후기 정치 세력 간의 정치 투쟁은 권력 투쟁의 양상을 띠면서도 단순한 권력 투쟁의 차원을 넘어 전개되었다. 사상적인 면에서도 대립했고, 동아시아 국제질서 재편에 어떻게 대응할 것인가를 두고서도 대립했다. 또한 고려 국가의 체제와 제도를 어떻게 개편하는 것이 올바른가, 고려 국가를 유지하면서 이상적인 국가 체제를 수립하는 것이 가능한가라는 문제를 둘러싸고도 정치 투쟁이 이루어졌다. 국가 체제와 제도의 개편 방안을 둘러싼 대립은 당연히 고려 후기 이래 가장 심각한 사회경제적 문제인 토지와 노동력 문제를 둘러싸고도 전개되었다.

고려와 마찬가지로 조선왕조도 농업 생산이라는 경제적 토대 위에 구축된 국가였다. 농업 생산을 통해 조세와 재정이 확보되고, 조세와 재정을 근간으로 행정, 국방, 관료 체계, 대민 지배 및 복지 등 국가 운영과 관련된 모든 체계가 작동되었다. 정도전은 조선왕조의 경제 기반으로 주군(州郡)과 판적(版籍)을 꼽았는데,[1] 주군이란 농업 생산이 이루어지는 토지가 존재하는 지방 군현이며, 판적이란 농업 생산을 담당하는 노동력에 대한 파악을 말한다. 즉 농업 생산의 두 축은 농업 생산이 이루어지는 '토지'와 농업 생산을 담당하는 노동력인 '민'이었다.

그러므로 고려 후기부터 전개된 이 두 가지 사회경제적 문제, 즉 전민(田民) 문제는 고려에서 조선왕조로의 이행을 계기적으로 설명할 수 있는 중요한 요소이다. 그 가운데 '전'의 문제, 즉 토지 문제는 사전 혁파 및 과전법의 성립이라는 일련의 과정으로 설명되고 있다. 반면 '민'의 문제에 대해서는 고려 후기 전민 문제 및 전민변정사업과 조선 초기의 인물변정 내지는 노비법제 마련이 계기적으로 설명되지 않고 분절적으로 설명되고 있다. 이에 아래에서는 고려 후기 민의 변정과 조선 초기 인물 및 노비 정책이 어떤 연관성을 가지고 있었는지 살펴보려고 한다.

2. 고려 후기 전민변정의 시행과 그 의미

전민변정에서 사전 혁파로

몽골과의 긴 전쟁을 끝낸 고려 정부는 개경 환도를 결정하고, 개경 환도에 앞서 원종 10년 2월 임시기구인 전민변정도감(田民辨整都監)을 설치했다.[2]

---

1 鄭道傳, 『三峯集』 권13, 「朝鮮經國典」 上, 賦典 摠序.
2 『고려사절요』 권18, 元宗 10년 2월.

고려 역사상 최초로 설치된 이 기구는 명칭 그대로 토지와 민을 판별하여 올바르게 바로잡는 기구였다.

원종 10년의 전민변정도감은 국정을 좌우하던 김준(金俊)이 제거된(원종 9) 직후 설치된 것으로, 이는 김준 일파의 토지 및 노비에 대한 처리 작업 등 어느 정도 김준 정권의 몰락에 따른 수습책이라는 성격을 띠고 있었다.[3] 하지만 개경 환도 이후인 원종 12년 2월, 즉 전민변정도감이 설치된 지 2년 뒤에 관품에 따라 관료들에게 녹과전(祿科田)을 지급하자는 주장이 도병마사(都兵馬使)에 의해 제기되어 다음 해에 지급되었다는 사실은[4] 전민변정도감의 설치와 관련하여 깊이 생각해볼 만한 부분이다.[5]

관품에 따라 관료들에게 수조지를 지급하기 위해서는 토지 및 경작자의 파악이 우선되어야 한다. 또한 오랜 전쟁으로 국가 재정이 바닥 나 백관의 녹봉도 지급하지 못하던 상황 속에서, 개경으로 환도하여 국가 행정을 정상화해보려던 고려 정부에게는 조세 및 국역 부담자의 파악이 무엇보다도 절실한 과제였을 것이다. 실제로 전민변정도감이 설치된 원종 10년에 민호(民戶)를 계점(計點)하여 민호들이 부담해야 할 공부(貢賦)를 다시 정하는 조치가 이루어졌다.[6] 충숙왕 원년, 충선왕이 전민계정사(田民計定使)에게 내린 유시에도 다음과 같은 내용이 나온다.

전쟁이 일어난 이래로 호(戶)가 줄어들고 토지가 황폐해져 공부(貢賦) 수

---

3 金炯秀, 「13世紀 後半 高麗의 奴婢辨正과 그 性格」, 『慶北史學』 19, 1996, 121~122쪽.
4 『고려사』 권78, 지32, 食貨1, 田制 祿科田.
5 閔賢九, 「高麗의 祿科田」, 『歷史學報』 53·54, 1972, 62쪽.
6 『고려사』 권79, 지33, 食貨2, 戶口, 忠烈王 18년 10월.

입이 옛날과 같지 않게 되었는데, 기사년에 적절하게 헤아려 액수를 정한 다음부터 제찰(提察)과 수령이 그 액수를 고집하며 거두어들이기를 그치지 않으므로 민(民)을 병들게 하는 것이 실로 많다. 마땅히 현재의 토지와 인구(田口)로서 공부를 다시 정하도록 하라.[7]

기사년, 즉 원종 10년에 공부의 액수를 적절하게 헤아려 정했다고 한다. 그런데 공부가 줄어든 이유로 전쟁 때문에 호가 줄어들고 토지가 황폐해진 점을 들고 있다. 또한 상황이 변했는데 기사년에 정한 공부 액수를 그대로 거두어 폐단이 일어난다고 지적하며, 현재의 전(田)과 구(口)로써 공부 액수를 다시 정하라고 명령하고 있다. 현재의 전과 구로써 공부 액수를 정하기 위해서는 전과 구를 파악해야 하는데, 이것이 바로 전민계정(田民計定)이다. 이를 통해 원종 10년 공부의 액수를 정할 때도 전민을 파악했음을 알 수 있다. 원종 10년에 이루어진 전민 파악의 담당 기관으로 전민변정도감을 생각하는 것은 자연스러운 일이다. 즉 원종 10년의 전민변정도감은 김준 일파의 토지와 민을 처리하는 작업을 넘어 국가 재정원인 토지와 민의 파악 임무까지 담당했던 것이다.

고려 정부가 시행한 전민변정사업은 토지와 민을 함께 변정하는 조치였다. 토지와 민이 국가 체제 유지의 중요한 토대였기 때문에 함께 변정을 시행한 측면도 있지만, 토지와 민이 농업 생산의 두 축으로서 서로 불가분의 관계에 있었기 때문이다. 토지와 노동력은 구조적으로 얽혀 있었다. 토지에

---

7 『고려사』 권78, 지32, 食貨1, 田制 貢賦, 忠肅王 1년 1월. "兵興以來 戶寡田荒 貢賦之入 不古若 自己巳量宜定額之後 提察守令 固執其額 徵斂不止 病民實多 宜以見在田口 更定 貢賦."

서 산출된 농업 생산물에 의존하던 고려 사회에서 농업 생산을 위해서는 토지와 노동력의 안정적 확보 및 장악이 필수적인 요소였다. 토지와 노동력 문제는 땅과 사람이라는 서로 분리된 문제였지만, 농업 경제 측면에서는 밀접하게 서로 연관된 문제였다.

대신 및 내료(內僚)가 전장(田莊)을 많이 설치하여 조세를 포탈하고 달아난 자들의 소굴이 되었다. (…) 이때 응방, 겁령구 및 내수(內竪)와 천구(賤口)들이 모두 사전(賜田)을 받아 많은 것은 수백 결에 이르고, 적은 것도 30~40결 아래로 내려가지 않았는데, 민을 유인하여 전(佃)으로 삼았으며, 무릇 다른 사람의 토지로서 사표(四標)가 이르는 곳 안에 있는 것에서도 모두 수조하였으므로 주현의 부세가 한 되나 한 홉도 수송되지 않았다.[8]

파주(坡州)의 서교(西郊)는 황폐하여 사람이 살지 않았다. 정당 안목(安牧)이 처음으로 이를 개간하여 널리 전무(田畝)를 경작하고 크게 집을 지어 거주하였다. (…) 그 손자 안원(安瑗)에 이르러 극성하여 안팎으로 토지를 점유한 것이 무려 수만 경이었으며, 노비는 백여 호였다.[9]

위의 두 사료는 고려 후기 농장의 발전을 보여준다. 첫 번째 사료에는 두가지 이야기가 서술되어 있다. 대신과 내료, 즉 고려 정부의 권력자들이 전장

---

8 『고려사절요』권20, 충렬왕 8년 8월. "大臣及內僚 多置田莊 爲逋逃淵藪 (…) 時 鷹坊怯怜口 及內竪賤口 皆受賜田 多至數百結 少不下三四十結 誘民爲佃 凡人田在四至中者 并收其租 州縣賦稅 不輸升合."

9 『大東野乘』권1,「慵齋叢話」권3. "坡州西郊 荒廢無人 安政堂牧始墾之 廣作田畝 大構第而居之 (…) 至其孫瑗極盛 內外占田 無慮數萬頃 奴婢百餘戶."

을 많이 설치했는데, 그곳이 조세를 포탈하고 달아난 자들의 소굴이 되었다는 이야기가 그 하나이다. 또 하나는 응방을 비롯한 권력 기관과 내수와 같은 권력자들이 사전을 받아 민을 유인하여 전으로 삼고, 사전의 사표 안에 있는 다른 사람의 토지에서까지 수조했다는 것이다.

첫 번째 사료의 두 이야기에는 공통점이 있다. 즉 전장이든 사전이든 토지를 확보한 권력자들이 토지를 경영하기 위해 적극적으로 노동력을 확보하려 했다는 점이다. 전장이 조세를 포탈하고 달아난 자들의 소굴이 되었다는 것, 사전을 받은 사람들이 민을 유인하여 전(佃)으로 삼았다는 것이 모두 이를 보여준다. 조세를 포탈하고 달아났다는 부분, 전(佃)으로 유인된 자들이 민이라는 부분에서 그들이 원래 국역 부담자로서 양인 농민이었음을 짐작할 수 있다. 하지만 그들은 농장의 노동력이 되면서 조세를 포탈한 존재 또는 전(佃)이 되어 국역 부담에서 빠졌을 것이다. 그들은 농장주의 권력에 의해, 그리고 농장민으로 존재하면서 생긴 부채 때문에, 또는 농장주가 소유한 노비와의 혼인 등으로 자연스럽게 양천적불명자(良賤籍不明者) 내지는 농장주의 노비로 전화되었을 것이다.

두 번째 사료는 개간에 의한 농장의 발달 과정을 보여준다. 몽골과의 전쟁, 홍건적 및 왜구의 침입을 거치면서 경작을 포기한 채 방치된 전황지가 급증했다. 고려 정부는 이를 해결하고 생산력을 회복하기 위해 개간 장려 정책을 폈고, 첫 번째 사료에 나오는 사전(賜田), 즉 사패전은 그 정책의 산물이었다. 하지만 이는 대농장의 발달에 기여했으며, 파주 서교 지역을 개간한 안목 집안도 개간을 통해 대농장을 형성한 사례 중 하나였다.

안목 집안이 파주 서교 지역을 개간하여 수만 경의 토지를 소유할 수 있었던 것은, 그가 대량의 노동력을 동원하여 개간 사업을 할 수 있었기 때문이었다. 그가 소유한 노비 100여 호가 그 노동력이었다. 정도전이 언급한 것처럼, 노동력이 많은 사람이 넓은 땅을 개간하고, 세력이 강한 사람이 많은 땅을 차지하는 것은[10] 당연한 일이었다. 노비 노동력을 대량으로 장악한 이들은 개간을 통해 쉽게 소유 토지를 확대해 나갔다. 노동력 확보에 비례하여 토지 규모도 확대되었다.

위 두 사료를 통해, 토지를 확보한 사람은 토지의 안정적인 경영을 위해 농업 노동력의 확보 및 장악이 필요했으며, 반대로 노동력을 확보하고 장악한 사람들은 쉽게 토지 소유를 확대해 나갈 수 있었음을 알 수 있다. 따라서 고려 후기 권력자들은 노동력을 확보하고 안정적으로 지배·장악하기 위해 확보된 민들을 노비화하는 데 수단과 방법을 가리지 않았다. 온갖 압량위천(壓良爲賤) 방법이 동원되었다. 또한 당시 계속 증대되고 있던 국역 부담과 국역 부담자의 불안정한 생활이 맞물리면서 자발적으로 농장에 투탁하는 양인 농민들도 급증했다. 그 결과 고려 말에는 노비 2~3명을 주고도 말 한 마리를 사지 못할 정도로[11] 노비 인구가 급증하고 양인 농민이 급감했다. 양인이 모두 세가(勢家)로 들어가 관역(官役)을 받들지 못하게 되자, 양반이 자기 소유의 노비들로 하여금 원래 양인이 담당하던 역을 대신하게 하는 일까지 발생했다.[12] 국역 부담자의 감소를 어떤 방법으로든 해결해야 했기 때문이다. 이렇게 노비 인구의 급증은 결국 권력자가 아닌 일반 양반 계층에게까지 피해를 입히면서 지배층 내부에서 또 다른 갈등 구조를 만들어내고 있었다. 또한 당연히 세력이 약한 사람의 노비를 빼앗는 일도 급증했으며, 노비 소유를 둘러싼 친족 간의 다툼이나 소송도 크게 늘어났다. 산천으로 경계를 표시하는 대

---

10 鄭道傳,『三峯集』권13,「朝鮮經國典」上, 賦典 經理.

11 『고려사』권85, 지39, 刑法2, 奴婢, 공양왕 3년.

12 『고려사』권85, 지39, 刑法2, 奴婢, 충렬왕 24년 1월.

규모 농장의 발달은 광대한 토지의 집적뿐만 아니라 필연적으로 대규모 노동력의 확보와 함께 진행되었으며, 이는 양인 농민의 급감과 노비 소유를 둘러싼 심각한 분쟁을 야기했다.

이처럼 당시 토지 문제와 민(노동력)의 문제는 불가분의 관계에 있었기 때문에, 고려 정부는 토지 문제와 민의 문제를 함께 재정비하여 해결하고자 했다. 물론 토지 문제와 민의 문제가 항상 함께 발생하는 것은 아니다. 토지 문제와 민의 문제를 분리해서 별도로 처리하는 것이 효율적이라 판단되는 경우도 있었다. 예를 들어 충렬왕 때 설치되었던 인물추고별감(人物推考別監)[13]은 명칭에서 알 수 있듯이 민과 노비 문제를 해결하기 위한 전담기구였다. 하지만 고려 후기까지 고려 정부의 일관된 원칙은 토지 문제와 민의 문제를 함께 해결한다는 것이었다. 전민변정도감이 최초로 설치된 원종 10년 이후 충렬왕 14년과 27년, 공민왕 1년과 14년, 우왕 7년과 14년 등 고려 말까지 계속 설치되었다는 사실은 이런 고려 정부의 정책 방향을 보여준다.

물론 전민변정도감이 계속 설치되었다는 것은, 고려 후기까지 토지와 민의 문제가 해결되지 못하고 지속되었다는 의미이기도 하다.[14] 아니, 상황은

---

13 『고려사』 권123, 열전36, 嬖幸 1, 李英柱.

14 전민변정도감은 불법적으로 차지한 토지와 민을 판별하여 정상화시키는 작업이다. 불법적으로 토지와 민을 많이 차지한 자들은 당연히 권력자일 경우가 많았고, 이 권력자들의 반대와 훼방을 무릅쓰고 정상적으로 전민을 변정하기는 쉽지 않았다. 또한 권력자들의 경제적 토대인 전민을 변정하는 것 자체가 정치적인 행위였다. 따라서 전민변정도감을 설치하여 전민을 변정하는 정책을 시행하는 정부의 성향이나 수준에 따라 전민변정의 방향이 결정될 수밖에 없었다. 전민변정은 원래의 의미를 잃고 정적 또는 실각한 사람들에 대한 보복 차원에서 진행되기도 했다. 이런 점이 고려 후기 전민변정의 한계라고 할 수 있을 것이다. 전민변정사업이 실각한 정치권력자들의 경제적 기반을 박탈하기 위한 조치였다는 점은 신은제, 「원종·충렬왕대 전민변정사업의 성격」, 『한국중세사연구』 21, 2006을 참조할 것.

오히려 악화되고 있었다. 이에 위화도 회군 이후 정권을 잡은 이른바 급진파 사대부는 기존과 완전히 다른 해결 방안을 제시했다. 창왕 즉위년(1388) 7월 조준(趙浚)은 첫 번째 전제 개혁 상소에서 국가 재정을 풍족하게 하고 민생을 두터이 하기 위해 토지 제도를 바로잡는 것이 급무라고 지적했다.[15] 이는 토지 문제와 민의 문제를 함께 해결한다는 원칙을 포기하고, 토지 문제와 민의 문제를 분리해서 토지 문제만 우선 해결한다는 것이었다. 이른바 사전(私田) 혁파론이다.

주지하듯이, 급진 개혁파의 의도대로 공양왕 2년 기존의 토지문서를 모두 불사르고,[16] 다음 해에 과전법(科田法)이 공포되었다.[17] 이로써 고려 후기 이래 지속되던 토지 문제는 일거에 처리되었다. 하지만 토지 문제와 밀접한 연관 속에서 전개되었던 노동력 문제, 즉 민과 노비 문제는 해결되지 않은 채로 남았다.

고려 말 인물추변 정책의 추진

사전 혁파로 토지 문제는 일단락되었지만 민의 문제는 해결되지 않았다. 급진파 사대부는 토지 문제를 우선 해결하고, 이어 민의 문제를 해결한다는 원칙을 세웠던 것 같다. 과전법이 제정된 지 5개월 뒤, 낭사는 다음과 같은 상소를 올렸다.

전하께서 즉위하셔서 먼저 사전(私田)의 폐단을 개혁하시고 과(科)에 따

---

15 『고려사』 권78, 지32, 食貨1, 田制 祿科田, 창왕 즉위년 7월.

16 『고려사』 권78, 지32, 食貨1, 田制 祿科田, 공양왕 2년 9월.

17 『고려사』 권78, 지32, 食貨1, 田制 科田法, 공양왕 3년 5월.

른 차등을 명백하게 세워 소송의 근원을 없애고 바로잡으셨으니 진실로 삼한의 풍속에 있어서 아주 다행한 일입니다. 다만 민구(民口)를 소유하는 데 본래 제한이 없고 또한 이를 사재(私財)라고 일컬으며 쟁송하는 것이 토지를 다투던 폐단보다 심한 점이 있습니다.[18]

위 상소의 주요 요지는 사전 혁파 및 과전법의 성립으로 사전의 폐단을 바로잡았지만 민구의 문제, 즉 고려 후기 사민화된 존재 및 노동력 확보를 둘러싼 분쟁이 해결되지 않았다는 것이다. 더군다나 민구를 두고 소송하는 폐단이 토지를 두고 다투던 폐단보다 더 심각하다고 고했다.

급진파 사대부는 전민을 함께 변정한다는 기존 정책을 변경하여 토지와 민의 문제를 단계적으로 해결하는 방향으로 정책 노선을 결정하고, 토지 문제를 우선적으로 해결했다. 하지만 경작 농민의 신분을 변정하는 작업이 이루어지지 않은 채 사전이 혁파됨으로써 기존 전주(田主) 또는 농장주들의 경작 농민에 대한 사적 지배-예속 관계는 그대로 남았다. 더욱이 주요한 경제적 기반이던 사전이 혁파된 뒤 노동력의 가치는 훨씬 더 중요해졌다.

앞서 안목의 사례에서 본 것처럼, 충분한 노동력을 소유하고 있다면 지주제 발전에 적극 대응하고 농업 경제에서 계속 경제적 우위를 점할 수 있었다.[19] 창왕 원년의 기사양전(己巳量田) 당시 기록에 의하면, 전 농토의 거의 1/4이 경작되지 않는 황원전(荒遠田)이었다.[20] 노동력 장악 여부에 따라 지주제 발전에 적극적으로 대응할 수 있느냐의 경제적 성패가 달려 있었다. 따라

---

18 『고려사』 권85, 지39, 刑法2, 訴訟, 공양왕 3년 10월.

19 朴晉勳, 「麗末鮮初 奴婢政策 硏究」, 연세대학교 박사학위논문, 2005, 27~28쪽.

20 『고려사』 권78, 지32, 食貨1, 田制, 祿科田, 공양왕 3년 5월.

서 노동력 소유를 둘러싼 지배계층 내부의 다툼은 사전 혁파 이전 토지를 둘러싼 다툼보다 더 심각할 수밖에 없었으며, 고려 후기 사전의 발달 과정에서 사민화된 경작 농민들도 사적 예속 관계에서 벗어나려고 노력했다. 이에 "쟁송이 날로 번잡해지고 간사함과 속임수가 날로 더해진다"[21]고 할 정도로, 노동력 소유를 둘러싼 갈등과 사민화된 신분에서 벗어나려는 소송이 더욱 치열하게 전개되었다. 국가 입장에서도 국역 부담 대상자의 확충을 위해 사민화된 민의 문제는 반드시 해결해야 할 과제였다.

급진 개혁파 사대부는 사민화된 민의 문제와 노동력인 노비 소유 문제를 해결하기 위해 공양왕 3년 10년 인물추변도감(人物推辨都監)을 설치했다.[22] 그리고 공양왕 4년 2월 노비결송법(奴婢決訟法)을 마련하여 제시했다.[23] 원래 노비 문제를 담당하던 도관(都官)에서도 동시에 노비 및 소송 관련 조항들을 상소했다.[24] 하지만 급격한 정국 변화로 7월에 조선왕조가 개창되면서 노비 문제는 해결되지 않고 새로운 조선 정부의 과제로 남겨졌다.

3. 조선 초기 노비제의 존속과 인물변정

노비제의 유지와 그 이론적 근거

조선이 건국된 뒤 노비 문제는 더욱 격화되었다. 앞에서도 언급한 것처

---

21 『고려사』 권85, 지39, 刑法2, 訴訟, 공양왕 4년 2월.

22 『고려사』 권46, 세가46, 恭讓王 3년 10월 丁卯.

23 『고려사』 권85, 지39, 刑法2, 奴婢, 공양왕 4년 2월.

24 『고려사』 권85, 지39, 刑法2, 奴婢, 공양왕 4년 2월.

럼, 지주제 발전에 능동적으로 대응할 수 있는 가장 좋은 방법은 노동력의 안정적 확보였다. 따라서 기존의 사민화된 존재들을 그대로 장악하느냐 마느냐는 경제적 성패, 나아가 지배층으로 계속 존재할 수 있느냐 없느냐의 문제였다. 사민화된 농민들 입장에서는, 사전 혁파로 토지를 매개로 한 지배 – 예속 관계는 사라지고 신분적 예속 관계만 남은 상황이었다. 따라서 노비 소유자들 사이에서는 노비 소유를 둘러싼 분쟁이, 사민화된 농민들과 주인 사이에서는 신분변정을 둘러싼 갈등이 폭증했다.

> 오직 노비 한 가지 일만이 아직도 옛 제도를 따르고 있어 쟁송이 더욱 번잡해지고 간사함과 거짓이 날로 더해져서, 골육지친이 입을 삐죽거리고 서로 힐난하며, 문중이 갈라지고 집안이 나뉘어져서 증오가 원수와 같을 뿐 아니라, 더구나 그 외에 빼앗고 몰래 취하는 것을 어찌 다 말할 수 있겠습니까?[25]

새 국가가 만들어졌는데도 노비 문제를 해결하기 위한 새로운 법제는 마련되지 못한 채 고려의 제도를 그대로 시행하고 있었다. 그에 따라 골육지친이 서로 비난하며 문중과 집안이 갈라져 원수처럼 지낼 정도였다. 사민화된 민과 노비를 둘러싼 이런 상황은 고려 말 사전 혁파를 주장하던 인사들이 "형제가 토지를 다투다가 혹은 상잔하는 데까지 이르고 장군과 재상이 토지를 다투다가 혹은 서로 죽이는 데까지 이른다"[26]고 지적했던 사전의 폐해와 같은 상황이었다. 농업 경영에서 구조적으로 얽혀 있던 토지와 노동력 지배

---

25 『太祖實錄』 권8, 太祖 4년 11월 戊子.

26 『고려사』 권78, 지32, 食貨1, 田制, 祿科田.

를 둘러싼 분쟁의 양상은 서로 같을 수밖에 없었다.

상황은 심각했고 더 이상 문제 해결을 미룰 수 없었다. 따라서 건국의 충격이 어느 정도 가신 태조 3년에 이 문제를 해결해야 한다는 주장이 제기되었다. 당시 이 문제의 해결을 주장한 정부 관료들의 입장은 사전 혁파와 동일한 방법으로 문제를 해결하자는 것이었다.

> 전하께서는 도감을 설치할 것을 명령하고 공정한 관리를 임명하여 엄정하게 판결하는 규정을 세우고 기한을 정하여 판결을 끝내게 하되, 그 원래의 문서를 상고하여 각각 공문(公文) 한 통씩을 주도록 하고 그 원 문서는 전제(田制)의 예에 의하여 모두 불살라버려서 서로 다투는 단서를 막으십시오.[27]

노비와 관련된 원 문서를 따져봐서 새로 공문을 만들어주되, 원래의 문서는 사전을 혁파하고 재분급한 예와 같이 불살라버리라는 것이었다. 이런 주장은 1년 뒤에 다시 제기되었다. 노비 문제를 담당하던 관료인 형조도관 박신(朴信) 등은 호조 급전사(給田司)의 예에 의해 현재 부리고 있는 노비 숫자를 기록하여 각기 공문(公文)을 주되 옛 문서는 불태워버리라고 주장했다.[28]

이는 기존의 노비문서, 즉 고려시대의 노비문서를 재검정하여 새로 발급하자는 것이었다. 이 작업은 새로운 정부가 기존의 노비 소유 관계를 면밀히 따져 노비라고 주장되는 사람의 신분이 노비인지 양인인지, 그리고 노비라면

---

27 『太祖實錄』 권6, 太祖 3년 8월 己巳. "殿下 命置都監 擇定公正官吏 嚴立斷例 限年決折 考其元卷 各給公文一通 而其原卷 依田制例 一皆燒毀 以杜爭端."

28 『太祖實錄』 권8, 太祖 4년 11월 戊子.

누구의 소유물인지를 다시 확인하는 작업이 선행되어야만 가능했다. 이는 고려 후기의 혼란 상황에서 발생한 노동력 지배 문제, 즉 노비 소유권 문제와 비법적으로 천민으로 전락한 농민 문제를 해결한다는 측면에서 매우 의미 있는 작업이었으며, 또한 노비 소유자인 대다수 지배층의 이해관계를 침해할 수밖에 없다는 측면에서 매우 어려운 작업이었다.

하지만 이 주장은 노비 제도 자체를 인정하고 노비 소유 자체를 인정해야만 가능한 것이었다. 사전 혁파처럼 노비 문제를 해결하자고 주장했지만, 사전 혁파가 기존의 수조권적 토지 지배 관계를 전면적으로 부정한 것임에 비해 이 주장은 기존의 노비 제도 자체를 부정한 것이 아니었고, 기존의 노비 소유 관계를 전면적으로 부정한 것도 아니었다. 노비 제도 자체를 긍정하고 기존의 노비 소유 관계도 인정하되, 기존의 노주 관계에서 소유권 분쟁이 발생한 경우 재변정하자는 주장이었다. 단 모든 노비문서는 새로운 국가의 정부가 새로 발급하자는 것이었다.

조선 정부의 관료 및 지배계층이 노비 제도를 인정하고 존속시킨 근거는 고려시대 이래 노비제를 옹호해온 논리 그대로였다. 오히려 기존 논리를 보다 체계적으로 정교하게 발전시켰다. 첫 번째로 노비제를 존속시킨 가장 큰 명분은 상하차별의 원리였다.

> 무엇을 가리켜 이름(名)이라고 하는가. 천자, 제후, 공경(公卿), 대부(大夫), 사(士), 서인(庶人)이 그것이다. 무엇을 가리켜 나눔(分)이라고 하는가. 상하(上下), 존비(尊卑), 귀천(貴賤)이 그것이다.[29]

29　金時習, 『梅月堂集』 文集 권20, 「名分說」. "何謂名 天子諸侯公卿大夫士庶人是也 何謂分 上下尊卑貴賤是也."

상하, 존비, 귀천의 나눔은 자연적 질서이자 인간 사회를 유지하는 가장 기본적인 원리라는 논리였다. 이 논리에서 윗사람이 아랫사람을 지배하고 아랫사람이 윗사람에게 복종하는 것이 당연하다는 논리가 배태되며, 군신, 부자, 부부 관계가 절대적 사회 질서로 설정된다. 그런데 주노(主奴) 관계도 군신 또는 부자 관계와 마찬가지로 절대적 사회질서로 설정되어, 인륜적 성격이 부여되었다.[30] 일찍이 고려 전기 성종 때 최승로(崔承老)가 시무 28조를 올리면서 노주(奴主)의 구분에 있어 중도(中道)를 잡아 처리할 것을 요청한 바 있었으며,[31] 고려 후기의 홍자번(洪子藩)은 "노(奴)로서 주인을 거역한 자나 자식으로서 불효한 자를 면하게 하면 하늘의 뜻이 어떻게 되겠습니까?"[32]라고 하여 주노 관계와 부자 관계를 동일한 차원에서 논했다.

주노 관계가 군신 관계 또는 부자 관계와 마찬가지라는 논리는 조선에 들어와서 더욱 발전하고 강조되었다. "주인과 노비의 관계는 임금과 신하의 관계와 동일하다"[33]라거나, "우리나라 풍속에는 노비가 자기 주인을 상전이라고 부르며, 신하가 임금을 일컬어 또한 상전이라고 부른다"[34]라는 주장은 군신 관계와 주노 관계가 동일하다는 뜻이었다. 임금이 신하를 부정하거나 신하가 임금을 부정할 수 없는 것과 마찬가지로, 주인과 노비의 관계는 부정할 수 없는 절대적 사회 관계라는 등식이 성립된다. 명분론적 관계로서의 주노 관계는 다른 명분론적 관계와 마찬가지로 절대적인 지배와 복종의 관계였

---

30 池承鍾, 「主奴關係와 奴婢統制」, 『朝鮮前期 奴婢身分研究』, 一潮閣, 1995, 288쪽.

31 『고려사절요』 권2, 成宗 1년 6월.

32 『고려사』 권105, 열전18, 洪子藩.

33 『世宗實錄』 권51, 世宗 13년 3월 己丑. "盖主奴與君臣一也."

34 『世宗實錄』 권16, 世宗 4년 7월 辛酉. "國俗 奴僕稱其主 爲上典 臣下謂君上 亦爲上典."

다.[35] 임금이나 어떠한 국가권력도 임금과 신하 관계를 부정할 수 없는 것처럼, 주인에게서 노비를 부릴 권리를 빼앗아서는 안 되며 노비 제도는 존속되어야 한다는 논리였다.

두 번째로, 노비 제도는 오랜 역사를 가진 우리의 고유한 전통임이 강조되었다. 이미 최승로가 광종의 노비안검법을 비판하면서 고려의 양천(良賤)의 법이 오래되었음을 지적한 바 있었다.[36] 고려 후기 충렬왕 당시 원에서 파견된 활리길사(闊里吉思)가 고려의 노비법을 고치려 했을 때, 고려 정부는 이를 저지하기 위해 노비 제도는 고려의 시조(始祖)가 고쳐서는 안 된다고 한 제도임을 설파하면서[37] 고려 일대를 관통한 전통을 가진 제도임을 강조했다. 이와 함께 노비 제도는 고려의 고유한 제도인 국속(國俗)이라고 주장하며[38] 국속 체제 유지를 명분으로 활리길사의 노비변정책을 좌절시켰다.[39] 고려시대 내내 노비 제도와 관련된 개혁 조치가 시도될 때마다 이 두 가지 명분은 노비제를 옹호하는 주요한 논리였다.

조선시대의 지배층은 고려시대의 노비제 옹호 논리를 그대로 계승하여 더욱 보완했다. 노비제가 오래되었다는 단순한 차원을 넘어, 우리나라에 와서 교화를 실현한 성인인 기자의 8조 법금에서 노비제가 유래되었음을 규정했다. 예를 들어 조선 초기 관료들의 인식이 담겨 있는 『고려사』 형법지 서문은 기자가 조선에 봉해져 금령 8조를 시행한 것에서 노비제가 시작되었다고

---

35 김훈식, 「여말선초의 민본 사상과 명분론」, 『애산학보』, 4, 1986, 60쪽.

36 『고려사절요』 권2, 成宗 1년 6월.

37 『고려사』 권31, 세가31, 충렬왕 26년 10월.

38 『고려사』 권31, 세가31, 충렬왕 26년 10월; 『고려사』 권31, 세가31, 충렬왕 26년 11월.

39 김형수, 「13世紀 後半 奴婢 문제를 둘러싼 대립과 國俗體例의 확립」, 『고려 후기 정책과 정치』, 지성人, 2013, 98쪽.

보았으며,[40] 하위지(河緯地)는 우리나라가 기자의 무운(撫運) 이래 예의의 아름다움을 천하에 들리게 한 것은 양천(良賤)을 구별하여 노예를 세웠기 때문이라고 했다.[41] 노비제의 역사적 전통이 우리나라 역사의 시작과 함께 출발했다는 것, 성인인 기자가 만든 우리 고유의 법제라는 것, 마지막으로 성인이 만든 제도이므로 오류가 있을 수 없다는 점이 노비제를 옹호하는 주요 논리였다.

　　나아가 이 논리는 조선이 예의와 염치를 아는 나라, 즉 유교적 교화를 이룬 나라가 되는 데 기여했다는 주장으로 연결되었다. 사족(士族)이 서인과 다른 사대부일 수 있는 이유는 노비를 소유하고 있기 때문이며,[42] 대부는 걸어다닐 수 없고, 처자에게 천한 노동을 시키면 예속(禮俗)을 이룰 수 없다고 보았다.[43] 이는 곧 사대부들이 노동을 담당할 노비를 소유해야만 유교적 사회를 이룰 수 있다는 의미였다. 기자가 이 땅에서 교화를 실천했고, 기자가 만든 노비 제도가 이 땅에서 교화를 실현하는 데 바탕이 되었다는 것이다. 『고려사』 형법지의 노비조 서문에서 "우리나라에 노비가 있는 것은 풍교(風敎)에 도움이 된다"라고 한 것은 조선 초기 관료들의 시각을 전형적으로 보여준다.

　　조선시대 지배층은 또한 노비와 양인은 서로 구별되는 다른 존재라는 논리를 정교화했다. 활리길사의 노비법 개혁 시도 당시에도 "천류(賤類)는 그 종이 별도로 있었다"[44]거나 "우리나라의 옛 제도에 구량(驅良), 즉 노비와 양

40　『고려사』 권85, 지39, 刑法2, 奴婢, 序.

41　河緯地, 『丹溪遺稿』「策問」.

42　『成宗實錄』 권161, 成宗 14년 12월 丁丑. "大抵 士族所以異於庶人者 以其有僕隸也."

43　河緯地, 『丹溪遺稿』「策問」.

44　『고려사』 권31, 세가31, 충렬왕 26년 10월.

인은 그 종류가 각기 별도로 존재했다"[45]고 주장하며 노비제를 옹호한 바 있었다. 이 논리는 조선 초기에 들어와 노비의 자손은 범죄자의 후손으로 양인과 원천적으로 구별된다는 주장으로 확대 발전했다. 즉 도둑질한 범죄자를 노비로 삼는다고 규정한 기자의 8조 법금에서 노비제가 기원한다고 주장되었으며,[46] 나아가 죄가 있는 자는 노비로 만들어 천한 일을 시킨다는 『주례』의 규정이[47] 주요한 논거로 제시되었다. 노비는 죄인의 후손으로 일반 양인과 구별되는 존재이므로 치민(治民)의 대상이라기보다는 형벌의 대상이라는 논리이다. 이 논리는 노비 조항이 『고려사』와 『경국대전』에서 각기 형법지와 형전에 수록됨으로써 이념적으로 완결되었다.[48]

조선 초기의 정부 당국자들은 고려와 마찬가지로 노비제를 존속시켰다. 그리고 그들이 내세운 노비제 옹호의 논리는 고려시대의 노비제 옹호 논리를 보다 구체화시키고 체계적으로 발전시킨 것이었다.

조선 초기 노비 법제의 정비

노비제도를 존속시킴에 따라 고려 후기부터 이어져온 노비 문제는 조선시대에 그대로 남게 되었다. 조선왕조의 안정을 위해서도 이 문제는 반드시 해결되어야 했다. 조선 정부는 고려 후기의 노비 문제와 전민변정 때의 정책 등을 면밀히 검토하면서 노비 관련 법조항을 만들어 나갔다.

---

45 『고려사』 권31, 세가31, 충렬왕 26년 11월.

46 『고려사』 권85, 지39, 刑法2, 奴婢, 序.

47 河緯地, 『丹溪遺稿』, 「策問」. "周禮 凡有罪者 沒爲奴婢 使執賤役 則奴婢之設 有自來矣."

48 朴晉勳, 「麗末鮮初 奴婢政策 硏究」, 연세대학교 박사학위논문, 2005, 108쪽.

우선 노비의 주인이 노비를 대대로 사역하는 노비세전법(奴婢世傳法)은 고려와 마찬가지로 그대로 계승되었다. 노비 주인이 대를 이어가며 노비 자손을 지배·사역하는 이 제도는 중국에도 없는 가혹한 사회적·법률적 조처였다.[49] 하지만 고려의 지배층과 마찬가지로 조선 초기 정부 당국자 및 양반 지배층은 어느 누구도 이 문제에 대해 의문을 제기하지 않았다.[50]

노비를 사적으로 소유하고 자손에게 상속하는 것이 보장되면서, 이에 대한 세세한 규정 마련이 중요해졌다. 고려 후기 전민변정에서 노주들 간의 노비 소유권 분쟁은 양천의 신분변정 문제와 더불어 가장 중요한 쟁점 사항이었다. 그런데 노비 소유권 분쟁은 대부분 혈족들 사이에 일어나는 것이 특징이었으며, 권력이 높은 지배층일수록 소유한 노비의 숫자도 많고 노비 소유 분쟁에 가담하는 인물의 숫자나 소유권 분쟁의 강도도 격렬한 것이 특징이었다.[51] 지배계층 내부의 이해관계를 합리적으로 조정해 나가는 것은 조선왕조의 안정을 위해서도 무엇보다 중요했으므로, 이를 위해 노비 상속에 대한 세밀한 규정이 마련되었다.

노비 상속 조문은 몇 차례 변경을 거쳐 완료되었다. 태조 6년 7월 변정도감에서 19조의 노비 법안을 마련했다.[52] 이 노비 법안에서 가장 분쟁이 많

---

49 金錫亨, 『朝鮮封建時代 農民의 階級構成』, 신서원, 1993(과학원출판사, 1957), 30~32쪽.

50 이 문제에 대한 의문은 조선 후기 李瀷이나 柳馨遠 등의 실학자들에 의해 비로소 제기되었다.

51 예를 들어 태종대에 金普門의 아내 宋氏의 노비를 둘러싸고 소유권 분쟁이 벌어졌는데, 송씨의 친족인 평양부원군 趙浚과 여흥부원군 閔霽, 송씨의 외가인 강씨의 친족 홍안군 李濟, 진산부원군 河崙, 성산군 李稷 등 사대부 수십 집안이 서로 소송했다고 한다. 『太宗實錄』 권8, 太宗 4년 8월 庚辰.

52 『太祖實錄』 권12, 太祖 6년 7월 甲戌.

았던 사항들에 대한 처리 규정들이 체계화되었다. 이때 규정된 노비 상속 관련 조항은 크게 5항목으로 분류할 수 있다. ① 부모가 나누어주지 않은 노비를 자식들이 상속할 때 균분상속한다는 원칙을 마련하여, 먼저 죽은 형제를 불효하다고 하며 노비를 삭감하여 상속하는 문제에 대한 대비책을 마련했다. ② 정실에게 자식이 있을 때와 없을 때, 첩의 자식에게 노비를 어떻게 상속할지에 대한 규정을 마련했다. ③ 수양자와 시양자에 대한 노비 상속 규정을 마련했다. ④ 승려의 노비 상속권을 제한하는 규정을 마련했다. ⑤ 자식이 없을 경우 부부가 소유한 노비를 어떻게 할지에 대한 상속 규정을 마련했다. 이 다섯 가지 상속 규정은 모두 고려 후기 이래 노비 소유권을 둘러싸고 가장 극심하게 분쟁을 일으키던 사항들에 대한 것이었다. 이는 또한 개인의 노비 소유권을 인정하되 국가가 적극적으로 노비 분쟁에 개입하여 그에 대한 법조항들을 수립해 나간 것으로서, 부계(父系) 중심의 종법 질서와 가(家) 중심 질서를 염두에 두고 노비 상속 조항들을 마련한 것이었다.[53]

태종대에는 태조대의 법률을 수정하여 태종 5년 4월 노비전계문자(奴婢傳繼文字)의 법을 제정했다.[54] 이 법은 태조대와 마찬가지로 다섯 가지 조항을 중심으로 노비 상속 규정을 마련했으며, 일부 조항이 수정되었지만 국가가 적극적으로 노비 소유 및 상속에 개입한다는 태조대의 원칙을 따랐다. 단 노비 소유자들의 노비 소유 권리를 보다 적극적으로 보장한 것이 특징이었다. 이후 보다 합리적이고 체계적인 방향으로 조문이 수정되었지만 입법의 목적과 취지, 원칙들은 거의 그대로 『경국대전』의 노비 관련 상속 조항으로 계승

---

53 朴晉勳, 「麗末鮮初 奴婢政策 研究」, 연세대학교 박사학위논문, 2005, 149쪽.

54 『太宗實錄』 권9, 太宗 5년 4월 乙亥.

되었다.[55]

　고려 후기 이후 사회변동 속에서 노동력 확보를 목적으로 한 노비 소유 분쟁이 격해졌으며, 여러 가지 문제점들이 발생했다. 고려 정부는 여러 차례 전민변정을 시행했고, 그 과정에서 이 문제를 해결하기 위한 고민이 축적되었다. 이는 조선 정부로 이어져 구체적이고 체계적인 노비 상속법 조항으로 귀결되었으며, 결국 『경국대전』의 노비 상속 규정으로 계승되었다고 할 수 있다.

　고려 후기 전민변정 과정에서 양심 있는 관료 지식인이 느꼈던 모순점 중의 하나는 관료 간의 극심한 경제적 격차였다. 산천으로 경계를 표시하는 농장의 발달은 그 모순의 극점에 있었다. 이는 국가의 집권력과 행정력을 위협하는 현상이었으며, 동시에 한정된 토지와 노동력을 두고 관료 또는 지배층 내부의 극심한 분쟁을 야기하는 요인이기도 했다. 더불어 노비의 무제한적인 소유는 양인 농민의 노비화를 촉진시켜 국역 체계를 무너뜨릴 우려가 있었다. 사전 혁파를 통해 토지 문제의 해결책을 마련한 급진파 사대부는 민구의 소유에 제한이 없는 데 대해 의문을 제기했다.[56]

　개인이 소유할 수 있는 노비의 수를 제한하자는 논의가 다시 제기된 것은 태종대였다. 태종 14년 9월, 태종은 사노비의 숫자를 의논하여 정하도록 의정부에 명령했다.[57] 약 한 달 뒤, 형조에서 의정부 및 육조와 의논하여 신분적 위계 질서를 기준으로 소유할 수 있는 노비 숫자를 한정한 노비 정한법

55　朴晉勳, 『麗末鮮初 奴婢政策 硏究』, 연세대학교 박사학위논문, 2005, 177쪽.

56　『고려사』 권85, 지39, 刑法2, 訴訟, 공양왕 3년 10월.

57　『太宗實錄』 권28, 太宗 14년 9월 丙申.

을 아뢰었다.[58] 하지만 노비 정한법은 관료들의 극심한 반대에 부딪혀 시행될 수 없었다. 태종은 1년 뒤인 태종 15년 11월에 다시 소유할 수 있는 노비의 수를 의논하여 정하게 했다.[59] 이에 태종 14년의 정한법에 비해 소유할 수 있는 노비 숫자를 대폭 상향 조정한 정한법이 만들어졌다. 하지만 이마저 극심한 반대 여론에 부딪혀 시행할 수 없었다. 세종도 노비 정한법을 추진한 것으로 보인다. 세종 25년에 세종은 '노비 정한법은 좋은 법이므로 시행하려고 했으나 싫어하는 사람이 많아 하지 않았다'고 토로했다.[60] 이로써 정한법은 완전히 폐기되었다.

고려시대에는 개인이 소유할 수 있는 노비 수를 제한한 적이 없으며, 이는 무제한적인 노동력 확보를 가능하게 만들어 권문세족이 농장을 형성하는 데 밑바탕이 되었다. 조선 정부는 노비 수를 제한하는 정책을 검토했으나 시행하지 못했다. 이론적으로 조선의 양반 지배층은 무제한적인 노비 소유 및 노동력 확보가 가능했으며, 이는 조선 전기 지주제 발전과 대농장 형성에 주요한 역할을 했다고 생각된다.

노비 소유권 분쟁과 더불어 고려 후기 전민변정의 최대 과제는 양천의 신분을 변정하는 문제였다. 많은 양인들이 고려 후기에 압량위천을 당해 노비가 되었는데, 이를 가능하게 한 가장 큰 요인은 양천교혼(良賤交婚)이었다. 물론 고려시대의 노비법도 양인과 천인의 혼인을 엄격하게 금지했으며, 양인과 천인 사이의 혼인은 범죄행위였다. 하지만 토지와 달리 혼인은 인간의 주체적 의지가 작용하는 문제였기 때문에, 양천 사이의 혼인이 사라질 수는 없었

---

58 『太宗實錄』 권28, 太宗 14년 윤9월 丁卯.

59 『太宗實錄』 권30, 太宗 15년 11월 甲辰.

60 『世宗實錄』 권99, 世宗 25年 2月 己亥條(13일).

다. 이에 고려 정부는 노비 소유주들의 안정적 노비 확보를 위해 부모 중 한 쪽이 천민이면 그 자식을 천민으로 하는 일천즉천(一賤則賤)의 법제를 시행했다.[61] 하지만 고려 국가의 집권력이 약화되면서 이는 권력자들이 노비를 확대하는 주요한 수단이 되었다.

조선 정부는 고려 후기에 노비화된 농민들의 신분을 변경하여 그들의 원래 삶을 회복시켜주고 동시에 국역 부담자를 확보하는 과제, 그리고 혼인을 통해 양인 농민이 노비가 되는 현상을 차단하는 제도의 마련이라는 과제를 안게 되었다.

신분변정은 지난한 과제였다. 노비를 소유한 지배계층의 이해관계와 노비화된 농민의 요구, 그리고 국역 대상자를 확대하려는 국가의 의지가 충돌하면서 쉽게 해결되지 않았다. 고려시대에 발급된 노비문서를 어느 정도까지 인정할 것인가, 그리고 문서로 판별되지 않는 경우 어떻게 처리할 것인가가 가장 중요한 쟁점이었다. 건국 초인 태조 1년에 마련한 방침은, 공양왕 4년 인물추변도감에서 제시한 규정을 계승하여[62] 노비 주인이 노비를 오랫동안 실제로 부리고 있는지 여부에 따라 양천을 변별하자는 것이었다.[63] 하지만 이에 대해 극심한 반발이 있었다. 결국 이 조항은 태종 5년에 기존 노비문서에 따라 양천을 변별하되 판별이 힘든 경우 신량역천(身良役賤)으로 삼아 사재감수군에 입속시키는 것으로 최종 결정되었다.[64]

---

61 『고려사』 권85, 지39, 刑法2, 奴婢, 忠烈王 26년 10월.

62 朴晉勳, 「麗末鮮初 奴婢政策 硏究」, 연세대학교 박사학위논문, 2005, 299쪽.

63 『太祖實錄』 권2, 太祖 1년 12월 癸酉.

64 劉承源, 「朝鮮初期의 「身良役賤」 계층」, 『朝鮮初期身分制研究』, 乙酉文化社, 1987, 208~211쪽.

두 번째로, 조선왕조에서도 양인과 노비의 혼인은 국법으로 엄하게 금지되었다. 하지만 자신의 노비를 양인과 혼인시켜 노비를 확대하는 경향이 계속되었으므로, 태종 14년 6월 27일에, 그 다음 날인 28일부터 양인 남자와 여자 노비가 혼인하여 낳은 자식은 양인으로 만드는 종부법(從父法)을 실시했다.[65] 고려 후기의 급격한 양인 감소와 노비 증가를 경험한 조선 정부가 양천혼인에 대해서만은 고려와 다른 법제를 만든 것이다. 하지만 양인 여자와 천인 남자 사이에서 낳은 자식은 여전히 노비 주인의 소유가 되었으므로, 고려시대의 일천즉천의 원칙이 완전히 무너진 것은 아니었다.[66]

노비종부법은 정부 관료들 및 지배층 간에 여러 논란을 야기했다. 여자종과 남자 양인 사이에서 낳은 자식을 천민으로 삼는 법이 세종 14년 이전부터 일부 시행되었으며, 특히 일반 양인 남성과 여자 종 사이의 자손이 양인이 되는 길은 계속 좁아지고 제한되고 박탈되었다.[67] 결국 『경국대전』은 "천인은 어머니의 역을 따른다"고 규정하면서도 그 주에서 "천인 남성과 양인 여성 사이에 낳은 자는 아버지의 역을 따른다"[68]고 규정했다. 이로써 고려와 마찬가지로 조선에서도 양인과 천인 사이에 낳은 자식의 처리에 '일천즉천'의 원칙이 관철되었다.

---

65 『太宗實錄』 권27, 太宗 14년 6월 戊辰.

66 李成茂, 「朝鮮初期 奴婢의 從母法과 從父法」, 『歷史學報』 115, 1987.

67 위의 글, 65~66쪽.

68 『經國大典』 刑典 公賤.

4. 조선 초기 노비 정책의 의의와 한계

조선 초기에 마련된 노비 법제는 고려 후기 전민변정의 결과물이었다. 고려 후기에 토지와 노동력을 둘러싸고 전개된 문제 및 그 해결 방안에 대한 고민의 결과물이었다는 점에서 그렇다. 물론 전민변정의 형식과 내용이 모두 그대로 계승된 것은 아니었다. 전민변정은 농업 경제의 두 축으로서 밀접하게 결합되어 있던 '전'과 '민'을 함께 변정하여 문제를 해결한다는 것이었지만, 권력을 잡은 이른바 '급진파' 신진사대부들은 문제의 신속한 해결을 위해 '전'과 '민'의 문제를 분리해서 해결했다. 그 결과 토지 문제는 사전 혁파로 귀결되어, 기존의 수조권에 기반한 토지 지배 권리는 전면 부정되고 다시 재분배되었다.

그러나 조선 정부 당국자들은 고려 후기에 발생한 양인의 사민화 문제, 노동력 확보를 둘러싼 지배층 사이의 치열한 갈등을 해결하고 재발 방지 대책을 세워야 했다. 즉 해결되지 못한 민의 문제를 변정해야 했을 뿐만 아니라, 노동력 지배, 특히 노비 소유 문제와 관련하여 체계적이고 합리적인 법제를 마련해야만 했다.

사민화된 민을 변정하여 신분을 회복시키고 국역 부담자를 확보하는 과제는 어느 정도 성과를 보였다. 하지만 사전이 혁파되어 관인을 비롯한 지배계층이 피해를 입었다고 여겨지는 상황에서, 그리고 이미 새로운 조선왕조를 개창하여 안정적인 정국 운영이 중요한 상황에서, 지배계층의 이해관계를 고려할 수밖에 없었다. 결국 기존 문서에 의해 신분이나 소유권을 변정하되, 신분이 불분명한 경우 '신량역천'으로 규정하여 사재감수군에 배속하는 것으로 결정되었다. 고려 후기에 양인 농민이 대거 사민화·노비화되었다는 사실을 생각하면, 성과는 있었지만 한정적이었다고 해야 할 것이다. 결국 국역 부담

대상의 확충은 사원노비를 대거 속공하는 방식 등 다른 대안을 찾아야 했다.

노비 주인이 노비를 안정적으로 소유하고 지배하며 상속할 수 있게 한 고려 노비법의 핵심적인 사항들은 그대로 계승되었다. 더불어 노비 주인들 사이의 분쟁을 막기 위해 보다 체계적이고 합리적이며 정교해진 하위의 노비법들이 정비되었다. 이로써 고려 후기부터 이어져온 노동력 지배, 노비 지배를 둘러싼 지배층 사이의 갈등은 상당 부분 조정되고 해결되었다. 또한 고려에 비해 강화된 조선 국가의 집권력이 체계적인 노비 법제의 적용을 뒷받침함으로써 노비 소유주 사이의 분쟁과 양인의 노비화를 방지할 수 있었다.

하지만 고려에 이어 그대로 노비 제도를 용인하고, 더불어 지배층의 안정적인 노비 소유와 확대를 보장하는 노비세전법과 '일천즉천'의 원칙을 그대로 계승함으로써, 언제든지 노비 소유가 확대되고 양인의 노비화를 초래할 가능성은 남았다. 특히 농업 경제 아래서 노동력 지배가 지주 경제의 발전에 절대적인 요소가 되었으며, 이것이 가문이나 개인의 경제적 성패를 가름할 수 있는 핵심적인 사항이었기 때문에, 만약 국가의 행정력이 약화된다면 노비 소유 확대 가능성은 다시 커질 수밖에 없었다. 사전 혁파가 고려 후기에 이루어진 전민변정 정책에 대한 단절의 성격이 강했던 반면, 이런 측면에서 조선 초기 민의 변정과 노비법은 고려 후기와의 연장선상에서 보아야 할 것이다.

토지 제도 개혁과 사회 변화

| 이민우 |

1. 고려 말 토지 제도 개혁과 조선 건국

1388년(우왕 14) 6월, 위화도 회군을 계기로 권력을 장악한 이성계(李成桂) 세력이 가장 먼저 취한 조치는 바로 토지 제도 개혁이었다. 조준(趙浚), 이행 (李行) 등이 사전(私田)을 혁파해야 한다고 상서하는 형태로 시작된 토지 제도 개혁은 3년여에 걸친 치열한 논의 끝에 1390년(공양왕 2) 고려의 구(舊)토 지대장을 시가에서 모두 불태워버리고, 1391년(공양왕 3) 5월에 과전법(科田法) 을 제정하는 것으로 일단락되었다. 과전법이 제정된 다음 해인 1392년 7월 결국 새로운 국가 조선이 건국되었고, 고려 말에 제정된 토지 제도는 그대 로 계승되었다. 이런 점을 고려한다면, "조선은 고려 말의 토지 문제, 농업 문 제를 수습하는 과정에서 수립되고 이를 제도상 일단락지음으로써 확립된 국 가"라고 이해해도 무방할 것이다.[1]

---

1 이경식, 『한국 중세 토지 제도사—조선 전기』, 서울대학교출판부, 2005, iii쪽.

14세기 말에 새로운 국가 조선이 수립되는 과정에서 토지 제도 개혁은 결정적인 계기가 되었다. 따라서 개혁의 성격과 역사적 의의를 규명하는 작업은 조선 건국을 단순한 왕조 교체가 아니라 사회 변화를 동반하는 역사 발전의 과정으로 이해하는 데 매우 중요한 과제로 여겨졌다. 연구 성과가 체계적으로 축적되면서, 이 시기 토지 제도 개혁은 조선 건국이라는 당대의 역사적 사건을 설명하는 차원을 넘어 한국사의 발전에 대한 체계적인 이해와 긴밀하게 연결되었다. 고려 말 토지 제도 개혁을 통한 과전법의 제정은 토지에 대한 수조권과 소유권이 중첩되는 특징을 가진 한국 중세 사회에서 수조권에 입각한 전주전객제(田主佃客制)가 약화되고 소유권에 근거한 지주전호제(地主佃戶制)가 성장하는 중요한 계기로 자리매김되었다.[2]

이 글은 고려 말 토지 제도 개혁에 대한 기존의 이해를 재검토할 필요가 있다고 주장한다. 한국 중세 사회의 성격에 대한 이해로부터 도출된 개혁에 대한 설명이 당대의 역사적 사실과 잘 부합하지 않는 측면이 있기 때문이다. 토지 제도 개혁을 새로운 방식으로 이해하게 되면, 연구의 전제인 중세 사회 토지 소유의 성격과 연구의 결론인 중세 사회의 발전 방향에 대해서도 재검토해볼 여지가 생겨날 것이다. 물론 짧은 글 한 편으로 한국 중세 사회의 이해와 체계적으로 결합된 주제 전반을 포괄적으로 재검토하기란 불가능하다. 이 글에서는 우선 고려 말 개혁으로 인한 토지 제도의 변화에 초점을 맞추어 새로운 연구를 위한 과제를 제시해보고자 한다.

---

2 고려 말 토지 제도 개혁의 역사적 의의에 대한 이러한 평가는 김용섭, 「토지 제도의 사적 추이」, 『한국중세농업사연구』, 지식산업사, 2000에서 체계적으로 제시되었고(이 글은 1981년에 작성되었으나 미발표 형태로 한국사 연구자들 사이에서 널리 읽히다가 2000년에 이르러 비로소 공간되었다), 이경식, 『조선 전기 토지 제도사 연구—토지분급제와 농민 지배』, 일조각, 1986에서 본격적인 연구로 구체화되었다.

2. 한국 중세 사회의 토지 소유 관계와 고려 말 토지 제도 개혁

고려 말 토지 제도 개혁에 대한 연구는 한국 중세 사회의 성격과 발전 방향에 대한 이해와 체계적으로 연결되어 있다. 기존 연구의 문제점을 검토하기 위해서는 한국 중세 사회의 성격을 규정하는 토지 소유 관계에 대한 이해가 필요하다.

중세의 봉건적인 경제 제도·토지 제도는 앞 시대의 그것과 비교할 때 다음과 같은 특징이 있었다. 한편으로는 토지의 사적 소유가 발전하는 가운데 봉건적인 지주전호제와 봉건적인 자영농민의 토지 소유가 일반화되고, 따라서 전자의 경우 농업 생산이 봉건 지주층의 전호층에 대한 농노적인 지배관계로서 수행되었다. 그리고 다른 한편으로는 토지의 이 같은 사적 소유를 전제한 위에서, 봉건 국가와 그 지배층이 봉건 직역 관계를 중심으로 수조권을 수수·관장함으로써 일반 토지 소유 자영농민과의 사이에 '전주전객'의 관계가 성립하고, 따라서 농업 생산은 수조권자가 납조자를 준농노 또는 예속농민으로서 지배하는 가운데 수행되었다. 이는 봉건 국가가 지배층의 소유권에 입각한 지주 경영을 직접 측면에서 지원하는 제도적 장치이기도 하였다. 그리하여 이 양자가 상호보완하는 가운데 우리나라 중세 토지 제도의 특질이 형성되었으며, 또 이 소유권과 수조권이 서로 갈등 대립하는 가운데 중세적 토지 제도에 변동이 오기도 하였다.[3]

---

3   김용섭, 앞의 책, 17쪽.

위의 인용문은 한국 중세 사회의 토지 소유 관계에 대한 기존의 이해를 핵심적으로 요약하고 있는데, 이를 다시 설명하면 다음과 같다. 한국사에서는 일찍부터 토지에 대한 사적 소유가 발달했으며, 중세 사회에 이르러서는 이에 근거하여 대토지 소유자와 경작농민 사이에 지주전호제가 일반화되었다. 한편 지주전호제에 포섭되지 않는 광범위한 자영농민의 토지 소유 역시 존재했는데, 이에 대해 전조를 거두는 권리(수조권)를 국가가 지배층에게 지급함으로써 지배층과 자영농민 사이에 전주전객제가 성립했다. 소유권과 수조권이 중첩되고, 각각에 근거한 지주전호제와 전주전객제가 공존했던 것이 한국 중세 사회 토지 제도의 특징이다.

소유권과 수조권의 이중 구조로 토지 제도와 토지 소유 관계를 설명하는 관점은 한국사에서 토지 사유의 존재를 입증함으로써 일제 시기 정체성론과 연결된 토지 국유론적 경향을 비판하는 한편, 국가의 존재가 농민의 토지 소유와 대토지 소유자의 농민 지배에 어떠한 영향을 끼치는지를 고민하고자 하는 과정에서 나온 것이었다. 고려시대 토지 제도는 '토지 사유에 기초한 수조권 분급'이라는 관점에서 체계적으로 해명되어 중세 사회의 전형을 이루는 것으로 이해되었다. 소유권을 기준으로 볼 때 고려시대 공전은 국유지, 사전은 사유지이고, 수조권을 기준으로 본다면 공전은 수조권이 국가에 귀속되는 토지, 사전은 사인에게 귀속되는 토지라는 설명도 이런 관점에서 제시된 것이었다.[4]

중세 사회의 발전 방향 역시 토지 소유의 특징으로부터 자연스럽게 도출

---

4 고려시대 토지 소유 관계를 소유권과 수조권의 이중 구조로 이해하는 관점의 연구사적 의의에 대해서는 이상국, 「고려시대 토지 소유 관계 재론」, 『역사와 현실』 62, 2006, 199~206쪽; 윤한택, 「전시과 체제에서 사전의 성격」, 역사비평 편집위원회 엮음, 『논쟁으로 읽는 한국사』 1, 2009 참조.

되었다. 고려 말 토지 제도 개혁이 한국사를 발전적으로 이해하는 데 중요한 의의를 갖는 자리가 바로 여기이다.

> 이때(조선 전기—인용자)는 봉건적인 경제 제도로서의 수조권을 중심으로
> 한 토지분급제가 점차 약화 소멸하고, 소유권에 입각한 지주전호제만이 유
> 일한 봉건적인 경제 제도로서 잔존 발전하게 되는 시기였다. (…) 고려 말
> 년에서 조선 초기에 걸친 이 같은 격동 과정을 토지 제도의 측면에서 보
> 면, 토지의 수조권자와 소유권자가 대립하는 가운데 수조권에 입각한 전주
> 전객제가 해체되는 과정이었다.[5]

소유권과 수조권의 상호보완과 갈등·대립으로부터 나타나는 한국 중세 사회의 변동은 수조권에 근거한 전주전객제가 약화되고 소유권에 기초한 지주전호제가 발전하는 방향으로 전개되었다. 고려 말 토지 제도 개혁은 이러한 역사 발전의 과정에서 토지 수조권자와 소유권자가 대립하는 가운데 수조권에 입각한 전주전객제가 해체되는 역사적 계기를 제공한 사건으로 이해된다.[6]

기존 논의에서 토지 제도 개혁은 과전법 제정으로 귀결되었다고 이해되었다. 그런데 과전법은 수조권과 이에 근거한 전주전객제라는 경제적 사회 관계의 존속이라는 점에서, 본질적으로 고려의 전시과와 동일한 제도였다.

---

5 김용섭, 앞의 책, 30~36쪽.
6 고려 말 토지 제도 개혁에 대한 이해는 이경식, 앞의 책 참조. 한국역사연구회가 1992년
   에 편찬한 통사인 『한국역사』에 보설로 실린 「중세의 토지 제도」는 한국 중세사의 전개
   과정에서 이 시기 토지 제도 개혁이 갖는 의미에 대한 표준적인 설명을 제공한다.

고려 말 토지 제도 개혁은 수조권 문제를 다루었다는 점에서 타당한 문제제기로부터 출발했다고 볼 수 있지만, 결국 수조권을 정상화하는 선에서 마무리되었기 때문에 토지 문제에 대한 근본적인 해결책으로서는 미흡했다고 평가된다.

그럼에도 과전법 제정을 통해 국가권력에 의한 토지분급제의 정상적인 운영을 회복하는 조치는 결과적으로 소유권이 성장하는 당대의 역사적 추세를 뒷받침했다. 즉, 농민의 토지 소유 위에 설정된 수조권적 관계가 전시과에서 과전법에 이르는 과정을 통해 축소되고 엄격하게 관리됨으로써, 농민의 소토지 소유가 성장하고 대토지 소유에 근거한 지주제가 본격적으로 발전하는 길을 열었다. 조선 건국 이후 소유권과 전객 농민의 권리가 성장하면서 전주권은 지속적으로 약화되어 수조권을 매개로 한 토지 지배로서의 전주전객제는 점차 무너졌고, 16세기 후반에 이르러서는 소유권에 기반한 지주전호제만 남게 되었다. 이런 변화는 수조권과 소유권의 조화·대립에 기초한 한국 중세의 전형적인 토지 제도가 해체 단계에 들어섰음을 의미하는 것으로 해석되었다.

3. 재검토를 요구하는 문제들

앞서 살펴본 바와 같이 고려 말 토지 제도 개혁에 대한 연구는 구체적인 사실에 대한 실증적 연구와 한국사의 체계적 흐름을 관통하는 구조적 이해가 서로 긴밀하게 결합된 한국사 연구의 대표적 성취라 할 수 있다. 대표적인 연구들이 등장했던 1980년대 후반 이후 지금까지 30년에 가까운 시간이 흘렀음에도 새로운 연구 성과가 거의 제시되지 않았다는 사실은, 그만큼 관련 연구가 이미 매우 높은 수준에 이르렀음을 보여준다.

통설에 대한 문제제기가 전혀 없지는 않았지만, 토지 제도 개혁에 대한 기본적인 이해는 지금까지 흔들림 없이 꾸준히 유지되었다. 한국 중세 사회의 역사적 전개와 체계적으로 연결되어, 부분적인 내용에 대한 지적으로는 비판과 재구성의 여지를 쉽게 허용하지 않았다. 그러나 이 시기에 대한 연구가 축적됨에 따라 토지 제도 개혁에 대한 일반적인 이해와 잘 부합하기 어려울뿐더러 연구의 기본적 전제들에 대한 재검토까지 요구하는 연구 성과들이 나타나기 시작했다.

우선 첫 번째로 지적하고자 하는 점은 토지 제도 개혁에 대한 고려 말 조선 초 당대인들의 인식이 오늘날의 평가와 상당한 괴리를 보인다는 사실이다. 앞서 살펴본 바와 같이 고려 말 토지 제도 개혁의 결과는 매우 중대한 것이었음에도, 실제로 토지 제도 개혁으로 성립한 과전법은 기존 제도인 전시과와 본질적으로 다르지 않았다는 것이 현대 역사학의 일반적 이해이다. 제도 개혁의 결과가 미친 영향과는 별개로 실제 개혁의 내용은 국가의 수조권 운영을 정상화하는 데 그쳤다는 점에서 근본적인 변화로 평가되지 않았다.

하지만 고려 말 당대인들의 개혁에 대한 인식은 이와 크게 달랐다. 토지 제도 개혁을 주도한 이들이나, 기존의 제도를 고수하고 개혁에 반대했던 이들 모두 개혁을 통해 토지 제도가 근본적으로 변화했다고 생각했다. 정도전(鄭道傳)은 조선 건국 이후 집필한 『조선경국전(朝鮮經國典)』에서 자신들이 토지 제도를 바로잡아 일대의 법을 수립했으니 고려의 제도와는 비교할 수 없을 정도라고 평가했다.[7] 개혁에 대한 이런 인식은 조선 초기의 수많은 사료에서 찾아볼 수 있다. 다른 한편으로 반대자들 역시 개혁의 과정에서 "고려

7　『朝鮮經國典』「賦典」經理, "整齊田法 以爲一代之典 下視前朝之弊法 豈不萬萬哉."

의 성법(成法)을 하루아침에 없앨 수 없다"는 것을 반대의 근거로 들었고, 개혁의 결과로 기존의 토지대장을 모두 불태우는 장면을 바라보던 공양왕은 조종(祖宗)이 만든 사전의 법이 자신에 이르러 일거에 사라졌음을 애석해하면서 눈물을 흘렸다.[8] 개혁에 대한 입장과 무관하게 당대인들은 일반적으로 개혁의 결과 토지 제도가 완전히 달라졌다고 느꼈음을 알 수 있다.

물론 개혁을 주장했던 이들이나 반대했던 이들 모두 자신의 입장을 정당화하기 위해 사태를 보다 과장해서 표현했을 수도 있다. 또한 급격한 정치적 변동의 소용돌이 속에 있던 당대인들이 실제 일어났던 것보다 변화를 더욱 극적으로 체험했을 가능성도 있다. 그럼에도 고려 말 조선 초 당대를 살았던 사람들의 일반적인 감각을 무시해서는 곤란하다. 적어도 당대인들이 토지 제도가 근본적으로 변화했다고 생각했던 이유가 무엇이었는지 질문할 필요가 있다.

개혁으로 인한 변화가 실제로 본질적인 것이 아니었다고 해도 여전히 문제가 남는다. 고려 말 조선 초의 역사상을 이해하는 데서 토지 제도 개혁이 중요한 의미를 갖는 이유는, 이것이 고려에서 조선으로 이행하는 결정적 계기를 제공했다고 여겨졌기 때문이다. 실제로 조선 건국 과정을 다룬 초기 연구에서는 개혁이 재정 확충과 함께 조선 건국 세력들에게 경제적 측면의 보장을 제공하는 것을 목표로 했다는 점에서 재정적·정치적 측면의 건국 준비 과정이었다고 보았다.[9] 그런데 개혁의 결과로 제정된 과전법이 결국 기존 제

---

8 『高麗史』 권78, 食貨志 田制 祿科田, "以爲本朝成法 不可一朝遽革."; 같은 곳, "恭讓王二
   年九月 焚公私田籍于市街 火數日不滅 王嘆息流涕曰 祖宗私田之法 至于寡人之身 而遽
   革 惜哉."

9 이상백, 『이조건국의 연구』, 을유문화사, 1949; 천관우, 『근세조선사연구』, 일조각, 1979.

도와 본질적으로 다르지 않았다면, 과연 이것이 어떻게 왕조 교체의 직접적이고 근본적인 계기를 제공했다고 평가할 수 있는지 의문이 든다. 고려 말 토지 제도 개혁에 대한 현재의 이해는 한국 중세 사회의 발전을 체계적으로 설명할 수 있을지는 몰라도 조선 건국이라는 구체적인 역사적 사건과의 연결 고리는 오히려 모호하게 만들고 있는 셈이다.

다음으로 조선 초기 경제사의 전개가 토지 제도 개혁에 관한 연구에서 결론으로 제시된 것과 명백히 다른 진로를 보인다는 사실을 지적할 수 있다. 기존 연구가 제시하는 경제사의 전개는 토지 제도 개혁으로 수조권이 약화됨으로써 조선 전기 사회에서 점차적으로 소유권이 성장하고 지주전호제가 일반화된다는 것이었다. 그런데 조선 전기 사회는 지주전호제가 아니라 노비를 사역하는 양반의 직영지 경영으로서 이른바 '농장'이 급격하게 확대되어 보편화하는 현상을 보인다. 15세기 중엽 이후 농장이 보편화되는 현상에 대한 파악은 구체적인 자료에 기반하여 실증적으로 밝혀진 조선 전기 농업 생산 과정과 경영 형태에 대한 거의 유일한 성과라고 할 수 있다.[10]

조선 전기 농장의 보편화는 노비 인구의 급격한 증가와 맞물려 일어났다. 조선 이전의 통일신라, 고려 사회에서 노비 인구의 규모는 그다지 크지 않았으며, 이들이 농업 생산 과정에서 차지하는 비중 역시 별로 높지 않았다. 그러나 조선 건국 이후 노비 인구는 빠르게 증가하기 시작하여 17세기에 이르면 전체 인구의 30~40%를 차지하기에 이른다. 이러한 노비 인구는 이전 시기와는 달리 대부분 농장 경영의 핵심 노동력으로서 농업 생산에 활용되었

---

10 이호철, 『조선전기농업경제사』, 제11장 「農莊과 小農民經營」, 한길사, 1986; 이영훈, 「고문서를 통해 본 조선 전기 노비의 경제적 성격」, 『한국사학』 9, 1987; 김건태, 『조선시대 양반가의 농업경영』, 역사비평사, 2004.

다.[11] 수조권이 약화되면서 자영농민의 토지 소유가 성장할 것이라는 기대와는 달리, 조선 전기 사회에서는 이전 시기와 비교하여 엄청나게 많은 규모의 예속 인구가 출현한 것이다.

농장의 보편화와 노비 인구의 증가라는 조선 전기 경제사의 전개는 고려 말 토지 제도 개혁의 결과로부터 예측한 진로와 전혀 다른 양상을 보인다. 물론 조선 사회는 17세기 후반에 이르러 병작제(並作制)가 일반화되고 노비 인구의 중요성이 점차 감소하는 방향으로 변화해 나갔다. 한편에서는 노비 노동에 근거한 농장 경영을 지주제 경영 형태의 세부 유형으로 이해하기도 한다.[12] 그렇지만 15~16세기의 오랜 기간에 걸쳐 나타나는 이러한 양상을 단순한 과도기적 현상으로 치부할 수는 없다. 또한 신분적 예속 관계를 토대로 한 농장주와 노비의 관계는 한국 경제사에서 상정하는 지주전호제의 속성과 본질적으로 다르다. 더구나 예속 인구가 이전 시기에 비해 급격히 늘어난 현상은 한국사의 일반적인 발전 경향으로 예상한 바와 전혀 상반된다.

세 번째로 거론하고자 하는 점은 연구의 기본 전제라고 할 수 있는 고려 시대 토지 소유 관계에 대한 설명이 결코 확고한 토대 위에 서 있지 않다는 사실이다. 고려 말 토지 제도 개혁의 역사적 의의를 수조권의 약화와 소유권의 성장으로 이해하는 관점은 한국 중세 사회, 특히 고려 사회의 토지 소유 관계가 소유권과 수조권의 이중 구조를 갖는다는 인식에 기초한다. 토지 소유 관계에 대한 이러한 이해는 여전히 한국 중세사 이해의 확고한 기초로 여겨지고 있지만, 소유권이 이미 확립되어 있는 상태에서 수조권이 형성·발전

---

11 이영훈, 「한국사에 있어서 노비제의 추이와 성격」, 역사학회 편, 『노비·농노·노예』, 일조각, 1998, 363~383쪽.

12 이세영, 「조선전기의 '農莊的 地主制'」, 『역사문화연구』 45, 2013 43~48쪽.

하는 계기에 대한 설명이 미비하며, 소유권과 수조권의 상호관계를 통일적으로 파악하기 어렵다는 지적이 이미 제기된 바 있다.[13]

농민의 토지 소유권은 일반적으로 농업 공동체 사회의 미분화된 공동체가 분해되고 공동체에 의존하던 성원의 개별적인 농업 생산이 가능해지는 과정에서 성립·발전한다고 이해된다.[14] 한국사에서 농민은 통일신라의 공연(孔烟), 고려의 정호(丁戶)와 같이 일정한 단위로 개별 농가를 결합한 형태로 국가에 의해 파악되었는데, 이는 당시 농민의 실제 거주 형태와 농업 생산 과정을 일정하게 반영하는 것으로 여겨졌다.[15] 그럼에도 불구하고 토지 소유의 법적 주체로서 농민의 사회적 존재 형태가 당대의 토지 소유 관계와 어떠한 관련을 맺는지는 치밀하게 논증되지 않았다.

국가가 파악하는 농민의 존재 형태가 여러 개별 농가를 결합하는 방식으로 나타나는 경우에, 개별 농가들 각각이 법으로 규정된 소유권의 주체가 될 수 있을지는 결코 분명하지 않다. 반드시 법적인 의미에서 소유권을 정의하지 않는다면, 농민들이 어떠한 형태로든 자신이 경작하는 토지에 대해 일정한 관습적 권리를 가진다고 이해할 수도 있다. 그렇지만 이 경우에도 여

---

13 채웅석은 김용섭의 『한국중세농업사연구』에 대한 서평에서 소유권과 수조권의 이중 구조라는 관점에 동의하면서도 ① 수조권의 형성·발전 계기, ② 소유권과 수조권의 상호관계, ③ 수조권 분급과 양전 방식, ④ 전주와 전객의 관계, ⑤ 지주전호제와 경제외적 강제, ⑥ 대토지 소유자의 다양한 경영 형태, ⑦ 중세 사회의 형성·발전과 계급투쟁이라는 질문을 제기한다. 채웅석, 「한국 중세 사회경제사 연구의 길잡이」, 『역사학보』 168, 2000, 365~369쪽.

14 김용섭, 앞의 책, 4~11쪽.

15 농가를 결합하는 형태로 이루어지는 국가의 농민 파악과 토지소유권의 관계에 대해서는 윤한택, 「고려 전시과 체제하에서의 농민신분: 그 제도적 기초로서의 足丁제의 성격과 성립」, 『태동고전연구』 5, 1989 참조.

러 농가가 결합하여 생산 과정을 함께 조직하는 상황에서 개별 농가가 관습적인 차원에서라도 특정 토지에 대해 배타적인 권리를 가진다고 단언하기는 어려울 것이다.

고려시대에는 일반적으로 광범위한 농민의 토지 소유에 기초해 수조권이 분급되었다고 여겨진다. 그러나 당시 생산력과 농민의 존재 형태를 고려할 때, 농민의 일반적 토지 소유를 상정하기 어렵다는 비판도 제기된 바 있다.[16] 또한 고려시대 토지 제도를 국가와 직역자 사이의 관계로 이해할 때, 고려시대 사전을 일반적 의미의 소유권으로 규정하기 어렵다는 의견도 존재한다.[17] 이 글에서 고려 사회의 토지 소유 관계에 대한 구체적 논의와 쟁점을 상세히 설명할 수는 없다. 그럼에도 고려 말 토지 제도 개혁이 소유권과 수조권의 이중 구조라는 경제적 관계를 배경으로 한다고 쉽게 단정하기 어렵다는 점은 충분히 지적되었으리라 생각한다.

연구의 전제와 결론에 대해 의문이 제기되고, 연구의 내용이 당대인들의 인식과 괴리된다면, 체계의 논리적 일관성에도 불구하고 반드시 재검토가 필요하다. 아래에서는 재검토를 위한 기초 작업으로 고려 말 토지 제도 개혁으로 인한 변화를 최대한 충실하게 재현하는 방안을 시도해볼 것이다. 당대인들이 생각했던 것처럼 개혁이 엄청난 변화를 가져왔다면, 제도 개혁을 통해 어떠한 변화가 일어났는지를 있는 그대로 재구성하는 작업은 연구 방법으로서 의의를 가지리라고 생각한다. 조선 전기 경제사의 전개를 제도 변화의 결

---

16 윤한택, 「新羅 骨品貴族의 經濟的 基盤—骨品・品의 비교를 통한 文武官僚田・百姓丁田의 복원 시도」, 『邊太燮博士華甲紀念史學論叢』, 삼영사, 1985; 김기섭, 「高麗前期 農民의 土地所有와 田柴科의 性格」, 『한국사론』 17, 1987.

17 위은숙, 「고려시대 토지 개념에 대한 재검토—私田을 중심으로」, 『한국사연구』 124, 2004; 이상국, 「고려 직역전 연구」, 성균관대학교 박사학위논문, 2004.

과로 이해할 수 있는 가능성을 타진하고, 나아가 앞선 시기의 토지 문제와
경제적 사회 관계를 추론할 실마리도 얻을 수 있을 것이다.

4. 고려 말 토지 제도 개혁의 목표와 성취

고려 말 토지 제도 개혁의 주도자들이 제기한 가장 핵심적인 주장은 사전
(私田)을 혁파해야 한다는 것이었다. 따라서 토지 제도 개혁으로 인해 어떠한
변화가 일어났는지 이해하기 위해서는 사전을 혁파하는 조치가 무엇인지를
파악해야 한다. 기존 연구에서는 고려 토지 제도에 대한 이해를 전제로 이들
이 혁파해야 한다고 주장하는 사전은 수조권적 의미의 사전에 국한되는 것
이었다고 규정한다. 또한 개혁이 사전을 분급하는 과전법의 제정으로 귀결
되면서, 애초의 주장과 달리 사전을 완전히 혁파하지도 못했다고 이해한다.[18]
그렇지만 고려 말 조선 초 당대인들은 토지 제도 개혁을 통해 실제로 사전이
혁파되었다고 생각했다. 이 글에서는 일단 사전이 혁파되었다는 당대인들의
인식을 그대로 받아들이고, 개혁으로 인한 제도 변화를 충실히 드러냄으로써
사전을 혁파하는 조치가 무엇을 의미했는지 설명해보고자 한다.

제도적인 차원에 한정한다면, 사전을 혁파하자는 주장은 문자 그대로 사
전과 사전주가 토지 제도상에서 사라진다는 것을 의미한다. 사전 혁파의 의

---

18 연구자에 따라서는 개혁의 전개 과정에 따라 소유권적 의미의 사전까지 포괄하던 것
이 수조권적 의미의 사전만을 대상으로 하는 방향으로 변화했다고 보거나(김태영, 『조
선 전기 토지제도사연구』, 지식산업사, 1983), 개혁에 대한 입장 차이에 따라 사전 혁
파에 소유권적 의미를 부여하는 경우도 있었다고 보기도 한다(김형수, 「14세기 말 私
田革罷論者의 田制觀」, 『복현사림』 25, 2002).

미를 일단 이렇게 규정한다면, 사전이 무엇인지를 분명하게 규정하지 않는다 하더라도 사전을 혁파하자는 주장이 고려 사회에서 매우 낯설고 파격적인 것이었음을 이해할 수 있다. 고려시대 사전은 단순히 토지 제도에 한정되지 않고 관료제, 호구, 부세, 군사, 재정, 지방 제도 등 거의 모든 국가 운영과 밀접한 관련을 맺고 있었기 때문이다.[19] 고려 사회에서 사전이 갖는 복합적인 영향을 고려했을 때, 사전을 혁파하자는 주장은 고려인들의 제도적 상상력의 범위를 넘어서는 것이었다고 할 수 있다. 실제로 고려 후기에 토지 문제를 해결하기 위해 여러 개혁안이 제출되었지만, 그 가운데 사전을 문제의 원인으로 제시하면서 이를 혁파해야 한다고 주장한 경우는 전혀 없었다.

그런 점에서 고려 말 조준을 비롯한 이들이 이전 시기 개혁론자들과 가장 크게 구별되는 점은, 토지 문제의 유일하고 근본적인 해결책이 사전을 혁파하는 것이라고 주장했다는 것이었다. 고려 말 조선 초에는 고대(古代)의 이상적인 제도를 당대 현실에서 복구하고자 하는 지향이 나타났는데, 사전 비판은 바로 이러한 고제(古制) 회복의 문제의식과 깊은 관련을 맺고 있었다.[20] 이들은 올바른 인간 본성의 토대 위에 세워졌다고 여겨진 고대 토지 제도에 대한 이해에 근거하여 당대의 토지 문제를 원론적인 차원에서 재검토했다.[21]

---

19 고려에서 사전의 사회적 역할과 중요성에 대해서는 민현구, 「高麗의 祿科田」, 『역사학보』 53·54, 1975; 노명호, 「羅末麗初 豪族勢力의 경제적 기반과 田柴科體制의 성립」, 『진단학보』 74, 1992 참조.

20 고려 말 조선 초 제도 개혁에서 '고제 회복'의 지향에 대해서는 김인호, 『고려 후기 사대부의 경세론 연구』, 혜안, 1999; 최종석, 「조선 초기 '時王之制' 논의 구조의 특징과 중화 보편의 추구」, 『조선시대사학보』 52, 2010 참조.

21 조선 건국 주체들의 사전 혁파라는 주장이 인간 본성과 고대 토지 제도에 대한 새로운 이해에 근거한다는 점은 이민우, 「여말선초 私田 혁파와 토지제도 개혁구상」, 서울대학교 박사학위논문, 2015, 제2장 참조.

그리고 이러한 토지 제도의 본질에 어긋나는 사전을 혁파하고 고대의 이상
적인 토지 제도를 회복하는 것을 개혁의 목표로 제시했다.

조선 건국 이후 정도전이 작성한 『조선경국전』 「부전(賦典)」 경리(經理)는
사전을 혁파하고 고대의 이상적인 토지 제도를 회복하자는 주장이 무엇을
의미하는지 분명하게 보여준다.[22]

> 고대에는 토지가 관(官)에 있고 이를 백성에게 주었으니, 백성이 경작하
> 는 것은 모두 (관에서) 준 토지였다. 천하의 백성으로 토지를 받지 않은 사
> 람이 없고, 경작하지 않는 사람이 없었다. 그러므로 빈부와 강약이 서로
> 차이가 심하지 않았으며, 토지에서 나오는 바가 모두 국가(公家)로 들어갔
> 으므로 국가 역시 부유하였다. (…) 전하는 잠저에 있을 때 친히 그 폐단을
> 보고 개탄스럽게 여겨 사전을 혁파하는 일을 자신의 소임으로 삼았으니,
> 대저 경내의 토지를 모두 거두어들여 국가에 속하게 하고, 백성을 헤아려
> 토지를 주어 고대 토지 제도의 올바름을 회복하고자 하였다.[23]

---

22 『朝鮮經國典』 「賦典」 經理에 담긴 정도전의 토지 문제에 대한 인식에 대해서는 이민
우, 앞의 글, 85~98쪽; 김기섭, 「고려 말 鄭道傳의 토지 문제 인식과 전제 개혁론」, 『역
사와경계』 101, 2006 참조. 고려 말 토지 제도 개혁에서 정도전과 조준의 입장이 서로
달랐다고 이해하는 경향이 강하다. 그러나 『조선경국전』이 정도전 개인의 생각을 담은
저술인 동시에 장차 조선의 공식적인 법전으로 나아가기 위한 중간 단계이기도 했다
는 점을 고려하면, 적어도 이 저술에 조선 건국의 경제적 기초인 고려 말의 개혁에 대
해 부정적인 견해가 담겨 있다는 해석은 지나치다고 생각한다.

23 『朝鮮經國典』 「賦典」 經理, "古者 田在於官而授之民 民之所耕者 皆其所授之田 天下
之民 無不受田者 無不耕者 故貧富強弱 不甚相過 而其田之所出 皆入於公家 而國亦富
(…) 殿下在潛邸 親見其弊 慨然以革私田爲己任 蓋欲盡取境內之田屬之公家 計民授田
以復古者田制之正."

정도전은 위에 인용한 글에서 고대의 이상적인 토지 제도의 원리에 대해 서술하는 한편, 사전을 혁파하는 조치가 고대의 제도를 회복하려는 시도였음을 설명한다. 고대에는 모든 토지가 국가에 속해 있었고, 국가는 이를 백성에게 주어 경작하게 했다. 이로써 국가와 토지를 경작하는 농민 외에 다른 존재는 없고, 국가에 속한 토지를 백성이 경작하는 관계가 성립한다. 고대에는 이 관계를 토대로 토지를 받지 않은 사람도 없었고 또한 토지를 경작하지 않는 사람도 없어서 백성은 빈부와 강약이 심하지 않았고 국가 또한 풍족했다고 한다.

사전을 혁파하자는 주장은 이러한 고대 토지 제도에 대한 이해와 직접적으로 연결된 것이었다. 정도전의 언급대로라면, 사전을 혁파한다는 것은 곧 토지를 모두 거두어들여 국가에 속하게 하고 백성을 헤아려 토지를 준다는 것을 의미한다. 사전과 사전주가 사라지고 국가가 모든 토지를 관장하면서 경작을 전제로 백성에게 토지를 지급하는 것이 사전을 혁파한 이후 토지 제도의 기본 원칙으로 제시되었다. 그렇다면 모든 토지를 국가에 속하게 하고 경작을 전제로 백성에게 토지를 지급한다는 개혁의 목표는 고려 말 조선 초에 걸쳐 새롭게 재구성된 토지 제도에 실제로 반영되었는가?

> 무릇 전정(田丁)을 작성할 때 공전과 사전의 구별을 일체 없애고, 혹 20
> 결, 혹 15결, 혹 10결로 한다. 각 읍마다 정호(丁號)를 붙일 때는 천자문으
> 로 표시하고 사람의 성명을 달지 않아서 나중에 조업(祖業)을 함부로 칭하
> 는 폐단을 끊는다.[24]

---

24 『고려사』 권78, 식화지 전제 녹과전, "凡作丁 公私之田 一切革去 或以二十結 或以十五
結 或以十結 每邑丁號 標以千字文 不係人姓名 以斷後來 冒稱祖業之弊."

위에 인용한 글은 조준이 사전 혁파를 주장하는 첫 번째 상소에서 새로운 양전의 실시를 위해 제시한 원칙이다. 전정(田丁)이란 토지를 일정한 단위로 묶어 양전이나 부세 수취 및 직역 편성의 기준으로 활용하는 단위를 가리키며, 정호(丁號)는 이 전정을 서로 구별하기 위해 붙이는 이름을 말한다. 여기서 조준은 ① 전정을 작성할 때 공전과 사전의 구별을 없애고, ② 전정의 크기를 일정한 크기의 단위로 통일하고, ③ 전정의 정호를 천자문으로 표시하여 사람의 성명을 달지 말자고 제안한다.

새로 양전을 하면서 전정을 작성할 때 공전과 사전의 구별을 없애자고 한 것을 볼 때, 고려시대에는 공전은 공전끼리 사전은 사전끼리 각각 별개로 전정이 작성되었음을 알 수 있다. 공전과 사전에서 전정을 각각 작성하는 것은 전정을 단위로 사전을 지급하는 상황에서 당연한 조치였다. 그런데 전정의 작성이 별도로 이루어진다는 사실은 양전 과정과 그 결과 작성되는 토지대장 역시 별개로 나누어져 있었을 가능성이 크다는 것을 의미한다. 이에 반해 사전을 혁파하는 과정에서 새로 제안된 양전은 공전과 사전의 구분 없이 모든 토지를 대상으로 통일적으로 실시되었을 뿐만 아니라 전정 역시 공전과 사전을 따로 구분하지 않고 일괄적으로 작성되었다. 이러한 조치는 이전 시기 공전과 사전의 구별을 사실상 무효로 만들고 국가가 단일한 기준에 따라 모든 토지를 파악하는 작업이었다.

전정의 크기를 일정하게 제한하는 조치 역시 마찬가지 맥락에서 이해할 수 있다. 전정의 크기를 일정한 단위로 확정할 수 있었던 것은 공전과 사전의 구별 없이 모든 토지를 일괄적으로 측량하게 되었기 때문에 가능한 일이었다. 그리고 이 조치를 통해 전정을 일정한 크기로 다시 작성하는 작업은 이전 시기 공전과 사전에서 각각 별도로 작성했던 전정을 해체하는 것이기도 했다.

이전에 사람의 성명을 정호로 사용하고 이를 근거로 조업을 칭한다고 했을 때, 그것이 해당 전정을 사전으로 보유한 사람의 이름이었으리라는 데 별다른 의문은 없다. 공전과 사전의 구별 없이 모든 토지를 대상으로 일정한 크기에 따라 전정을 새로 작성하는 과정에서 과거와 같이 사람의 이름을 정호로 사용할 수는 없었다. 천자문을 정호로 사용한다는 것은 20·15·10결로 전정의 크기를 정한 것과 마찬가지로 새로 작성한 전정은 어떠한 사회적 관계와도 무관하다는 의미이다. 굳이 사람의 이름을 달지 않는다고 한 이유는 과거의 사전과 사전에 대한 전주의 권리가 제도적으로 소멸했음을 확인하기 위함으로 보인다.

조준이 제안한 새로운 원칙에 따라 실시하는 양전은 사전 혁파를 전제로 하여 국가가 모든 토지를 새롭게 파악하는 작업이었다. 양전이 마무리된 이후 조준은 국가 전체 토지를 대상으로 하는 재정 운영 계획을 제안했다. 이는 당연한 일처럼 보이지만, 사실 고려시대에는 이와 같이 국가 전체 토지를 총괄하여 파악하고 이에 근거하여 통일적인 재정 운영을 계획한 사례가 없었다.

물론 국가가 모든 토지를 일관된 원칙에 따라 파악하게 되었다는 것을 곧바로 정도전이 앞서 언급한 바와 같이 모든 토지를 거두어들여 국가에 속하게 하는 것으로 이해할 수는 없다. 그렇지만 개혁 과정에서 과전법의 제정을 통해 전국 각지에 분포했던 사전이 경기의 토지로 다시 분급되었다는 사실에 주목할 필요가 있다. 경기 사전의 원칙은 사전을 지급하는 지역을 한정하여 관리를 철저히 하기 위해 마련된 것이기도 했지만, 이로 인해 과거의 사전주들은 이전에 보유했던 것과 전혀 다른 새로운 토지를 받게 되었다. 이는 과거의 사전에서 토지와 농민에 대해 사전주들이 가졌던 권리가 모두 부정되고, 그 토지들은 국가에 귀속되었음을 의미한다. 후술하겠지만, 과전 역시 여전히 사전으로 지급되었다고 해도 전국의 다른 일반적인 토지들과 마찬가지로 국가와 경작농민의 기본적인 관계를 전제로 하여 분급되었다. 조선 건국 주체들이 사전을 혁파하는 과정에서 새롭게 이루어진 국가의 토지 파악을 모든 토지를 국가에 속하게 하는 작업으로 이해했던 것은 아마도 그런 의미였을 것이다.

한편, 모든 토지를 국가에 속하게 한다는 원칙이 단순히 모든 토지를 국유로 한다는 의미는 아니었다. 앞서 살펴본 바와 같이 이들이 이상적이라고 여겼던 고대 토지 제도에서도 국가에 속한 모든 토지는 경작을 전제로 백성들에게 골고루 나누어져야 했다.

> 전객(佃客)은 소경전(所耕田)을 별호(別戶)의 사람에게 함부로 매매하거나 증여해서는 안 된다. 만약 사망하거나 이사를 하여 호가 끊어지는 경우와 여분의 토지를 많이 차지하고 황폐하게 하는 경우에는 그 토지를 전주(田主)의 의사에 따라 처리하도록 한다.[25]

위에 인용한 구절은 1391년 5월에 제정된 과전법 조문의 일부이다. 이 조문을 통해 국가가 토지를 경작하는 농민을 전객(佃客)으로, 전객이 경작하는 토지를 소경전(所耕田)으로 규정했음을 확인할 수 있다. 농민을 전객이라는 용어로 지칭하는 사례는 과전법에 이르러 처음 등장한 것으로 여겨지는데, 과전법에서 농민을 가리키는 용어로 차경(借耕)의 의미가 담긴 '전(佃)'과 주(主)―객(客)의 관계를 전제하는 '객(客)'을 조합한 '전객(佃客)'을 고안한 것은

---

25 『고려사』 권78, 식화지 전제 녹과전, "佃客毋得將所耕田 擅賣擅與別戶之人 如有死亡移徙戶絶者 多占餘田故令荒蕪者 其田聽從田主任意區處."

모든 토지가 국가에 속한다는 원칙을 강조한 소산일 것이다.[26]

소경전은 문자 그대로 '경작하는 토지'라는 의미로서, 전객의 토지에 대한 권리가 경작을 전제로 한다는 사실을 분명하게 표현한다. 전객이 "사망하거나 이사하여 호가 끊어지는 경우"나 "여분의 토지를 많이 차지하고 황폐하게 하는 경우"에 전주(田主)가 토지를 임의로 처리하도록 했는데, 이는 반대로 전객이 토지를 경작하는 한 그에 대한 권리가 보장되었음을 의미한다.[27] 널리 알려진 대로 과전법에서 전주가 전객의 토지를 빼앗지 못하도록 했다는 사실은 국가가 과전으로 지급한 토지에서도 전객의 소경전에 대한 권리를 일차적으로 보장했음을 의미한다. 위의 조문이 과전을 대상으로 하는 것이기는 했지만, 이로 미루어 소경전에 대한 전객의 권리는 당연히 전국의 모든 토지에서 동일하게 적용되는 것이었음을 알 수 있다.

사전이 혁파되어 사라진 이후 국가의 모든 토지는 소경전으로 재규정되었고, 과거의 사전주를 대신하여 토지를 경작하는 전객이 토지 제도상의 주체로 등장했다. 조선시대 양안은 사전주의 성명 대신 천자문을 자호로 사용하면서 개별 필지들마다 전객의 이름을 기재하는 형태로 변화했다. 조선 건국 이후 소경전을 경작하는 전객, 전객이 경작하는 소경전은 국가 토지 제도 운영의 기초로 기능한다. 일반적으로 소경전은 곧 사실상 전객의 '소유지'라고 이해되곤 하지만, 소경전에 대한 전객의 권리가 경작을 전제로 할 뿐만 아니라 매매 역시 제한되었음에 유의해야 한다. 개혁의 주체들이 국가와 농

---

26 이영훈, 「朝鮮佃戶考」, 『역사학보』 142, 1994, 80~97쪽.

27 이헌창은 이 조문에 대해 경작하지 않으면 소유권을 부정하여 경작자에게만 제한적 소유권을 부정하는 耕者有田 制度라고 설명한다. 이헌창, 「조선시대 耕地所有權의 성장」, 『경제사학』 58, 2015, 7~8쪽.

민 외에 다른 존재 없이 국가에 속한 토지를 백성이 경작하는 관계를 목표로 삼았다는 점을 고려하면, 경작을 전제로 하는 전객과 소경전의 관계는 그 자체로 이해될 필요가 있다.[28]

다른 한편, 위의 조문에서 전객이 독립적인 단위의 호(戶)를 이루어 존재한다는 점이 주목된다. 다른 호에게 토지를 매매하지 못하게 하고 호가 끊어지면 전주가 토지를 처분할 수 있게 한 것으로 보아, 국가는 호를 단위로 전객을 파악했음을 알 수 있다. 흥미로운 점은 과거 통일신라의 공연(孔烟)이나 고려의 정호(丁戶)가 일정한 규모의 토지와 인구의 결합으로 존재했던 것과 달리, 전객은 별다른 규정 없이 국가가 파악하는 호로 등장한다는 사실이다. 필자는 이런 점에서 고려 말 토지 제도 개혁을 통해 토지 제도에 등장한 전객은 국가가 어떠한 제도적 조건과도 무관하게 현실의 농민을 있는 그대로 직접 파악하고자 한 한국사 최초의 시도라고 이해하고 싶다. 실제로 위의 조문에서 전객은 자신의 소경전이 과전으로 분급된 경우에도 과전을 받은 전주와 별개의 독립적인 호를 이루고 있다. 이런 평가가 타당하다면, 사전이 혁파된 이후 국가의 토지와 인구 파악은 과거와 근본적으로 달라졌을 것으로 보인다.

토지 제도가 경작을 전제로 하는 국가와 전객 사이의 관계를 기초로 재편되었다 해도, 이후에 국가가 전객에게 직접 일정한 토지를 지급하는 조치는

---

28 소경전에 대한 전객의 권리는 국가가 소유를 규제하여 모든 농민들에게 그들이 필요로 하는 만큼 경작할 수 있는 토지를 보장한다는 이상에 기초한다는 점에서 소유권이라기보다 오히려 소유권에 반대하는 노동권과 가깝다고 이해할 수도 있다. 유럽 정치사에서 소유권과 노동권 사이의 쟁점에 대해서는 에티엔 발리바르, 「마르크스주의의 '전화'의 전망—인권의 정치와 정치의 탈소외」, 『알튀세르와 마르크스주의의 전화』, 이론, 1993, 86~103쪽.

나타나지 않았다. 그렇지만 조선 건국 이후 국가는 경작하지 않는 토지를 차지하기만 하는 행위를 금지하고, 이러한 토지를 토지가 부족하거나 없는 농민들에게 지급하도록 하는 한편, 국가 스스로도 여러 명목을 통해 직접 토지를 마련해주려는 노력을 결코 게을리하지 않았다. 이 조치들은 국가가 백성에게 토지를 나누어준다고 할 때 떠오르는 모습과는 분명 거리가 있지만, 토지를 세심하게 다스려 전객으로 하여금 토지가 없거나 부족한 일이 없도록 하는 것을 장기간에 걸친 일관된 목표로 삼고 있었음을 보여준다.[29]

사전이 혁파되면서 토지 제도 운영의 핵심은 고려시대의 '국가와 사전주 사이의 관계'로부터 '국가와 경작자 사이의 관계'를 규정하는 방향으로 변화했다. 국가는 토지에 대한 사전주의 권리를 부정함으로써 모든 토지를 국가에 속하는 것으로 인식하는 한편, 토지를 경작하는 경작자를 전객으로 삼아 토지에 대한 권리를 보장했다. 이로써 국가는 모든 토지를 국가 운영의 직접적인 토대로 삼을 수 있었고, 동시에 모든 인구가 경작할 토지를 획득할 수 있도록 하기 위해 노력했다. 조선 건국 이후 국가가 농민을 토지와 무관하게 독립적으로 파악하고 이들 모두를 직접적인 국역 편성과 부세 수취 대상으로 삼고자 했던 것은 바로 이러한 기반 위에서였다.

5. 제도 변화와 고려 말 조선 초 사회의 연속성

고려 말 토지 제도 개혁은 사전에 근거한 고려 토지 제도를 근본적으로

---

29 조선 건국 이후 이런 목적으로 마련된 제도적 조치들에 대해서는 이민우, 앞의 글, 203~217쪽 참조.

변화시켜 국가와 경작농민을 토대로 하는 새로운 토지 제도를 만들어냈다. 고려의 사전주들이 "사전을 혁파한다면 사군자(士君子)들은 생계가 날로 곤궁해져서 반드시 공상(工商)과 같아질 것"[30]이라고 주장하면서 격렬하게 저항했던 것도 납득할 만하다. 실제로 고려시대 사전에 대한 관직자층의 경제적 의존을 감안하면, 이에 대한 대책은 반드시 요구되는 사안이었다.

고려 사회에서 사전이 갖는 복합적인 기능을 고려했을 때, 사전을 혁파하는 조치는 단순히 토지 제도에 한정되지 않는 다양한 부문의 제도적 변화를 동반해야 했다. 사전 혁파를 주장하는 상소가 제기된 1388년부터 과전법이 제정되는 1391년까지 호구, 군사, 부세 수취, 진휼 등과 관계된 여러 개혁이 함께 이루어졌다. 이에 대한 기록은 기전체의 서술 방식을 따르는 『고려사』의 체재에 따라 해당 분야로 분류되어 각각 별도로 기재되었으나, 사실상 동일한 개혁 과정의 일환으로 이해할 필요가 있다. 과전법의 제정은 토지 제도 개혁의 최종 결과물로 이해되어왔으나, 이런 맥락에서 접근한다면 사전 혁파에 수반되는 여러 후속 조치들 가운데 하나로 그 의미를 한정하는 편이 사실에 가깝다.[31]

사전이 혁파됨으로써 고려 말 사전주들은 자신들이 기존에 보유하고 있던 사전에 대한 권리를 원칙적으로 부정당했다. 그렇지만 과전법이 제정됨으로써 결과적으로는 고려시대에 제도적으로 보장된 것과 거의 동일한 규모의 과전을 받을 수 있었다.[32] 더구나 고려 말에 이르러 전시과에 의한 토지 지급

---

30 『고려사』 권78, 식화지 전제 녹과전, "苟革之 士君子 生理日憂 必趨工商."

31 이민우, 「고려 말 私田 혁파와 과전법에 대한 재검토」, 『규장각』 47, 2015, 121~128쪽.

32 조선 건국 직후인 1412년(태종 2) 당시 국가가 과전으로 지급한 토지는 84,100결, 공신전으로 지급한 토지는 31,240결로 추산되고 있다(이경식, 앞의 책, 170~171쪽). 이를 합하면 개인에게 사전으로 지급한 토지 규모는 대략 115,000결 정도였다. 과전으

이 사실상 중단되어 있었다는 점을 고려하면, 전주의 권한이 이전에 비해 약화되었다 해도 과전이 관직자층의 경제 생활에서 매우 중요한 비중을 차지했으리라는 점은 쉽게 짐작할 수 있다.

그렇지만 과전이 관직자층에게 갖는 경제적 중요성에도 불구하고, 사전혁파 이후의 국가 운영은 전객이 경작하는 소경전에 기반한 토지 제도를 근거로 완전히 변모했다. 과전은 각종의 국가 운영과 무관하게 사대부에 대한 예우라는 기능만을 담당하는 것으로 사회적 의미가 축소되었다. 과전법은 부득이하게 마련된 임시 조치에 불과하며, 혁파는 예정된 수순이라는 인식이 조선 초기에 이미 자리 잡고 있었다.[33] 과전법이 실제로 직전법, 관수관급제를 거쳐 정확한 시기를 가늠할 수 없을 정도로 별다른 논의조차 없이 조용히 소멸해버린 경과는 잘 알려진 바와 같다.

사전을 혁파하는 조치로 인한 토지 제도의 변화와 과전법의 점진적 소멸은 조선 건국 이후의 경제적 사회 관계가 고려 말과 완전히 달라졌을 것이라는 인상을 준다. 그러나 사전을 혁파하는 데 대한 고려 말 지배층의 우려와 달리, 조선 건국 직후의 여러 기록들에서 지배층이 여전히 전국 각지에 걸쳐 대규모 토지를 보유하고 있었다는 사실이 드러난다. 기존 연구는 고려 말 개혁이 소유권과 무관한 조치였기 때문에 대토지 소유자라 해도 불법적인 것

로 지급한 대략 85,000결 규모의 토지는 고려시대 문무 양반에게 지급한 전시과의 토지를 대략 95,000결로 추산하는 것과 비교하면 약간 줄어든 수치지만, 공신전을 합한 115,000결은 오히려 고려시대의 규모를 초과한다. 강진철, 『고려토지제도사연구』, 일조각, 1980, 78~90쪽.

33 『成宗實錄』 권32, 성종 4년 7월 30일 己未, "科田 自太祖革私田後 不得已立法 以示漸革之意 亦有不均 虐民等弊 世宗欲盡革給田 以二萬石 稱恩賜米而給之 因長城徙邊貢法等大事並擧 而不得行."

이 아닌 한 소유권을 그대로 유지했다고 본다. 그렇지만 개혁을 통해 토지 제도가 경작을 전제로 하는 전객을 기초로 새롭게 재구성되었다고 한다면, 대토지 소유자들이 이런 제도적 틀의 변화에도 불구하고 어떻게 과거의 기득권을 지속할 수 있었는지에 대한 설명이 필요하다.

사전 혁파 조치는 토지를 단순히 차지하기만 하는 행위를 엄격하게 금지했다. 토지를 확대하고 유지하기 위해서는 토지를 경작할 노동력을 확보해야 했다. 이는 반대로 스스로 경작할 수 있는 한 토지 보유에 제약이 없음을 의미하기도 한다. 그런 의미에서 조선 건국 직후부터 토지 겸병이 줄어드는 대신 노비를 둘러싼 다툼이 증가하는 현상은 토지 제도 변화와 무관하지 않은 것 같다. 노비를 확보하고자 하는 지배층의 시도는 사전 혁파 조치에도 불구하고 토지에 대한 지배를 실질적으로 유지하기 위한 대응이었던 셈이다.

잘 알려진 바와 같이, 고려 후기 이래 지배층은 국가의 수취 대상에서 벗어난 몰락 농민을 대규모로 은닉하고, 그들의 노동력을 활용하여 사패(賜牌) 등의 방법으로 확보한 토지를 직접 개간하고 경영했다.[34] 따라서 사전 혁파 조치에 따라 경작농민을 전객으로 등록하기 위해서는 무엇보다도 토지를 경작하는 농민을 국가가 정확하게 파악할 필요가 있었다. 그러나 토지 제도 개혁과 정확히 같은 시기에 시도된 호적 제도 개혁은 끝내 실패로 돌아갔다.[35] 이런 상황은 국가가 은닉되어 있는 농민들을 제대로 파악하지 못한 상태에

---

34 안병우, 「고려 후기 농업 생산력의 발달과 농장」, 14세기고려사회성격연구반, 『14세기 고려의 정치와 사회』, 한길사, 1993; 위은숙, 『高麗後期 農業經濟研究』, 제3장 「사적 대 토지 소유와 경영 형태」, 혜안, 1998; 이상국, 앞의 글, 제5장 「농장의 확대와 직역전의 추이」; 이숙경, 『고려 말 조선 초 사패전 연구』, 제4장 「개간사패전의 개간과 경영」, 일 조각, 2007.

35 『고려사』 권79, 식화지 戶口.

서 토지 제도 개혁을 진행했음을 의미한다.

고려 말 조선 초의 구체적인 정황에서 누가 어떠한 과정을 통해 소경전의 전객으로 파악되었는가는 앞으로 상세한 연구가 필요하다. 그렇지만 국가가 인구를 정확하게 파악하지 못하는 상황에서 대개 기존의 사전주들이 전객으로 규정되는 경우가 많았을 것이라는 추정이 가능하다. 이들은 고려 말 이래로 대규모의 사적 예속인을 호의 구성원으로 포함하고 있었기 때문에, 과거의 사전 대부분을 자신이 전객으로서 경작하는 소경전으로 계승할 수 있었다. 이런 사태는 사전의 전주가 소경전의 전객으로 대체되는 제도적인 변화를 고려 말 사전의 전주가 보유한 토지가 개혁 이후 경작농민에게 재분배되는 사회적인 변화와 등치시켜 이해할 수 없음을 보여준다.

고려 말 토지 제도 개혁에 대한 학계의 일반적인 평가는, 제도 변화는 본질적인 것이 아니었으나 그 이면의 역사적 추세는 한국 중세 사회에 커다란 전환을 가져왔다는 것으로 요약할 수 있다. 이 글은 이와 반대로 비록 시론적인 수준에서나마 고려 말에 시도된 개혁은 이전 시기 토지 제도를 근본적으로 변화시켰으나, 실질적인 사회 관계는 고려 말 이래 크게 달라지지 않은 것 같다는 견해를 제시한다.

그렇다면 조선 전기 경제사의 예상하지 못한 전개는 지나치게 이상적인 제도와 여전히 과거에 머물러 있는 사회 관계 사이의 괴리에서 발생한 의도치 않은 결과는 아닐까? 조선 건국 이후 지배층과 피지배층은 변화된 제도적 틀을 어떻게 받아들여 대응했으며, 토지 제도 개혁의 주창자들은 이 상황을 어떻게 인식했는지는 새롭게 주목해야 할 문제이다. 그리고 이런 연구를 통해 조선 초 토지 제도와 사회 관계의 양상을 정확히 파악할 수 있다면, 그로부터 소유권과 수조권의 이중 구조라는 한국 중세 사회 토지 제도와 소유 관계의 실상을 이해할 수 있는 실마리도 얻을 수 있지 않을까 생각한다.

재정 구조의 연속성과 공납제

| 소순규 |

1. 조선 건국 당시의 재정 상황

'조선 건국'이라는 사건을 어떻게 이해하고 평가할 것인가에 대한 다양한 입장 차이가 존재하지만,[1] 대부분의 연구자들은 여말선초 시행된 전제 개혁의 중요성을 높이 평가한다. 전제 개혁은 고려 말 사회문제로 대두한 대토지 소유, 중첩수세 등의 문제를 해결하고 경기에 사전을 집중함으로써 사전의 팽창을 억제했으며, 아울러 경기 외의 토지는 모두 공전(公田)으로 편입시켜 국가 수입을 증대시킨 것으로 이해되었다. 그리하여 전제 개혁은 조선 건국의 물적 기초를 닦은 사업이면서 동시에 국가 재정을 정상화한 개혁으로 조명되어왔다.[2]

---

1 조선 건국을 둘러싼 다양한 해석에 대해서는 민현구, 「고려에서 조선으로의 왕조 교체를 어떻게 평가할 것인가」, 『한국사시민강좌』 40, 2007 참조.

2 조선 건국 과정에서 전제 개혁이 가지는 중요성에 대해서는 위은숙, 「조선 건국의 경제

그런데 이러한 개설적 이해와 달리, 1392년 조선 건국 이후 나라 살림의 실상은 이전 고려왕조와 크게 달라지지 않았다. 중앙정부는 항상적인 미곡의 부족에 시달렸으며, 그에 따라 각종 비상 조치가 취해지기도 했다. 한편으로 그와 같은 미곡의 부족과 각종 임시 조치에도 불구하고, 국가 운영은 생각보다 훨씬 정상적으로 이루어지고 있었다. 대대적인 전제 개혁에도 창고가 텅텅 비어 있었다는 당시의 상황도, 정부의 미곡 확보가 원활치 못한 중에도 국가는 정상적으로 운영되었다는 사실도, 오늘날 조선 건국을 설명하는 개설적 설명의 틀로는 이해가 쉽지 않은 형편이다.[3]

이 글은 위에서 언급한 정황에 대한 합리적 이해의 방향을 제시해보고자 한다. 그간 연구사에서 전제 개혁의 재정적 성과에 대한 구체적인 이해가 시도되지 않았으며, 더욱이 왕조 교체를 전후한 시기의 재정 구조와의 연관성 속에서 고찰되지 않았다는 것을 염두에 두고, 조선 건국 당시 재정 운영의 양상을 살펴볼 것이다.

필자는 위에서 제시한 건국 전후의 재정 운영을 이해하기 위해서는 공물이 가지는 비중과 역할에 대한 이해가 필수적이라고 본다. 그간 공물의 제도적 구조에 대한 연구는 적지 않게 이루어졌지만,[4] 그것이 재정 운영에서 가

적 기초로서의 과전법」, 『한국사시민강좌』 35, 일조각, 2004 참조.

3 기존 연구에서는 고려와 조선의 재정 구조를 미곡 중심으로 파악한 측면이 크다. 이런 시각을 정리한 글로는 박종진, 「고려 말 조선 초 조세 제도와 재정 운영 체계의 성격」, 연세대학교 국학연구원 편, 『중세사회의 변화와 조선 건국』, 혜안, 2005 참조.

4 이 글에서는 지면 관계상 연구사 검토를 생략했지만, 조선시대 공납제와 관련된 연구 성과들은 무수히 많다. 다만 제도의 구조에 대해서는 田川孝三의 일련의 연구에 의해 개설적 설명이 이루어진 이후 후속 연구가 거의 시도되지 못했다(田川孝三, 『李朝貢納制の硏究』, 東洋文庫, 1964). 이후 연구들은 주로 대납, 방납 등 제도의 해이 양상을 대동법 시행이라는 전망과의 관련성 속에서 살핀 것들이 주를 이루었다.

지는 의미나 조선시대 공물 수취가 어떠한 제도적 기원을 가진 것인지에 대해서는 충분히 고찰되지 못했다. 이 글에서는 조선시대 공납제의 제도적 기원을 고려 후기에서부터 살펴보고, 건국을 전후한 시기 공물의 재정적 위상과 의미를 거시적으로 살펴보고자 한다.

다만 내용 중 일부는 상당한 실증을 요하는 것임에도 간단히 다루어진 부분이 적지 않으며, 연구자 간 이해를 달리하는 지점에 대해서도 필자의 입장에 대한 자세한 설명을 생략한 부분이 존재한다. 차후 별도의 논문을 통해 관련 내용들을 구체화할 것을 기약하면서 독자들의 양해를 구하고자 한다.

2. 전제 개혁의 재정적 효과

12세기 이후 고려 사회에서는 토지 지배 질서의 문란이 항상적인 문제로 언급되었다. 권세가들은 각종 방식으로 사전(私田)을 늘려 나갔으며, 이 토지를 기반으로 대규모 농장(農莊)을 구축했다. 반면 농민들은 국가와 권세가들에 의한 중첩적인 수탈에 시달려야 했고, 그 과정에서 토지로부터 유리된 농민들은 자영농의 지위를 잃고 처간(處干) 등으로 전락했다. 권력에 의한 농장의 개설과 농민의 몰락은 국가의 사회 지배 질서 및 재정 운영에 심대한 타격을 입혔다.

기사양전의 착수로 시작된 전제 개혁은 바로 위와 같은 토지 지배 질서를 일신하고 사전의 범람에 따른 문제를 해결하기 위해 기획되었다. 그 구체적인 내용은 조준(趙浚)이 올린 세 차례의 상소를 통해 확인할 수 있으며, 공양왕 3년(1391) 5월에 이르러 법제적으로 확정되었다. 1년 2개월 뒤인 1392년 7월에 조선이 건국되고, 그 이후에도 전제 개혁의 성과는 그대로 계승되었으므로, 조선은 건국 당시부터 새로운 전제에 입각한 재정 제도를 운영하고 있었던 것이다.

그런데 건국 이후 약 10여 년 동안 중앙정부는 계속적으로 미곡의 부족을 토로하고 있었다. 급기야 태조가 집권한 지 6년 되던 해인 1397년에는 각 도의 공해전(公廨田)과 공신전(功臣田)을 제외한 공전과 사전의 전조(田租)를 모두 공수(公收)하도록 결정했다.[5] 당시 이 결정의 표면적인 원인은 새로운 도성 건설로 인해 지출 경비가 많다는 것이었다. 그러나 비단 도성 건설로 인한 지출 경비만으로 국가의 미곡 확보가 어려웠던 것은 아니었던 것 같다. 이에 대해서는 아래의 발언이 참조된다.

> A. 군자(軍資)의 수입은 기묘년에서 신사년에 이르기까지 3년을 합하여 계산하여도 2만 석에 차지 못합니다.[6]

위의 기사는 태종 3년(1403)의 것인데, 이 기사에서 기묘년은 정종 원년(1399)이며, 신사년은 태종 원년(1401)을 지칭한다. 1399~1401년의 3년 동안 국가의 비축곡이라 할 수 있는 군자곡 수입이 2만 석에 미치지 못했다는 것은, 앞서 태조 6년경의 비상적 조치가 단순히 도성 건설이라는 경비 지출 요인 때문만은 아니라는 점을 시사한다. 위 기사의 다른 발언을 보면, 당시 녹봉 액수가 14만 석에 이르는데 녹봉을 지급할 미곡이 항상 부족하며, 군자전

---

5 『太祖實錄』卷12, 6년 10월 13일 辛卯. "使司議得以聞曰 各道宮庫衛祿津驛院館之田 及 功臣田外 公私田租 一皆公收 上允之."

6 『太宗實錄』卷5, 3년 6월 6일 壬辰. "故一年祿俸之數 無慮十有二萬餘石 而軍資所入 則 自己卯至辛巳 合三年而計之 猶未滿二萬石."

은 20만 결에 가까운데도 군자곡 수입이 거의 없다는 분석을 덧붙이고 있다. 요컨대 건국 후 10년 정도가 흐를 때까지 조선의 전세(田稅) 수입 미곡은 관원들의 녹봉을 지급하고 나면 거의 남는 게 없는 상황이었고, 경우에 따라서는 이 녹봉 지급조차 원활하지 못했던 것이다.

전제 개혁의 성과를 바탕으로 기획된 당시 재정 구조에서 건국 10년 동안 나타난 위와 같은 상황은 어떻게 이해될 수 있을까. 또 새로 건립된 왕조가 위와 같은 재정적 어려움에도 정상적으로 운영될 수 있었던 배경은 무엇이었을까. 그 해답을 찾기 위해서는 우선 당시 토지 재원이 분배되던 구조에 대한 이해가 전제되어야 할 것이다.

주지하다시피 기사양전의 결과로 정부는 실전(實田) 62만 결, 황원전 포함약 80만 결의 토지를 확보했다. 조선 건국 세력은 이 토지를 각각의 명목에 따라 분배하여 재원으로 활용하도록 했는데,[7] 명목에 따른 토지 지급 결수를 대략 추정해보면 〈표 1〉과 같다.[8]

〈표 1〉에서 좌창과 우창에 각 10만 결, 제고궁사전(諸庫宮司田)에 약 3만 결을 추정한 것은 조준의 전제 개혁 상소에 의거한 것이다. 과전과 공신전의

---

7 토지 분급을 통한 재정 운영에 대해서는 오정섭, 「고려 말·조선 초 각사위전을 통해서 본 중앙 재정」, 『한국사론』 27, 1992 참조. 이 연구는 토지 분급을 통해 중앙 재정이 운영되는 양상을 날카롭게 분석했으며, 아울러 위전의 상당량이 미곡이 아닌 포화잡물, 즉 전세공물을 충당하는 역할을 한다는 점도 지적했다. 다만 전세공물 외의 공물 수취가 각사의 재원으로 활용되었으며 오히려 위전에 의한 미곡, 전세공물보다 더 큰 비중을 차지하고 있었다는 점은 언급하지 않았다. 필자는 오정섭의 연구가 지적하는 재원 조달 방식에 대해서는 전적으로 공감하지만, 각사의 재원 조달에서 보다 핵심적인 것은 위전에 근거하지 않은 공물 수취였다는 점을 좀 더 강조하고 싶다.

8 〈표 1〉은 김태영, 『조선 전기 토지제도사 연구』, 지식산업사, 1983의 내용을 토대로 필자가 정리한 것이다.

〈표 1〉 기사양전 이후 토지 재원 분배 현황

명목	추정 토지 결수	명목	추정 토지 결수
광흥창(좌창)	10만 결	풍저창(우창)	10만 결
과전 및 공신전	12만 결	군자전	20만 결 + @
제고궁사전	3만 결	기타 분급 토지	20만 결

규모는 태종대 자료에 근거했다.[9] 이를 제외한 것이 기타 분급 토지인데, 여기에는 각 군현의 공수전, 아록전, 외역전, 역전, 원(院)·도(渡)·참전(站田) 등과 더불어 신역(身役)의 대가로 지급받는 각종 명목 토지들이 포함되었다. 특히 기타 분급 토지를 약 20만 결 정도로 추정한 것은 건국을 전후한 시기 토지 분급량이 실전 62만 결을 상회할 수 없었다는 조건을 고려했기 때문이다.

군자전의 규모를 20만 결 정도로 추정한 것은 앞서 제시한 A사료의 다른 언급에서 "녹봉을 위한 위전의 두 배"이며 "십수만 결"이라 언급한 것을 참조한 것이다. 그런데 기사양전 직후 토지 재원을 분급할 당시 지급할 곳이 많아 군자전은 거의 설정하지 못했다는 언급을 참조해보면, 군자전 20만 결은 국초부터 유지된 수는 아니었던 것으로 보인다. 즉 기사양전 당시에 군자전 외의 토지가 분급된 이후, 18만 결의 황원전이 점차 실전으로 변모하여 군자전에 편입되면서 차츰 20만 결의 군자전이 형성된 것으로 생각된다.

그런데 위와 같은 토지 분배 현황을 참고해보면, 수취된 전세가 서울로 수송되어 중앙 재원으로 바로 소비되는 것은 약 35만~40만 결 수준이었음을 확인할 수 있다. 즉 좌창과 우창의 각 10만 결 및 제고궁사전의 3만 결 전세는 모두 서울로 수송되는 것이었다. 여기에 더해 군자전 일부가 서울로 수송

---

9 『太宗實錄』卷3, 2년 2월 5일 戊午.

되었을 텐데, 절반가량이 수송된다고 가정해도 대략 10만 결 수준, 3/4 정도가 수송된다고 해도 약 15만 결 수준이었다. 요컨대 조선 전체의 토지 규모는 기사양전 당시 기준으로 실전 62만 결, 황원전 포함 80만 결 수준이었으나 이들 중 중앙 재원으로서 의미를 갖는 것은 40만 결 미만이었던 것이다.

40만 결의 전세가 서울로 모두 상납된다고 하더라도, 그중 광흥창의 위전은 모두 녹봉으로 소진되었다. 아울러 제고궁사전 역시 왕실 비용으로 모두 전용되었다. 이를 제외하고 국가의 예산으로 활용될 수 있는 토지는 결국 풍저창(豊儲倉)의 10만 결과 서울로 상납되는 군자전의 전세가 전부였다. 그런데 앞서 언급한 대로 건국 이후 10년 동안 녹봉은 항상 부족했고, 군자전 전세가 계속 광흥창 녹봉 부족분을 메우기 위해 전용되고 있었다. 토지 재원의 분배 현황만 살펴보아도 국가에서 미곡을 확보하기가 용이하지 않은 구조였던 것이다.

그런데 토지 재원의 분배 현황 외에도 당시 전세 재정 확보의 어려움을 상기할 때 고려해야 할 요소가 있다. 우선 전세 수취 제도가 답험손실법(踏驗損實法)으로 운영되었다는 점이다. 당시 1결의 최대 생산량은 300두, 즉 20석으로 설정되었고, 이에 대해 1/10을 전세로 부과했다. 하지만 이는 최대 생산량 기준이고, 대체로 상당량의 토지가 수확에 실패했다. 국가에서는 풍흉에 따라 세액을 차등 적용하는 답험손실법을 운영했고, 그에 따라 매년 예상되는 생산량의 1/10을 전세로 납부했다. 풍흉에 따른 전세 수취량의 변동은 왕조 개창에 따른 민심 안정을 위한 것이었으나, 재정 운영 면에서는 토지 결수에 따른 고정적인 세수 확보가 어렵다는 점에서 상당한 부담이었다.[10] 앞

---

10 답험손실법의 구체적 운영 양상에 대해서는 강제훈, 「朝鮮 太宗·世宗代 田稅의 부과와 수취」, 『한국사학보』 6, 1999 참조.

서 A사료에서도 보듯이, 녹봉을 위한 광흥창 위전이 10만 결 설정되었으나 항상 미곡이 부족했던 이유 역시 답험손실법의 운영 때문이었다.

다음으로 당시 전세 수취가 모두 미곡으로 이루어졌던 것이 아니라 상당량의 토지는 전세공물 위전으로 설정되어 있었다는 점을 고려해야 한다. 전세공물이란 전세를 미곡이 아닌 포화나 잡물로 수취하는 것을 지칭한다. 그런데 태종이 집권한 해의 자료에 따르면, 이러한 전세공물 위전이 최소 10만 결 이상의 규모였다. 이 10만 결은 자료를 통해 명시적으로 확인할 수 있는 규모만 언급한 것이고, 실제 전세공물 위전의 전체 규모는 이를 상회하는 수치였을 확률이 높다. 정확한 추론을 가하기 어려우나 대략 15만 결 정도 규모였을 것으로 추정된다.[11]

즉 당시 80만 결의 토지 중에서 15만 결 정도는 전세를 미곡이 아닌 포화(布貨)나 잡물(雜物), 즉 공물로 납부했다는 것이다. 이를 중앙재정 입장에서 보면 그 비중은 더욱 커진다. 바로 앞에서 필자는 중앙으로 전세가 수송되어 재원으로 활용되는 토지 규모를 35만~40만 결 정도로 추정한 바 있다. 그런데 미곡이 아닌 공물로 전세를 납부하는 전세공물 위전은 모두 서울로 수송되어 중앙 재원으로 활용되는 토지들이었다. 즉 최대 40만 결 정도의 중앙 재원 토지에서 15만 결 정도는 미곡이 아닌 공물로 전세 수취가 이루어졌던 것이다. 게다가 중앙 재원에는 관원들에게 지급할 녹봉이 10만 석 이상 포함되어 있었기 때문에, 이를 제외하면 국가 경비 중에서 포화나 잡물의 비중은 더욱 높아진다. 지방 재원이나 녹봉 등을 제외한 순수 국가의 중앙 재원 중 40%, 혹은 절반 정도가 미곡이 아닌 공물의 형태로 수취되었던 것이다.

---

11   전세공물에 대해서는 田川孝三, 『李朝貢納制の研究』, 東洋文庫, 1964; 강제훈, 「朝鮮初期의 田稅貢物」, 『역사학보』 158, 1998 참조.

이런 상황을 고려하여 전제 개혁에 따른 국가의 전세 재정 운영 형태를 고찰해보면 다음과 같다. 국가에서는 기사양전으로 확보한 전체 80만 결, 실전 62만 결의 토지를 각 관서별로 재원으로 분배했다. 그런데 동시에 결당 수취액을 고정하지 않고 해마다 풍흉에 따라 감면해주는 답험손실법의 운영을 결정했고, 아울러 상당수 토지는 미곡이 아닌 공물로 전세를 대신 납부하도록 했다. 때문에 본래 각 관서에 분급한 토지결수에 비해 실제로 수취되는 미곡의 양은 턱없이 부족했고, 그에 따라 관원의 녹봉 등과 같이 시급한 지출에 대해서는 군자전의 수입을 전용할 수밖에 없었던 것이다.

그런데 답험손실법의 적용과 전세공물 위전의 설정 등은 모두 전제 개혁 과정에서 도입되거나 관련 내용들이 새롭게 규정된 것들이었다.[12] 기존의 무질서한 수조권 질서를 재편하는 과정에서 상당한 양의 공전(公田)을 확보했지만, 답험손실법과 전세공물의 설정은 전세로 수취되는 미곡의 총량을 감소시켰고, 결국 이는 각 관서별로 필요한 재원보다 수입이 부족해지는 현상을 만성화했던 것이다. 결국 전제 개혁은 고려 말 국가의 미곡 부족 현상을 거의 해결하지 못했으며, 오히려 조선 건국 이후의 미곡 부족 현상을 일정하게 초래한 측면도 가지고 있었다. 새로운 왕조의 물적 토대를 공고히 한 것으로 평가되는 전제 개혁이 실제로는 국가의 미곡 확보에 큰 역할을 하지 못했으며 오히려 재정적 어려움을 초래한 측면조차 있다는 사실은, 전제 개혁을 비롯한 당시의 국가재정 구조와 운영에 대하여 인식의 전환이 필요하다는 것을 의미한다.

---

12 전제 개혁 이후 답험손실법의 제도적 변화에 대해서는 강제훈, 『조선 초기 전세 제도 연구』, 고려대학교민족문화연구원, 2002 참조. 아울러 전제 개혁 이후 전세공물의 운영에 대해서는 이재룡, 「조선 초기 포화전에 대한 일고찰」, 『韓國史硏究』 91, 1995; 강제훈, 「조선 초기의 전세공물」, 『歷史學報』 158, 1998 참조.

그러나 이러한 전세 운영의 난항에도 불구하고 새로 개창한 왕조는 지배질서의 심각한 위기에 봉착하지 않았다. 이는 고려 말부터 구조화된 당대의 재정 구조에서 그 원인을 찾을 수 있는데, 이에 대해서는 절을 바꾸어 살펴보도록 하겠다.

3. 현물 중심 재정 구조의 계승

앞에서 당시 토지 재원의 분배 현황을 살펴보고, 그중 중앙으로 집중되는 재원의 양과 국가 경비로 사용될 수 있는 양을 추정해보았다. 이제 좀 더 구체적으로 당시 국가 경비로 사용된 미곡의 양은 얼마나 되는지 살펴보자.

> B-㉠ 1년의 경비는 81,756석입니다.[13]

> B-㉡ 국가가 1년에 지출하는 미(米)는 57,280석인데, 지금 풍저창에 저축된 미(米)는 겨우 123,300석입니다.[14]

위의 두 기사는 모두 세종대 기사들로, 이 글에서 다루는 시기인 여말선초보다 다소 늦은 것들이다. 그렇지만 여말선초에 비해 세종대에 미곡 소비가 급증 혹은 급감할 요인이 없음을 고려해보면, 여말선초에도 위의 사료에

---

13 『世宗實錄』 卷35, 9년 2월 14일 壬申. "一年經費 則八萬一千七百五十六石."
14 『世宗實錄』 卷74, 18년 7월 16일 己酉. "國家一年支費米五萬七千二百八十石 今?儲倉 所儲米 僅十二萬三千三百餘石."

서 언급하는 양과 크게 다르지 않았을 것으로 생각된다. 이보다 후대인 연산군대에도 횡간(橫看)에 따르면 일 년의 미곡 지출량이 20만 석이라고 언급되었는데,[15] 녹봉액이 12만~14만 석에 이른다는 점을 감안하고 위의 B사료들에서 언급한 경비 지출을 더하면 대략 비슷한 수치가 된다. 즉 12만~14만 석의 녹봉과 6만~8만 석의 국가 경비를 합친 20만 석 정도의 미곡 지출이 나라 살림에 필요한 고정적 지출량이었으며, 이는 15세기 내내 거의 동일하게 유지되었던 것이다.

그런데 관원들의 녹봉 지급이 12만~14만 석인데 국가 경비의 지출량이 6만~8만 석에 불과했다는 것은 선뜻 이해가 가지 않는다. 조선 전기 사신단이나 관원을 호송하는 인원 등에게 공식적으로 식비를 지원할 경우 지급량은 보통 1인당 1끼 1승(升)으로, 아침·저녁 두 차례 지급하는 것이 상례였다. 이를 기준으로 1인당 미곡 지급량을 2승 정도로 간주하고 계산해보면, 8만 석은 약 16,000여 명이 1년 동안 먹을 수 있는 양이라는 계산이 나온다. 67,000석을 기준으로 할 경우 약 12,000명분이 된다. 궁궐에 거주하는 국왕 및 왕실 구성원, 궁인들의 수만 해도 천 단위를 넘는 상황에서 이 정도 인원의 1년 식비로 국가를 운영한다는 것은 불가능하다.

B의 사료에 제시된 수는 소위 '국용(國用)'에 해당하는 지출이었다. 국용이란 제사나 접빈객, 사냥, 구황 등에 쓰이는 비용을 지칭하는 용어인데,[16] 이

---

15 『燕山君日記』卷35, 5년 10월 26일 壬子. "議政府啓 臣等見國家一年調度 其所用加於上納之數 只擧戊午年言之 其上納米豆二十萬五千五百八十四碩十四斗 其所用則二十萬八千五百二十二碩一斗也 其中橫看付者十九萬七千九百三十八碩十三斗也 別例所用者一萬五百八十三石三斗也."

16 『三峰集』卷7, 「朝鮮經國典」賦典, 國用. "國家置豐儲倉 凡祭祀賓客田役救荒之用 皆於此出焉 謂之國用."

를 위한 관서가 풍저창이었다. 즉 풍저창의 10만 결 위전은 국용을 위한 재원이었고, 여기서 수취된 미곡 중 6만~8만 석이 식비를 비롯한 제사나 접빈객 등에 사용되었던 것이다.

그렇다면 국가가 수행하는 국용의 범주에 들지 않는 국가의 각종 사무에는 어떠한 재원이 투입되었는가. 앞서 언급했듯이 국용을 제외하고 국가가 특정한 사무를 위해 미곡을 지출했다는 내용은 찾아보기 쉽지 않다. 또 앞서 〈표 1〉에서도 보았듯이 풍저창과 왕실 재원을 제외하고 국가의 중앙재정을 위해 배정된 위전은 거의 존재하지 않았다. 즉 제사나 빈객, 사냥, 구황 등을 제외한 국가 업무 수행 재원은 전세, 즉 미곡으로 마련되지 않았던 것이다.

조선 건국 당시부터 국가의 재정 수입은 크게 전세와 공물로 구분되었다. 그런데 전세를 통한 지출이 녹봉, 국용, 왕실 재원에 한정되었다는 것은, 여타의 국가 사무를 위한 관서들의 재원 조달은 거의 공물에 의존했다는 의미이다. 태조 즉위교서에 나타난 여러 관서들 가운데 공물을 통해 재원을 조달한 것이 확실해 보이는 관서들은 다음과 같다.[17]

- 봉상시 • 사온서 • 전중시 • 요물고 • 사복시 • 사농시 • 장흥고
- 내부시 • 제용고 • 예빈시 • 교서감 • 의염창 • 선공감 • 서적원
- 사재감 • 군자감 • 전의감 • 사선서

위의 관서들은 정무나 일반행정만 담당했던 관서들과 달리 고유한 업무 수행에 상당한 재원을 요하는 것들이었다. 예컨대 선공감(繕工監)은 토목공사를 담당하여 각종 건설 자재 등을 필요로 했고, 사복시(司僕寺)는 말의 생산

---

17 『太祖實錄』卷1, 원년 7월 17일 丙申.

과 관리를 담당하여 상당수의 생초(生草), 건초(乾草) 등을 필요로 했다. 서적원(書籍院)에서 책을 인쇄하기 위해서는 종이와 밀랍이, 사재감(司宰監)에서 배를 생산·관리하기 위해서는 상당량의 목재가 필요했다. 전의감(典醫監)에는 각종 약재가 요구되었다. 그런데 이런 업무 수행의 재원은 위전을 통해 마련되지 않았고 모두 공물로 충당되었던 것이다.

조선은 건국 당시 고려의 공물 수취 제도를 그대로 계승하여 운영하고 있었다. 전세는 대대적인 전제 개혁 과정에서 수취 방식의 정비가 이루어졌으나, 공물에 대해서는 왕조 개창 과정에서 어떠한 개혁도 이루어지지 못했다. 정도전을 위시한 조선 건국 세력은 고려시대의 공물 수취 제도가 개혁되어야 함을 인지하고 있었지만, 실제 건국 이후에도 특별한 조치를 취하지 못했다. 이후 세종은 공법을 확립한 뒤 한 차례 공납제 개혁의 의사를 내비친 바있으나, 당시 관료들의 반대에 부딪쳐 결국 시행되지 못했다.

그렇다면 조선이 계승한 고려 후기의 공납제는 어떤 형태로 운영되고 있었는지 살펴보자. 우선 12세기 이후 상요(常徭)·잡공(雜貢)이 부가적인 현물수세로 신설된 이래 고려 말까지 그 수취량을 늘려가고 있었다. 고려 전기 공납제 운영 양상은 명확하지 않지만, 일반 군현민과 소민에게 이원적으로 공물이 부과되고 있었으며, 주로 역(役)과 연동하여 운영되고 있었던 것으로 보인다. 이에 비해 상요·잡공은 군현 단위로 부과·수취되었다. 상요·잡공은 점차 세목으로서 지위가 상승하여 고려 말에 이르면 기존의 조(租)·포(布)·역(役)을 통칭하는 삼세(三稅), 삼대공(三大貢)이라는 용어와 더불어 병기되어 '삼세·상요·잡공'이 국가의 부세를 통칭하는 말로 사용되기도 했다.[18]

---

18 고려시대 수취 제도에 대한 여러 견해의 정리는 박종진, 「고려 시기 조세 제도 연구의 쟁점과 과제」, 『울산사학』 11, 2004 참조.

이들 상요·잡공이 생겨나고 수취에서 그 비중이 점차 증가했던 배경은 고려 후기의 역사적 상황과 긴밀한 관련이 있다. 12세기에는 농민의 유망으로 인하여 기존 수취 제도를 통해 재원을 조달하기 어려워진 반면, 국가의 경비 지출은 매우 늘어났다. 게다가 12세기 중반 이후에는 대몽항쟁이 전개되는 과정에서 정부가 강화로 천도를 단행했다. 이런 상황에서 기존 수취 장부를 통한 재원 조달은 불가능했을 것이며, 특히 수송에 많은 공력이 드는 미곡 수취는 더더욱 난항을 겪었을 것이다. 따라서 정부는 필요한 재원을 현물 그대로 군현의 지방관을 통해 조달하는 체계를 선호했을 것이며, 상요·잡공은 그런 배경에서 탄생한 것으로 추정된다.

몽고와의 항쟁이 종식된 이후에도 소(所)의 해체 등으로 기존의 공물 납입 제도로는 현물 수급이 원활하지 않게 된 반면, 원과의 교역에 필요한 재원은 증가했다. 14세기 중반 이후에는 왜구가 준동하면서 국가의 조운망이 심각한 타격을 입었다. 이러한 여러 정황이 고려 후기에 연속적으로 발생하면서, 중앙으로 직접 미곡을 수송하기보다는 군현이라는 지방 제도를 통해 각종 현물을 수취하고 수송하는 상요·잡공이 선호된 것이다. 그리고 이러한 상요·잡공은 조선 건국 이후 각관공물(各官貢物), 즉 군현공물로 계승되었다.

상요·잡공 외에 고려 후기에는 정역호(定役戶)도 증가했다. 정역호란 국가에 대한 신역 부담으로 특정 귀속처에 입역하여 직접 노동력을 제공하거나 특정한 물자를 생산·납입하는 존재들을 지칭한다. 국가는 정역호로부터 수취한 물자 역시 공물로 지칭했는데, 이것은 상요·잡공 등 여타의 공물과 부과 원리 및 수취 방식이 완전히 상이했다. 정역호에 의한 공물 수급이 고려 전기에도 존재했는지는 명확하지 않지만, 적어도 14세기경에는 사료상에 그 모습을 보이고 있다. 이러한 정역호의 제도적 선구는 바로 공호(貢戶)였다고 생각된다.

공호란 12세기 농민의 유망에 대응하여 국가가 편성한 계층이었다. 농민들의 유망이 대규모로 발생하자, 국가에서는 이들 유민을 본래의 거주지로 돌리지 않고 현 거주지에 입적시켜 공호로 편성했다. 기존 연구들은 이들 공호가 일반 군현의 백정(白丁)들과 같은 수취 부담을 졌다고 보았으나,[19] 필자의 분석에 의하면 공호는 정역호로 파악하는 것이 합리적이라 생각된다.[20] 국가는 농토를 잃고 현적지에서 이탈한 민호를 공호로 편성하고, 이들을 통해 특정 물종의 공물을 수급했던 것이다. 이들 공호는 이후 정역호라는 이름으로 조선시대까지 존재했는데, 조선 초 사료상에서 확인할 수 있는 신량역천(身良役賤) 계층이 이들 공호의 후신으로 추정된다.

마지막으로, 고려 말에는 전세공물이 운영되고 있었다. 앞서도 잠시 언급했듯이 전세공물은 전세를 미곡이 아닌 포화나 잡물, 즉 공물로 수취하는 것이었다. 이들 전세공물이 고려시대에 줄곧 존재하고 있었는지 여부는 사료가 전혀 남아 있지 않으나, 적어도 고려 말 기사양전 당시에는 10만 결 이상의 규모로 설정되었던 것을 확인할 수 있다. 이들 전세공물로 수취되는 물종은 포화, 유밀류가 주를 이루었는데, 국가에서 수요가 큰 물종들이었다. 따라서 전세공물로 수취하는 물종이 부족한 경우는 각관공물의 형태로 중복적으로 수취하기도 했다.

이와 같이 고려 후기에는 상요·잡공, 정역호 공물, 전세공물 등이 신설되면서 매우 복잡한 공물 수취가 중복적으로 이루어지고 있었다. 아울러 고려

---

19 北村秀人, 「高麗時代の貢戶について」, 『大阪市立大學 人文硏究』 32-9, 1981; 채웅석, 『고려시대의 국가와 지방사회—'본관제'의 시행과 지방 지배 질서』, 서울대학교출판부, 2000.

20 공호에 대한 기존 연구의 비판 및 정역호로서의 성격에 대해서는 소순규, 「조선 초기 공납제 운영과 공안 개정」, 고려대학교 박사학위논문, 2017, 32~37쪽 참조.

전기부터 유지되었던 일반 군현민에 대한 공물 부과, 소(所)에 대한 공물 부과 역시 제도적으로 잔존하고 있었던 것 같다. 이러한 공납제 운영은 조선 건국 당시까지 이어졌다. 요컨대 조선은 건국 당시부터 고려 후기의 역사적 경험에 의해 신설된 여러 공물 수취 제도를 병렬적으로 운영했고, 이를 통해 국가 경비 대부분을 조달하고 있었던 것이다. 결국 고려와 조선 두 왕조의 재정 운영에는 전제 개혁을 분기로 하는 차이점보다는 공물을 통한 현물재정이라는 유사성이 훨씬 크게 작용하고 있었던 셈이다.

4. 태종대 재정 개혁의 내용과 공납제의 변화

각종 형태의 공물 수취를 통한 현물재정을 근간으로 하고, 전제 개혁 당시 정비된 전세 수취를 통해 미곡을 확보하여 운영되던 조선의 재정 구조는 태종대를 기점으로 대대적인 정비에 착수했다. 두 차례 왕자의 난을 통해 집권한 태종은 즉위 이후 본격적으로 국가 통치 제도를 정비하기 시작했는데, 재정 제도의 정비 역시 이러한 통치 제도 정비의 일환이었다.

태종이 집권할 당시 재정과 관련된 당면 과제는 크게 두 가지였다. 하나는 미곡의 확보였고, 다른 하나는 군역 자원의 확보였다. 건국 당시 고려와 조선은 대륙의 명과 껄끄러운 관계에 놓여 있었다. 태종과 비슷한 시기에 황제에 즉위한 영락제는 즉위 이후 안남에 대한 대대적인 정벌을 시작했고, 그 소식은 곧바로 조선에 전해졌다. 그에 따라 영락제의 조선 침공을 미리 대비해야 한다는 의논이 이루어졌는데, 여기서 중요하게 거론되었던 것이 군(軍)과 군량(軍糧)의 문제였다. 태종대 미곡과 군역 자원의 확보는 대외 안보를 위해 필수적인 요소였던 것이다.

또한 대내적인 왕권 확립을 위해서도 미곡과 군역 자원의 확보는 매우 중요했다. 관원에 대한 보상인 과전(科田)의 전조(田租)를 국가 상황에 따라 공수(公收)해야 하는 상황에서는 국왕의 확고한 권위가 확립되기 어려웠다. 또한 왕권의 신장을 위해 사병 혁파를 주도한 태종은 이에 불만을 가진 세력을 확실히 견제하기 위해서라도 국왕의 통제에 따르는 강력한 군을 양성할 필요가 있었다. 요컨대 태종 집권 이후 대외적·대내적 상황에서 미곡과 군역 자원의 확보는 필수불가결한 요소였던 것이다. 그리하여 태종은 집권 이후 이 문제 해결에 박차를 가하기 시작했다.[21]

우선 미곡을 확보하기 위한 여러 정책들이 도입되었다. 가장 손쉽게 도입되었던 것은 연호미(煙戶米), 호급둔전(戶給屯田) 등과 같이 고려 말 시행되었던 부가적 수세를 부활시키는 것이었다. 연호미란 흉년에 대비하여 호등(戶等)에 따라 일정한 곡식을 국가에 납입하고, 흉년이 발생하면 이를 진휼 목적에 사용하는 것이었다. 호급둔전이란 일반적인 둔전과 달리 호별로 종자곡을 나누어주고 추수철에 그에 비례하여 수확을 수취하는 제도였다. 연호미는 고려의 충렬왕대, 호급둔전은 충선왕대에 처음 도입되었는데,[22] 조선 건국 이후에도 미곡 확보가 용이하지 않자 다시금 시행되었다.

저화 발행을 통한 미곡 확보도 시도되었다. 저화란 종이 화폐를 발행하고 여기에 미(米) 1두의 가치를 표시한 다음, 이를 민간의 미곡과 바꾸어 유통시킨 것이다. 주요 거래 수단이던 포화의 사용을 금단하여 저화가 유일한 거래 수단으로 활용되도록 강제했다. 비록 저화는 안정된 화폐로 자리 잡는 데 실

---

21 태종대 정국의 특징과 제반 통치 제도의 정비에 대해서는 최승희, 「태종조의 왕권과 정치 운영 체제」, 『국사관논총』 30, 1991 참조.

22 안병우, 「고려 후기 임시세 징수의 배경과 유형」, 『한신논문집』 15-2, 1998.

패했으나, 태종은 집권 기간 동안 두 차례나 저화 발행을 시행함으로써 이를 통한 미곡 확보에 큰 관심을 보였다.[23]

미곡 확보의 근간이 되는 토지 결수의 증대를 위해 새로운 양전도 시행되었다. 기사양전 당시 조선의 총 전결은 80만 결이었는데, 태종 5년 시행된 을유양전의 결과 전국의 전결 수는 약 126만 결로 증가했다.[24] 당시 토지 전결의 증가는 자연적인 경작지 면적의 확대 덕분이기도 했지만, 무엇보다 실전(失田)과 황원전(荒遠田)을 구분하지 않고 모두 자정(字丁)으로 편제했던 것과, 1부의 넓이를 과거 관행인 가로세로 3보 3척이 아니라 3보 1척 8촌으로 재조정한 것이 큰 영향을 미쳤다. 즉 을유양전은 경작지의 확대라는 태종의 정책적 목표가 강하게 투영된 양전이었던 것이다.

이와 더불어 전세 수취에서 답험손실법 역시 매우 엄격하게 운영되었다. 즉 손(損) 판정을 최소화하여 국가의 전세 수취 손실을 억제하려 했던 것이다. 본래 답험손실법은 풍흉을 반영하여 민의 부담을 덜어주기 위한 것이었으나, 국왕의 미곡 확보 의지와 맞물려 시행되면서 본래 제도의 의미가 퇴색되기에 이르렀다. 태종대에 이러한 국왕의 의사를 제대로 파악하지 못한 관료들은 실제 답험 과정에서 손(損) 판정을 많이 주었다는 이유로 처벌을 받기도 했다.

마지막으로 전세공물 위전의 수취를 미곡으로 전환했다. 기사양전 당시 전세공물 위전의 규모는 최소 10만 결 이상, 추정치로 대략 15만 결에 달했

---

23 태종대 저화의 시행 양상에 대해서는 유현재, 「조선 초기 화폐 유통의 과정과 그 성격」, 『조선시대사학보』 49, 2009 참조.

24 태종대 을유양전의 결과로 얻어진 토지 결수에 대해서는 다소 논란이 있다. 이에 대한 정리는 강제훈, 『조선 초기 전세 제도 연구』, 고려대학교민족문화연구원, 2002, 95~113쪽 참조.

다. 이들 전세공물 위전의 수취를 미곡으로 돌리고, 전세공물을 유지할 필요가 있는 물종에 대해서는 대전(代田)을 정속해주었다.[25] 전세공물 위전은 앞서 언급한 것처럼 전부 중앙 재원으로 활용되었기 때문에, 당시 이루어진 전세공물 위전의 수미(收米) 조항은 중앙의 미곡 확보에 크게 기여했던 것으로 보인다.

이러한 여러 조치로 인해 태종대 국가의 비축곡은 비약적으로 증가했다. 태종 3년경 거의 바닥을 보였던 저치곡(儲置穀)은 태종 9년경 서울에 25만 석, 외방에 122만 석에 달하게 되었고,[26] 태종 13년에는 전국의 비축곡이 356만 석,[27] 태종 17년경에는 400만 석을 상회하게 되었다.[28] 태종 집권 10여 년 만에 수십 년의 비축을 가진 국가로 변모했던 것이다.

이와 더불어 군역 자원의 확대 정책도 시행되었다. 다만 군역 자원의 확대는 미곡과 같이 다양한 정책이 가시적으로 시행된 것은 아니었다. 그러나 태조~태종대 실록상에서 산견되는 호구의 수와 군역자의 수를 확인해보면 군역 자원의 확대 정책이 꾸준히 시행되었음을 확인할 수 있다.

우선 태조 2년(1393), 건국 이후 최초의 군적 보고에서 병력의 수는 총 200,800명이었고, 자제를 비롯한 향리(鄕吏)와 역리(驛吏), 유역자(有役者) 수는 100,500명이었다.[29] 그런데 이는 서북면과 동북면을 제외한 수치로, 조선 전체의 병력을 포괄하는 수가 아니었다. 다시금 조선의 병력 규모를 확인할 수

---

25 『太宗實錄』卷1, 원년 5월 3일 辛卯; 『太宗實錄』卷1, 원년, 8월 2일 戊午; 『太宗實錄』卷2, 원년 12월 20일 甲戌.

26 『太宗實錄』卷17, 9년 1월 18일 辛酉.

27 『太宗實錄』卷26, 13년 8월 6일 壬子.

28 『太宗實錄』卷34, 17년 7월 20일 癸酉.

29 『太祖實錄』卷3, 2년 5월 26일 庚午.

있는 것은 태종 3년(1403)의 기록으로, 이에 의하면 중외 총 병력은 296,310명이었다.[30] 약 10년 동안 군역자의 수가 9만 명 가까이 증가한 것이다.

다만 태종 3년의 기록에는 서북면과 동북면의 수가 포함되어 있어서, 이 9만 명의 증가를 두 지역의 군역 자원의 수로 파악할 수도 있다. 그러나 태종 4년과 6년 두 차례 기록된 전국의 호구수를 살펴보면[31] 두 지역의 구(口)는 약 8만 명으로 나타나고 있어, 두 지역의 자연 합산만으로 9만 명의 증가를 설명할 수 없다. 게다가 태종 4년과 6년 호구 기록에는 서북면과 동북면을 제외한 나머지 6도 지역의 구(口)의 총합도 28만으로, 과거 태조대 30만을 능가했던 국역자의 수에 비해 다소 감소했다.

위의 수치들을 정합적으로 이해해보면 아래와 같은 추론이 가능하다. 즉 태조 집권 이후 30만 이상이던 전국 군역자 수는 봉족제의 시행과 같은 호(戶)의 구성을 내실화하는 정책에 따라 다소 감소했다. 이후 서북면과 동북면의 국역자 통계가 조사되면서 전체 국역자 수는 36만 명에 이르게 되었고, 그중 약 30만 명 정도가 군역을 담당하게 되었던 것이다. 태조대 전체 국역인 중 2/3 정도가 군역을 담당했던 것에 비해 태종대에 이르면 5/6에 달하는 사람들이 군역을 담당하게 되었다.

이러한 군역 재편 과정에서 약 3만 5천 정도의 비군역자들이 군역자로 전환되었다. 앞서 태조 2년경 자제, 향리, 역리, 유역인 계층이 약 10만이었는데, 이들 중 자제는 관원의 식솔을 언급하므로 그 수가 많지 않았을 것이며 향리의 경우 2만 명 내외, 역리의 경우는 1만 명 내외로 추론된다. 따라서 여러 유역인 계층이 대략 7만 내외였던 셈인데, 그중 절반인 3만 5천이 군

---

30 『太宗實錄』卷5, 3년 5월 30일 丙午.

31 『太宗實錄』卷7, 4년 4월 25일 乙未; 『太宗實錄』卷12, 6년 10월 30일 丙辰.

역자로 전환되었다고 생각된다. 여기에 서북면과 동북면에서 군역자로 전환된 유역인의 수까지 더하면 대략 그 수는 4만~5만 명에 달할 것으로 추정된다.[32]

그런데 여기서 말하는 유역인이란 특정 귀속처에 직접적인 노동력을 제공하거나 특정 물종을 생산하여 공물로 납입하는 정역호를 지칭하는 것으로 추론된다. 즉 태조~태종대 추진된 군역 계층의 확대 과정에서 과거 정역호 계층의 절반 혹은 그 이상이 군역자로 편성되었던 것이다.

이와 같이 태종대에 의욕적으로 추진된 미곡 및 군역자 확보 정책은 상당히 성공적으로 수행되었다. 그런데 이러한 정책 추진은 또 다른 문제를 낳았다. 바로 공물 수급의 문제였다. 앞서 필자는 조선 초 공물 수취가 상요·잡공, 정역호, 전세공물 등 다양한 방식으로 존재했다고 언급한 바 있는데, 미곡과 군역자 확보를 위한 정책 추진 과정에서 정역호 및 전세공물 위전의 수가 급감했다. 대략 15만 결의 위전과 4만~5만 명의 정역호가 납입하던 공물을 조달하지 못하게 된 것이다.

이런 상황에 이르자 태종 집권 중반경부터 공안 개정을 통한 공물 증액이 건의되기 시작했다. 전세공물 및 정역호 공물의 부족분을 각관공물의 형태로 각 군현에 분정하자는 것이었다. 이를 위해서는 공물 수취 장부인 공안 개정이 필수적이었기에, 태종 11년 호조판서 박신(朴信)의 건의 이후 지속적으로 공안 개정의 요구가 이루어졌다.[33] 태종은 당시에는 미온적인 태도를 보였으

---

32 당시 향리나 역리 수에 대한 추정과 정역호 중 군역자로 전환된 사람들의 수치에 대한 추정은 소순규, 앞의 글, 81~92쪽 참조.

33 『太宗實錄』卷21, 11년 6월 4일 癸巳;『太宗實錄』卷27, 14년 6월 13일 甲寅;『太宗實錄』卷29, 15년 4월 20일 丁亥;『太宗實錄』卷33, 17년 윤5월 28일 癸未.

나 결국 세종에게 양위하기 직전 공안 개정을 위한 공부상정색(貢賦詳定色)을 설치하고 공안 개정을 추진했다.[34] 이 작업은 세종이 즉위한 이후 마무리되었으며, 당시 만들어진 세종 공안은 이후 세조대 을유 공안이 수립되기 전까지 조선 공납제 운영의 토대로 기능했다.

이 과정은 결국 고려 말 조선 초 복잡한 형태로 운영되었던 공납제가 상요·잡공을 계승한 각관공물을 중심으로 재편되었음을 의미한다. 조선시대 각관공물은 과거의 전세공물, 정역호 공물의 수취량까지 포함하여 대폭 확대되었으며, 물종 역시 과거에 비해 다양해졌던 것으로 보인다. 그에 따라 각관공물은 토지에 대한 수세인 전세, 신(身)에 대한 수세인 역과 호(戶)에 대한 세목으로 확고한 위상을 정립했다. 이러한 전세, 공물, 역에 대한 수세는 당나라의 조(租)·용(庸)·조(調)에 비견되는 것으로 이해되었다.

비록 태종대 재정 정책의 결과 공납제는 과거와 달리 큰 변화를 겪게 되었으나, 핵심적인 재정 구조는 오히려 계승·강화된 측면이 있었다. 각 관서의 경상비 지출을 공물을 통해 조달하는 시스템은 각관공물 중심으로 재편된 공납제 아래서도 여전히 유효했던 것이다. 이 구조는 비단 태종대 이후뿐아니라 대동법 시행 이전까지 조선의 기본적인 재정 구조로 기능했다. 고려 말부터 조선시대에 이르기까지 국가의 중앙재정 운영은 공물을 통한 각 관서의 경상비 조달, 전세를 통한 녹봉 지급과 국가 비축곡 확보라는 양 축을 기초로 움직였다. 그러나 태종~세종대를 제외하고 전세 재정의 운영은 상당한 우여곡절을 겪은 반면, 전자는 꾸준히 국가의 재정 근간으로 기능했다는 점을 고려해보면, 공납을 통한 현물 재정이 고려 후기부터 조선시대 대동법 이전까지 나라 살림의 근간이었다고 할 수 있다.

---

34 『世宗實錄』卷1, 즉위년 9월 24일 辛未.

5. 왕조 교체에 가린 재정 구조의 연속성

이상으로 조선 건국을 전후한 시기의 재정 구조를 간략하게 분석해보았다. 오늘날 연구 성과들이 전제 개혁의 성과와 영향력을 강조하면서 새로운 왕조의 개혁성을 강조하고 있지만, 실상 두 왕조의 기본적인 재정 구조는 공물을 통한 관서의 경상비 조달이라는 측면에서 강한 연속성을 드러낸다. 때문에 새로운 왕조는 전제 개혁을 거치고도 원활한 미곡 확보에 실패했지만, 이 미곡 확보의 난항은 국가의 체제의 위기로 이어지지 않았다.

공물을 중심으로 한 국가 경상비 조달 구조는 적어도 고려 후기에 정착된 것으로 생각된다. 12세기 고려 사회 내부의 변화와 이후 이어진 국제 정세의 변화 등은 상요·잡공, 정역호 공물, 전세공물 등 각종 공물 수취 제도를 신설하는 계기가 되었고, 이들은 점차 수취량을 늘려가며 국가의 재정 운영에서 큰 비중을 차지했다. 조선은 건국 당시 이러한 공납제를 그대로 계승했다.

공납제의 구조에 일정한 변동이 생긴 것은 조선 태종대부터였다. 미곡과 군역 자원 확보를 위한 재정 개혁은 종래 토지와 역(役)을 근거로 수취하던 공물의 수취량을 감소시켰다. 그에 따라 과거의 상요·잡공을 계승한 각관공물을 중심으로 공납제가 재편되었다. 그러나 이러한 재정개혁에도 불구하고 개별 관서의 경상비 조달이 공물을 통해 이루어지는 구조는 그대로 계승되었으며, 이 구조는 대동법 수립 이전까지 유지되었다.

제3부
세계 인식과 국제 관계

13~15세기 천하질서와 국가 정체성

| 최종석 |

1. 원 복속기, 에피스테메적 분기점

　필자의 그간 연구 작업은 고려에서 조선으로의 왕조 교체를 연속성의 관점에서 파악하고자 한 데서 이루어진 것이라고 보기 어렵다. 좀 더 정확히 말하면, 이와 같은 관점에 주의를 기울이면서 연구한 적이 없다. 하지만 의도하지는 않았어도 결과적으로 필자가 해온 작업은 이러한 관점과 무관하지 않다고 할 수 있다. 고려 말기와 조선 초기의 역사상은 원 복속기를 분수령으로 한 사회구조적, 인식론적 전환의 자장 내에서 전개되었다고 파악한 문제의식 아래 연구 작업을 진행해왔기 때문이다. 왕조 교체가 크고 작은 변화들을 야기했으며 조선 개창 이후 각 방면에서 문물제도의 정비가 이루어졌음은 논란의 여지가 없는 사실이기는 하다. 필자는 그런 변화들을 간과하거나 과소평가하지 않되 거시적이고 통시대적인 관점에서 그 변화들이 원 복속기를 분기점으로 하여 전환된 사회구조와 세계관 내에서 발생했다고 보아왔다.

이 글은 그간 연구 작업의 연장선상에서 중국적 천하질서(화이질서) 아래 국가가 자기정체성을 설정하는 방식이 원 복속기를 새로운 분기점으로 하여 변화해간 양상과 그 맥락을 추적해볼 것이다. 특히 그 변화의 면모는 대내 방면에서 더욱 뚜렷이 노정되기에, 대내 방면에서 자기정체성의 설정 방식이 변화해간 모습에 주목할 것이다. 먼저, 국가의 자기정체성 설정 방식 면에서 고려 전기[1]의 특징을 간략히 짚어보도록 하겠다.

2. 천하질서로의 외면적 포섭과 독자성의 향유

고려 전기에는 국가 위상과 직결되는 국왕의 위상이 원 복속 이후와 확연히 달랐다. 국왕의 대내적 위상이 대외적 위상과 같지 않았는데, 이는 원 복속 이후로 대내외의 위상이 동일한 모습과는 분명 달랐다. 원 복속 이후로 국왕의 대내외 위상이 동일하게 된 것은 대외적인 위상이 대내 방면에까지 구현되면서였다. 고려 전기에 국왕은 대외적으로는 황제(천자)의 신하이면서 동시에 자신의 영토와 신민을 보유한 군주(신하＋군주)인 데 비해, 대내적으로는 군주의 위상만을 지녔다.[2] 이처럼 대내외 방면 간에 국왕의 위상은 상이했다. 대외 방면에서 '신하＋군주'의 위상은 고려가 자신보다 대국인 중국 왕조[3]와 관계를 맺고 이어 나가는 과정에서 그러한 위상을 수용해야 했던 데로

---

1 이 글에서 고려 전기란 원 복속 이전 시기를 의미한다.
2 특정 연구를 지목할 수 없을 만큼 고려 전기의 대외 관계를 다룬 연구는 이러한 사실을 지적하거나 전제해왔다.
3 이 글에서 중국 왕조는 중국 영토의 일부 또는 전체를 차지한 이른바 정복왕조도 포함하는 용어이다.

부터 비롯됐다. 이런 위상을 수용하지 않았다면 고려는 국경을 접하거나 인근에 위치한 대국인 중국 왕조와 상시적 갈등 상태, 심한 경우에는 전쟁 상태에 빠지게 될 것이므로 그 수용은 '보국(保國)'의 차원에서 선택의 여지가 없었다. 그런데 대외적으로 '신하+군주' 위상의 수용이 불가피했다는 사실이 곧바로 당시 국왕이 보국을 위해 굴욕감을 억누른 채 황제(천자)의 신하를 칭했다고 보는 식의 이해를 뒷받침해주는 것은 아니다. 이런 이해 방식은 당대인의 감각과는 꽤 거리가 있다. 당시 대외 방면에서 '신하+군주' 위상의 수용은 현대를 살아가는 우리의 감각과 달리 '불평등한' 행위로 인식되지 않았기 때문이다.

근대와 달리 전근대 동아시아 세계에서는 국가주권 평등의 이념·가치가 부재했고, 대국과 소국의 상하 차등적 관계는 '자연스러운' 것이었다. 전근대 동아시아 세계에서 대국과 소국은 군신 관계로 상하 차등을 형성했으므로 소국이 대국의 신하 위치에 서는 것을 두고 '불평등'하다는 식의 감각은 작동하지 않았다.[4] 물론 이 군신 관계는 천자와 그 조정 신하의 관계도 아니요, 천자와 그 직할 통치 영역 내에 분봉된 제후(신하)의 관계도 아니었다. 천자와 맺는 관계는 외국의 군주이면서 제후(신하)인, 당시 용어로는 외신제후(外臣諸侯)·외복제후(外服諸侯)로서였다.

중국 왕조의 황제(천자)와 주변 외국 군주의 군신 관계는 외교 공간이라는 무대에서 각종 의례와 (외교)문서들을 통해 실현·재생산되었다.[5] 즉, 황제(천

---

4 이용희, 『일반국제정치학 (상)』, 박영사, 1962; 권선홍, 『전통시대 동아시아 국제관계』, 부산외국어대학교출판부, 2004; 권선홍, 「유교의 '禮' 규범에서 본 전통시대 동아시아 국제관계」, 『한국정치외교사논총』 35-2, 2014; 전재성, 『동아시아국제정치—역사에서 이론으로』, 동아시아연구원, 2011 참조.

5 金子修一, 『隋唐の國際秩序と東アジア』, 名著刊行會, 2001; 檀上寬, 『天下と天朝の中国

자)와 외국 군주는 외교 공간에서 각각을 '군주'와 '신하'로 규정하는 각종 의례들을 실천하고 (외교)문서들을 예법에 맞게 작성하는 행위를 통해 군신 관계를 구현해 나갔다. 중국 입장에서 주변 국가들을 대상으로 한 군신 의례의 적용은 내정간섭이나 영토화를 목적으로 한 것이 아니라, 이를 매개로 중국적 세계관(화이질서)에서 비롯된 '천자가 이적(夷狄) 세계를 포함한 천하를 통치한다'라는 염원을 '형식적으로나마' 성취하고자 하는 성격의 일이었다. 따라서 주변 소국들의 군주는 자국 내에서 독자적 통치를 실행하는 것과 별개의 차원인 외교라는 공간에서 군신 의례의 실행을 통해 대국인 중국과 평화적으로 공존할 수 있었다.[6] 달리 말해, 당대적 맥락에서 중국 주변의 소국은 국내 방면에서 왕조의 독자성을 갖는 한편 대외 방면에서 군신 의례의 실천을 갈등 없이 병행할 수 있었고, 오히려 양자는 기본적으로 조응 관계에 있었다고까지 말할 수 있다.[7]

고려도 다르지 않았다. 당시 고려는 특별한 상황이 아니라면 대외 현장에서 후주 등의 오대(五代) 왕조→송→거란→금에게 신하의 예를 다했다. 그렇게 했기에 이들 왕조(국가)와 평화적 관계를 맺고 공존할 수 있었다. 현재를 살아가는 우리의 눈에는 '불평등한' 관계로 비쳐지겠지만 말이다.

반면, 원 복속 이전까지는 황제(천자)의 신하라는 위상이 국내에는 구현되지 않았다. 국내에서의 위상을 상징적으로 보여주는 '조하(朝賀) 의례'는 이

史」, 岩波新書, 2016; 정동훈, 「高麗時代 外交文書 研究」, 서울대학교 국사학과 박사학위논문, 2016 참조.

6 이성규, 「中華帝國의 팽창과 축소―그 이념과 실제」, 『역사학보』 186, 2005; 岩井茂樹, 「明代中國の禮制覇權主義と東アジアの秩序」, 『東洋文化』 85, 2005 참조.

7 권선홍, 앞의 글; 최종석, 「현종대 고려-거란 관계와 외교 의례」, 『동국사학』 60, 2016.

점을 명확히 알려준다.[8] 조하 의례란 새해 첫날인 정조(正朝), 동지, 군주의 탄일 등 명절에 신하가 조정에 나아가 군주에게 하례를 올리는—군주의 입장에서 보면 신하의 경하를 받는—예식으로, 고려 성종이 당대(唐代)의 예식을 수용한 이후 고려에서 줄곧 시행해온 행사이다. 원 복속 이전 시기까지 고려 국왕은 중국의 황제(천자)와 마찬가지로 정조, 동지, 자신의 생일에 신하들에게서 경하를 받는 예식인 수조하(受朝賀)를 향유했다. 그때까지만 하더라도 조하 의례에는 군주의 위상만 구현되었으나, 원 복속기 이후로는 해당 의례에서 황제(천자)의 신하라는 위상까지 구현되었다.

원 복속 이전 시기에는 황제(천자)의 신하라는 위상이 국내에서 관철되지 않았다는 말인데, 비교사적 지평에서 보자면 이는 특별하다기보다는 오히려 일반적이었다. 간과하기 쉽지만 동아시아 문명권에서 국내적으로 신하의 위상이 관철된 최초의 사례는 고려였다. 원 복속 이전에는 황제(천자)의 신하라는 위상이 국내에서 관철되지 않았다고 했는데, 애초 황제(천자)의 신하라는 위상이 국내에까지 관철된다고 하는 개념은 없었다. 당대의 맥락에서 보자면, 당시 고려는 중국 왕조와 별개로 굴러가면서 독자성을 누리는 와중에 대국인 중국 왕조와 물리적 마찰 없이 공존하기 위해 외교 현장에 한해 중국 측이 마련한 군신 의례를 수용했다고 보는 편이 사실과 가까울 것이다.

고려 전기에는 국내에서 군주의 위상만 구현된 것과 맞물려 제후국 체제도 운용되지 않았다. 국내에서는 제후의 위상을 견지하고 그에 걸맞은 체제를 운영해야 한다는 의식이 미미하거나 부재했던 까닭에, 황제(천자)의 제후(국)라는 대외 위상에 상응한 제후국 체제는 국내적으로 성립·운용된 적이 없

---

8 이하 조하 의례에 관한 서술은 최종석, 「고려시대 朝賀儀 의례 구조의 변동과 국가 위상」, 『한국문화』 51, 2010을 토대로 했다.

었다. 그로 인해 원 복속 이전 시기에는 대내외 방면이 상이한 이중 체제가 운영되었다. 그러한 이중 체제는 대외적으로는 왕국에 머물면서 내부적으로는 황제 체제를 운영하는 '외왕내제(外王內帝)'의 체제라고 흔히 알려져 있지만, 실상은 그렇지 않았다. 국내에서 운용된 국제(國制)는 황제국 체제가 아니었다.

'외왕내제' 체제를 운용한 베트남과 달리, 원 복속 이전의 고려에서는 국내적으로 황제국 체제와 제후국 체제 중 어느 하나에만 해당하지 않는 '독특한' 체제가 작동되고 있었다. 즉, 상당 부문에서 황제 제도가 운용되면서도 정작 고려 군주의 공식 위호(位號)는 '왕'이었고,[9] 황제 제도와 제후 제도를 적잖게 혼용했으며, 황태자도 왕세자도 아닌 '왕태자' 식으로 왕과 황제의 위격이 모순적으로 공존하는 용어도 드물지 않게 사용되었다. 이 외에도 일부 황제 제도들은 일관되게 운영되지 못하여 제후국의 용례들이 섞여들기도 했으니, 예컨대 황제 제도인 '선지(宣旨: 군주의 명령)'가 한결같이 사용되어오다가 원 복속기에 이르러 제후 제도인 '왕지(王旨)'로 바뀌는 것이 아니라 원 복속기 이전에도 이미 '왕지'가 사용되곤 했다. 아울러 제후의 명령문서인 '교서'에서 황제가 자신을 일컫는 말인 '짐'이 사용되기도 하고, '선지'에서 제후가 자신을 일컫는 말인 '과인'이 사용되기도 했으며, 심지어 한 문서 내에서 '짐'과 '과인'이 혼용되기도 하는 등, 다른 시기였다면 매우 '어색했을' 조합이 심심찮게 확인된다.[10]

이처럼 원 복속 이전의 고려가 베트남과 달리 '온전한' 황제국 체제를 운

---

9 박재우, 「고려 君主의 국제적 위상」, 『한국사학보』 20, 2005.

10 이상 고려 전기의 국제 운영 양상은 최종석, 「베트남 外王內帝 체제와의 비교를 통해 본 고려 전기 이중체제의 양상」, 『진단학보』 125, 2015를 참조했다.

영하지 않은 것은 당시 자기정체성의 일단을 노정한다고 하겠다. 고려의 이러한 행보는 베트남과 다르게 목적의식적으로 황제국 체제를 지향·운용하지 않았기 때문일 것이다. 당시 고려는 국내에서조차 자신이 중국과 다름없는 황제국이라고 하는 식의 인식을 뚜렷이 견지하고 있지 못했던 셈이다. 베트남은 천여 년에 걸쳐 중국의 직접 지배를 받은 경험이 있었던 데다, 독립한 뒤에도 중국으로부터 빈번히 무력 침략을 받거나 그 가능성에 촉각을 곤두세우곤 했기에, 일종의 피해의식과도 같이 중국에 대한 저항 정신이 강했고 중국을 과도하게 의식하는 면이 있었다. 그런 인식적 환경에서 중국을 대상으로 강렬한 대등 의식이 표출되고 황제국 체제가 운영되었다고 할 수 있다.[11] 고려의 경우 피해의식이건 다른 무엇이건, 중국과 맞서는 대등 의식을 추동할 만한 것이 존재하지 않았고, 이와 맞물려서 황제국 체제에 대한 목적의식적 지향도 부재했다.[12]

이렇듯 당시 고려에는 전반적으로 황제국 제도가 많이 활용되기는 했지만 황제국 체제와 제후국 체제 가운데 어느 하나를 일관적·목적의식적으로 지향하는 움직임이 없었고, '체제'라는 용어를 사용하기에도 민망할 정도로 혼종적 양상이 나타나고 있었다.[13] 국제 운용의 양상은 당시 고려가 자기정

---

11 山本達郞 編, 『ベトナム中國關係史 ― 曲氏の擡頭から淸佛戰爭まで』, 山川出版社, 1975; 桃木至朗, 『中世大越國家の成立と變容』, 大阪大學出版會, 2011 참조.

12 최종석, 「15세기 조선-명 관계의 이해에서 고려할 몇 가지 지점들」, 『조선시대 조공책봉 체제의 의미와 전망』(한국역사연구회·UBC 공동 워크숍), 2014 중 '4. 국가 체제에 대한 감각과 인식론적 단절' 참조.

13 그동안 국제를 논할 때 이른바 보수적·사대주의적 성격의 제후국 체제와 자주적 성격의 황제국 체제 가운데 하나를 선택하거나 일부의 황제 제도(제후 제도)를 토대로 황제국 체제(제후국 체제)를 상정하는 경향이 강했는데, 실제 고려에서 운용되었던 국제는 우리에게 역사적 상상력의 지평을 확대할 것을 촉구하고 있다.

체성의 측면에서 특정한 무엇을 이념적·목적의식적으로 지향하는 면모가 부재하다시피 하였음을 말해주고 있다. 달리 말해, 국내 방면에서는 제후국이라는 정체성도 황제국이라는 정체성도 뚜렷하지 않았다고 할 수 있다. 그렇다고 뚜렷한 제3의 무언가가 있었다고 보기도 어렵다.

국왕(국가)의 위상 또한 자기정체성 측면에서 국제와 다를 바 없는 면모를 노정하였다고 할 수 있다. 대외 방면의 사대 행위 또는 '신하＋군주' 위상의 자처는 한결같고 철저해 보이기는 하지만, 이러한 면모는 이를 목적의식적으로 지향하거나 제후의 위상을 견지해서가 아니라, 중국 왕조와의 관계 성립과 존속의 전제로서 정해진 규약을 이행한 결과였다. 이 점은 그런 규약이 기능하지 못하는 국내 방면에서 '신하＋군주'(제후) 위상이 사실상 의미를 갖지 못한 것을 통해 단적으로 드러난다. 따라서 대외 방면에서는 제후라는 정체성의 그물망으로부터 자유로울 수 없었을 터이지만, 고려가 수동적이고 형식적으로 '신하＋군주'(제후) 위상을 수용했다고 할 때, 그러한 정체성이 대외 방면에서조차 뚜렷이 각인되고 있었을지는 회의적이다.

미약하기는 해도 '신하＋군주'라는 정체성이 의미를 지닌 대외 방면과 달리, 대내 방면에서는 대국인 중국 왕조와 평화적으로 공존하기 위해 주어진 의례와 규약을 준수해야 할 필요도 없었고, 중국 왕조 및 중국을 중심으로 한 천하질서를 별달리 의식하지도 않았으며, 게다가 이러한 질서 속에서 자신의 정체성을 설정하려 들지도 않다보니, 황제(천자)의 신하이면서 군주라는 정체성은 사실상 부재하였다고 할 수 있다. 그렇다고 중국의 황제를 의식하면서 그와 대등한 위상을 확보하고자 하는 자기정체성이 일관되게 발현된 것도 아니었다. 즉, 군주의 위상만이 구현된 국내 방면의 국왕 위상은 자기정체성 측면에서 중국 황제의 제후로도, 또한 중국 황제와 대등한 지위의 황제(천자)로도 수렴되지 않는, 다시 말해 특정한 형태로 구체화되지 않은 것이었다. 중국과 구분되는 독자성을 확보해야 한다는 식의 사고가 필요 없을 정도로 독자성이 당연시되는 지적 환경 속에서 중국과 병존하는 독자적 국가(왕조)라는 자기정체성은 존재했겠으나, 다만 특정한 형태로 일관되게 구체화되지 않았다고 하겠다. 예컨대 당시 국왕의 공식 위호는 '왕'이었는데, 여기서 '왕'은 황제(천자)가 수여한 작위로서의 '왕'(정확히는 '고려국왕')이 아니라 중국과 별개의 독자 국가인 고려의 최고 통치자를 의미하는 것이었다. 경우에 따라 왕 대신 천자·황제의 위호가 사용되기도 했고, 반대로 낮은 위상의 전하가 사용되기도 했는데, 이는 그 시대의 지적 분위기에서 전혀 이상한 일이 못 되었다.

마지막으로 원 복속 이전 고려인의 시각에서 아래의 조선 초기 기록들을 살펴보자.

> ① 임금(태조)이 백관을 거느리고 성절(聖節)의 하례를 의식대로 행했다.
>
> ― 『태조실록』 권8, 태조 4년 9월 18일(기유).
>
> ② 예조에서 원단(圓壇) 제도를 올리니, 임금(태종)이 말했다. "제후로서 천지에 제사함은 예(禮)가 아니다. 원구제는 다만 전조(前朝: 고려)의 참월한 제도를 그대로 좇아 아직 고치지 못한 것일 따름이다. 마땅히 역대의 예문(禮文)을 상고하여 아뢰어라."
>
> ― 『태종실록』 권24, 태종 12년 8월 25일(정축).

국왕이 자신의 통치 공간인 궁궐에서 신료들을 대동하고 황제의 생신을 경하하는 신례(臣禮)를 거행한다거나①, 국왕이 신하들을 상대로 자신을 제후로 설정하면서 명분에 어긋나게 천지에 제사를 지내는 일은 못하겠다고 말하거나② 하는 것은, 원 복속 이전의 고려인에게는 너무나도 낯선 광경일 것이다. 그뿐 아니라 해당 사안과 관련하여 천자국인 명으로부터 간섭이나 강요가 없었다는 사실을 안다면, 고려인들은 무척이나 놀라고 의아했을 것이다. 원 복속 이전 고려인의 눈앞에는 거대한 인식론적 단절(epistemological break)의 벽이 놓여 있던 셈인데, 이제부터는 어떤 계기와 과정을 통해 이런 벽이 만들어지게 되었는지를 해명해보도록 하겠다.

3. 몽골과의 의도치 않은 '혼일'과
그 현실의 이데올로기적 수습

인식론적 단절의 벽이 세워진 계기는 몽골(원)에의 복속이었다. 독자적인 국가로서 대외 방면에 한해 중국 왕조와 군신 의례를 매개로 결합되어온 종래의 방식과 달리, 몽골(원) 복속 이후 고려는 몽골(원)의 외국이라는 위상을 지니고 있으면서도[14] 몽골(원)과 '혼일(混一)'되었다고 할 정도로 국내에서조차 몽골(원) 및 그 지배와 유리되지 않았는데, 바로 그런 환경 속에서 자기정체성을 설정하는 방식에 큰 변환이 발생한 것이다.

원 복속기의 국왕(국가) 위상은 어떻게 전환되었는가? 이전 시기와 달리 대내외 공히 황제(천자)의 신하이면서 자신의 영토와 신민을 보유한 군주가 되었다. 조하 의례는 그 사실을 잘 보여준다. 국왕을 기준으로 하자면, 정조(正朝)에는 멀리 떨어진 황제의 궁궐을 바라보면서 경하를 올리는 예식인 요하(遙賀) 의례와 자신의 신하들로부터 경하를 받는 예식인 수조하 예식을 병

---

14 『고려사절요』 권19, 충렬왕 1년 5월; 『고려사』 권33, 충선왕 2년 7월 을미; 『牧庵集』 권3, 高麗藩王詩序.

행했고, 황제(천자)의 탄일인 성절에는 요하 의례만을, 동지와 자신의 탄일에는 수조하 의례만을 거행했다. 원에 복속되기 전과는 다르게 고려국왕은 경하를 받는 위치에만 있지 않고 스스로 경하를 올려야 하는 위치에 서게 된 것이다. 정조·동지·탄일에는 전처럼 신하들에게서 경하를 받았지만, 황제(천자)가 신하들에게서 하례를 받는 정조·성절에는 국왕이라도 신하의 위치에서 황제(천자)를 향해 요하 의례를 거행했다.[15] 특히 정조 때는 황제(천자)의 신하이면서 군주로서의 면모가 잘 드러났다. 동지와 탄일에는 군주의 위상만이, 성절에는 신하의 위상만이 노정된 것과 달리, 정조에는 신하의 위상에서 요하 의례를 행한 다음 다시 군주의 위상에서 신하들의 경하를 받았다. 그날 아침에 먼저 자포(紫袍)를 입고 요하 의례를 행한 뒤 황포(黃袍)로 환복하고 경하를 받은 사실은 신하에서 군주로의 위상 전환을 시각적·상징적으로 보여준다.[16]

요하 의례 시에 국왕이 신하들을 대동하고 의례를 거행한 사실은, 신하의 입장에서 보자면 자신들이 국내에서도 배신(陪臣), 즉 황제(천자)의 신하의 신하가 되었음을 의미한다. 이전에는 사신으로서 황제(천자)의 조정에 갔을 때만 의미가 있던 배신의 위상이 원 복속기에 들어서는 국내에서도 의미를 갖게 된 것이다.

국내에서도 '신하＋군주'와 배신의 위상이 구현되었는데, 변화는 의례적 차원에만 머물지 않았다. 원 복속기에는 국내에서조차 최고 통치권자로서 황제(천자)의 위상이 구현되었을 정도로—비록 제도적이거나 일관적이지는 않더라도—몽골(원)의 지배권이 고려 내에 행사되기도 했고 국왕의 통치권을

---

15 원은 몽골의 관습에 따라 동지에는 조하 의례를 거행하지 않았다.

16 최종석, 앞의 글, 2010 참조.

제약하기도 했다. 또한 몽골(원)의 관부라고 할 수 있는 정동행성 등이 설치되어 황제(천자) 조정의 신하들이 곳곳에 포진했다. 이렇듯 국내에서조차 '신하+군주'와 배신의 위상이 실제로 구현될 수 있는 정치 환경이 만들어졌다. 이를테면 고려국왕의 신하들이 정동행성 등에서 복무하는 황제(천자) 조정의 신하들과 대화할 경우에 자신의 위상을 설정해야 할 때는 황제(천자)를 기준으로 스스로를 가리켜 '배신'이라 칭해야 했을 것이다. 이런 경험은 결코 드물지 않았을 것이다.[17]

원 복속기 국왕의 위상 전환은 대내외 공히 황제(천자)의 신하이면서 자신의 영토와 신민을 보유한 군주라는 데만 있지 않았다. 정동행성의 승상이자 황실의 부마라는 새롭고도 이질적인 위상이 부가되었던 것이다.[18] 충렬왕 이래로 고려국왕은 정동행성 승상을 당연직으로 겸했다. 정동행성은 몽골(원) 황제 직할령 내의 행성들과 분명 다르기는 하지만 몽골(원)의 관부라는 성격을 지녔다.[19] 그러므로 고려국왕이 정동행성의 최고 장관을 겸직했다는 사실은 곧 몽골(원)제국의 관료라는 위상을 지니기도 했음을 의미한다.

충렬왕은 태자 시절에 세조 쿠빌라이의 친딸인 쿠투루칼리미쉬(제국대장공

---

17 이와 유사한 맥락의 사례로, 몽골(원)의 다루가치인 이익(李益)이 고려 좌창(左倉)의 녹봉 지급을 금지하자 국왕 원종은 이에 항의하면서 '좌창은 배신(陪臣)의 봉록을 관리하는 곳이므로 원의 관인이 관여할 곳이 아니라'고 한 일이 있다. 원 복속기에 국왕은 이익과 같이 고려 내에서 활동하는 몽골(원) 관리와 어떤 이유로든 대화할 일이 많았을 터이므로 위 사례에서 보듯 국왕이 자신의 신하를 배신이라 지칭하는 경우가 적지 않았을 것이다.

18 최근 이에 관한 상세하고 종합적인 연구로 이명미, 『13~14세기 고려·몽골 관계 연구─정동행성승상 부마 고려국왕, 그 복합적 위상에 대한 탐구』, 혜안, 2016 참조.

19 정동행성에 관해서는 고병익, 「征東行省의 研究」, 『東亞交涉史의 研究』, 서울대학교출판부, 1970; 北村秀人, 「高麗における征東行省について」, 『朝鮮學報』 32, 1964; 장동익, 「征東行省의 研究」, 『동방학지』 67, 1990 참조.

주)와 혼인하여 황제의 부마가 되었다. 부왕인 원종이 죽은 뒤 충렬왕은 권좌에 오르면서 국왕이자 동시에 황제의 부마가 되었다. 그런데 태자 왕심(=충렬왕)과 황녀인 쿠투루칼리미쉬의 혼인은 단순히 개인 간 혼사도 아니요, 단발적 성격의 일도 아니었다. 몽골제국에서 통혼은 정치 세력 간의 불안정한 제휴 관계를 끈끈한 가족 관계로 전환시킴으로써 원래는 구분되어 있던 둘 이상의 집단을 장기적으로 혼일시키는 기능을 했는데, 특히 정치집단의 수장 간 통혼에서 그런 의미는 더욱 강해진다. 따라서 태자 왕심과 황녀 쿠투루칼리미쉬의 혼인은 고려 왕실과 몽골(원) 황실이라는 양 정치집단 간에 강한 결속 관계가 성립되었다는 의미를 갖고 있다.[20] 충렬왕 이후의 고려국왕들이 으레 몽골(원) 황실의 딸과 혼인한 것은 그런 이유에서였다. 요컨대, 충렬왕 이래로 고려국왕은 몽골(원) 황실의 부마라는 위상도 함께 지녔던 것이다.

이상에서 알 수 있듯이, 원 복속기 고려국왕은 대내외 공히 작위('고려국왕')를 보유한 (외신)제후이면서 동시에 황제의 관료이자 황실의 부마이기도 했다. 원 복속기에는 국왕(국가) 위상뿐 아니라 국제 또한 큰 폭의 변화를 보였다. 국왕의 국내 위상이 군주에서 '신하＋군주'로 전환된 것과 맞물려 고려의 기존 황제국적 제도는 몽골(원)의 압력으로 제후국 위상에 걸맞게 격하되었고, 황제국 체제라고까지는 할 수 없지만 상당 부분이 황제 제도로 운영되어온 양상은 제후국 체제로 바뀌었다. 예컨대 1276년(충렬왕 2) 3월 몽골(원)은 고려에서 사용하는 '선지', '짐(朕: 황제가 스스로를 이르는 말)', '사(赦: 제왕의 사면)', '주(奏: 황제에게 올리는 글)' 등의 용어가 참월하다며 문제 삼았고, 이에 고려 측은 옛 관례를 그대로 쓰다보니 그렇게 되었을 뿐 명분을 위배할 의도는 전혀 없었다고 해명한 뒤 '선지'는 '왕지'로, '짐'은 '고(孤)'로, '사(赦)'는 '유

---

20 김호동, 『몽골제국과 세계사의 탄생』, 돌베개, 2010; 이명미, 앞의 책.

(宥)'로, '주(奏)'는 '정(呈)'으로 개정했다.[21]

주목해야 할 점은 여기서 확인된 변화들 가운데 어느 것 하나 빠짐없이 우리 역사뿐만 아니라 동아시아 지평에서 보더라도 유례없는 일이었다는 사실이다. 국내에서조차 황제(천자)의 신하이면서 자신의 영토와 신민을 보유한 군주인 데다 (외신)제후에 머물지 않고 황실의 부마이기까지 한 사실은 전례가 없었다. (외신)제후이면서 황제의 관료이기도 한 위상 역시 마찬가지였다. 원 복속 이전의 책봉호에 작위인 '고려국왕' 외에도 문산계, 무산계, 검교직, 훈직, 공신호 등이 포함되기는 했지만,[22] 이는 실제적인 의미가 없었으므로 이것들로 인해 황제(천자)의 관료가 되는 것은 아니었다. 그러나 정동행성 승상은 몽골(원)의 관료 체제에 포섭되어 있었으니, 고려국왕은 승상의 위상을 가지고 몽골(원)의 관부들과 각종 관문서를 주고받았다.[23] 또한 고려국왕의 위상과 별도로 승상으로서 몽골(원)에 진하사(進賀使)를 파견한다든가, 국왕 부재 시에는 왕실 인물이나 특정 관리로 하여금 임시로 정동행성 승상의 역할을 맡도록 했는데(權署征東省事), 이런 사실은 정동행성 승상이 몽골(원)의 관료 체제에 자리하고 있어 '고려국왕'과 별개로 움직이면서 실질적인 기능을 했음을 시사한다. 이 외에도 중국 밖의 외국에서 제후국 체제가 국내에까지 구현된 현상 또한 전례가 없는 일이었다.

우리 역사뿐 아니라 동아시아 지평에서도 유례를 찾아볼 수 없는 이런 변환은 고려보다는 몽골(원)의 주도하에 이루어진 일이 분명하다. 그렇다고 이 변환이 몽골(원)의 의도와 계획에 따라 이루어진 산물은 아니었다. 더 정확히

---

21 『고려사』 권28, 세가 충렬왕 2년 3월 갑신.

22 심재석, 『高麗國王 冊封 硏究』, 혜안, 2002.

23 정동훈, 「高麗-明 外交文書 書式의 성립과 배경」, 『한국사론』 56, 2010 참조.

는 모두가 맹목적이고 우연이라 할 만한 성격을 띠고 있었다. 고려국왕이 황실의 부마가 된 것은 원종 폐위로 인한 태자의 청혼과 몽골 측의 허혼(許婚), 이후 삼별초 항쟁 발발을 계기로 원종의 혼인 제의와 이에 대한 세조 쿠빌라이의 공식 수락을 통해서, 즉 예기치 못한 사건들의 발생과 그 수습의 과정에서 이루어졌다.[24] 또한 고려국왕이 정동행성 승상을 겸하게 된 것도 고려와 몽골(원) 어느 쪽도 이를 사전에 의도하거나 계획하지 않았다. 몽골(원)이 일본 정벌을 위해 고려에 정벌군을 파견하고 정동행성을 설치하자, 고려 내에서 홍차구(洪茶丘) 등 부원(附元) 세력의 영향력이 강화되고 횡포도 심해졌다. 충렬왕은 이들을 제압하고 군주권을 강화하기 위해 직접 행성사(行省事)를 맡아보겠다고 세조 쿠빌라이에게 제안했는데, 쿠빌라이가 이를 수용하면서 고려국왕이 정동행성 승상직을 맡게 된 것이다.

한편, 국내적으로도 '신하+군주' 위상이 구현되고 제후국 체제가 실현된 것은 후대의 조선 유자의 눈에는 유교적 당위·명분에 걸맞은 모습으로 변모한 것이라고 비쳐질 수도 있겠지만, 실제로 그런 목적과 지향 속에서 이루어진 일은 아니었다. 이들 또한 우발적 차원에서 이루어졌다. 원 복속기에 들어 제후국 체제로의 변모(국내에서 제후 위상의 구현)는 몽골(원)이 고려 국내에까지 (책봉)제후의 위상을 관철하고자 한 결과이기는 하다. 그러나 그 변화는 애초부터 몽골(원)이 고려국왕의 국내적 위상을 본래의 당위와 명분에 걸맞게 (책봉)제후로 조정하고자 한 의도에서 비롯되지 않았다. 이들 변환은 몽골적 요인과 유교문화적 요인의 의도치 않은 접목의 산물이었다.[25] 간단히 설명하

---

24 김호동, 『몽골제국과 고려—쿠빌라이 정권의 탄생과 고려의 정치적 위상』, 서울대학교 출판부, 2007.

25 원 복속기에 들어 제후국 체제로의 변모(국내에서조차 제후 위상의 구현)가 몽골적인

제후(國) 명분에 '온전히' 걸맞은 제도의 운영은 사실상 불가능에 가까운 수많은 난제들을 해결해야 가능한 일이었다.[29] 지향만 가지면 자동적으로 온전한 제후국 체제를 운영할 수 있다고 생각하기 쉽지만 실제는 전혀 달랐다. 무엇보다 제후국의 제도와 예제는 황제국의 그것과 달리 미비하거나 애매모호한 부분들이 적지 않아서 제대로 운영하기가 힘들었다. '조서-교서', '폐하-전하', '만세-천세' 조합과 같이 황제국제와 제후국제 각각에 부합하는 용어나 양식이 마련되어 있는 경우도 있었지만, 황제국제에 해당하는 것은 있는데 그에 대응하는 제후국 명분에 부합할 만한 대상이 사전(事前)에 '명확히' 구비되어 있지 못한 사례가 적지 않았다.

그런 이유에서 제후 명분에 '온전히' 걸맞은 제도를 철저하게 운영하고자 할 때, ① 황제국에서 쓰이는 혹은 사용되었던 제도로, 그것의 제후(國) 버전이 부재하거나 불분명한 경우에는 어떤 식으로 해당 제도를 운용해야 하는지의 문제, ② 기존에 사용해온 제도가 황제에 국한되는 것이 비교적 분명하건만 그 제후국 버전이 존재하지 않거나 불분명하기 때문에, 이를 그대로 사용해도 좋을지 아니면 새로운 '무엇'으로 대체해야 할지, 또 대체한다고 할 때 새로운 '무엇'은 구체적으로 어떤 것이어야 하는지의 문제, ③ 사용되어온 혹은 도입될 황제 제도를 제후국의 명분에 부합되도록 격하한다고 할 때 어느 정도까지 강격해야 하는지가 명료하지 않은 문제 등은 상당한 고심거리가 될 수밖에 없다. 제후라는 위상을 주체적, 자기 신념적으로 수용하고 제후(國) 명분에 온전히 걸맞은 체제를 만들어내고자 하는 내발적 동인이 충만했다면 이들 난제와 씨름하면서 기어코 해답을 도출해냈겠지만, 피동적·형

---

29 최종석, 「『고려사』 세가 편목 설정의 문화사적 함의 탐색」, 『한국사연구』 158, 2012 참조.

세적으로 제후 위상을 받아들였다면 이들 문제를 직면하려고도 하지 않았을 것이다. 더 정확히는 이 문제들이 시야에 들어오지도 않았을 것이다.

원 복속기 제후국 체제의 운영 과정에서 이런 성격의 난제가 부각되거나 이를 놓고 고심한 흔적은 사실상 보이지 않는다. 원 제과(制科)에 합격하여 원의 관원으로 활동했던 전력이 있는 성리학자 최해(崔瀣)조차 몽골(원)에서 파견한 고르기스(闊里吉思)의 개혁 이후 고려에는 더 이상 어떠한 참월한 제도도 운영되지 않았다고 주장했을 만큼,[30] 당시 사람들은 이러한 난제에 놀랄 만큼 무신경했다. 당시 고려는 수동적인 태도로 몽골(원)이 문제 삼거나 문제 삼을 만한 황제국제에 한정하여 제도를 개편하는 경향을 보였다. 고려는 몽골(원)이 개정된 제도를 문제 삼지만 않는다면, 기본적으로 그것이 제후국 명분에 제대로 부합하게 바뀌었는지 여부에 사실상 관심이 없었다. 몽골(원) 측도 고려에 명실상부한 제후국 체제를 이식시키려는 의도를 가졌던 것이 아니고, 몽골적인 요인과 유교문화권의 요인이 의도치 않게 접목되면서 고려 측에 제후국제로 격하하기를 요구했던 것이므로, 온전한 제후국 체제의 구현에는 애초부터 의지도 관심도 없었다. 이를테면 원구제(제천례)는 이러한 지적 분위기 속에서 원 복속기에도 중단 없이 거행되었다.[31] 몽골(원) 측은 제천례인 원구제를 제후국인 고려에서 거행하는 것에 참월하다고 문제시한 적이 없었고, 고려 측도 원구제 거행에 관한 명분상의 문제를 스스로 인식하거나 문제 제기하지 않았다. 조선 초기에는 참월하다는 이유로 꽤나 논란이 되었

---

30 『拙藁千百』권2, 「東人四六序」.

31 원 복속기에도 원구제가 거행되었다는 사실은 다음 연구들을 참조하기 바란다. 奧村周司, 「高麗の圜丘祀天禮と世界觀」, 武田幸男 編, 『朝鮮社會の史的展開と東アジア』, 山川出版社, 1997; 桑野榮治, 「高麗から李朝初期における圓丘壇祭祀の受用と變容—祈雨祭として機能を中心に」, 『朝鮮學報』161, 1996.

고 결국 폐지되기에 이른 원구제가 원 복속기에는 고려와 몽골(원) 어느 쪽에서도 문제되지 않았던 것이다.[32]

이렇듯 고려는 몽골(원) 복속하에서 코페르니쿠스적 전환과도 같은 자기 정체성의 변화를 피동적으로 수용해야 했다. 그런데 이러한 수동적인 수용과는 다른 차원에서 고려의 유자 관료들은 당시의 현실을 자신들의 논리, 즉 유교 이데올로기로 정당화했다. 결론부터 말하자면, 화이 의식을 원안대로 수용하여 당시의 현실을 전유해냈다.[33]

화이 사상이란 중국의 전통적 세계관으로, 천하가 공간적·종족적·문화적 측면에서 중화와 이적으로 구성되어 있다고 보는 인식이다. 화이 사상에 따르면 공간적 측면의 중화, 곧 중국을 통치하는 천자는 유덕자로서 호천상제(昊天上帝)인 천(天)의 명(命)을 받아 '문명 중화'의 중핵에 해당하는 덕(德)·예(禮)를 가지고 중국은 물론이요 천하의 일원인 이적의 세계까지 다스려야(교화해야) 했다. 중화의 천자가 중국뿐 아니라 천하의 일부인 이적의 세계까지 다스려야 한다고 보는 화이 의식·질서는 현실 세계에서는 중국 황제와 주변 국가들 군주를 각각 군주와 신하로 표상하는 책봉-조공 관계를 매개로 구현되었고, 이 관계(의례)에서 중국의 황제는 중화 천자로, 주변 국가의 군주는 이적 세계의 군장으로 간주되었다. 따라서 중국 밖 제국(諸國)이 중국과 책봉-조공 관계를 맺어 나가는 한 그들은 자신을 이적으로 간주하는 화이 사상으로부터 결코 자유로울 수 없었다. 예를 들어 중국 밖 제국의 군주가 중국 황제

---

32 이러한 사실을 감안할 때, 원 복속기에는 제후국 체제가 실현되었다기보다 고려와 몽골(원) 모두에게 그렇게 되었다는 상상이 작용했던 것이라고 볼 수 있겠다.

33 화이 의식을 원안대로 수용하여 원 복속기의 현실을 전유한 것과 관련된 이하의 서술은 최종석, 앞의 글, 2017을 토대로 작성했다.

(천자)에게 보내는 표문에는 중국을 중화·중국으로, 그 주변국을 이적으로 간주하는 언설들이 심심찮게 기재되었다. 중국 밖 제국은 중국과의 관계를 위해 스스로를 이적으로 내세워야 했던 것이다. 설사 이를 원하지 않더라도 말이다.

이처럼 대외 방면에서는 중국을 중화로, 그 주변국을 이적으로 간주하는 화이 의식이 원안대로 중국과 주변 제국에 똑같이 관철되었다. 반면 중국 주변 제국이 국내 방면에서 화이 의식을 활용하는 방식은 다양했다. 예컨대 베트남은 자신을 지역과 종족의 측면에서도 '화(華)'로 놓으며 원안의 화이 사상을 자신의 뜻대로 변형·활용했다.[34] 베트남은 중국과의 책봉–조공 관계 아래서는 스스로를 이적이라 해야 했고 또한 중국으로부터 이적으로 호명되었지만, 자국 내에서는 지역과 종족 범주에까지 중화를 자처한 것이다.

원 복속 이전의 고려가 국내 방면에서 화이 의식을 활용하는 방식은 앞에서 살펴본 국제 운영의 양상과 흡사했다고 할 수 있다. 즉, 그 방식은 일정한 방향으로 수렴되지 않는 특징이 있었다. 현재의 연구 수준은 그 실상을 구체적으로 파악하는 데까지 이르지 못했지만, 어떤 목적과 이념을 가지고 화이 의식을 활용하지는 않았을 터이고, 그 결과 화이 의식의 활용이 어느 한 방향으로 쏠리지도, 또한 체계적이거나 일관적이지도 않았을 것이라는 점만은 비교적 분명하다고 하겠다.[35] 그러다가 원 복속기에 들어서 자신을, 정확히는 지역과 종족의 측면에서 자신을 '이적'으로 보게 되었다. 여기에서 주목되는 점은 '자신을 이(夷)로 간주하는 화이 의식'이 종래와 같이 대외 방면에서

---

34 岩井茂樹, 앞의 글, 2005.

35 원 복속 이전 고려에서 화이 의식의 활용 양상에 관해서는 최종석, 앞의 글, 2017의 2
    장 〈고려 전기 '화이론'의 실체와 '자신을 夷로 간주하는 화이의식'의 부재〉 참조.

소비되는 데 끝나지 않고 국내에서도 통용되었다는 사실이다. 이런 방식으로 화이 의식을 활용하는 양상 또한 동아시아에서 유례가 없었는데, 이는 국왕 위상과 국제 면의 여러 전환상과 달리 피동적으로 받아들이는 차원이 아니라 수용할 수밖에 없는 변화된 현실을 정당화하는 차원에서 등장했다고 판단된다.

여기서 오해하지 말아야 할 점이 있다. 국내에서조차 '자신을 이(夷)로 간주하는 화이 의식'의 소비는 스스로를 중국 주변의 오랑캐로 내세우는 자학적이고 자기비하적인 행위가 아니라는 것이다. 그것은 이적 세계에 있기는 해도 여타 이적들과 달리 보편적 성격의 중화 문명(문화)을 추구·향유한다는 점을 부각하는 차원이었다. 외국이라는 위상이 있기는 했어도 전대와 달리 속국으로서 몽골(원)과 '혼일'되다시피 하여 국왕 위상과 국제 등에서 전례 없는 변화를 수용해야 한 현실에 직면하여, 당시 유자 관료들은 고려가 '보통의 오랑캐(常夷)'와 달리 중화 문명(문화)을 추구·구현한 까닭에 원의 천자를 정점으로 한 천하질서를 수용·긍정시하면서, 동시에 그 내에서 자신의 위상인 이적 세계(중국 밖 외국)의 제후(국)를 망각하지 않고 그 본분을 다하였다고 보았다. 그 결과 당시의 현실이 구현되었다는 식으로 당면의 세계를 해석·전유했다. 원 복속하의 고려는 제국 영내의 직할 영역도 분봉 지역도 아니었지만, 그렇다고 중국의 '외국'임을 강조할 필요도 없이 이것이 당연시되는 상황도 아니었다. 의식하지 않아도 독자성이 자동적으로 확보되는 시절은 과거지사가 되고 만 것이다. 유자 관료들은 화이 의식을 원안대로 수용하여 고려가 중국 밖의 외국(이적 세계)이라고 전제하면서도 중국 중심(정점)의 천하질서 속에서 대내와 대외 방면의 구별 없이 자리하고 있다는 식으로 당시의 현실을 정당화했다.

원 복속기에 등장하여 덩치를 키워간 성리학자들에게서 '자신을 이(夷)로 간주하는 화이 의식'은 뚜렷이 확인된다.[36] 물론 '자신을 이(夷)로 간주하는 화이 의식'이 성리학자들의 독점물은 아니었다. 이승휴(李承休)와 같이 성리학 수용 이전에 이미 그런 의식을 지닌 인사도 있었고, 고려에 성리학이 소개·수용된 이후 그것을 받아들이려 하지 않거나 이해하지 못한 유자 관료들 역시 '자신을 이(夷)로 간주하는 화이 의식'을 보유하곤 했다.

한편, 종족과 공간의 측면에서 자신을 중화와 이적 가운데 후자에 해당한다고 간주하면서도 동이(東夷) 세계는 이적 가운데 유일하게 예와 덕이 구현되는 문명 세계라고 인식했다는 점에서 원 복속기의 화이 의식은 후술할 이후 시기와 다르지 않지만, 후대와 달리 자기 신념적 면모가 미미하거나 부재했다. 자기 신념적 차원에서 '자신을 이(夷)로 간주하는 화이 의식'을 견지하고 있었다면, 종족과 공간의 측면에서 이적이기는 해도 여타 이적들과 달리 중화 문명을 '주체적'이고 자기 신념적으로 철저하게 추구했을 것이다. 또한 그 일환으로 국내에서도 천자를 정점으로 한 천하질서를 '내면화'한 채 중화 천자의 제후라는 위상을 '주체적으로' 견지해야 했을 것이다. 하지만 제후국 체제의 운영 양상에서 엿볼 수 있듯이, 원 복속기의 현실은 이와 거리가 멀었다. 이는 당시 '자신을 이(夷)로 간주하는 화이 의식'이 그 자체를 목적으로 했던 것이 아니라, 원 복속하의 유례없는 현실과 새로이 부여된 정체성을 현실 추수 차원에서 수습하고 정당화하는 가운데 발생·존속했기 때문일 것이다. 당시 이러한 현실 추수적인 성격의 '자신을 이(夷)로 간주하는 화이 의식'은 맹목적이고도 수동적으로 부여된 정체성에 부합한다고 할 수 있다.

요컨대, 당시의 유자 관료들은 고려를 공간과 종족의 측면에서 중화인 원과 구분되는 곳(이적 세계)이면서도 여타 이적들과 달리 문명 중화를 추구·구

---

36 채웅석, 「원 간섭기 성리학자들의 화이관과 국가관」, 『역사와 현실』 49, 2003 참조.

현하는 곳(소중화)으로 봄으로써, 고려국왕이 국내에서조차 (외신)제후, 정동행성 승상, 황실의 부마라는 위상을 지니고 제후국제가 구현된 현실을 정당화하고 긍정했다고 하겠다. 다만 이러한 인식은 자기 신념적 면모가 부족하고 현실 추수적이다보니, 이후 시기와 달리 자기정체성과 이에 걸맞은 체제를 둘러싼 내향적이고 치열한 고민이 결여되어 있었다.

4. '보편 가치'에 걸맞은 제후를 향하여

앞서 언급한 원 복속기에 이루어진 혁신적 변화들은 모두 1356년(공민왕 5)의 이른바 반원 개혁 이후로도 존속했다. 관제(官制)의 경우 전반적인 국가 체제 내에서 예외라 할 수 있을 정도로 황제국적 성격이 강했던 고려 전기의 관제와 원 복속기에 격하된 제도 사이에서 동요했지만, 이마저도 국가 체제 내의 여타의 것과 보조를 같이하는 방향으로, 곧 제후국제로 귀착했다.[37] 단, 원 복속기에 이루어진 변환들이 1356년 이후 지속되었다고는 해도 세력적인 측면에서 양국 관계에 변화가 있었음은 부인하기 어렵다. 특히 공민왕을 폐위시키고 덕흥군(德興君) 타스테무르(충선왕의 아들)를 국왕으로, 기삼보노(奇三寶奴)를 원자(元子)로 삼으려 했던 몽골(원)의 조치가 고려의 물리력에 의해 저지된 일은, 양국의 역학 관계가 전대와 확연히 달라졌음을 양측 모두에게 인지시켜주었을 것이다.[38] 원 복속기의 변환들이 몽골(원)의 압도적인 힘의 우

---

37 최종석, 「1356(공민왕 5)~1369년(공민왕 18) 고려–몽골(원) 관계의 성격—'원 간섭기'와의 연속성을 중심으로」, 『역사교육』 116, 2010 참조.

38 이명미, 「奇皇后 세력의 恭愍王 폐위 시도와 高麗國王權」, 『역사학보』 206, 2010 참조.

위를 배경으로 이루어졌음을 감안할 때, 그 변환이 1356년 이후로도 존속했다고는 하지만 원의 쇠락과 맞물려서 동력을 상실해가지 않을 수 없었을 것이다.

몽골(원)의 구심력이 과거에 비해 현저히 약화된 국제 환경하에서도 이전 시기와 같이 외국임을 전제로 하면서 몽골(원)을 중심이자 정점으로 한 천하질서 속에서 자신의 위상을 설정하는 방식은 지속되고 있었지만(물론 존속의 동력은 소진되어갔겠지만), 원·명 혁명과 이에 맞물린 대명사대(對明事大)는 자기정체성의 설정 방식 면에서 중대한 변화의 계기로 작용했다. 비록 원 복속기에 성립된 자기정체성의 기본 틀 내에서이기는 해도 말이다.

원·명 혁명과 이에 맞물린 대명사대는 고려국왕이 지닌 정동행성의 승상과 몽골(원) 황실의 부마라는 위상을 의미 없게 만들었다.[39] 그리고 이를 전기로 하여 유자 관료들 가운데 일부에서 원 복속기 이래의 화이 의식이 자기 신념적, 내향적 성격의 '자신을 이(夷)로 간주하는 화이 의식'으로 변모했다. 원 복속기에 등장한 현실 추수적인 '자신을 이(夷)로 간주하는 화이 의식'을 결정적인 징검다리로 삼고 원·명 혁명과 이에 맞물린 대명사대를 계기로 자기 신념적 성격의 '자신을 이(夷)로 간주하는 화이 의식'이 출현한 것이다. 이러한 성격의 화이 의식은 국내적으로도 '신하＋군주' 위상의 구현과 제후국 체제의 실현을 자기 신념화의 차원에서 추구하도록 하는 변화와 서로 맞물려 있었다. 자기 신념적, 내향적 성격의 '자신을 이(夷)로 간주하는 화이 의식'

---

39 정동행성 승상의 위상은 사라졌지만, 그 유제로서 고려·조선 국왕의 명 관료 체제 내로의 포섭은 원 복속기와 다름없이 지속되었다. 관문서식의 외교문서를 사용하고 관직을 임명하는 문서인 고명으로 국왕을 책봉했던 사실 등에서 이를 엿볼 수 있다. JUNG Donghun, "From a Lord to a Bureaucrat: The Change of Koryŏ King's Status in the Korea-China Relations", *The Review of Korean Studies*, 19-2, 2016 참조.

이 등장하는 맥락에 관해 짧게 부연 설명하면 다음과 같다.[40]

명이 대도(大都, 베이징)를 점령하고 몽골(원) 황제가 북쪽 방면으로 쫓겨 간 상황에 대응하여 고려 측은 다소 성급하다 싶을 만큼 몽골(원)과의 관계를 단절하고 명에 사대했다. 이러한 조치는 명분론·의리론의 강화와 같은 사상 내적인 변화 때문이 아니라 자신의 왕위를 심각하게 위협하는 몽골(원)과의 관계를 청산하고 새로운 대안을 모색하고자 했던 공민왕의 정치적 의지에서 비롯됐다.[41] 몽골(원)과 관계를 단절하고 명에 사대를 취하는 정책이 공민왕의 정치적 의지의 산물이었던 것과는 별개로, 일부 유자 관료들은 명에 사대하게 된 달라진 환경과 그 속에서의 변화를 적극적으로 흡수·전유하면서 '자신을 이(夷)로 간주하는 화이 의식'의 내향화를 이끌어냈다. 이를테면 공민왕의 결정에 대해 오랑캐인 몽골(원)과 관계를 단절하고 진정한 중화인 명에 사대하게 된 당위적 행위로, 즉 중화 문명(문화)을 추구·구현해온 고려라면 마땅히 해야 할 행위라는 식으로 전유했다.

원 복속기의 '자신을 이(夷)로 간주하는 화이 의식'은 비록 현실 추수적이었다고 할지라도 기본적으로 지역과 종족 면에서 변방성(marginality)을 인정하고 이를 초월하여 보편 문화(문명)를 지향하는 코스모폴리탄적 성격을 지니고 있었다. 이러한 인식 환경하에서 원·명 혁명이라는 변화를 계기로 중화 인식을 감싼 현실 추수의 굴레가 벗겨지자, 일부 유자 관료들 사이에서나마 문화(문명) 차원의 중화가 지닌 코스모폴리탄적 성격(보편성)이 만개하고 내면화하

---

40 내향적 성격의 '자신을 이(夷)로 간주하는 화이 의식'의 등장 맥락에 관한 이하의 서술은 최종석, 앞의 글, 2017을 토대로 작성했다.

41 이명미, 「恭愍王代 후반 親明 정책의 한 배경—몽골 복속기 권력구조에 대한 트라우마」, 『사학연구』 113, 2014 참조.

게 되었을 것이다. 중화문화(문명)를 보편적 가치로 간주하고 자기 신념적으로 지향하는 면모가 부상한 것이었다. 이적임에도 문명 중화를 '주체적'이고 자기 신념적으로 철저히 추구하며, 그 일환으로 제후 명분을 자발적으로 견지하고자 한 면모 말이다. 실제로 우왕대 대명사대의 측면에서 현실 추수적인 성격을 넘어 중화문화·문명의 내적 가치를 자기 신념화하면서 제후의 분의(分義)를 견지하는 움직임을 포착할 수 있다. 예컨대, 정몽주(鄭夢周)·정도전(鄭道傳)·박상충(朴尙衷) 등 일부 유자 관료들은 대명사대를 시종일관 도덕과 당위와 예의 차원에서 접근하고 북원(北元)에 대한 어떠한 유화 조치도 배격했는데, 이러한 인식적 행보는 전례를 찾기 어려운 것이었다. 이들에게 명의 제후국으로서 고려의 명분은 고려가 자발적으로, 자기 신념적으로 견지해야만 하는 것이었다.

'자신을 이(夷)로 간주하는 화이 의식'의 내향화, 달리 말해 천자를 중심이자 정점으로 한 천하에서 이적 세계에 자리하기는 해도 문명 중화를 보편 가치로 간주하고 자기 신념적으로 추구하고자 하는 지적 움직임은 당초에 유자 관료 전반의 현상이 아니었다. 정몽주, 정도전 등 일관되게 비타협적으로 '친명배원(親明排元)'의 견해를 피력한 인사들이 죽거나 유배당하는 일을 면치 못한 사실은 이를 웅변해준다. '자신을 이(夷)로 간주하는 화이 의식'의 내향화는 일부 관료들 내에서 시작되었지만, 시간이 경과할수록, 특히 위화도 회군과 공양왕 옹립을 거치면서 확산되었다. 물론 그것이 관료·지식인 세계에서 주도적인 흐름으로 자리 잡기 위해서는 조선왕조의 개창을 기다려야 했을 것이다.

앞서 언급했듯이, 자기 신념적, 내향적 성격의 '자신을 이(夷)로 간주하는 화이 의식'은 국내에서조차 제후 위상의 구현과 이에 맞물린 제후국 체제의 실현이 자기 신념화의 차원에서 추구·달성되는 것과 깊이 연관되어 있었다.

이러한 화이 의식을 지니게 되면 제후 위상과 제후국 체제의 '온전한' 구현은 중요한 관심사로 부상할 것이다. 그런데 고려 말기에는 일부에서나마 대명사 대의 문제를 두고 제후의 분의를 견지하는 움직임이 있었다고는 해도 '자신을 이(夷)로 간주하는 화이 의식'의 내향화가 제한적 범위에서 이루어졌기 때문인지, 제후국 명분에 '온전히' 걸맞은 제도를 운영하기 위한 고심의 흔적은 여전히 보이지 않는다. 그러다보니 원 복속기와 마찬가지로 황제국 제도 또는 그것으로 간주될 수 있는 것들이 드물지 않게 존속·활용되고 있었다. 자기 신념화된 '자신을 이(夷)로 간주하는 화이 의식'이 아직 유자 관료들 전반에 자리 잡지 못한 탓에, 달리 말하면 국내에서조차 제후 위상의 구현과 이에 맞물린 제후국 체제의 실현을 자기의 신념으로 삼는 의식이 여러모로 제한적이다보니, 제후국 명분에 '온전히' 걸맞은 제도를 운영하는 데 수많은 걸림돌을 발견하고 고심 끝에 해법을 찾아내는 식의 지적 여건은 미처 갖춰지지 못했다고 할 수 있다. 이에 더해 고려 말기 국왕들이 자기 신념화된 '자신을 이(夷)로 간주하는 화이 의식' 혹은 제후 위상의 구현과 제후국 체제의 실현을 자기의 신념으로 삼는 의식에 공명하지 못하고 힘을 실어주지 못한 상황 또한 종래의 국제 운영을 답습했던 현실과 무관하지 않을 것이다.

이성계 일파는 왕대비(王大妃)인 공민왕비 안씨의 교지를 받드는 형식을 빌려 공양왕을 폐위시켰고, 이후 배극렴(裵克廉)·조준(趙浚)·정도전 등 50여 명의 대소 신료와 한량(閑良)·기로(耆老)가 국새를 들고 이성계의 집으로 찾아가 왕의 자리에 오를 것을 권했다. 이성계는 군신들의 추대를 거절하다가 마지못해 수용하는 형식으로 1392년 7월 17일 수창궁에서 왕위에 올랐다. 왕조 교체가 단행된 것이다.[42] 왕조 교체가 내향적 성격의 '자신을 이(夷)로 간

---

42 엄밀히 말하자면 이성계의 즉위는 왕조 교체가 아닌 왕실 교체를 의미했다. '국호는

주하는 화이 의식'을 지닌 인사들이 주도하여 이루어졌기 때문에, 그들은 신왕조에서 주류를 차지하게 되었다. 고려 말기와 달리 자기 신념화의 차원에서 국내에서조차 제후의 분의를 견지하고자 하며 제후 위상에 '온전히' 걸맞은 체제를 구현하려는 움직임이 본격화되리라는 점은 어렵지 않게 예상할 수 있는 바이다.

실제로 대명 관계를 보면, 조선은 태조대부터 중화(문명)를 보편적인 것으로 여기는 세계관 속에서 이상적 중화 문명을 구현하려는 내적 동인을 토대로 제후(국) 명분을 견지했고, 그 일환으로 명에 사대의 예를 다했다. 태조대에 명과 끊임없이 갈등을 겪는 와중에도 각종 사대 의례를 빈틈없이 거행하고, 심지어 명 홍무제의 제지에도 불구하고 그 일을 중단하지 않은 것은 바로 이런 이유에서였다.[43] 그 의례들은 신왕조 조선이 제후국 명분을 외향적으로는 물론이요 내향적으로도 견지한다는 점을 상징하기 때문에, 천자가 그만두라고 해서 중단할 수 있는 성격의 일이 아니었다. 오히려 천자를 어떻게든 설득해서 행해야 하는 일이었다. 이런 성격의 사대 인식은 그리 오래전도 아닌 고려 말기와 달리 유자 관료 전반에 공유되고 있었으므로 논란의 대상이 되지 않았다.

보편으로 간주된 '문명 중화' 세계를 추구·구현하고 그 일환으로 제후(국) 분의를 견지한다고 해서, 종족·공간 측면의 독자성이 소홀히 여겨진다거나 부정되는 것은 결코 아니었다. 종족·공간 측면의 독자성이 희생된 문명 중화의 추구는 아무 의미가 없다고까지 말할 수 있다. 어디까지나 보편적 가치

그전대로 고려라고' 했기 때문이다. 다만 고려 국호의 잉용(仍用)은 얼마 가지 못했으니, 몇 달 후인 1393년 2월 15일에 국호는 조선으로 바뀌었다.

43 『태조실록』 권4, 태조 2년 8월 을해; 『태조실록』 권4, 태조 2년 9월 계해.

로서 중화의 추구는 동인(東人)이 주체가 되어 동국(東國)에서 이루어져야 하는 일이었다. 그러하기에 조선은 문명 중화를 구현하는 일환으로 제후(國) 분의를 견지하면서도, 이와 차원을 달리하여 동국·동인의 이해, 곧 국가·왕조의 이해를 추구했다. 그 과정에서 천자국인 명의 이해관계와 부딪치기도 했고, 경우에 따라서는 조선의 의도대로 이익 추구가 관철되지 않기도 했다. 때로는 조선의 이익이 심대하게 침해되어, 서로 차원을 달리하는, 제후국 분의를 견지하려는 차원의 지성사대(至誠事大)와 국가·왕조의 이해 추구가 공존하기 어려워지는 딜레마적 상황으로 빠져들기도 했다. 여기서 간과하지 말아야 할 사실이 있으니, 이러한 딜레마적 상황은 동인이 동국에서 보편적 가치로 중화를 추구하고자 하는 지적 기반에서 발생했다는 점이다.

태조대에서 이미 그런 면모를 확인할 수 있다. 이를테면 표전 문제[44]로 여러 차례 조선과 명이 갈등하는 와중이던 1398년(태조 7) 5월 16일에 태조는 백관과 기로를 모아놓고 명 측에서 문제 삼는 계본의 작성에 관여한 공부(孔俯) 등 3인을 황제의 요구에 따라 명에 보낼지 여부를 의논했다. 보내는 것을 찬성하는 이들이 많기는 했지만 열 몇 인물들은 이를 옳지 않다고 해서, 결국 국왕은 가부를 결정하지 못했다. 당시 좌간의대부 정구(鄭矩) 등은 "임금이 명령하면 신하가 봉사(奉仕)하는 것은 예절의 떳떳한 것입니다. 그러나 형세가 부득이한 일이 있게 되면 예절도 때에 따라 변경될 수가 있습니다"라고 하여,[45] 명의 요구를 거부하는 것이 사대의 예를 견지해온 것을 저버리는 일은 아니라고 보았다. 마지못한 상황에서 어쩔 수 없는 변례라는 것이다. 우산기상시 변중량(卞仲良) 등의 상소 또한 이와 맥을 같이한다. 명이 조선의 지

---

44 이에 관해서는 박원호, 『明初朝鮮關係史硏究』, 일조각, 2002 참조.
45 『태조실록』 권14, 태조 7년 5월 임술.

성사대에도 불구하고 도리어 표전을 빙자하여 조선에 불충·불경의 죄를 뒤집어씌우고 표전 작성자를 발송하라고 하는 옳지 못한 명령을 내리는 상황에서, 조선은 사대의 예를 다하는 것과 별개로 임기응변을 발휘하여 3인을 보내지 말고 장계를 갖추어 억울함을 호소하는 한편 강한 위세를 보여야 한다고 주장했다.[46] 이 무렵 정도전이 진도(陣圖)를 찬술하고 지휘관과 군사들에게 진도를 익히게 하는 등, 명과의 군사적 충돌까지 염두에 두고 군사훈련에 매진한 모습도 변례 차원에서 문제에 접근하는 방식이었다고 할 수 있다.

1398년 6월 3일 논란 끝에 조선 정부는 공부 등 3인을 명 측에 보냈다.[47] 명의 요구를 수용하자는 다수 의견이 반영된 결정이었을 것이다. 그런데 이러한 다수 의견은 사대의 예를 다해야 한다는 차원에서 무조건적으로 명의 요구를 수용하는 취지가 아니었다. 이들 역시 사대의 예를 다하는 것과 별개로 형세가 부득이한 경우에는 응기응변이나 변례 차원에서 문제를 풀어갈 수 있다고 보았다. 다만 아직은 그런 상황이 아니라고 판단한 것이다. 그리하여 일단 3인을 보낸 후 그 변고(變故)를 보고 난 뒤 다음 수순을 밟을 것을 제안했다.

이처럼 대명 관계의 기본 틀은 제후국 분의의 견지 차원에서 자발적으로 사대의 예를 다하는 한편, 이와 차원을 달리하면서 국가·왕조의 이해를 추구하는 것이었다. 자기 신념적으로 사대의 예를 다하는 행위는 유자 관료들 사이에서 선택이나 논란의 대상이 아니었다. 다만 그것이 국가·왕조의 이해 추구와 공존하기 어려워지는 딜레마적 상황으로 빠져들 경우, 지성사대를 공유하는 자장 내에서 변례·임기응변의 차원으로 명조와의 갈등(극단적으로는 군사

---

46 『태조실록』 권14, 태조 7년 윤5월 무인.
47 『태조실록』 권14, 태조 7년 6월 정미.

적 충돌까지)을 감수하면서 국가·왕조의 이해를 추구해야 한다는 측과 성급하게 그래서는 곤란하다는 측 사이에 대립이 일어났다. 이와 같은 대명 관계의 기조는 태조대에 이미 뚜렷하게 확인되며, 그 이후로도 기본적으로 지속되었다.

조선에 들어서는 '온전한' 제후국 체제의 실현을 위한 적극적인 움직임역시 시작되었다. 단지 이 행보는 대명 관계에서 노정된 면모보다는 시기적으로 다소 늦은 태종대부터였다. 일례로 원구제는 1412년(태종 12)에 이르러 국왕이 '천자는 천지에 제사하고 제후는 경내(境內) 산천에 제사한다'라는 식의 예(禮)를 확고하게 받아들이는 속에서 폐지되었다.[48] 고려 초기부터 지속되어왔고 원 복속기에도 별다른 문제 제기 없이 거행되었던 원구제가 태종대에 이르러 폐지된 것이다. 조선 개창 직후인 1392년(태조 1) 8월에 이미 제후가 천지에 제사 지내는 것은 명분에 어긋난다면서 예를 근거로 원구제 폐지를 주창하는 의견이 제기된 바 있었지만, 태조가 이를 수용하지 않음에 따라[49] 당시에는 원구제가 폐지되지 않았다.

제후국 명분에 '온전히' 걸맞은 제도를 운영한다는 일이 간단치 않음은 1412년에 전격적으로 원구제를 폐지했다고 해서 해당 사안이 해결된 것이아니라는 데서 알 수 있다. 1412년 이후로도 원구제는 복설되곤 했다. 그런데 재개된 원구제는 이전과 달리 기우(祈雨) 차원의 임시적인 제사만이었다. 1412년 이전까지는 정기적으로 각각 1월과 4월 기곡(祈穀)과 기우를 위한 원구제가, 비정기적으로는 극심한 가뭄 시 기우 목적의 원구제가 거행되었지

---

48   원구제에 관한 서술은 최종석, 「조선 초기 제천례와 그 개설 논란에 대한 재검토―태종·세종대를 중심으로」, 『조선시대사학보』 67, 2013을 토대로 했다.

49   『태조실록』 권1, 태조 1년 8월 경신.

만, 그 이후로는 좀 더 의미와 비중이 큰 정기적인 원구제는 제외되었고 임시적인 원구제만 복설되곤 했다. 제후 분의의 견지 차원에서 원구제를 폐지했지만, 임시적인 원구제의 재개는 제후 분의를 저버리는 행위가 아니라고 보았기 때문이다. 원구제 재개는 극심한 가뭄 시에 한해서 기우 행위의 온전한 효과 발휘 등을 이유로 임시적인 시행이 가능하다고 본 데 따른 조치였다. 임시적인 원구제에 한해서는 제후국에서도 거행이 가능하다고 본 것이다. 하지만 임시적인 원구제의 거행이 제후 분의를 저버리지 않는다고 하는 생각은 종국에는 설 자리를 잃게 되었다. 그러한 임시적인 원구제조차 1443년(세종 25)을 분기점으로 그 시행 동력을 상실하고 만 것이다. 1443년에 이르러 극심한 가뭄 시에 한해 원구제 시행이 필요하다는 주장이 논리적으로 반박되었고,[50] 국왕인 세종 또한 임시적인 원구제조차 시행되어서는 안 된다는 견해에 동조했다. 그 이후 세종은 기우 차원에서 제기된 신하들의 원구제 요청을 번번이 기각했고, 그래서인지 1449년(세종 31)을 끝으로 신하들의 원구제 거행 요구도 사라졌다.

원구제 사례는 태종대를 시작으로 '온전한' 제후국 체제의 실현을 위한 적극적인 움직임의 일단을 보여준다. 거듭 언급하지만, 제후국 명분에 '온전히' 걸맞은 제도 운영은 고난도의 숙제를 내포하고 있었다. 원구제 사례에서 볼 수 있듯이, (외신)제후국에서 기우 차원의 임시적인 원구제를 거행할 수 있는지 여부는 사전에 분명한 해답이 구비되어 있는 사안이 아니었다. 기우 행위의 온전한 효과 발휘 외에도 내복제후가 아닌 외복제후라는 점 등이 비정기적인 원구제 시행이라는 권도의 논리적 토대로 작용했다면, 다른 한편으로는 이러한 권도조차 제후국에서는 통용되어서는 안 된다고 하는 논리적 반

---

50 『세종실록』 권101, 세종 25년 7월 계해.

박도 있었다. 결국 제후국에서는 임시적인 원구제마저 거행되어서는 안 되는 것으로 귀결되었지만, 이 방식이 논란의 여지없는 궁극의 해답이라고 장담하기는 어렵다. 조선은 '온전한' 제후국 체제를 구현하기 위한 염원에서 (외신) 제후국이 원구제를 거행할 수 있는지 여부를 놓고 고민했다고 볼 수 있는데, 이는 당시 조선이 직면한 사안들 가운데 난도가 높다고 말하기 어려웠다. 이런 고민은 드물거나 생소했다기보다는 흔했다고까지 말할 수 있다. 조선 초기에는 제후국 명분을 견지하는 속에서 문물제도의 정비가 대대적으로 이루어졌으며, 그 과정에서 비롯되는 여러 난제들에 대해서는 간과하거나 외면하지 않은 채 진지하게 대면했기에 당시 이와 관련된 사례는 수다할 수밖에 없었다.[51] 연구 성과가 좀 더 축적되어야 분명해지겠지만, 제후국 명분을 견지하는 속에서 문물제도를 정비하는 작업은 원구제 사례에서 보듯 조선 초기

---

51 조선 초기의 무수한 상정(詳定) 논의들 가운데 다수는 이러한 난제 해결의 움직임과 직간접적으로 관련된다. 필자는 다음과 같은 여러 편의 논문들을 통해 그 일단을 규명하며 부각해오고 있다. 「鞠躬인가 五拜三叩頭인가?: 조서를 맞이하는 예식을 둘러싼 조선과 명 사신 간의 갈등에 관한 탐색」, 『한국문화』 83, 2018; 「조선초기 迎詔禮 운영과 『蕃國儀注』」, 『역사와 담론』 86, 2018; 「조선 건국의 대외적 정당화 작업과 중화 보편의 추구」, 『한국사연구』 180, 2018; 「조선초기 風雲雷雨山川城隍祭의 수용·지속과 그 인식적 기반」, 『한국학연구』 42, 2016; 「조선 초기 제천례와 그 개설 논란에 대한 재검토—태종·세종대를 중심으로」, 『조선시대사학보』 67, 2013; 「조선초기 제후국 체제 운영의 특징과 그에 대한 맥락적 이해」, 『한국사상과 문화』 70, 2013; 「조선초기 국가 위상과 '聲教自由'」, 『한국사연구』 162, 2013; 「고려사 세가 편목 설정의 문화사적 함의 탐색」, 『한국사연구』 159, 2012; 「고려시대 朝賀儀 의례 구조의 변동과 국가 위상」, 『한국문화』 51, 2010; 「조선초기 '時王之制'논의 구조의 특징과 중화 보편의 추구」, 『조선시대사학보』 52, 2010; 「조선전기 淫祀的 城隍祭의 양상과 그 성격—중화 보편 수용의 일양상」, 『역사학보』 204, 2009; 「여말선초 명(明)의 예제(禮制)와 지방 성황제(城隍祭) 재편」, 『역사와 현실』 72, 2009; 「조선시기 城隍祠 입지를 둘러싼 양상과 그 배경—高麗 이래 질서와 '時王之制'사이의 길항의 관점에서」, 『한국사연구』 143, 2008 참조.

내에서도 태종대부터 시작되었으며, 세종대를 거치면서 본격적으로 행해졌고 성종대를 하한으로 사실상 마무리되었다고 할 수 있다.[52] 이처럼 태종대이후로 조선 초기에는 제후(국) 명분을 견지하는 일환에서 명에 대한 지성사대가 행해졌음은 물론이요, 국내에서조차 제후 위상에 '온전히' 걸맞은 체제가 구현되어가고 있었다.

이를 자기정체성의 측면에서 바라보자면, 태종대 이후로 조선 초기에는다음과 같은 자기정체성의 설정 방식이 만개해갔다고 할 수 있다. 유자 관료들은 조선을 공간·종족의 측면에서 중국과 명확히 구분되는 곳이라고 전제하면서도 조선이 천자를 중심이자 정점으로 한 천하 속에 존립하고 존속해야만 한다고 보았고, 그 천하 속에서 조선의 위상을 이적(공간적인 측면에서 주변)이면서 제후(국)로 인식했다. 그들은 조선이 이적 세계에 자리하고 있기는 하지만 문명 중화가 구현되고 또한 실현되어야 하는 곳으로 보았다. 그리고 문명 중화를 보편 가치로 간주하여 자기 신념적으로 이를 추구·구현했고, 그일환으로 국제 운영 등을 비롯한 각 방면에서 제후 분의를 견지했으며, 그에동반된 난제들을 회피하지 않고 그 해답을 찾아내고자 경주했다. 자기정체성

---

52 태종대에 이르러서야 '온전한' 제후국 체제의 실현을 위한 움직임이 적극적으로 드러난 이유는 국왕의 성향과도 무관하지 않은 듯하다. 태조는 참월함을 이유로 원구제 혁파를 주장한 신하의 건의를 수용하지 않은 반면 태종은 스스로 원구제 폐지에 앞장선데서 엿볼 수 있듯이, 두 국왕의 의식 세계는 사뭇 달랐던 것 같다. 태종은 내향적, 자기 신념적 성격의 '자신을 이(夷)로 간주하는 화이 의식'을 지녔고, 그리하여 동일한 성향의 다수 신료들과 함께, 또한 그들의 보좌를 받으면서 제후국 명분에 걸맞은 제도운영을 자기 지향적으로 추구했을 것으로 판단된다. 반면 태조는 그를 도와 신왕조 개창을 주도한 인물들과 달리 내향적 성격의 '자신을 이(夷)로 간주하는 화이 의식'을 지니는 데까지 이르지 못한 듯싶다. 이러한 추정이 사실에 부합한다면, 태조는 다수 신료들의 이념적 지향을 포용할 만한 적임자라 하기는 어려웠을 것이다. 불교를 배척해야 한다는 신료들의 여망을 태조가 번번이 외면한 것은 이를 방증한다.

을 이와 같이 설정하는 방식은 고려 전기와 비교하면 상전벽해라 말할 수 있을 정도의 큰 변화였다. 고려 전기에는 중국 왕조와 대외 방면에 한해 군신 의례를 매개로 결합했을 따름이고, 그리하여 국내적으로는 제후(신하) 위상이 의미 없었으며 중국 왕조로부터 독자성을 의식할 필요조차 없었을 만큼 당연하게 향유했기 때문이다.

지금까지 원 복속기를 분수령으로 하여 국가의 자기정체성 설정 방식이 혁명적으로 변화했고 그 기본 틀은 이후로도 지속되었으나 고려 말기와 조선 초기를 경과하면서 내향적, 자기 신념적 면모를 지니는 방향으로 변화해 간 여정을 살펴보았다. 16세기 이후의 양상에 관해서는 식견이 부족한 탓에 사건을 밝히는 게 주저되지만, 개인적으로 생각건대 이적임에도 문명 중화를 '주체적'으로 철저히 추구하고 그 일환으로 제후 명분을 자발적으로 견지하고자 한 면모는 16세기 이후로도 아마도 19세기의 어느 시점까지는 정도 면에서 강화되었으되 질적인 측면에서는 이전과 달라진 바가 없었을 것이다. 16세기 이후로도 제후 분의의 견지와 차원을 달리한 채 국가·왕조의 이해를 추구했기에, 문명 중화를 향한 자기 신념적 지향의 정도가 강화되는 만큼 혹여 양 차원의 충돌이 일어나면 이전 시기에 비해 한층 더 극단적인 딜레마 상황이 발생하게 되었을 것이다. 광해군대와 인조대의 상황처럼 말이다.[53]

---

53 이와 관련하여 다음 연구를 참고할 수 있다. 허태구, 「崔鳴吉의 主和論과 對明義理」, 『한국사연구』 162, 2013; 허태구, 「丙子胡亂 이해의 새로운 시각과 전망—胡亂期 斥和論의 성격과 그에 대한 맥락적 이해」, 『규장각』 47, 2015.

성지(聖旨)를 통해 본 정치·외교 환경

| 이명미 |

1. 황제의 말씀이 작용하는 범위와 양상

공민왕 18년(1369), 고려는 100여 년간 지속되었던 몽골과의 관계를 정리했고, 이듬해에는 명을 새로운 시대의 대상으로 삼았다.[1] 관계의 대상이 바뀌면서 많은 것이 변화했으나, 또 많은 것이 변하지 않았다. 물론 이는 단지 변화한 요소와 변하지 않은 요소가 별개의 영역에서 각기 존재하며 함께했다는 의미는 아니다. 몽골과의 관계 속에서 형성된 어떤 구조가 명과의 관계 속에서도 유지되었으나 현실에서 작용하는 양상이 다르게 나타나는 지점이

---

1 물론 이후에도 고려와 몽골(북원)의 관계가 완전히 정리된 것은 아니었다. 특히 공민왕 시해 사건 등을 계기로 명과의 관계가 경색된 가운데, '북원' 황제는 우왕을 책봉했고 고려 측에서는 그 연호를 사용하기도 했다. 그러나 이 시기 '북원'과 고려의 관계는 앞선 몽골 복속기의 그것과는 질적인 차이가 있으며, 또한 우왕대에 들어와서도 고려 측에서는 지속적으로 명과의 관계를 회복하고자 시도했다는 점에서, 큰 흐름으로 보자면 공민왕대 후반을 기점으로 고려의 주된 외교 대상은 몽골에서 명으로 교체되었다고 볼 수 있을 것이다.

있었다는 표현이 좀 더 정확할 것이다.

몽골과의 관계를 통해 고려가 겪은 일차적이며 두드러지는 변화는 정치·권력 구조 면에서 나타났다. 몽골에서 명으로의 교체 과정 중 변화했으나 변화하지 않은 어떤 지점 역시 일차적으로는 이 시기의 정치 구조, 혹은 정치환경 속에서 찾아볼 수 있을 것이다. 이전 시기 중국의 황제권이 주로 외교적 공간에서만 고려국왕의 상위 권위로 존재했던 것과 달리, 몽골 황제권은고려 내 정치·권력 구조에서 사실상의 최고권으로 존재하며 고려 내정(內政)문제에 직접적으로 작용했다. 이러한 양상은 명과의 관계에서 다시금 변화를보이지만, 당연하게도 이는 단지 몽골과의 관계 이전 중국 황제권이 작용했던 방식으로의 복귀는 아니었다. 명 황제권이 조선의 정치에 작용하는, 혹은그 작용을 기대하는 방식에는 명과 조선 자체의 특징적 면모와 함께 몽골제국 시기의 경험이 반영되어 있었다.

이 글은 몽골 혹은 명의 황제권이 고려 혹은 조선의 정치·내정에 작용하는 양상을 통해 여말선초의 정치·외교 환경이 갖는 단절과 지속의 구체적 내용을 살펴보고자 한다. 다만 몽골 혹은 명 황제권이 고려 혹은 조선의 정치에 작용하는 양상의 전모를 밝히는 데 이 글의 목적이 있지 않기 때문에, 각황제권이 고려 혹은 조선의 정치에서 점했던 위상 및 그 구체적 작용 양상의특징을 잘 드러내는 문제에 한정하여 논의를 전개하고자 한다. 이를 위해 '황제권'이라는 포괄적인 개념을 구체화하여 황제의 말씀, 즉 '성지(聖旨)'가 고려 혹은 조선의 정치에서 작용하는 현상 및 그 양상에 주목했다.

중국을 중심으로 하는 전통시대의 국제 관계에서 성지는 어느 시기에나중요한 의미를 가졌다. 그러나 몽골과의 관계 이전, 중국의 황제가 외교적 사안이 아닌 고려의 내정과 직접 관련된 구체적인 내용의 성지를 내린 적은 거의 없었다. 고려의 내정과 관련된 성지가 발령되고, 특정한 성지가 상당 기간 지속적인 규정력을 가지면서 역할을 하게 된 것은 몽골과의 관계에서 시작된 현상이다. 그런 점에서 이러한 '현상'이 몽골과의 관계 이후 명과의 관계에서는 어떤 양상으로 나타나는가의 문제는 곧 고려 혹은 조선의 정치에서 몽골 혹은 명 황제권이 어떤 위치에서 어떤 의미를 갖고 기능했는지의 문제이며, 이는 여말선초 정치·외교 환경이 내포한 단절과 지속의 구체적 내용을 드러내는 부분이라 할 수 있을 것이다.

2. 몽골 황제의 성지(聖旨)와 고려의 정치

몽골 황제들은 여러 상황들 속에서 고려의 내정과 관련된 언급을 했고, 이 성지는 몽골 조정에 들어가 황제를 알현했던 고려국왕에게 직접 전해지거나, 고려-몽골을 오갔던 사신들을 통해 외교문서의 형태로 혹은 구두(口頭)로 전해졌다.[2] 고려의 정치와 관련해 언급한 몽골 황제의 성지는 여러 사례들이 확인되는데, 여기에서는 고려의 사법 문제와 관련한 몽골 황제의 성지가 발령되는 상황과 그 작용 양상을 살펴보고자 한다. 사법권은 사회와 성원에 대한 통제, 사회질서의 유지를 위한 국가권력으로서 국왕권 혹은 최고권을 구성하는 중요한 요소이다. 그런 까닭에, 그와 관련한 성지가 발령되고 작용하는 양상은 고려 정치에서 몽골 황제권이 점한 위치와 그 작용 양상을 잘 보여주는 사례라 할 것이다.[3]

---

2 성지를 비롯해 고려시대 외교문서의 종류 및 양상과 관련해서는 정동훈, 「高麗時代 外交文書 研究」, 서울대학교 국사학과 박사학위논문, 2016 참조.

3 고려 내 사법 문제와 관련된 몽골 황제권의 작용 양상에 관한 아래 서술은 이명미, 「고

충렬왕의 '친조 외교'와 몽골 황제가 내린 두 개의 성지

충렬왕 3년(1277) 12월, 고려에서는 앞서 진행되었던 삼별초의 난 진압 및 일본 원정 과정에서 공을 세웠던 김방경(金方慶)이 반역을 도모했다는 고발 사건이 발생했다. 이 사건을 해결하는 과정에서 충렬왕은 직접 몽골 조정에 들어가 세조 쿠빌라이를 만나, 즉 친조(親朝)하여 김방경에게 혐의가 없음을 밝히는 한편, 그간 고려에 주재하던 몽골 관리, 즉 다루가치와 몽골군을 철수 시키는 성과를 거두었다. 이를 포함하여 충렬왕이 이 친조를 통해 거둔 성과 들은 고려-몽골 관계에 일대 전환을 가져온 것으로 평가되며, 그 과정은 일 반적으로 충렬왕의 '친조 외교'라 일컬어진다.[4] 그런데 충렬왕의 '외교력이 발휘된 성과'와는 별개로, 김방경 무고 사건에서 충렬왕의 '친조 외교'로 이 어지는 과정과 그에 이어지는 또 한 번의 충렬왕 '친조', 그리고 그 과정에서 내려진 세조 쿠빌라이의 성지는 몽골 황제권이 고려의 정치에 작용하는 구 체적인 양상을 보여주고 있기도 하다.

당시 충렬왕은 세조 쿠빌라이를 면대하여 향후 고려에서 다시 불법을 행 하는 자가 나타날 경우 자신이 스스로 다스릴 수 있도록 해줄 것을 요청하고 허락을 받아냈다. "고려에서 불법을 행하는 자가 발생하면 고려국왕이 스스 로 다스리라"는 성지가 내려진 것이다.[5] 충렬왕의 이런 요청은 김방경 무고

려-몽골 간 使臣들의 활동 양상과 그 배경」, 『한국중세사연구』 제43호, 2015b; 이명미, 「司法 문제를 통해서 본 몽골 복속기 고려국왕 위상─다루가치·管軍官 체재기의 '雜 問'을 중심으로」, 『사학연구』 121, 2016a; 이명미, 「몽골 황제권의 작용과 고려국왕의 사 법적 위상 변화」, 『동국사학』 제60집, 2016b의 내용을 정리한 것이다.

4 이익주, 「高麗·元 관계의 構造와 高麗後期 政治體制」, 서울대학교 국사학과 박사학위논 문, 1996.

5 『高麗史』 卷28, 忠烈王 4年 7月 3日(甲申).

사건 때의 심문 과정과 관련이 있었다.

김방경에 대한 심문은 크게 두 차례에 걸쳐 이루어졌는데, 첫 심문은 고발을 접수한 몽골군 관군관(管軍官), 즉 삼별초의 난이 일어났을 때부터 고려에 들어와 일본 원정에 이르기까지 몽골군의 군사 활동을 주관하고 있던 동정도원수부(東征都元帥府)의 원수 힌두(忻都)와 총체적 감독관으로서 원종 복위 이후 고려에 체재하던 다루가치 석말천구(石抹天衢), 그리고 충렬왕이 보낸 신료들이 담당했다. 이 심문 과정은 사료에 '잡문(雜問)'이라고 기록되어 있는데, 우왕대 이후 종종 보이기 시작하여 조선시대에 자리 잡는 잡치(雜治)와 유사하게 해당 사안의 사법 처리에 관련된 복수의 기관이 함께 참여한다는 의미로 파악된다. 다만 조선시대 이후의 '잡치'가 사법 과정의 각 단계를 담당하는 기관들이 중대한 사안의 신속하고 공정한 처리를 도모하기 위한 것이었음에 비해, 김방경 무고 사건 처리 과정의 '잡문'은 해당 사안에 대해 이해관계를 가진 기관 혹은 주체가 복수인 상황에서 각자의 이해관계를 조정하고 반영하기 위한 성격이 더 강했다.[6]

잡문의 결과는 일반적으로 다루가치가 몽골 조정에 보고했던 것으로 보이지만, 고려 측이나 원수부 측에서 직접 보고하기도 했다. 특별한 문제가 없

---

6 실제 이 시기에 군사적 활동과 관련된 사법 처리 과정에서는 대개 이 세 주체에 의한 '잡문', 즉 공동 심문이 이루어졌고, 이는 몽골의 합의제적 재판 방식인 '약회(約會)'와 유사한 맥락을 갖는다. '약회'는 몽골제국을 구성하는 각종 집단 간에 분쟁이 발생할 경우 해당 집단의 장(長)과 관할 관청이 함께 재판 또는 조사를 행하는 것을 의미한다. 이는 제국을 구성하고 있던 다양한 정치·문화 단위들의 상이한 법체계가 충돌하는 분쟁 상황에서 이를 조율하기 위한 몽골제국 특유의 재판제도이다. 이와 관련해서는 有高巖, 「元代の司法制度—特に約會制について」, 『史潮』 6-1, 1936; 「元代の訴訟裁判制度の研究」, 『蒙古學報』 1, 1940; 森田憲司, 「約會の現場」, 梅原郁 編, 『前近代中國の刑罰』, 京都大學人文科學研究所, 1996; 呂志興, 「元代"约会"审判制度與多民族国家的治理」, 『西南政法大学学报』, 2011年 4期 등 참조.

는 경우, 처리 과정과 결과를 보고하고 그에 대해 확인받거나 처벌 방침을 지시받는 것으로 사법절차는 끝났다. 그렇지 않은 경우에는 추가적인 과정이 진행되었는데, 김방경 사건의 경우가 그러했다. 1차 심문으로 이 고발이 무고였음이 판명되었으나, 이 시기 대표적 부원배(附元輩)이자 일본 원정 등의 과정에서 동정도원수부 부원수로서 힌두와 함께 몽골군을 이끌었던 홍차구 (洪茶丘)가 문제를 제기했고, 심문은 곧 재개되었다. 홍차구와 더불어 충렬왕 역시 2차 심문에 참여하여 결국 김방경을 유배 보냈으나, 홍차구는 계속해서 김방경의 혐의에 문제를 제기했다. 결국 세조 쿠빌라이는 홍차구를 소환하여 심문을 중지시키는 한편, 충렬왕에게도 조정으로 들어와 사안을 보고하도록 했다. 충렬왕 4년(1278) 4월, 충렬왕은 일차적으로는 김방경 무고 사건의 처리 과정을 보고하고 이견을 조정받기 위해서, 좀 더 근본적으로는 이 사건을 통해 외화된 삼별초 토벌 이후 포로 처리 문제 및 일본 원정 준비를 둘러싼 몽골 원수부 측과 고려 측의 입장 차이를 황제의 조정에서 조정받기 위해 입조했다.[7]

몽골 조정에 들어간 충렬왕은 김방경의 무고 사건에 대한 진술서를 제출하여 무혐의를 입증받았고, 이후 세조 쿠빌라이를 면대하여 고려 내의 사법 처리를 스스로 해도 좋다는 허락을 받았다. 이때 몽골 다루가치와 군대의 철수도 결정되었으므로 사실상 김방경 무고 사건 당시와 같은 상황이 재발할

---

7 충렬왕은 몽골 조정에 들어오라는 명령을 받은 후 "조근(朝覲)은 제후가 천자를 받드는 의식이요, 귀녕(歸寧)은 여자가 어버이를 섬기는 예절"이라고 하면서, 책봉과 조공을 매개로 하는 동아시아 국제 관계의 예법 차원에서 친조를 규정했다. 그러나 충렬왕의 친조는 그런 차원에서 진행된 것이 아니었고, 몽골제국 특유의 제도에서 비롯된, 즉 정치 단위 수장들 간의 관계를 유지·강화하는 기제로서 이루어진 것도 아니었다. 몽골에서 제왕(諸王)·봉군(封君)이 칸에게 신복(臣服)하는 상징인 조근에 관한 자세한 내용은 李治安, 『元代分封制度研究』, 天津古籍出版社, 1989, 297~299쪽 참조.

가능성은 당분간 없었으나, 어찌 보면 당연할 수도 있는 문제를 황제의 성지를 통해 확인받았다는 점이 주목된다. 그런데 얼마 지나지 않아서 고려국왕이 스스로 처결할 수 있는 사법 문제의 범주를 제한하는 또 다른 성지가 내려졌다.

충렬왕은 귀국한 직후인 충렬왕 4년(1278) 10월, 이 '친조 외교'의 성과를 바탕으로 국내 정치 세력을 재편하는 과정에서 홍차구 세력으로 판단된 이분희(李汾禧) 형제를 유배 보낸 후, 홍차구가 이를 문제 삼을 것을 우려하여 도중에 죽였다.[8] 홍차구는 이 문제를 몽골 조정에 호소했고, 같은 해 12월 몽골 조정에서는 사신을 파견하여 이 사안을 조사했다. 황제를 면대하여 직접 변론하는 것이 낫겠다는 신료들의 요청과 스스로의 판단에 따라 다시 몽골 조정에 들어간 충렬왕은 이때 황제를 세 차례 만난 것으로 보인다. 연회를 제외한 두 차례 만남에서 쿠빌라이는 충렬왕에게 이분희 형제 주살을 포함해 홍차구가 제기한 두 가지 문제에 대해 물었다. 홍차구도 함께했던 이 자리에서 충렬왕은 이분희 형제를 죽인 까닭에 대해 그들의 죄악이 쌓였기 때문에 '성지'를 받들어 벤 것이라고 했다.[9] 이 '성지'란 먼젓번 입조 때 고려의 사법 처리 전결에 관해 요청하여 허락받은 내용을 가리키는 것으로 보인다.

충렬왕의 변론은 딱히 틀렸다고 하기는 어려우나 사실이라고 할 수도 없었다. 충렬왕이 이분희 형제를 죽인 일은 사법적인 주살이라기보다는 정치적 주살이었기 때문이다. 이에 홍차구의 문제 제기 또한 사적인 의도가 개입되어 있기는 하지만 부당한 주장이라고 하기만도 어렵다. 결국 세조 쿠빌라이는 이미 이루어진 충렬왕의 주살 행위에 대해 어떠한 조처를 취하지는 않았

---

8 『高麗史』卷28, 忠烈王 4年 10月 4日(甲寅).
9 『高麗史節要』卷20, 忠烈王 5年 春正月.

으나, "고려의 고관(高官)으로서 죄를 지은 자가 있으면 보고한 후에 죄를 주도록 하라"고 함으로써 충렬왕의 처사에도 문제가 있었음을 고려한 결정을 내렸다. 이 일련의 과정은 충렬왕과 몽골 관인 간 분쟁 상황에서 몽골 황제 세조 쿠빌라이가 그러한 분쟁을 수습하는 중재자 및 최종 결정권자로서 역할을 했음을 보여주는데,[10] 그 중재의 결과물인 황제의 결정 사항이 고려 내 정치에 대한 고려국왕의 권한을 다루고 있다는 점이 유의된다.

충렬왕과 몽골 관인 간 분쟁을 조정하는 과정에서 세조 쿠빌라이가 내린 두 개의 성지, 즉 "고려에서 불법을 행하는 자가 발생할 경우 고려국왕이 스스로 다스리도록 하라"(1278), "고려의 고관이 죄를 범했을 때는 보고한 후에 죄를 주도록 하라"(1279)는 향후 고려 내의 사법 문제 처리와 관련해서 고려국왕의 권한을 일정 수위로 제한했다. 즉, 기본적으로는 고려 내의 사법 처리를 국왕(국왕을 정점으로 하는 사법 기구)이 주관하지만, 관리들에 대한 처벌은 몽골 황제의 제약을 받게 된 것이다. 20여 년 후에 두 번째 성지와 유사한 맥락의 좀 더 구체적인 제한을 담은 성지가 다시 내려진 사실은 위의 성지들이 일회적 조처가 아니었음을 보여준다.

1298년 충선왕이 재위 7개월 만에 폐위되고 충렬왕이 복위한 이듬해인 1299년, 몽골 사신들이 전달한 조서에는 "명관(命官)에게 죄가 있으면 사안의 본말을 갖추어 보고하고, 마음대로 죽이지 말라"는 성지가 실려 있었다.[11] 이 성지는 바로 직전의 충선왕 폐위와 관련된 것으로, 직접적으로는 그 폐위의

---

10 이는 홍차구가 제기했던 또 다른 문제인 몽골 종전군과 진수군의 처를 고려 측에서 쇄환한 일에 대한 충렬왕의 변론과 세조 쿠빌라이의 조처에서 더욱 잘 드러난다. 관련한 내용은 이명미, 앞의 글, 2016a 참조.

11 『高麗史』 卷31, 忠烈王 25年 4月 1日(辛亥).

배경이 되었던 여러 사안들 가운데 충선왕이 고려의 신료들을 '마음대로 죽인' 행위에 대한 권고였다. 충선왕의 폐위에는 조비(趙妃) 무고 사건으로 표출된 계국대장공주와의 불화 및 관제 개편 등에 나타난 그의 '참월한' 정치가 주요 원인으로 작용했다. 그런데 당시 몽골 측 기록들에 충선왕이 '무고한 자들을 마음대로 죽여서', 그에게 '죄가 있으므로' 폐위에 이르렀다고 적혀 있는 점이 주목된다.[12] 충선왕의 '망살(妄殺)'이 폐위에까지 이르는 죄명이 된 연유는 1279년에 내려졌던 성지, 곧 "고려의 고관이 죄를 범했을 때는 보고한 후에 죄를 주도록 하라"는 황제의 말씀을 위반했기 때문일 것이다. 그리고 충렬왕을 복위시킨 후 내린 위의 조서 중 해당 성지는 고려국왕이 신료들을 '망살'하는 '죄'를 다시 범하지 않도록 경계한 것이었다.

물론 위와 같은 성지 발령 이후에도 고려국왕이 관리들을 치죄할 때 몽골 조정에 보고를 하는 일이 일상적으로 선행되었던 것 같지는 않다. 그러나 국왕의 사법 처리가 부적절하거나 그에 불만을 가진 세력이 있을 경우에는 몽골 조정에 관련 정황이 보고되었고, 그에 따라 판결이 번복되기도 했다. 즉, 충렬왕대 김방경 무고 사건을 계기로 한 일련의 과정에서 고려국왕의 사법권 행사 범위 및 수위와 관련하여 발행된 황제의 성지는 단지 해당 사안에서 드러난 문제를 처리하는 일회적 조처로 그 역할이 제한되지 않았다. 이후에도 그러한 성지에 위배되는 상황이 발생했을 경우 적절한 조처가 이루어졌고, 그 내용을 더욱 구체화하여 보완하는 성지가 내려지기도 했던 것이다. 이같은 성지의 억제력이 작용한 결과였는지는 분명하지 않지만, 이후 정치적 분쟁이 빈발하는 와중에도 공민왕대 이전까지는 국왕이 관리를 주살한 사례가 보이지 않는다는 점 또한 유의된다.

---

12 『元史』卷19, 成宗 大德 2年 7月 8日(壬寅); 卷208, 高麗傳.

또 하나의 성지, 그리고 몽골 복속기 권력 구조

1298년 충선왕 폐위와 충렬왕 복위 이후 발생했던 일련의 송사(訟事)와 그 처리 과정에서 내려진 또 하나의 성지는 몽골 황제권이 고려 내 정치에서 작용한 양상을 더욱 분명하게 보여준다. 충선왕 폐위의 원인이 되었던 조비 무고 사건, 충렬왕 복위 후인 충렬왕 25년(1299)에 발생한 한희유(韓希愈) 무고 사건, 충렬왕 29년(1303) 김세(金世)의 석주(石冑)·석천보(石天補) 고발 및 그와 연동되어 발생한 오기(吳祁) 고발과 송균(宋均)·송방영(宋邦英) 사건 등이 처리 되는 과정에서 충렬왕 27년(1301)에 내려진 성지가 그것이다. 그 내용은 "위 엄을 세우고 상을 주거나 뺏는 일은 마땅히 왕에게서 나와야 할 것이니 (…) 너희 신료들은 온 마음을 다하여 왕을 받들며 각각의 직책을 수행하는 데 충 실해야 할 것이다. 감히 이전과 같이 잘못을 답습하여 불법을 자행하면 비록 국왕이 너희들을 용서하더라도 짐은 기필코 용서하지 않을 것이다"[13]라는 것 이었다. 이 성지의 작용 양상과 관련하여 위에 열거한 일련의 송사는 크게 세 가지 면에서 눈여겨볼 만하다.

먼저 이 사건들은 기본적으로 고려국왕과 신료들 간의 갈등과 관련되어 있었다는 점이다.[14] 이 송사들은 충렬왕과 충선왕의 중조(重祚) 이후, 충렬왕 의 정치 방식에 불만을 품고 있었거나 폐위된 충선왕을 지지했던 고려 신료 들이 충렬왕의 '부적절한' 정치를 대표하는 왕의 측근 신료를 몽골 사신 혹은 몽골 조정에 직접 고발한 데서 촉발되었다. 충렬왕 29년 김세가 몽골 중서성 에 충렬왕의 측근인 석주·석천보 부자를 고발함으로써 관련자들을 소환하 기 위한 몽골 사신이 파견된 후, 고려의 신료들은 충렬왕의 또 다른 측근인

---

13 『高麗史』卷32, 忠烈王 27年 4月 20日(己丑).

14 김광철, 「홍자번 연구—충렬왕대 정치와 사회의 일측면」, 『경남사학』 창간호, 1984.

오기를 몽골 사신에게 고발하여 처벌을 요청했고, 그에 따라 몽골 사신에 의한 관련자 소환 및 문사(問事) 등 사법 처리가 연쇄적으로 이루어졌다. 이처럼 몽골과 관계된 외교적 사안이 아닌, 고려 내정에서 국왕의 정치와 직결된 문제를 일으킨 고려 신료에 대한 사법 처리가 또 다른 고려 신료들의 요청으로 몽골 황제권에 의해 이루어졌던 점은 이 시기의 특징적인 양상이다.

다음으로 주목할 만한 점은 고려 신료들이 정치적 이유에서 다른 신료들을 몽골 조정에 고발할 때 제시했던 표면적 사유의 변화이다. 충렬왕 25년, 한희유가 불궤를 도모했다는 무고 사건이 발생했다. '불궤'의 구체적 행위는 만호(萬戶) 인후(印侯)와 김흔(金忻) 등을 죽이고 충렬왕과 함께 섬으로 들어가려고 했다는 것이었다. 이는 당시 폐위된 충선왕과 복위한 충렬왕을 지지하는 세력 간의 정치적 대립 과정에서 일어난 사건으로, 인후와 김흔은 충선왕 세력에, 한희유는 충렬왕 세력에 속한 인물이었다. 그렇다면 한희유가 자신과 정치적 갈등 관계에 있던 인후와 김흔 등을 제거하는 행위는 현재 국왕인 충렬왕에 대한, 혹은 그 연장선상에서 고려 국가에 대한 불궤 도모는 아니다. 이는 한희유가 '충렬왕과 함께' 섬으로 들어가고자 했다는 무고의 내용을 통해서도 확인된다. 이 행위는 오히려 자의로 '명관(命官)'을, 그것도 황제의 임명을 받은 '만호'를 죽이려고 했다는 점에서 '몽골 황제의 법'을 위반하는 '불궤'였다고 볼 수 있다. 한희유가 '충렬왕과 함께' 들어가고자 했다는 섬이 어디인지는 구체적으로 알 수 없지만 고려가 몽골과 전쟁하는 과정에서 강화로 천도했다는 사실을 고려할 때, 이 역시 한희유의 행위가 몽골에 대한 불궤 도모였음을 보여준다. 즉, 한희유를 무고한 자들은 몽골에 대한 그의 반역 도모를 고발의 사유로 삼은 것이다.

이 일은 김방경 무고 사건 등 앞 시기의 무고 사건들과 맥락을 같이하는 것으로, 고려 신료에 대한 처벌을 황제권에 호소하기 위해서는 국가 간 관계와 연관된 사유가 필요했음을, 혹은 필요하다고 고려의 신료들이 인식했음을 보여준다. 그런데 이런 상황은 충렬왕 27년에 전해진 성지 이후 이를 근거로 하여 변화한다.

충렬왕이 복위한 후, 그와 나랏일을 더불어 의논하도록 몽골에서 파견된 카산(哈散)은 한희유 무고 사건을 심문한 뒤 귀국하여 국왕이 신료들을 통솔하지 못하니 관리를 파견하여 함께 다스리게 할 것을 청했다. 이에 몽골에서는 활리길사(闊里吉思)를 정동행중서성 평장정사로 임명하여 파견했으나, 그는 고려의 몇 가지 제도에 대한 개변을 시도하던 중 노비법 변경이 고려 측의 격렬한 반대에 부딪혀 귀국했다.[15] 귀국한 활리길사는 자신이 파악한 고려 정치의 문제점을 보고했고, 그에 따라 몽골에서는 충렬왕 27년에 사신을 보내 고려에서 시정해야 할 내용을 담은 중서성의 공문 및 황제의 조서를 전했다. 앞서 언급한 내용의 성지가 실린 조서였다.

이후 충렬왕 29년, 김세는 여전히 석주·석천보 등이 왕과 함께 섬으로 도망할 것을 도모하여 제주 등지에서 배를 만들며 양곡까지 비축하고 있음을 고발의 사유로 들었다. 그런데 석주·석천보와 김세를 소환하기 위해 고려에 들어온 몽골 사신들에게 충렬왕의 측근인 오기를 고발한 다수의 고려 신료들은, 그가 충렬왕·충선왕 부자를 이간하고 중앙과 지방의 인사(人事)를 오로지하여 충렬왕 27년 4월의 조서에 담긴 '성지' 혹은 '성훈(聖訓)'을 따르지 않았음을 고발의 사유로 삼았다. 이는 오기의 독단을 묵인함으로써 마찬가지로 그 '성훈'을 따르지 않았던, 혹은 따르지 못했던 충렬왕에 대한 간접적인 비

---

15 정동행성관 활리길사가 시도한 고려 제도 개변의 구체적인 내용과 의미, 그리고 이후 그와 관련해서 전해진 황제의 '성훈' 문제는 이강한, 「征東行省官 闊里吉思의 고려 제도 개변 시도」, 『한국사연구』 139, 2007 참조.

판이기도 했다. 즉, 고려 내정 문제와 관련하여 다소 포괄적·일반적인 방향성을 제시했던 황제의 성지가 오기에 대한 송사라는 사건을 통해 구체적인 정치적 작용을 하게 된 것이다.

마지막으로 관심을 끄는 점은 주요 관련자의 사법 처리가 몽골에서 이루어졌다는 사실이다. 이는 우선 해당 사안에 대한 처리를 고려 신료들이 몽골 조정 또는 사신에게 직접 요청한 결과일 텐데, 몽골 조정이 고려에 사신을 파견하여 심문 등 사법 처리를 행하는 것을 넘어 몽골로 관련자들을 소환까지 해서 사법 처리를 진행했다는 점이 주목된다.

처음부터 충렬왕이 이러한 문제들의 처리 과정에서 배제되었던 것은 아니다. 그러나 결과적으로 충렬왕이 이 사건들에서 사법권을 행사하지 못하게 된 데는 우선 충렬왕에게 사법권 행사자로서의 역량이나 의지가 부재했던 점이 작용했다. 충렬왕은 신료들이 오기에 대한 처벌을 요청했을 때 그를 옹호했으며, 이후 관련 송사가 처리되는 과정에서도 자신의 측근을 편드는 모습을 보였다. 그런 가운데 신료들 역시 국왕의 만류에도 불구하고 몽골 사신에게 오기의 치죄를 청하거나 무력으로 오기를 체포하여 몽골로 압송하는 등 사법권 행사자로서 국왕의 위상을 부정했다.

하지만 충렬왕이 해당 사건들에서 위와 같은 모습을 보인 것은 단지 그의 의지 유무로만 이해할 수는 없다. 충선왕이 폐위되고 충렬왕이 복위하는 과정은 고려국왕 및 신료들에게 몽골 황제권이 최고권으로 존재하는 가운데 그와의 관계를 통해 권력의 여탈이 이루어지는 몽골 복속기 권력 구조의 전체상을 인지하는 계기가 되었다. 충선왕은 폐위되었지만 여전히 황실의 부마이자 케식(Kheshig)[16]이었으며 그가 황제의 의지에 따라 복위되는 것은 언제든

---

16 케식이란 몽골 황실의 친위 부대로, 사료에는 '겁설(怯薛)' 혹은 '숙위(宿衛)'로 표기되

가능한 일이었다. 이에 충렬왕은 충선왕의 왕위 계승권자 자격을 박탈하여 자신의 왕위를 지키고 왕권을 행사하기 위한 정치 활동을 시작했고, 충렬왕의 측근 세력은 왕의 뜻을 받들어 이를 수행했다. 즉, 고려 신료들이 충렬왕의 측근에 대한 치죄를 황제의 조정(또는 사신)에 요청한 것도, 충렬왕이 자기 측근 세력을 치죄하지 못함으로써 신료들에 대한 상벌을 전적으로 장악하지 못했음을 드러낸 것도 몽골 복속기 권력 구조 속에서 발생한 문제였다.[17]

　요컨대, 몽골 복속기 권력 구조 속에서 고려 내 권력 중추가 이원화하는 가운데 정치적 분쟁 성격의 송사가 발생할 경우, 피고소인 측과 직결되어 있는 국왕은 해당 송사를 처리할 중재자로서의 의지나 역량이 부재했거나 심지어 부정당하기도 했다. 이 때문에 국왕이 사법 처리 과정에서 배제되기도 했고, 그런 송사는 황제권에 의해 몽골 조정에서 처리되었다. 앞서 몽골 관인과 고려국왕의 갈등 상황에서 그러했듯이 고려 내 정치적 분쟁 상황에서도 몽골 황제권이 갈등의 중재자 혹은 최종 결정권자로 기능을 했던 것이다. 그리고 그러한 분쟁의 조정은 몽골의 관리들이 사신으로 파견되어 사안을 조사하거나, 필요한 경우 관련자들을 몽골 조정으로 소환하여 조사하는 방식으로 이루어졌다. 이후 충숙왕대와 충혜왕대, 국왕과 직접 관련된 송사가 제기되었을 때는 국왕이 직접 몽골 조정에 소환되기도 했다. 이처럼 황제권을 통해서 고려 내 정치적 분쟁이 조정되는 양상은 외교와 정치(내정)의 경계가 상

어 등장한다. 몽골 내 지배층의 자제들이 여기에 소속되어 몽골 정치의 핵심 세력으로 활동했으며, 그 지위는 세습되었다. 몽골 내에서 케식이 갖는 의미, 고려국왕 및 종실의 케식 참여 양상과 의미에 대해서는, 森平雅彦, 「元朝ケシク制度と高麗王家—高麗・元關係における禿魯花の意義について」, 『史學雜誌』 第110編 第2號, 2001 참조.

17　몽골 복속기 권력 구조에 대해서는 이명미, 『13~14세기 고려·몽골 관계 연구—정동행성 승상 부마 고려국왕, 그 복합적 위상에 대한 탐구』, 혜안, 2016 참조.

당 부분 흐려진 고려-몽골 관계의 특징적인 면모를 보여주는 사례라 할 것이다.

3. 몽골에서 명으로, 변한 것과 변하지 않은 것

고려 우왕 14년(1388) 위화도 회군 이후 조선이 건국하기까지 4년에 이르는 기간에는 정치적 분쟁이 연이어 발생했다. 이 일련의 정치적 분쟁 과정에서 황제권, 즉 명 황제권이 운위되는 양상은 몽골 황제권이 고려 정치에 작용하던 양상과 차이를 보이면서도 그 잔영을 안고 있었다. 그 잔영은 몽골에서 명으로 관계의 대상이 바뀌는 과정에서 변하였으나, 또한 변하지 않은 고려 정치 환경의 일단을 보여준다.[18]

1388년 위화도 회군 이후, 이성계 등 회군 세력은 우왕을 왕위에서 물러나게 하고 그 아들 창왕을 즉위시켰다. 이 과정은 사실상 회군 세력이 군사력을 배경으로 우왕을 폐위시킨 것이었지만, 이전 시기에 무신 집권자들이 국왕을 폐위시킨 후 그가 세운 태자도 함께 폐하고 다른 종실을 왕으로 세웠던 것과는 차이가 있다. 사료에서는 이성계 등이 '우왕이 왕씨가 아니기 때문에' 종실 가운데서 세우려 했으나, 회군 세력의 일원이었던 조민수(曺敏修)가 이인임(李仁任)과의 인연을 생각하여 그의 외종형제 이림(李琳)의 외손인 왕창

---

18 위화도 회군 이후 우왕 선위와 창왕 폐위 과정을 통해 확인되는 명 황제권의 고려 내 작용 양상이 몽골 복속기와 차이를 보이는 가운데서도 지속되는 면모를 갖는다는 내용과 관련한 아래의 서술은 이명미, 「고려 말 정치·권력구조의 한 측면—위화도 회군 이후 창왕대 정국에서의 황제권 작용양상을 중심으로」, 『동국사학』 58집, 2015a의 내용을 정리한 것이다.

(王昌)을 세우고자 했고, 이에 더해 당대의 유종(儒宗) 이색이 "전왕(前王)의 아들을 세워야 한다"는 명분을 내세움으로써 결국 창왕이 즉위하게 된 것이라고 서술하고 있다. 세력과 명분을 통한 설명이다.

그러나 우선 명분 면에서 살필 때, 위화도 회군 당시 이미 우왕의 정통성이 부정되었다면 아무리 조민수의 세력이 강성하고 이색의 학문적 권위가 높았다 해도 창왕의 왕위 계승은 불가능했을 것이다. 게다가 왕창은 공식적으로 요동 정벌이라는 '잘못'으로 '폐위'된 왕의 '어린' 아들이고(즉위 당시 9세), 당시 고려의 내외적 상황은 '어린' 왕이 감당하기에는 녹록지 않았다. 즉, 우왕의 정통성이 부정되지 않았다고 하더라도 이성계 세력이 다른 종실을 세우려 했다면 명분은 있었다. 세력 면에서도 이 시점에 조민수의 세력이 이성계 세력을 압도했다고 보기는 어렵다. 우왕과 창왕이 왕씨가 아니라는 논리가 만들어진 이후 창왕에 대한 이성계 세력의 입장은 그를 부정하는 것으로 정리될 수밖에 없었겠지만, 당시 시점에서 이성계 세력이 창왕을 옹립한 것은 세력이나 명분에서 밀린 결과라기보다는 우왕의 퇴위가 '폐위'가 아닌 '선위(禪位)'임을 안팎에 분명히 할 필요가 있었기 때문이었다.

이전 시기 요나 금과의 관계에서도 고려국왕은 중국 황제의 '책봉'을 받는 제후였기에, 무신 집권자들은 사실상 국왕을 폐위시킨 후에도 대외적으로는 이를 '선위'로 보고했다.[19] 따라서 우왕 폐위 당시의 상황이 앞선 시기 상황과 차이를 보이는 지점은 회군 세력이 단지 우왕이 선위했음을 안팎에 '알리는' 이상으로 굳이 우왕의 어린 아들을 즉위시키면서까지 우왕의 퇴위가

---

19 『高麗史』卷19, 明宗 卽位年 10月 4日 (庚戌); 卷21, 神宗 卽位年 10月 7日 (丙子); 康宗 卽位年 2月 3日 (庚辰). 희종의 경우, 희종의 선위 표문은 없었지만 다음 왕위를 계승한 강종의 표문에 희종의 선위 의사가 실려 있다.

선위임을 분명히 했다는 점인데,[20] 이는 당시 그들이 '명분'을 중요시했고 그 '명분'이 명과 직결되어 있었으며, 명 황제권이 요나 금의 황제권과는 다른 방식으로 고려에 작동했던 데서 기인한 차이라고 생각된다.

무신 집권자들이 왕위를 교체한 후 전왕의 선위 표문을 바쳤을 때, 당시 책봉국인 금은 실제 선위 여부에 의혹을 제기하기도 했으나 결국은 별다른 분란 없이 새로운 왕에 대한 책봉이 이루어졌다. 또한 무신 집권자들은 그들이 마음대로 왕위를 교체한 사실로 인해 그 권력 기반에 어떠한 손상도 입지 않았다. 그러나 공민왕 시해 사건 이후 우왕이 명으로부터 책봉을 받기까지의 과정에서 보듯, 회군이 행해진 시점의 책봉국 명은 앞서의 금과는 달리 책봉국과 피책봉국 사이의 마땅한 예를 따르지 않은 고려의 왕위 문제에 대해 향후 간여하지 않을 것이니 고려에서 알아서 처리하라고 이야기할지언정 형편상 '무례(無禮)'를 묵인하고 책봉을 해주는 것으로 황제의 권위를 빌려주지는 않았다. 더욱이 회군 세력이 사실상 반역 행위였던 회군의 명분을 우왕의 요동 정벌 단행에서 찾았던 만큼, 우왕의 '선위'를 둘러싸고 발생할 수 있는 명 측의 의심이나 그로 인한 '외교적' 분쟁은 단지 외교 문제에 그치지 않고 회군 세력이 확보한 명분, 그를 필요로 하는 그들의 권력 기반에 큰 영향을 미치는 문제였다. 즉, 회군 세력이 창왕을 옹립하여 우왕의 선위를 분명히 하고자 한 것은 고려 내에서 국왕과의 대립으로 역신(逆臣)이 되는 상황을 면하고 그들의 '역행(逆行)'에 정당성을 부여할 명분을 마련하기 위한 불가피한 선택이었던 동시에, 그 선위가 그러한 명분의 근원인 명 황제로부터 의심의

---

20 이 외에도 우왕의 '폐위'가 실제 '선위'의 방식으로 이루어졌음은, 그가 아들 창왕에게 글을 내려 훈계를 했던 일, 이후 회군 세력이 우왕의 생일에 사면을 행하고 선물을 보내며 잔치를 열어주었던 모습 등을 통해 확인할 수 있다. 이우성, 「牧隱에게 있어서 禑昌問題 및 田制問題」, 『목은 이색의 생애와 사상』, 일조각, 1996 참조.

여지없이 인정받음으로써 그들의 권력 기반을 구성하는 명분을 확고히 하기 위한 선택이었다고 할 수 있다.

이에 고려 측에서는 창왕을 옹립한 후 곧이어 우왕의 선위 표문을 전하고 창왕의 승습을 인정해줄 것을 요청하는 사신을 명에 보냈으나, 이성계 등이 주도하여 우왕을 폐위시켰음을 이미 인지하고 있었던 홍무제는 답하지 않았다. 그러자 고려 측에서는 몇 차례 사신을 추가 파견하여 왕관(王官), 즉 황제의 관리를 고려에 보내 국정을 감독해줄 것, 창왕이 친조(親朝), 즉 직접 명 조정에 들어가 황제를 뵙는 일을 허락해줄 것 등을 요청했다. 당시 국정 감독 요청이라는 사명을 띤 사신단을 이끈 이는 이색이었는데, 그는 황제를 만난 자리에서 창왕의 친조도 요청했다고 한다. 그즈음 정국에서 이색이 갖는 정치적 위상을 고려할 때 이 요청들은 명 황제의 힘을 빌려 이성계 세력을 제어하고 창왕의 왕위를 보위하고자 한 것이었다고 이해되어왔다.[21] 이색이 위의 요청을 통해 의도한 바는 기존의 이해와 같을 수 있다. 그러나 황제 관리의 감국(監國) 요청을 사명으로 한 이색의 사행에 이성계의 아들 이방원(李芳遠)이 수행했고, 정작 친조 요청은 이색의 사행이 아닌 강회백(姜淮伯) 등이 이끈 별도 사행단의 공식적인 사명이었다는 점 등을 고려하면, 이러한 요청이 단지 이색 등의 정치적 이해만을 반영한 것이었다고 보기는 어렵다. 명 측이 창왕에 대한 책봉을 미루는, 다시 말해 우왕의 '선위' 사실을 인정하지 않는 상황에서, 회군 세력으로서도 창왕을 친조하게 하거나 명의 관리가 고려에 와서 실제 '선위'를 했다는 상황을 확인케 함으로써 그들의 명분과 직결된 창왕의 왕위 계승을 명으로부터 조속히 인정받고자 했다고 봐야 할 것이다.

---

21 이우성, 위의 글; 도현철, 『목은 이색의 정치사상 연구』, 혜안, 2011; 이익주, 『이색의 삶과 생각』, 일조각, 2013 외 다수.

고려 내 정쟁 과정에서 국왕의 친조가 운위되거나 정쟁을 중재하기 위해 황제의 관리를 파견해줄 것을 요청한 사례는 이후에도 확인된다. 공양왕 즉위 사실을 보고하기 위해 명에 갔던 왕방(王昉)과 조반(趙胖) 등이 돌아와서 윤이(尹彝)·이초(李初)가 당시 유배 중이던 이색 등의 사주를 받아 명 조정에서 이성계 등을 무고했음을 보고하자, 공양왕은 그들의 무고가 자신과 관련된 일이므로 스스로 진위를 판별하기 어려우니 칙사를 보내 심문해줄 것과 공양왕 자신이 명에 가서 황제를 직접 만나, 즉 친조하여 변론할 수 있게끔 해줄 것을 명 측에 청했다. 윤이·이초 사건은 물론 조반 등의 보고 내용과 같을 수도 있지만, 정황상 이성계 세력이 반대 세력을 제거하기 위해 조작한 내용일 가능성도 있다.[22]

즉, 이 시기 고려의 정치 세력은 각자의 입장에서 스스로의 명분을 강화하기 위해 명 황제권을 끌어들이고 있었으며, 그 과정에서 국왕의 친조나 황제의 관리 파견 같은 방식이 활용되었다. 앞서 살펴보았듯이, 국왕의 친조나 황제가 파견한 관리가 고려의 국정에 간여 혹은 감독하는 것은 몽골과의 관계에서 시작되어 일상화된 정치 방식이다. 이는 단지 몽골이 고려의 '복속'을 확인하고 '감시'하기 위한 수단만은 아니었다. 오히려 몽골 복속기의 권력 구조 속에서 국왕권이 상대화됨으로써 발생한 정국의 분열 상황을 최고권으로서의 황제권이 조정하고 중재하기 위한 방안으로, 상호 간의 필요에 따라 이

---

22 윤이·이초 무고 사건은 이 시기 정치사를 다룬 논문들에서 종종 언급되었는데, 전론으로는 다음 논문을 참조할 수 있다. 조계찬, 「朝鮮建國과 尹彝·李初事件」, 『斗溪李丙燾博士九旬紀念 韓國史學論叢』, 지식산업사, 1987. 조계찬은 논문에서 사료의 기록에 따라 윤이·이초 사건이 이색 등 당시 유배당해 있던 세력에 의해 시도된 것이었다고 파악했으나, 이성계 세력이 정적을 제거하기 위해 도모했을 가능성도 배제하지 않았다. 후자의 논의와 관련해서는 유경아, 「고려 말 정몽주 동조 세력의 형성과 활동」, 『이화사학연구』 25·26집, 1999 참조.

루어진 측면이 있다. 그리고 이러한 정치 방식은 고려-몽골 간 정치의 경계가 상당 부분 흐려져 있던 상황과 관련된다.[23]

창왕대 명과의 관계에서 제기되었던 국왕 친조나 관리 파견 요청 등은 이 시기 고려의 정치 과정에 황제권이 여전히 '존재'하고 있었음을 보여주는 정치 방식이라는 점에서 주목된다. 이는 앞서 살펴본 바와 같이, 이 시점에서 회군 세력의 고려 내 권력이 황제권을 주요한 명분으로 삼은 상황과 관련된 것으로, 몽골 복속기의 권력 구조와 상통하는 면이 있다. 그러나 이 시기 국왕 친조나 황제의 관리 파견과 같은 정치 방식이 고려-몽골의 관계와 달리 명 측의 필요 및 이해와 동조를 수반하지 않았다는 점, 즉 몽골과의 관계에서 작용했던 것과는 다른 양상과 맥락을 가진다는 점도 주목된다.

몽골 복속기에는 국왕 책봉과 같은 1:1 관계를 포함하여 케식 참여와 친조 등을 통해 형성되는 개인 간 관계 및 통혼을 매개로 하는 가문 간 관계와 같은 황제권과의 직접적인, 그리고 1:다(多)로 형성되는 관계를 통해 권력이 부여되었다. 이에 고려 내 권력 주체가 가진 권력의 여탈이 상당 부분 황제권에 의해 직접적으로 이루어졌으며, 그런 관계를 형성한 권력 주체들을 중심으로 권력이 다원화되고 신료들이 분열함으로써 결과적으로 국왕권이 상대화되었다.[24] 이러한 관계와 권력 구조 속에서 국왕의 친조나 황제 관리의 고려 국정 간여는 고려와 몽골 쌍방의 정치적 이해관계가 반영되면서 관계와 구조를 유지하고 운영하는 정치 방식으로서 기능했다.

이에 비해 고려-명의 관계에서는 고려의 국왕 혹은 다른 권력 주체가 황제권과 직접적인 관계를 형성하거나 그 관계 등을 매개로 한 권력의 여탈이

---

23 이명미, 앞의 글, 2015b; 2016a; 2016b.

24 이명미, 앞의 책, 2016.

황제권에 의해 직접적으로 이루어지지는 않았다. 이 점은 이미 우왕 즉위 과정에서 상호 간에 확인되었는데, 명의 책봉을 받은 공민왕이 시해되고 우왕이 즉위하는 과정에서 고려 측은 명 측에 어떤 결정을 요청하거나 기다리지 않았다. 명은 그런 상황에 대해 불만을 표하면서도 사실관계 파악을 위해 관리를 파견한다거나 우왕 등 관계자를 소환하여 조사하는 등의 직접적인 방식으로 대응하지 않았다. 그 대신 고려를 천자의 성교(聲教)가 미치지 못하는 공간으로 규정하며 책봉을 해주지 않는 방식으로 대응했다. 이는 명에 대한 '참월함'이 주요 원인이 되었던 우왕 '선위'의 과정에서도 유사했다. 그런 상황에서 고려국왕의 친조나 정치적인 문제로 황제의 관리가 고려에 파견되는 것은 명 측의 이해를 전혀 반영하고 있지 않았으며 실제로 명이 이를 요구하거나 승인하지도 않았다. 명은 고려와의 관계에서 명 측의 이해를 관철하기 위해 이 같은 방식을 사용하지 않았다.

한편 국왕 친조나 황제의 관리 파견 등을 요청한 고려의 입장에서도 각 정치 세력들이 이를 매개로 황제의 권위를 빌려 각자의 명분을 확보하고자 하기는 했지만, 그 황제권을 몽골 황제권이 그러했던 것처럼 고려 내 권력을 창출하거나 제거하는 데 직접적으로 작용하는 실제적 권력·권위로 인식하고 있지는 않았다. 회군 세력에게 황제권은 자신들의 권력 기반을 구성하는 명분으로서 적극적으로 의식되었지만, 그렇다고 황제권이 주체적으로 작동하여 그들의 권력을 성립시킨 것은 아니었다. 그보다는 이미 장악한 권력에 황제권이 명분으로 선택된 것이었다.

이처럼 고려의 내정과 의식적인 단절을 표방하는 가운데 명분(또는 정치적 권위)으로 존재했던 명 황제권이 고려(또는 조선)의 정치에 작동한 방식은 이전과 분명하게 차이를 나타냈다. 몽골 황제권의 경우 고려 정치·권력 구조의 실제적 정점에 있으면서 권위까지 확보하고 고려의 정치에 직접적으로 작동했기 때문이다. 그러나 고려/조선 국왕의 상위 권위이자 고려/조선 '밖'의 존재인 황제권이 고려/조선의 정치 문제나 분쟁 상황에서 '작용한다'는, 혹은 '작용이 기대된다'는 현상은 동일하다. 단지 그러한 기대에 황제권이 응하는지의 여부 및 어떻게 응하는지의 방식에 차이가 있을 뿐이다. 외교적 영역이 아닌 고려 내정 문제에서 중국의 황제권이 작용한 것은 지금까지 살펴보았듯이 몽골과의 관계에서 비롯되었다. 이는 원·명 교체에도 불구하고 '변하지 않은 구조'의 일단이었다.

4. 명 홍무제가 내린 두 개의 성지

『고려사』나 『조선왕조실록』 등의 사료에는 명 태조 주원장(朱元璋), 즉 홍무제가 고려·조선에 내린 성지가 다수 전한다. 여기에는 고려·조선의 내정과 관련된 내용도 포함되어 있다. 그러나 앞서 이야기했듯이, 명 홍무제는 고려 내정 문제에 인적·제도적 장치를 통해 직접 개입하려는 시도는 하지 않고, 고려나 조선 측도 그 내부 권력을 여탈하는 실제적인 주체로서 명 황제권을 의식하고 있지 않았다.

그런 가운데 명 홍무제의 성지들은 앞선 몽골 황제의 성지와는 다른 방식으로 고려·조선의 정치에서 작용했다. 이 성지의 '작용'은 대개 명 측의 애초 의도보다는 고려 혹은 조선 측의 해석을 기반으로 이루어졌고, 명 측의 필요보다는 조선 측의 필요에 따라 이루어졌다. 아래에서는, 그런 작용을 잘 보여주며 그 작용의 결과가 조선이라는 국가의 명분과 관련되었던 홍무제의 성지 두 개를 중심으로 명 황제권이 고려·조선의 정치에 작용한 양상을 살펴보도록 하겠다.

조선 건국의 명분, "가짜를 폐하고 진짜를 세우라"?

회군 세력의 노력에도 불구하고, 회군의 명분으로 내세운 우왕의 선위, 곧 창왕의 즉위는 명으로부터 인정받지 못했다. 이에 회군 세력은 또 다른 명분이자 권위로서 고려 왕실의 권위를 꺼내 들었다. 우왕과 창왕이 왕씨가 아니라는 이른바 '우창비왕설(禑昌非王說)'이 그것이다. 이는 회군 세력이 명-황제권이라는 외부 권위에 거의 전적으로 기반했던 스스로의 명분을 내적인 권위를 통해 확보하려 했다는 점에서 논리의 전환이기는 하지만, 지금이나 그 당시나 진위 여부를 확인하기 어려운, 사실상 조선 건국 세력의 조작일 가능성이 큰 우창비왕설의 '진실성'을 밑받침하기 위해 다시 명 황제의 권위를 빌려왔다는 점이 주목된다.

우창비왕설은 공민왕대 후반과 우왕대 사료 곳곳에서 언급되고 있다. 하지만 대개 '전언'을 옮긴 기록으로 후대에 삽입되었을 가능성이 크며, 우왕이 폐위될 시점에도 그가 왕씨가 아니라는 논의는 공식적으로 제기되지 않았다. 우창비왕설이 공식 언급된 것은 창왕 원년(1389) 9월에 전해진 명의 예부자문(禮部咨文)을 통해서였다. 창왕의 친조를 재차 요청하기 위해 명에 파견되었던 권근(權近) 일행이 돌아오면서 가져온 예부자문에는 이후 고려 말 정쟁 과정에서 엄청난 권위를 갖고 활용될 내용이 담겨 있었다.

> (성지에 이르기를) 고려 국내에 사변이 많고 배신(陪臣)이 된 자 가운데 충신과 역적이 뒤섞여 있어 하는 일이 모두 좋은 계책이 아니다. 군주의 자리는 왕씨가 시해되어 후사가 끊긴 이후로 비록 왕씨를 거짓으로 칭하고 있으나 다른 성(姓)을 왕으로 삼고 있으니, 또한 삼한이 대대로 지켜온 좋은 계책이 아니다. (…) 지금 고려의 배신들은 은밀한 모의에 거짓말까지 더하고 있기에 여태까지 안녕하지 못한 것이다. 설사 역행으로 나라를 얻었다

고 하더라도 역행으로 그것을 지켜내는 것이 가능하겠는가. 만약 역행을 일상으로 삼는다면 역신들이 연이어 그것을 일삼을 터인데, 모두 처음으로 역행한 자가 그들을 가르친 꼴이니 또한 누구를 원망하겠는가. 예부에서는 문서를 보내 어린아이는 경사에 올 필요가 없다고 하라. 과연 어질고 지혜로운 배신이 자리에 있어 군신의 분의를 위에서 정하고 백성을 안녕하게 할 계책을 나라에서 만든다면 비록 수십 년 동안 조회하지 않더라도 또한 무엇을 걱정하겠으며, 매년 와서 조회하더라도 또한 무엇을 꺼리겠는가.[25](밑줄—인용자)

이 예부자문은 고려에서 창왕의 친조를 요청한 데 따른 답변으로, 자문에 담긴 요지는 친조하지 말라는 것이었다. 다른 부분에서 명 홍무제가 한 말에 따르면, 그 이유는 신하들이 마음대로 아비(우왕)를 폐하고 아들(창왕)을 세운 일이 '역행(逆行)'이기 때문이었다. "군주의 자리는 왕씨가 시해되어 후사가 끊긴 이후로 비록 왕씨를 거짓으로 칭하고 있으나 다른 성(姓)을 왕으로 삼고 있으니, 또한 삼한이 대대로 지켜온 좋은 계책이 아니다"라고 한 것은, 이 부분만 놓고 본다면 '그러니 왕씨를 다시 세워야 한다'는 의미로 읽힐 수도 있지만, 전체적인 맥락에서 본다면 딱히 왕씨를 다시 세우라는 결론을 향해 가는 전제는 아니다. 즉, 황제는 고려의 신료들이 마음대로 왕을 갈아치운 '반역' 행위를 힐책한 것이지, 우왕이나 창왕이 '이성(異姓)'이므로 그를 폐하라는 이야기를 꼭 집어 말한 것은 아니었다. 한편 이 자문 자체가 창왕의 친조 요청을 거절하는 것인 만큼, 여기에서 이야기하는 '역적'에는 물론 공민왕을 시해한 '역신'도 포함되겠지만, 좀 더 직접적으로 이는 우왕을 '마음대로' 폐

---

25 『高麗史節要』卷34, 昌王 元年 9月.

위시킨 당시의 고려 신료들을 지칭하는 것이라고 할 수 있다. 당시 명 홍무제는 우왕-창왕의 왕위 교체를 '선위'가 아닌 이성계의 획책이라고 파악하고 있었다.

그런데 이러한 자문의 내용은 이후 일부만 인용되거나 혹은 '해석'되어 이성계 세력이 우왕과 창왕을 폐하고 반대 세력을 제거해가는 과정에서 적극 활용되었다. 이 자문이 처음 정치적으로 활용된 것은 창왕을 폐위시키고 공양왕을 옹립하는 과정에서였다. 이때 이성계 등은 "우(禑)와 창(昌)은 본래 왕씨가 아니므로 종묘 제사를 받들 수 없다. 또 천자의 명이 있었으니 마땅히 가짜를 폐하고 진짜를 세워야 할 것이다(廢假立眞)"라고 하며 종실 중에서 왕을 세울 것을 의논했다. 위 예부자문뿐 아니라 이후에도 명 황제는 '폐가입진(廢假立眞)'하라는 명령을 내린 적이 없었다. 그러나 이후 정비(定妃)가 공양왕에게 내린 교서에는 이 예부자문의 전체 맥락이 배제된 채 일부만 인용되어 있었으며, 공양왕이 우왕과 창왕의 죽음을 효사관(孝思觀)에 고하는 축문에도 이 자문의 내용과 함께 이성계 등이 정비의 교(敎)를 받들고 천자의 명을 선포하여 우왕 부자를 폐했다고 적혀 있다.

이렇듯 우왕과 창왕을 폐할 때 활용된 이 성지는 이성계 세력이 반대 세력을 제거하는 과정에서도 효과적으로 쓰였다. 공양왕 원년(1389) 3월에 대간이 올린 다음의 상소문을 읽어보자.

> 엎드려서 선유하신 성지를 보건대, "고려국 안에 배신이 된 자 가운데 충신과 역적이 뒤섞여 있어, 비록 왕씨라고 사칭하였으나 이성(異姓)을 왕으로 삼고 있으니 또한 삼한이 대대로 지켜온 좋은 계책이 아니다"라고 하셨습니다. (…) 오늘날 시중 이성계는 평소 충의를 품고 거짓 조정에 절치부심하였음에도 감히 움직이지 못하였는데, 신우(辛禑)의 광망함이 날로 심

해져 끝내 요동을 공격하는 거사가 생기고 최영(崔瑩)이 이를 주도하자 이성계가 힘써 그것을 저지하다가 부득이하게 행군하여 압록강까지 이른 뒤 의(義)를 들어 회군해서 우(禑)를 물리치고 최영을 내쫓고는 종친을 세울 것을 의논하였습니다.

　선유하신 말씀을 보게 되자 개연히 반정(反正)할 뜻이 생겨 죽음을 무릅쓸 온갖 계책을 냈고, 대의를 제창하여 큰 계책을 정함으로써 전하를 받들어 정통을 회복하였으니, 종묘가 이로써 제사를 받을 수 있었던 것입니다. <u>신들은 이것이 천자께서 말씀하신 충(忠)이라고 생각합니다.</u> 이인임은 정권을 전단하고 총애를 굳건히 하고자 우(禑)를 세워 임금으로 삼았습니다. 그 후 조민수·이색이 함께 그 아들 창(昌)을 세웠으며, 변안열(邊安烈)·이림(李琳)·이귀생(李貴生)·정지(鄭地)·우인렬(禹仁烈)·왕안덕(王安德)·우홍수(禹洪壽)·원상(元庠) 등은 나아가 이성계를 해치고 우리 왕씨를 끊고자 하였습니다. (…) <u>신들은 이것이 천자께서 말씀하신 대역이라고 생각합니다.</u> (…) 바라건대 이림·이귀생·정지·우인렬·왕안덕·우홍수·원상·이을진(李乙珍)·이경도(李庚道) 등의 죄를 분명하게 바로잡아주신다면, 충신과 역적이 분별될 것이고 조정이 맑고 밝아져 난신적자가 경계할 바를 알게 될 것입니다.[26](밑줄—인용자)

　다소 장황한 위 상소문의 내용을 간단히 정리하면 이렇다. 먼저 상소문의 첫머리에 명 황제 성지의 한 부분을 제시하고, 이어 황제가 이야기한 충신과 역신을 자신들의 논리에 따라 해석하여 규정했으며, 그에 근거하여 '역신'들을 죄줄 것을 국왕에게 촉구하고 있다. 애초 명 홍무제가 그의 성지에서 우

26　『高麗史節要』卷34, 恭讓王 元年 3月.

왕을 마음대로 폐위시킨 '역신'으로 규정했던 이성계가 위 상소문에서는 오히려 '천자께서 말씀하신 충'을 실현한 충신으로 해석된다. 조선 건국 세력은 명 황제의 '해석된' 성지로부터 우왕과 창왕을 폐위시키고 정치적 반대 세력을 제거하는 정치적 행위의 명분, 즉 조선 건국 명분의 하나를 확보할 수 있었던 것이다.

제후국 조선의 '남다름'에 대한 근거, "성교를 스스로 하라"

공민왕이 시해된 뒤 우왕 책봉 문제로 고려와 명이 외교적 갈등을 겪던 시기, 불만에 찬 명 홍무제가 내린 성지의 한 구절은 원래의 의미와 다르게 해석되면서 제후국 조선의 '남다름'을 뒷받침하는 명분으로 기능했다.

우왕 11년(1385) 9월, 명에서는 사신을 보내 우왕을 책봉하고 공민왕의 시호를 내렸다.[27] 공민왕이 시해되고 우왕이 왕위에 오른 지 11년 만의 일이었다. 그 사이 고려 측은 수차례 명에 사신을 보내서 우왕의 왕위 계승을 인정해주고 공민왕의 시호를 내려줄 것을 요청했으나, 명 측은 명의 책봉을 받은 공민왕이 시해되었다는 사실, 그리고 시해 직후 발생했던 명 사신 살해 사건 및 명 사신을 살해한 자가 북원(北元)으로 도망간 사건 등을 빌미로 고려 측의 요청을 받아들이지 않았으며, 고려에 사신을 파견하지도 않았다.

양국 관계가 이처럼 경색된 가운데, 우왕 6년(1380)에 명 홍무제는 고려 사신의 입공을 거절하면서 이미 공민왕이 시해되었을 때 고려와 교류를 끊고 "고려는 산으로 막히고 바다를 사이에 두어 성교(聲敎)를 펼치기 어려우니 스스로 알아서 하도록 하라"고 했음을 상기시켰다.[28] 이후 우왕 9년 정월, 신

---

27 『高麗史節要』卷32, 禑王 11年 9月 16日(乙亥).
28 『高麗史節要』卷32, 禑王 6年 10月.

년을 하례하고 더불어 공민왕의 시호와 우왕의 왕위 계승을 요청하기 위해 파견된 고려 사신들에 대해 홍무제는 요동도사(遼東都司)에게 명하여 세공만 받고 사신들을 돌려보내게 하면서 다시 한 번 "성교를 스스로 하라(自爲聲敎)"는 말을 전하도록 했다.[29] '성교(聲敎)'란 『서경』의 한 구절로, 성인의 교화가 사해(四海)에까지 미친다는 의미이다.[30] 그러한 '성교'를 '스스로 알아서 하라'는 성지는 그것이 발해진 상황으로 볼 때, 사신을 통한 교유를 고려와 하지 않겠다는 것, 더 구체적으로는 고려국왕에게 작위를 주어 책봉하거나 시호를 내리는 등의 일은 하지 않을 것이라는 의미였다고 이해된다.

우여곡절 끝에 고려는 명으로부터 우왕의 책봉과 공민왕의 시호를 받아내는 데 성공했지만,[31] 곧이어 발생한 위화도 회군과 뒤이은 우왕 폐위 과정에서 홍무제는 고려가 자신의 성교가 미칠 수 없는 곳임을 다시 한 번 확인했고, 그리하여 창왕과 공양왕은 책봉을 받지 못했다. 이러한 상황은 조선 건국 이후에도 당분간 그대로 유지되었다. 홍무제는 새롭게 세운 나라의 이름을 정해서 보고하라는 말로 개국을 인정하면서도, 여전히 '성교'는 스스로 할 것을 이야기하며(聲敎自由) 이성계를 국왕으로 책봉할 의사가 없음을 분명히 했다. 그리고 그 근거는 아직 국호를 조선으로 정하기 전이었던 '고려'가 "산으로 막히고 바다를 사이에 두어 궁벽한 곳에 위치한 동쪽 오랑캐(東夷)"이기 때문이었다.[32] 홍무제가 책봉해준 고려국왕의 왕위와 관련하여 고려 내부에

---

29 『高麗史節要』 卷31, 禑王 8年 11月; 卷32, 禑王 9年 正月.

30 『書經』 夏書 禹貢, 106조.

31 명으로부터 우왕 책봉과 공민왕 시호를 받게 된 과정은 김순자, 『한국 중세 한중관계사』, 혜안, 2007, 71~105쪽 참조.

32 『明太祖高皇帝實錄』 卷221, 洪武 25年 9月 12日(庚寅).

서 발생한 분란을 홍무제 스스로 직접 통제하기 어려웠던 현실과, 그로 인해 자신의 '책봉'이라는 행위와 그를 통해 고려에 미칠 것으로 기대된 성교가 유명무실해졌던 경험에 비춰, 아예 처음부터 황제의 성교가 고려에 미치는 통로를 차단함으로써 성교의 권위가 손상되는 상황을 방지하고자 한 것이었다고 하겠다. 여기에는 그런 상황을 야기한 고려에 대한 비난과 불만도 포함되어 있었다. 그런데 조선에서는 이러한 홍무제의 성지를 다른 뉘앙스로 이해하고 소비했다. 이후 조선과 명의 관계가 전개되는 가운데 홍무제의 성지에 담긴 원래 의미와 조선에서 그 성지가 소비되는 의미 사이의 격차는 더욱 커졌다.[33]

먼저 홍무제의 성지에 있는 구절 가운데 '궁벽한 곳에 위치한 동이'는 '하늘에서 만든 동이(天造東夷)'로 살짝 바뀌어 『조선왕조실록』에 실려 있다.[34] 이 차이는 그에 뒤따르는 구절인 '성교를 스스로 하라'의 의미도 달리 읽히게 한다. 즉, 당시 홍무제의 심경과도 연결되어 황제의 성교로부터 '떼어내버리는' 의미의 '자위성교(自爲聲敎)' 혹은 '성교자유(聲敎自由)'가 아닌, '산과 바다로 나누어진 곳에 하늘이 만든 동이'이므로 '성교를 스스로 할 만하다'는 의미가 된 것이다.

이처럼 한 차례 해석을 거친 홍무제의 성지와 그 안의 문구인 '자위성교' '성교자유'는 이후 여러 장면에서 인용되며 추가적으로 해석되었다. 이 글에서는 특히 '남다른' 제후국으로서 조선의 위상과 관련하여, 그리고 중국의 법

---

33 이와 관련한 아래의 서술은 최종석, 「조선 초기 국가 위상과 '聖敎自由'」, 『한국사연구』 162, 2013; 문중양, 「15세기의 '風土不同論'과 조선의 고유성」, 『한국사연구』 162, 2013 을 주로 참고했다.

34 『太祖實錄』卷2, 太祖 1年 11月 27日(甲辰).

제·대명률을 조선이 시속(時俗)과 사정에 따라 변용하는 것에 대해 명 측에서 허용한 근거로 이 구절이 인용되고 해석되는 양상을 간단히 살펴보도록 하겠다.

태종 17년(1417), 변계량(卞季良)은 극심한 가뭄에 기우 차원의 제천례를 올릴 것을 요청했는데, 태종은 '천자는 천지에 제사하고, 제후는 경내의 산천에 제사한다'라는 『예기』의 구절을 들어 천자의 예와 제후의 예가 구분된다면서 제천례 시행의 부당함을 지적했다. 그러자 변계량이 "우리나라는 멀리 해외에 있어 중국의 제후와 같지 않습니다. 그리하여 고황제께서 조서하기를 '하늘이 만들고 땅이 세웠으니, 성교를 스스로 하라'고 하였습니다"라며 고황제, 즉 홍무제가 발한 성지의 한 구절을 인용하여 제천례를 시행할 수 있다는 근거로 삼았다.[35]

변계량 역시 일반적인 상황에서는 제천례가 제후의 예가 아니라는 점을 인식하고 있었다. 다만 그는 조선의 경우에는 일반적인 '중국의 제후'와 다르기 때문에 특별한 상황, 예컨대 극심한 가뭄이 들었다면 기우제로서의 제천례를 행할 수 있다고 본 것이었다. 조선이 제후의 명분에 구애될 필요가 없다는 뜻이 아니라, 제후이기는 하지만 중국의 일반적인 제후와는 다른 지점이 존재하기 때문에 일부 '성교자유'할 영역이 있음을 주장한 것이다. 그리고 조선이 '중국의 제후'와 다르게 성교자유가 가능한 근거는 홍무제의 성지에서 확보했다.

한편 세종 28년(1446), 세종은 '부모와 남편의 상사(喪故)를 숨긴 자는 장(杖) 60, 도(徒) 1년'에 처한다는 대명률의 조항을 '부모와 남편의 상을 숨긴 자 및 부모를 봉양하는 데 부족함이 있는 자는 장 100에 유(流) 3,000리에 처

---

35 『太宗實錄』卷34, 太宗 17年 12月 4日(乙酉).

한다'로 수정하고자 했다. 대명률의 규정보다 처벌 수위를 더 높인 것이다. 세종은 대명률의 해당 조항을 수정하는 근거로, 홍무제가 조선에 대해 "수천 리 땅에 웅거하고 있으니 성교를 스스로 하라"고 했으며 건문제가 또한 조선이 대명률을 요청한 것을 거절하면서 "의제(儀制)는 본속을 따르고 법은 옛 규정을 지키라(儀從本俗 法守舊章)"고 했음을 들었다.[36] 즉, 세종은 조선에 적용할 법규범으로 대명률의 규정을 상대화하고 조선의 시속과 사정을 반영하여 수정을 가할 수 있는 근거로서 홍무제의 '자위성교／성교자유' 인정 및 건문제의 '의제는 본속을 따르고 법은 옛 규정을 지키라'는 조지(詔旨)를 들었던 것이다.[37]

즉, 조선에서는 중화의 문물제도를 구현하는 과정에서 조선의 풍토가 중국의 그것과 다르기 때문에 맞닥뜨릴 수 있는 문제를 해결하기 위해, 그리고 제후국의 예를 지키는 과정에서 조선의 위상이 중국 내지의 제후들과 차이가 있기 때문에 발생하는 문제를 해결하기 위해, 제후국 조선의 '남다름'을 정당화하는 근거로 홍무제의 '성교를 스스로 하라'는 성지를 해석하고 활용했다. 이는 물론 고려에 강한 불만을 표했던 홍무제의 원래 뜻과는 거리가 있었다. 그러나 이를 언급한 조선의 신료들이나 국왕이 성지의 원래 맥락을 적극적으로 의식하는 가운데 일부러 그 뜻을 왜곡해서 활용했던 것이라고 하기는 어렵다. 그보다는 홍무제 이후 명과 조선의 관계가 안정화되는 가운데 현실과 괴리된 성지의 애초 맥락은 탈각되고, '현재'의 문제의식 속에서

---

36 『世宗實錄』 卷112, 世宗 28年 6月 7日(癸卯).

37 세종이 이때 해당 규정을 수정하면서 반영하고자 했던 조선의 '본속'은 고려 이래의 국속·토속이 아니라 유교 윤리를 바탕으로 한 삼년상이라는 습속이었다. 최종석, 앞의 글, 2013.

새로운 맥락이 재생산된 결과라고 할 수 있을 것이다.

5. 몽골이 조선에 남긴 것?

지금까지 살펴보았듯이, 명 황제권이 고려 혹은 조선의 정치에서 작용한 양상은 몽골 황제권이 고려의 정치에서 작용했던 양상과 큰 차이를 보인다. 오해의 여지를 무릅쓰고 다소 단순화하여 표현하자면, 몽골 황제권이 고려 정치·권력 구조의 최상위에 존재하면서 실제적인 정치권력이자 정치적 권위로 기능했던 것에 비해, 명 황제권은 고려 혹은 조선의 정치 세력이 스스로의 정당성 혹은 명분을 확보하기 위해 기대는 정치적 권위로 기능했다. 이 차이는 몽골과 명의 물리력 차이에서 비롯된 것임과 동시에, 이들이 각기 주변국들과 관계를 맺는 방식의 차이에서 비롯된 것이기도 하다. 이런 차이점은 여말선초 외교·정치 환경의 '변화'를 이해하는 데 매우 중요한 지점이다.

그러나 여말선초의 외교·정치 환경 그 자체를 이해하기 위해서는 이러한 '황제권이 작용하는 양상의 차이' 이면에 '황제권이 작용한다는 현상의 공통점'이 있다는 점 또한 함께 인식할 필요가 있다. 이는 조선시대의 정치·외교 환경에서 드러나는 특징적 면모의 역사적 맥락을 이해하는 문제와도 직결된다. 현실의 명 황제가 조선의 정치에 직접적으로 영향력을 행사하지 않는 가운데, 명 황제의 성지가 조선의 정치 세력들이 공유하고 있었던 다양한 학문적·도덕적·정치적 명분 가운데 하나로 자리하게 된 '현상'은 제후국으로서 조선의 자기 인식에 대한 구체적인 양상을 파악하는 것뿐만 아니라 조선의 정치 담론을 이해하는 데 중요한 문제라 할 수 있다. 이러한 '현상'은 물론 조선이 처해 있던 정치적·외교적 환경 속에서 만들어졌지만, 또한 앞선 몽골과의 관계에서 처음으로 발생한, 고려라는 국가 외부에 존재하는 고려국왕의 상위 권력 혹은 권위인 황제권이 국내 문제에 작용한다는 '현상'으로부터 비롯된 것이기도 했다.

기존의 연구들이 여말선초 정치·외교 환경의 '변화'에 주로 초점을 맞추었던 것에 비해, 이 글에서는 표면적으로 큰 변화를 수반한 여말선초 정치·외교 환경의 이면에 존재하는 연속적인 측면에 좀 더 주목하고자 했다. 이는 우선 변화한 지점과 변화하지 않은 지점을 함께 아울러서 여말선초의 정치·외교 환경을 총체적으로 살피고자 한 시도이다. 동시에 '여말선초'라는 시간을 전후(前後) 시간의 관계 속에서 거시적으로 조망하여, 몽골과의 관계를 통한 고려 후기의 역사적 경험이 이후 환경의 변화 상황에서 수렴되는 양상, 그리고 조선시대 정치와 외교의 시대성을 보여주는 특징적 양상이 형성된 역사적 맥락을 파악하고자 한 시도이기도 하다.

10장

몽골제국의 붕괴와
고려 – 명의 유산 상속 분쟁

| 정동훈 |

1. 고려–명 관계의 우여곡절과 조선의 건국

『태조실록』의 첫머리 「태조총서(太祖總序)」는 태조 이성계(李成桂)의 출신 배경, 그리고 그가 왕위에 오르기까지의 활약상을 담은 일종의 서사시이다. 변방에서 성장한 그가 마침내 중앙 정계로 진출하여 역성혁명의 주인공이 될 수 있던 배경에는 고려 말의 불안정한 국제 정세가 놓여 있었다. 이성계 는 홍건적의 침입(1362)과 덕흥군(德興君) 일파의 침입(1364)을 격퇴하고, 두 차 례에 걸친 동녕부(東寧府) 공격(1370)을 성공시키면서 국내외에 그 존재를 뽐 내기 시작했다. 그리고 우왕 재위 기간(1374~1388) 내내 연이은 왜구의 침입을 물리치면서 점차 세력을 규합하고 인망을 얻었다. 그가 정권을 장악하게 된 결정적 사건인 위화도 회군(1388) 역시 고려 조정과 명의 갈등에서 비롯되었 음은 두말할 필요도 없다. 애초에 이성계는 몽골제국의 변방, 쌍성총관부(雙 城摠管府)의 무장(武將) 집안 출신으로 고려를 위기에서 구해내면서 성장했다. 「태조총서」에서 그린 각 장면은 대부분 당시의 국제 정세와 깊이 얽혀 있다.

이성계 개인에만 초점을 두지 않고 고려 국가 전체의 상황을 살펴보아도, 원·명과의 우여곡절은 왕조의 수명을 재촉하는 가장 중요한 요소였다. 공민왕이 시해되고 명에서 파견했던 사신단이 살해당하는 불의의 사건이 연달아 벌어진 공민왕 23년(1374) 이후 약 20년 동안 명은 고려에 유·무형의 압박을 계속해왔다. 명의 초대 황제 홍무제(재위 1368~1398) 주원장(朱元璋)은 과거 몽골제국 때와는 비교할 수 없을 정도로 막대한 양의 공물(貢物)을 내놓으라고 고려에 압력을 넣었다. 그 수치는 한때 매년 금 100근, 은 1만 냥, 포(布) 1만 필, 말 1,000필 등 엄청난 수준이었다. 게다가 약속을 지키지 않을 때는 수십만의 군대를 이끌고 고려를 치겠노라고 공공연히 협박했다. 고려 정부는 공물 액수를 채우기 위해 관원들은 물론 민간으로부터도 대대적으로 금은과 말을 징발해야 했다.[1] 조야의 민심은 흉흉해졌으며, 이런 상황에서 이성계가 천명(天命)의 거취를 논하자 쉽게 수긍할 수밖에 없었다.[2]

이처럼 명과의 긴장 관계는 고려왕조의 마지막 순간까지 점점 증폭되어 갔고, 이는 국내의 정세와도 직결되었다. 고려 말의 정국 동향을 친원적인 권문세족과 친명적인 신진사대부의 갈등 구도로 보고 후자가 최후의 승자가 되어 조선 건국을 주도했다는 설명이 정설처럼 인식된 적이 있다.[3] 그러나 고려의 정책 결정자들이 반명(反明) 조치를 결단한 것은 1388년(우왕 14)의 요동 출병이 처음이자 마지막이었다. 그리고 명에 반발하여 요동 정벌을 주창한 인물은 최영(崔瑩)이 거의 유일했다. 조야의 대부분 사람들은 반대의 목소

---

1 『高麗史』 권79, 食貨志2, 科斂.

2 『太祖實錄』 권1, 원년 7월 28일(丁未)의 태조 즉위교서 참조.

3 예컨대 閔賢九, 「高麗後期의 權門勢族」, 국사편찬위원회 편, 『한국사 8』, 1981, 40~44쪽 및 金潤坤, 「新興士大夫의 擡頭」, 같은 책, 168~172쪽 참조.

리를 높였다. 위화도 회군 이후 숙청된 인물들의 면면을 보면 알 수 있는데, 그들은 대개 최영 휘하의 소수 무인들로서 하나같이 무게감이 떨어졌다.[4] 최영의 편에 서서 반명의 기치를 함께 들었던 유력한 인물은 온 조정을 통틀어 전무하다시피 했다.

물론 우왕대 초반, 일시적으로 북원(北元)과의 관계를 재개하고 긴밀히 연계하려는 흐름이 있었던 것은 사실이다. 그런 경향을 주도했던 인물이 우왕대 내내 정권을 좌우했던 이인임(李仁任)이며, 당대의 신진사류 가운데 대표적 인물들인 정몽주(鄭夢周)·정도전(鄭道傳)·이숭인(李崇仁) 등이 거기에 반대했다가 유배를 갔던 것도 사실이다. 그러나 그것은 우왕대 초반, 명과의 관계가 극도로 경색되어 고려가 이른바 양면 외교를 펼쳤던 아주 짧은 시기의 예외일 뿐이다. 우왕대 내내 명 측의 지독한 괴롭힘에 시달리면서도 그 요구를 거의 빠짐없이 들어주기로 한 것 역시 이인임이 여전히 주도하던 조정에서 내린 결정이었다. 우왕 초년에 원과의 관계 회복에 반대했다가 귀양을 갔던 이들도 정도전을 제외하면 한두 해 사이에 모두 복권되었다. 명과 외교 관계를 유지하는 일은 좋든 싫든 고려 조정이 취할 수 있는 유일한 선택지였다.

조선 건국에 이르기까지 정치 상황을 논할 때 이같이 명과의 관계는 빼놓을 수 없는 요인이었다. 따라서 일찍부터 이 시기에 관련된 많은 연구도 이 문제를 중요하게 다루어왔다.[5] 고려 말 조선 초기의 명과의 외교 관계를 다룬 연구는 상당히 축적되어 구체적인 면모가 어느 정도 세밀하게 밝혀

---

4 柳昌圭,「高麗末 崔瑩 勢力의 형성과 遼東攻略」,『歷史學報』143, 1994, 43~45쪽.

5 예컨대 李相佰,「李朝建國의 研究」1·2·3,『震檀學報』4·5·7, 1936·1937; 末松保和,「麗末鮮初における對明關係」,『城大史學論叢』2, 1941; 신석호,「조선왕조 개국 당시의 대명관계」, 국사편찬위원회 편,『국사상의 제문제』1, 1959; 한영우,「兩班官僚國家의 成立」, 국사편찬위원회 편,『한국사 9』, 1974 등.

졌다.[6] 다만 한 가지 아쉬운 점은 여말선초 대명 관계를 서술할 때 처음 등장하는 중국 측의 인물과 그 기점이다. 대체로 홍무제, 그리고 그가 명을 건국한 홍무 원년(1368)부터가 무대에 오른다. 그 이전 한 세기 이상 전례 없이 긴밀하고 복잡하게 얽혀 있던 고려와 몽골제국의 관계에 대한 연구도 상당한 양과 질을 자랑하지만,[7] 대부분의 연구는 지정(至正) 28년(1368)에 순제(재위 1333~1370)가 대도(大都, 현재의 베이징)를 떠나는 장면으로 마무리된다. 중국사 연구에서는 원과 명 사이의 단절적인 면 못지않게 연속성에 주목하는 흐름이 면면히 이어져왔는데,[8] 국제 질서나 한중 관계가 어떠했는지에 대해서는 아직 충분히 다루어지지 않고 있다.

이 글에서 던지는 질문은 이렇다. 14세기 후반 여말선초 명과의 관계가 기존 고려-원 관계의 어떤 측면을 계승하고, 어떤 측면에서 차이를 보이는가. 시론적으로나마 필자는 예제(禮制) 차원에서는 연속적인 모습을, 실제 문

---

6 金成俊,「高麗와 元·明 關係」, 국사편찬위원회 편, 『한국사 8』, 1981; 朴元熇, 『明初朝鮮關係史研究』, 一潮閣, 2002; 김순자, 『韓國 中世 韓中關係史』, 혜안, 2007 등.

7 대표적으로 張東翼, 『高麗後期外交史研究』, 一潮閣, 1994; 李益柱, 「高麗·元關係의 構造와 高麗後期 政治體制」, 서울대학교 박사학위논문, 1996; 이개석, 『고려-대원 관계 연구』, 지식산업사, 2013; 이강한, 『고려와 원제국의 교역의 역사』, 창비, 2013; 김형수, 『고려 후기 정책과 정치』, 지성人, 2013; 森平雅彦, 『モンゴル覇權下の高麗』, 名古屋大學出版會, 2013; 이명미, 『13~14세기 고려·몽골 관계 연구』, 혜안, 2016 등.

8 대표적으로 宮崎市定, 「洪武から永樂ヘ―初期明政權の性格」, 『東洋史研究』27-4, 1969; Henry Serruys, "Remains of Mongol Customs in China During the Early Ming Period", *The Mongols and Ming China: Customs and History*, London: Variorum Reprints, 1987; 檀上寬, 「初期明帝國體制論」, 『岩波講座世界歷史』 11, 岩波書店, 1997; David M. Robinson, "The Ming Court and the Legacy of the Yuan Mongols", David M. Robinson ed., *Culture, Courtiers, and Competition: The Ming Court(1368~1644)*, Cambridge: Harvard University Press, 2008; Timothy Brook, *The Troubled Empire: China in the Yuan and Ming Dynasties*, Cambridge: Harvard University Press, 2010 등 참조.

제에서는 단절적인 모습을 보인다는 답을 제시하고자 한다. 그리고 답을 구하는 과정의 일환으로 고려-명 관계의 우여곡절이 근본적으로는 몽골제국 유산의 계승 혹은 청산을 둘러싸고 벌어졌음을 밝힐 것이다. 우선 고려와 명이 처음 외교 관계를 맺던 시점의 국제적 배경, 즉 원 말의 동아시아 상황을 살펴볼 것이다. 다음으로는 여말선초 대명 관계의 구체적 양상을 의례 차원과 실질적 차원의 문제로 나눠서 검토해보겠다. 마지막으로 몽골제국의 유산에 대한 명과 고려의 상속 분쟁이 어떻게 마무리되었는지를 요약할 것이다.

2. 몽골제국의 유산과 명의 상속권 주장

홍무(洪武) 원년(1368) 정월 5일, 홍무제가 제위에 오른 이튿날 천하에 반포한 조서는 다음과 같은 구절로 시작한다.

> 짐이 생각하건대 중국의 군주는, 송(宋)의 운명이 다하고서 하늘이 진인(眞人)에게 명하여 사막에서 일어나 중국으로 들어와 천하의 주인이 되게 하고 자손에게 전하여 미친 것이 100여 년이었다. 이제 그 운명 역시 끝나서 해내(海內)의 강토에 호걸들이 나뉘어 싸우고 있다. 짐은 본래 회우(淮右)의 서민(庶民)으로서, 상천(上天)의 돌보아주심과 조종(祖宗)의 영(靈)에 힘입어, (…) 오(吳) 2년 정월 4일, 종산(鍾山)의 남쪽에서 천지에 제사를 올리고 남교(南郊)에서 황제위에 올라, 천하의 이름을 정하여 대명(大明)이라 하고, 오 2년을 홍무 원년으로 삼는다.[9]

9　『明太祖實錄』권29, 홍무 원년(1368) 정월 丙子 및 『皇明詔令』권1, 「初卽帝位詔」.

위 등극 조서의 취지는 천명(天命)이 송에서 원으로 옮겨 갔다가 이제 다시 자신에게 돌아왔으며 그에 힘입어 제위에 오르게 되었다는 말이다. 그해 연말 홍무제는 고려에 첫 번째 문서를 보냈는데, 거기에도 역시 거의 같은 내용을 담았다.[10] 그런데 등극하기 석 달 전, 대도의 원 조정을 타깃으로 북벌군을 출동시키면서 포고한 격문(檄文)에서는 다음과 같이 말했다. "옛말에 이르기를, 오랑캐(胡虜)에게는 100년 가는 운이 없다고 한다. (…) 오랑캐를 몰아내고(驅逐胡虜) 중화를 회복하자(恢復中華)! 기강을 바로세우고 이 백성을 구제하자!"[11]

이 논리대로라면 홍무제와 명이 회복해야 할 중화는 송의 그것이었다. 그런데 실제로 송, 정확히 남송의 영역은 화이허(淮河) 남쪽에 지나지 않았다. 애초에 원의 수도였던 대도는 936년 이후 400년 이상 후주(後周) – 북송(北宋) – 남송으로 이어지는 한족(漢族) 왕조의 땅이었던 적이 없었다. 몽골제국의 영역은 과거 송의 영역을 넘어서는 것은 물론이거니와 그들이 중국에 들어오기 전, 송과 금(金), 거기에 하(夏)를 더한다고 하더라도 그보다 훨씬 넓었다. 그뿐만 아니라 운남(雲南) 일대는 1253년 쿠빌라이가 점령하기 전까지 300년 이상 수많은 부락과 부족의 집합체 성격을 가졌던 대리국(大理國)의 영역이었다. 원은 이곳을 지방행정구역인 행성(行省)으로 재편했고, 나중에 명은 이곳에 남아 있던 몽골 세력을 몰아낸 후 자신의 영역에 포함시켜 대리부(大理府)로 삼았다(1381).[12] 티베트는 티베트불교의 수장과 몽골 대칸이 종교적 지도자와 정치적 수호자의 지위를 상호 인정하는 형태로 몽골제국과 매우 깊은 관

---

10 『明太祖實錄』 권37, 홍무 원년 12월 壬辰 및 『高麗史』 권42, 공민왕 18년 4월 壬辰.

11 『明太祖實錄』 권26, 吳 원년(1367) 10월 丙寅 및 『皇明詔令』 권1, 「論中原檄」.

12 김한규, 『천하국가』, 소나무, 2005, 718~719쪽.

계를 유지할 수 있었다. 명이 티베트에 영향력을 갖게 된 것은 전적으로 원의 유산 덕분이었다.[13]

아이러니하게도 '중국'의 물리적 크기가 가장 크게 확장된 것은 몽골제국 시기였다. 한 연구에 따르면 1522년 명의 영토는 1102년 북송의 그것보다 30% 넓었다고 한다.[14] 송대까지만 해도 중국에 포함되지 않았던 지역을 몽골제국이 정복·통합해서 명에게 유산으로 넘겨준 결과였다. 명은 겉으로는 '구축호로(驅逐胡虜)'를 외치면서도 결국 몽골이 넓혀놓은 영토와 인구를 그대로 물려받고자 했던 것인데, 이는 마치 '멸만흥한(滅滿興漢)'의 구호를 내걸었지만 만주족이 새로운 강역으로 편입시킨 신장(新疆)이나 몽골, 티베트 등을 그대로 이어받으려 했던 중화민국(中華民國)의 입장을 연상시킨다.[15]

명 홍무제는 원의 황실이 북중국에 엄존해 있는 상황임에도 천명이 자신에게 있으며 따라서 원의 유산을 고스란히 계승할 유일한 적통은 본인이라고 주장했다. 1368년 당시 동아시아에는 몽골제국의 후계자를 자처하는 세력들이 여럿 존재했다. 원의 조정이 여전히 버티고 있었음은 두말할 나위도 없거니와, 섬서(陝西)·요동(遼東)·운남 등지에 몽골의 잔여 세력이 사뭇 웅거하고 있었다. 그런 와중에 대도를 함락한 직후 홍무제는 서둘러 『원사(元史)』 편찬을 지시했다. 그 일이 일단 마무리된 것은 홍무 3년(1370) 2월로, 이때는

13 Weirong Shen, "Accommodating Barbarians From Afar: Political and Cultural Interactions Between Ming China and Tibet", *Ming Studies* 56, 2007, pp. 38~40.

14 John W. Dardess, "Did the Mongols Matter?: Territory, Power, and the Intelligentsia in China from the Northern Song to the Early Ming", Paul Jakov Smith & Richard von Glahn ed., *The Song-Yuan-Ming Transitions in Chinese History*, Cambridge: Harvard University Press, 2003, pp. 117~120.

15 이성규, 「왜 아직도 '중국'인가?」, 김광억·양일모 편저, 『중국 문명의 다원성과 보편성』, 아카넷, 2014, 448~452쪽.

대도를 떠난 원의 황제도 아직 멀쩡히 살아 있던 때였다. 경쟁자들의 존재를 애써 부정하며 원을 이미 지나버린 과거의 정통으로 치부하고, 자신은 그를 당당하게 이어받은 새로운 정통으로 자임하는 정치적 효과를 노린 것이었다.[16] 한편 원의 황제 토곤테무르가 사망했다는 소식이 들리자, 그가 싸우지 않고 달아난 것은 천명이 어디에 있는지를 알았기 때문이라며 명 홍무제는 그에게 순제(順帝)라는 시호를 내렸다.[17] 이 역시 원의 정통성을 인정하면서도 자신을 그 계승자로 자임하는 행위였다.[18]

3. 몽골제국이 높여놓은 '중국'의 위상, 명의 무임승차

유례없이 막강한 힘을 과시했던 몽골제국은 '중국'의 위상 자체도 한 단계 올려놓았다. 몽골제국이 등장하기 이전 10~13세기 전반까지의 동아시아 국제 질서를 형용하는 단어로는 '다원적' '상대화' 등이 많이 쓰인다.[19] 10세기 오대십국의 분열은 물론, 11세기에는 거란과 북송, 12세기에는 금과 남송

---

16 김양섭, 「元末·明初 金華學派의 正統觀念」, 『中央史論』 20, 2004, 121~126쪽; 이성규, 「中華帝國의 팽창과 축소」, 『歷史學報』 186, 2005, 126~128쪽.

17 『明太祖實錄』 권53, 홍무 3년(1370) 6월 壬申.

18 Okada Hidehiro, "China as a Successor State to the Mongol Empire", Reuven Amitai-preiss & David O. Morgan eds., *The Mongol Empire and Its Legacy*, Leiden: Brill, 1999, pp. 264~265.

19 윤영인, 「10~12세기 동아시아의 다원적 국제질서와 한중관계」, 이익주 외 지음, 『동아시아 국제질서 속의 한중관계사—제언과 모색』, 동북아역사재단, 2010; 宋代史硏究會 編, 『『宋代中國』の相對化』, 汲古書院, 2009.

이 중원을 양분하면서 어느 한 나라도 패권을 온전하게 장악하지 못한 상황이 지속되었다. 둘 이상의 황제가 병존하는 가운데 '중국'은 그중 하나였을 따름이다.

그런 까닭에 그 시기에 주변국에서 중국을 대하는 태도 역시 고대 경전에 규정된 제후국이나 후대 명·청 시대의 주변국이 보인 태도와 달랐다. 단적으로 고려는 국내에서 국왕을 황제라고 칭하기도 했으며, 국가 체제 역시 중국과 차등을 두지 않는 부분이 많았다. 그뿐만 아니라 고려의 지식인들 가운데는 '천하란 중국을 중심으로 한 하나만 존재하는 것이 아니라 자국(고려)을 중심에 둔 별도의 천하가 있다'고 생각하는 부류가 다수였다.[20] 요컨대 의례적인 차원에서 중국의 독보적인 지위는 그다지 강하게 인정되지 않았던 것이다.[21]

그러나 몽골제국 시대에 들어 상황이 달라졌다. 다시 고려의 예를 들면, 국왕은 더 이상 자신을 '짐(朕)'이라 칭하지 않았고, 그가 발령하는 문서의 서식은 이제 황제의 명령문서인 조서(詔書)가 아니라 교서(敎書)로, 중앙정부의 최고 기관은 성(省)에서 부(府)로 강등되었다. 고려국왕이 외국의 군주이면서 동시에 황실 부마(駙馬)의 지위, 그리고 몽골제국의 지방행정 기구인 정동행성 장관의 지위를 겸하게 되었음은 주지의 사실이다. 따라서 고려국왕은 서로 다른 위계질서 속에서 자신의 위상을 부여받았다. 원 황실의 제왕(諸王) 가

---

20 盧明鎬,「東明王篇과 李奎報의 多元的 天下觀」,『震檀學報』83, 1997; 盧明鎬,「高麗時代의 多元的 天下觀과 海東天子」,『韓國史研究』105, 1999.

21 이를 잘 보여주는 사례로 외교 의례인 빈례(賓禮) 문제에 대한 다음의 연구를 참조할 수 있다. 金成奎,「高麗 前期의 麗宋關係―宋朝 賓禮를 중심으로 본 高麗의 國際地位 試論」,『國史館論叢』92, 2000; 김성규,「송대 東아시아에서 賓禮의 成立과 그 性格」,『東洋史學研究』72, 2000.

운데 한 명으로서 부마고려국왕(駙馬高麗國王)이라는 지위에 따라 인장(印章)을 수여받았고, 행성의 장관으로서 직인(職印)도 부여받았다.[22] 원 중앙정부의 중서성과 의사소통을 할 때는 정동행성 명의로 관문서식인 자문(咨文)이라는 문서를 주고받았다.[23] 고려국왕과 조정은 원에서 파견된 사신을 맞이할 때 원 국내의 다른 지방행정 기구들과 똑같은 의례와 규범을 준수해야 했다.[24] 고려인들은 현실의 원을 천하의 중심으로 생각하면서 스스로는 그의 일원적 천하 속에 위치한 이(夷)이자 제후국으로 인식하기를 주저하지 않았다.[25]

명은 기존에 원이 가지고 있던 천하 유일한 패권 국가로서의 예제적 지위를 그대로 차지하고자 했다.[26] 그런데 그 의도는 단지 주변국과 상하 관계 속에서 자신의 우위를 인정받겠다는 수준을 넘어섰다. 명의 국가 체계를 설계했던 인물들은 엄격한 일원적인 원칙에 따라 정치와 사회 전 분야에 걸쳐 질서를 재건하겠다는 의지를 품고 있었다. 그리고 그 원칙으로 관료제적 질서를 적용하고자 했다. 건국 초기에 관료제도는 물론 예제와 법제를 정비하는 과정에서도 이러한 의지가 강하게 엿보인다.[27]

---

22 정동훈, 「冊과 誥命—고려시대 국왕 책봉문서」, 『사학연구』 126, 2017, 183~184쪽.

23 森平雅彦, 「牒と咨のあいだ—高麗王と元中書省の往復文書」, 『モンゴル覇權下の高麗』, 名古屋大學出版會, 2013; 鄭東勳, 「高麗-明 外交文書 書式의 성립과 배경」, 『韓國史論』 56, 2010.

24 정동훈, 「고려시대 사신 영접 의례의 변동과 국가 위상」, 『역사와 현실』 89, 2015.

25 채웅석, 「원 간섭기 성리학자들의 화이관과 국가관」, 『역사와 현실』 49, 2003; 최종석, 「고려 후기 '자신을 이(夷)로 간주하는 화이의식'의 탄생과 내향화」, 『민족문화연구』 74, 2017.

26 岩井茂樹, 「明代中國の禮制覇權主義と東アジア秩序」, 『東洋文化』 85, 2005.

27 대표적으로 Edward L. Farmer, *Zhu Yuanzhang and Early Ming Legislation: The Reordering of Chinese Society Following the Era of Mongol Rule*, Leiden: Brill, 1995.

명은 자국의 외부에 대해서도 일원적인 관료제적 운영 원리를 그대로 적용하고자 했다. 마침 고려와 원의 관계는 그러한 요소를 많이 품고 있었다. 앞서 언급한 바 있는 외교문서에 관문서식을 사용했던 점이나, 외교 의례 역시 국내의 관료기구들과 동일한 방식으로 거행했던 점 등이 그러하다. 모두 고려국왕이 정동행성이라는 원의 지방행정단위 장관직을 겸했던 일이 결정적 계기가 되었다. 외국의 군주에 대해서도 중국 국내의 관료제 요소를 적용할 수 있는 논리적 근거가 마련되었던 것이다. 홍무제나 명의 당대 지식인들은 자신이 고안해낸 외교의 제도들이 마치 고전 속에 묘사된 천자와 제후의 관계를 재현해낸 듯 자랑했지만, 이는 사실이 아니었다. 명은 기존의 관례를 그대로 계승하기만 하면 되는 것이었고, 실제로 그렇게 했다.[28]

대표적인 예로 고려국왕을 책봉할 때 어떤 문서가 쓰였는지를 살펴보자. 중국의 황제가 주변국의 군주를 책봉할 때는 그의 책봉호를 써넣어 그 권위를 인정하는 문서를 수여했는데, 그것이 책봉문서이다. 오대부터 송, 거란을 거쳐 금대까지 중국의 황제가 고려국왕을 책봉할 때는 항상 책(冊)을 수여했다. 책이란 중국 국내의 황태자나 황후, 제왕(諸王) 등 황실의 구성원들에게 작위(爵位)를 내릴 때 부여하는 문서였다.

반면, 원대에 고려국왕은 부마고려국왕이라는 작위와 함께 정동행성 승상이라는 관료제적 지위를 동시에 부여받으면서 일종의 관직 임명장으로 선명(宣命)을 받았다. 명의 홍무제는 공민왕과 우왕을 책봉하면서 자국의 고위 관료들에게 그랬던 것처럼 관직 임명장인 고명(誥命)을 수여했다. 명은 원대에 인정되었던 두 계열의 지위 가운데 후자, 즉 관료로서의 성격만을 인정했

28 Jung Donghun, "From a Lord to a Bureaucrat: The Change of Koryŏ King's Status in the Korea-China Relations", *The Review of Korean Studies* 19-2, 2016.

던 것이다.[29]

다시 강조하건대 명은 기존에 몽골제국이 만들어내 누리고 있던 천하에서 독존적인 예제적 지위를 그대로 상속하면서 그것을 주변국으로부터 인정받고자 했다. 그리고 고려는 여기에 이견을 제시하지 않았다. 오히려 고려 스스로 명의 기획을 추동해낸 측면도 있었다. 예컨대 고려가 명에 첫 번째로 사신을 파견하여 자국에서 명의 사신을 맞이할 때의 의례 절차를 문의하자, 명은 『대명집례(大明集禮)』를 완성하기도 전임에도 외국에서 시행할 의례 조항만 따로 뽑아 보내주었던 사실을 들 수 있다.[30] 외국의 군주에게 시호를 수여하는 관례 역시 그러하다. 원래 시호란 자국의 고위 신료가 사망했을 때만 수여하던 것인데, 공민왕이 죽은 후 고려 측에서는 과거 원에서 고려국왕들에게 '충(忠)' 자 시호를 부여하던 전례에 따라 명에게 이를 요청했다.[31] 그런데 홍무제는 고려에서 시호를 요청해온 것이 '뜻밖의 일'이었다는 취지의 발언을 한 바 있다.[32] 애초에 홍무제는 명의 건국을 고려에 알리면서 상하 관계를 표현하지 않는 치서(致書) 형식의 문서를 보냈는데, 그에 대한 답장으로 공민왕이 앞장서서 표문(表文)을 올려 양자의 관계를 군신 관계로 스스로 규정해버리기도 했다.[33] 명은 고려와의 관계를 통해 마련한 각종 외교 관련 제도

---

29 정동훈, 앞의 글, 2017. 단, 명은 작제적 질서 측면에서는 고려국왕에게 기존 왕조들이 부여했던 위상을 그대로 인정해주기도 했는데, 예컨대 관복(冠服)이나 인장(印章)에서 드러난 요소에 대해서는 정동훈, 「명대의 예제 질서에서 조선국왕의 위상」, 『역사와 현실』 84, 2012 참조.

30 최종석, 「고려 말기·조선 초기 迎詔儀禮에 관한 새로운 이해 모색」, 『민족문화연구』 69, 2015, 279쪽.

31 안기혁, 「여말선초 대중국관계와 국왕시호 요청」, 『역사와 현실』 104, 2017, 246~249쪽.

32 『御製文集』 권6, 「論中書却高麗請諡」.

33 Feng Zhang, *Chinese Hegemony: Grand Strategy and International Institutions in East Asian*

들을 주변국에도 그대로 확대 적용하면서 자국을 중심으로 한 일원적인 예제적 질서를 창출하고자 했다.[34] 이렇게 만들어진 관습은 훗날 조선과 명의 관계에서 역시 한 번도 부정되지 않고 그대로 지속되었다.

4. 몽골제국이 키워놓은 '중국'의 크기, 명과 고려의 상속 분쟁

몽골제국 시대에 확장된 것은 중국만이 아니었다. 오해의 여지를 무릅쓰고 이야기하자면, 고려 역시 어느 면에서는 확장되었다. 고려-원 관계 초기에 고려의 동북 지역과 서북 일대에 각각 쌍성총관부(雙城摠管府)와 동녕부(東寧府), 그리고 제주에 탐라총관부(耽羅摠管府) 등 일부 영역과 그곳의 인민이 몽골의 직할 통치하에 놓이게 되었던 것은 사실이다. 그러나 동녕부와 탐라총관부는 1290년대 들어 고려에 관할권이 반환되었으며, 쌍성총관부는 공민왕 5년(1356)에 고려가 실력을 행사하여 되찾아왔다. 한편 고려와 몽골 간에 전쟁이 한창이던 1230년대부터 고려의 인민들은 대거 요동 일대로 흘러들어 갔다. 또한 적지 않은 수의 고려 사람들이 유학, 관직 생활 혹은 상업 활동을

History, Stanford: Stanford University Press, 2015, pp. 49~52; 鄭東勳, 「高麗時代 外交文書 硏究」, 서울대학교 박사학위논문, 2016, 464~472쪽.

34 이런 점에서 필자는 명대의 이른바 조공 제도 혹은 조공 시스템이 고전(古典)에 연원을 두고 한(漢)·당(唐)·송(宋)을 거치면서 유지되었다가 명에 의해 확고하게 '부활'했다는 기존의 통념에 이의를 품고 있다. 명이 구축한 일련의 외교 의례나 제도들은 많은 부분이 고려-원 관계에서 이루어진 것을 계승했으며, 단지 이를 정당화하기 위해 고전에서 그 근거를 끌어왔을 뿐이었다는 생각이다. 이에 대해서는 나중에 또 다른 글을 통해 상세히 밝히고자 한다.

위하여 대도 주변으로 이주해 살고 있었다. 공민왕 3년(1354)에 중국 강남의 반정부 세력인 장사성(張士誠)을 토벌하기 위해 동원된 대도 인근의 고려인이 2만 3,000명이었다는 사실, 그리고 공민왕 19년(1370)에 고려군이 우라산성 (亏羅山城)을 공격했을 때 고려에 귀부한 요동의 인호가 1만여 호(戶)에 달했음을 상기한다면,[35] 한반도 바깥으로 이주해 살았던 고려인의 규모는 생각보다 훨씬 컸으리라는 점을 짐작할 수 있다.

고려의 국왕·왕실이나 권세가들이 몽골제국 내에서 가지고 있던 재산과 이권도 상당한 정도에 달했을 것이다. 충렬왕은 쿠빌라이에게 요동으로 이주한 고려 유민들을 자신의 사속(私屬) 인호로 삼게 해달라고 요청하여 승인을 받았다.[36] 요동의 고려인들에 대한 고려국왕의 직할 권한은 14세기에도 변함없이 유지되었다. 충선왕이 대도에 보유하고 있었던 저택이나 아들 충숙왕에게 상속해주었다는 의주(懿州, 현재의 랴오닝성 푸신시)의 점포와 강남의 토지,[37] 그리고 심왕부(瀋王府)에서 돈벌이를 했음을 암시하는 일[38] 등을 떠올려보면 그 규모 또한 작지 않았을 것이다. 앞서 언급한 대도 인근의 수많은 고려인들이 가지고 있던 재산도 합치면 굉장한 양이었을 것이다. 명 초기에 대도

---

35 『高麗史』권38, 공민왕 3년(1354) 11월 丁亥; 권42, 공민왕 19년(1370) 정월 甲午. 다만 이러한 수치는 다소 과장되었을 가능성도 크다. 한편 『吏文』2–13「取發李絳帖里等人戶高家奴姿呈」에 따르면 우왕 2년(1376) 요동으로 송환된 인호의 규모가 23호에 91명이었다고 하는데, 이를 통해 요동에서 유입된 인호는 대체로 1호에 4명 정도였으리라고 추정된다.

36 森平雅彦,「高麗王位下とその權益」,『モンゴル覇權下の高麗』, 名古屋大學出版會, 2013, 87~94쪽; 김진곤,「원 간섭기 국외유민(國外流民)의 쇄환(刷還)과 이리간(伊里干)의 설치」,『역사와 현실』107, 2018.

37 『高麗史』권35, 충숙왕 15년(1328) 7월 己巳.

38 『高麗史』권91, 宗室2, 屬.

인근에서 포로로 잡은 고려인 156명을 고려로 돌려보낸 일이 있었는데,[39] 홍무제가 언급하지는 않았지만 그들이 그곳에서 가지고 있던 토지나 재산 역시 무시할 만한 수준은 아니었을 것이다.

몽골 정권이 붕괴된 이후 이처럼 중원 곳곳에 흩뿌려져 있던, 고려와 직간접적으로 얽힌 유산의 처리는 민감한 문제가 되지 않을 수 없었다. 특히 문제는 1350년대 들어 원의 구심력이 현격히 약화되면서 중원의 인구가 크게 이동한 데 있었다. 1359년 홍건적의 한 갈래가 요동 일대를 휩쓸고 지나가자 수많은 사람들이 전쟁의 화를 피해 한반도로 이주했다. 그 가운데는 훗날 명과의 외교 관계에서 대단히 중요한 역할을 하는 설장수(偰長壽) 형제와 그의 가족도 포함되어 있었다.[40] 이들의 송환 문제가 고려-명의 초기 관계에서 중요한 쟁점이 되었다.

홍무 원년(1368) 늦여름, 비교적 손쉽게 대도를 장악한 명군은 진군의 방향을 계속 북쪽으로 잡으면서, 한편으로는 동북쪽과 요동 방면 진출도 본격적으로 시작했다.[41] 하지만 요동에는 여전히 나하추(納哈出)와 같은 몽골제국의 잔당들이 똬리를 틀고 독자 세력으로 남아 있었다. 중원에서 왕조 교체가 일어날 때마다 그랬듯이 요동은 다시 한 번 요동쳤고, 그 여파는 고스란히 고려에 전달되었다. 명은 과거 몽골의 영역이었던 이 지역에 대해 강한 연고권을 주장했다.

---

39 『高麗史』 권41, 공민왕 18년(1369) 6월 丙寅.

40 홍건적의 요동 일대 공격과 요동 민호들의 이주 배경에 대해서는 David M. Robinson, *Empire's Twilight*, Harvard University Press, 2009, pp. 133~145 참조.

41 和田淸, 「明初の滿洲經略」 上, 『東亞史研究』 滿洲篇, 東洋文庫, 1955.

황제가 새서(璽書)를 내려 말하기를 "(…) 나의 군사가 아직 요심(遼瀋)에 이르지 않았으니 그 사이에 간혹 강포한 자들이 출몰할 것이다. 그들이 중국의 근심이 되지 않더라도 고려의 우환으로 될까 우려스럽다."[42]

이 문서에서 홍무제는 당시 요심 일대를 가리켜 명의 군사가 '아직' 이르지 않은 곳이라고 했다. 이 말의 이면에는 이곳이 마땅히 명에 귀속되어야 할 곳임을 언명한 것이다. 또한 홍무제는 이미 고려로 넘어간 인호들을 속히 돌려보내라고 집요하게 요구했다. 그 시작은 우왕 2년(1376)의 일이었다.[43] 이후로도 틈틈이 인구 송환을 강요하던 명은 심지어 우왕 12년(1386)에는 1359년에 홍건적을 피해 고려로 유입한 군민 4만여 호를 쇄환하라고 요구했다.[44] 이처럼 명이 찾아가고자 했던 사람들은 대체로 명 건국 이전, 혹은 그 이후라고 하더라도 명이 요동을 본격적으로 장악하기 이전에 고려로 유입된 인호들이었다. 명 측은 원 말에 관부에서 파악한 호구 수를 기준으로 인구 지배를 달성하겠다는, 즉 인구 추쇄에 관해서는 원대의 그것을 기준으로 삼겠다는 의지를 표현한 것이었다.[45]

요동 일대에서 원의 유산에 대한 권리를 요구하는 명의 이러한 의도는 철령위(鐵嶺衛) 설치 문제에서도 확연히 드러난다.[46] 명에서 철령의 북쪽·동쪽·서쪽의 인호를 철령위에 소속시키겠다고 나선 명분은, 이곳이 과거 원의 개

---

42 『高麗史』권42, 공민왕 19년(1370) 4월 甲寅.

43 『高麗史』권133, 우왕 2년(1376) 6월.

44 『高麗史』권136, 우왕 12년 12월.

45 김순자, 앞의 책, 208쪽.

46 철령위 설치에 관한 명의 의도가 영토 문제가 아닌 인구 문제에 있었다는 것에 대해서는 朴元熇, 「鐵嶺衛 設置에 대한 새로운 觀點」, 『韓國史硏究』136, 2007 참조.

원로(開原路) 관할에 있었다는 것이다.[47]

고려 정부도 요동 일대의 고려인들을 불러들이고 '돌아온' 고려인들을 받아들이는 데 매우 적극적이었다. 공민왕 20년(1371), 동녕부를 공격할 때 고려군은 이 지역 사람들에게 "요심(遼瀋)은 우리나라의 영역이고 그 백성은 우리의 백성이므로, 이제 의병을 일으켜서 그를 안무하고자 한다"라고 선전했다.[48] 명 측의 송환 요구에 대응하여 고려 측은 "태위(太尉) 충선왕이 심왕(瀋王)의 작위를 겸한 이후로 요심 지방의 인민은 한집안인 것처럼 되었다"라며 이 일대 인호들과 깊이 연관되어 있음을 주장했다.[49] 양국이 요동 인구의 관할권을 두고 이렇듯 다투었던 것은 몽골제국의 유산에 대한 상속 분쟁의 성격이 강했다. 명 측의 철령위 설치 통보에 대해서도 고려는 단호한 어조로 불가함을 역설했다. 그 일대는 대대로 고려의 영역이었으며, 한때 원에서 쌍성총관 등의 관원을 둔 일은 있었으나 공민왕 5년(1356)에 모두 폐지했음을 근거로 내세웠다.[50]

이와 비슷한 구도로 전개된 상황이 고려-명 관계 초기에 있었던 제주(濟州) 문제이다. 제주도에는 몽골의 황실과 정부에서 대규모 목장을 설치하여 말을 방목하고 있었고, 마필 관리를 위한 몽골인 전문 목자(牧子)들도 배치되어 있었다. 원 황실은 제주도를 마지막 피난처로 모색했을 만큼 이 지역에 애착을 보였다.[51] 공민왕 16년(1367), 공민왕은 제주의 영토와 인구는 고려 정

---

47 『吏文』2-15「鐵嶺等處榜文張掛咨」.

48 『高麗史』권115, 열전28 池龍壽.

49 『吏文』2-18,「再催里不歹等人戶遼東照會」, "太尉忠宣王兼封瀋王名爵, 其遼瀋人民, 比同一家."

50 『高麗史』권137, 우왕 14년(1388) 2월.

51 高昌錫,「麗·元과 耽羅와의 關係」,『濟州歷史研究』, 세림, 2007.

부가 관할하며 말은 이전처럼 보내겠다고 원 황제에게 제안하여 승인을 얻었다.[52] 그러나 약속을 미처 이행하기 전에 한쪽 당사자가 사라져버렸다. 그렇다고 해서 고려가 제주 전체의 관할권을 손쉽게 장악할 수는 없었다. 정권 초기 해안 방어에 크게 골몰하고 있던 홍무제는 제주에 대해서도 관심의 끈을 놓지 않았다. 훗날의 일이지만 그는 다음과 같이 말하기도 했다. "탐라는 원래 원조(元朝)에 속해 있었으니, 거기서 나오는 말은 내가 처리해야 한다."[53]

"우리가 어찌 감히 세조 황제께서 풀어 기르신 말을 대명(大明)에 바치겠는가"[54]라며 몽골인 목자들이 거듭 반란을 일으키고, 더구나 그들이 왜구와 연계될까 우려되는 상황에서 공민왕은 제주를 방치해둘 수 없었다. 공민왕은 시해되기 직전, 최영을 사령관으로 삼아 2만 5,000여 병력을 동원하여 제주도를 공격했고, 결국 실효 지배에 성공했다. 그러나 그 과정에서 명의 동의나 승인, 적어도 묵인을 얻어내기까지는 지난한 외교적 노력을 기울여야 했다. 공민왕은 제주의 인구와 영토에 대한 배타적인 관할권을 인정받는 대신 제주에서 나오는 말은 과거 원에 보냈던 것과 똑같은 방식으로 명에 보낼 것을 홍무제에게 약속했다.[55] 홍무제는 공민왕이 약속했던 바를 결국 우왕에게서 받아내고자 했으며, 이는 고려에 엄청난 부담으로 돌아왔다. 그리하여 고려는 7년에 걸쳐 총 6,000여 필의 말을 끝내 명에 바쳐야 했다.[56] 고려-명 관계가 가장 경색되었던 우왕대 초·중반의 이른바 세공(歲貢) 문제는 우왕의 정

---

52 『高麗史』 권41, 공민왕 16년(1367) 2월 癸亥.

53 『高麗史』 권136, 우왕 13년(1387) 5월. "耽羅原屬原朝, 來的馬敎我區處."

54 『高麗史』 권44, 공민왕 23년 7월 乙亥.

55 『高麗史』 권42, 공민왕 19년(1370) 7월 甲辰.

56 우왕 연간 고려와 명 사이의 세공(歲貢) 문제에 대해서는 末松保和, 앞의 글, 제5장 「請證, 請襲と歲貢の要求」 참고.

통성 승인을 대가로 명이 고려 측에 남아 있던 몽골제국의 유산을 샅샅이 거두어가려는 시도였다고 볼 수 있다.[57]

5. 상속 분쟁의 일단락과 그 이후

이 글에서는 14세기 후반 고려-명 관계의 우여곡절을 몽골제국의 유산 상속 문제와 연계하여 파악해보았다. 몽골제국의 유례없는 대통합은 역사적 '중국'의 위상을 높이고 크기를 키우는 결과를 낳았다. 그리고 명은 과거 송이 꿈꿀 수 없었을 정도의 의례적·실질적 유산을 몽골제국으로부터 물려받고자 했다. 이 과정은 필연적으로 과거 '중국'에 포함되지 않았던 지역과 인물들의 반발을 낳았고, 고려 역시 그 분쟁의 한가운데 자리하고 있었다.

고려의 대응에는 일관적인 모습이 나타난다. 의례적 차원에서는 기존에 몽골제국에게 보였던 공순한 자세를 그대로 명에게 취했다. 이미 한 세기 가깝게 원과의 외교를 경험했던 고려의 지식인들은 명에 대해서는 천명을 받은 존재로, 자신은 그의 제후국으로 인정하는 데 그다지 주저하지 않았다. 오히려 좀 더 '진정한' 제후국의 면모를 스스로 구현하고자 관심을 쏟았다고 해도 과언이 아니다.[58] 한편 영토나 인구 등 실질적 사안에 대해서는 비교적 단호한 입장을 견지했다. 고려와 명은 제주도 및 요동에 살고 있던 고려인들,

---

57 이상 고려-명 관계 초기의 제주 문제에 대해서는 정동훈, 「초기 고려-명 관계에서 제주 문제」, 『한국중세사연구』 51, 2017 참조.

58 정동훈, 앞의 글, 2012; 최종석, 「중화 보편, 딜레마, 창의의 메커니즘—조선 초기 문물제도 정비 성격의 재검토」, 박종천 편, 『조선시대 예교 담론과 예제 질서』, 소명출판, 2016; 최종석, 앞의 글, 2017 참조.

철령 이북의 과거 쌍성총관부 영역 등에 관한 처리 문제를 놓고 줄다리기를 지속했다. 이 영토와 인구는 모두 과거 몽골제국과 고려 사이의 경계가 모호해지면서 양자의 이권이 기묘하게 얽혀 있던, 그래서 명 측도 고려 측도 자기 나름대로의 논리로 상속권을 주장할 수 있는 유산이었다. 그러던 중 명의 군대가 요동 방면으로 점차 진격해오면서, 동시에 북원 조정이나 나하추 등 몽골 잔여 세력의 힘이 점차 빠져나가면서 명의 요구는 한층 거세졌다. 고려는 이들 문제를 결코 쉽게 양보하지 않았다. 명 측에서 철령위 설치를 통보하고 고려가 이에 반발하여 요동 공격을 시도했던 우왕 14년(1388)은 그 갈등이 절정으로 치달았던 장면이다. 이 사건이 시발이 되어 결국 왕조 교체로 이어졌던 것은 다 아는 사실이다. 고려의 군사행동 소식을 접한 명 측이 철령위의 위치를 요동 내륙 쪽으로 옮기면서 기존의 주장을 스리슬쩍 철회했다는 사실도 음미해볼 만하다.

왕조가 교체되었다고 해서 명과의 관계가 일시에 좋아진 것은 아니었다. 홍무제는 새 왕조에 대해서도 의심의 눈초리를 거두지 않았으며 이런 저런 시비를 엮어내기를 그치지 않았다. 이후에 전개된 조선과 명 사이의 줄다리기는 새롭게 등장한 현안을 둘러싼 문제들이었다. 명의 내전을 틈타 요동에서 한반도로 이주해온 인호의 처리 문제, 그리고 요동 일대의 여진에 대한 관할권 문제 등이 그것이다.[59]

그러나 1388년에 벌어진 일련의 사건으로 몽골제국 유산에 대한 양국 사이의 상속 분쟁은 일단 정리되었다. 의례적 차원에서는 양자의 상하 관계를 엄격히 밝히고, 실질적 차원에서는 관할 영역과 인구를 분명히 가르는 일이 주요 내용이었다. 전자에 대해서는 고려나 명 양측이 지향하는 바가 대체로

---

59 이에 대해서는 朴元熇, 앞의 책, 2002 참조.

합치되었기에 별다른 어려움 없이 합의점을 찾을 수 있었다. 반면 후자의 사안은 양측의 이해관계가 정면으로 충돌하는 문제이기 때문에 조정되기까지 상당한 진통을 겪어야 했다. 이렇게 마련된 14세기 후반 고려–명 관계의 기본 틀과 선은 이후 조선–명 관계에서 대체로 준수되었다. 나아가 그것은 조선–청 관계에서도 근본적으로는 흔들리지 않았다.

제4부

보편 문화의 수용과 대외 정벌

장

관복제의 변화와 문화적 지향

| 김윤정 |

1. 관복: 외교와 사상의 상징물

1368년(공민왕 17) 홍무제가 명 황제로 즉위하고 이듬해 그 사실이 고려 조정에 전달되자, 고려 조정은 분주해졌다. 곧바로 명 황제의 즉위를 하례하는 것은 물론 고려국왕의 새로운 봉작(封爵)을 요청하고, 새로운 천자의 조정에 참석하여 성절(聖節)과 천추절(千秋節), 신정을 하례하기 위한 사신의 파견이 이어졌다. 이에 명에서는 고려 공민왕에 대한 책봉과 더불어 국왕·왕비·신료의 관복(冠服)을 고려에 보내주었고,[1] 공민왕은 이를 고려 조정의 새로운 관복으로 도입했다.

그로부터 19년 뒤인 1387년(우왕 13), 유민 쇄환 및 말 구입의 문제를 해결하기 위하여 명에 파견된 고려 사신 설장수(偰長壽)가 압록강 유역에 도달했을 때, 황제에게 관복을 추가로 요청하여 받아오라는 우왕의 명령이 그에

---

[1] 『高麗史』卷42, 世家42 恭愍王 19年 5月 甲寅; 卷72, 志26 冠服 祭服. 恭愍王 19年 5月.

게 전달되었다. 명 조정에 이른 설장수는 홍무제를 직접 대면하여 대화를 나눌 기회를 획득했고, 곧바로 황제에게 그동안 미뤄왔던 신료의 관복을 추가로 하사해줄 것을 간곡히 요청했다.[2] 설장수의 요청에 홍무제는 관복을 하사했고, 설장수가 그 관복을 입고 귀국하자 고려 조정에서는 이에 기반하여 새롭게 백관의 관복을 정하였다.[3]

이렇듯 20여 년간에 걸쳐 고려에 수용된 명의 관복은 조선이 건국된 이후에도 계속 착용되었다. 1392년 수창궁에서 거행된 즉위식 때 태조 이성계가 전(前) 왕조의 공민왕이 명으로부터 받아온 관복 차림으로 신왕조의 개창을 선포한 것은 자연스러운 일이었다. 1395년(태조 4) 새로운 도읍의 궁궐과 종묘가 완공되자, 태조는 과거 공민왕이 명에서 받은 강사포(絳紗袍)와 원류관(遠遊冠), 그리고 면복(冕服)을 입고 예를 행하였다.[4] 이후 태조·태종·세종대를 거치면서 정립된 조선의 관복제에는 지속적으로 명의 예제(禮制)가 참조되었다.

고려 말 조선 초를 거치며 새로운 관복제가 마련된 것은 문화사적 측면에서 큰 전환으로 평가된다. 이는 먼저 당대의 평가로부터 시작한다. 조선 초 『고려사(高麗史)』 찬자들은 관복제의 변화에 대하여 "명 태조가 공민왕에게 관복을 하사한 이래로 의관과 문물이 다시 새로워졌다"[5]고 보았다. 오늘날 학계에서도 공민왕대에 명과 외교가 시작되면서 그간의 몽골 복식을 탈피하고 본격적으로 명의 관복제가 수용되기 시작했으며, 이는 한말까지 계승되었

---

2 『高麗史』卷136, 列傳49 禑王 13年 5月.

3 『高麗史節要』卷31, 禑王 13年 6月.

4 『太祖實錄』卷8, 太祖 4年 10月 甲午; 乙未.

5 『高麗史』卷72, 志26 輿服 序.

다고 여겨왔다.[6] 최근에는 고려에서 조선으로, 그리고 원에서 명으로 동아시아의 왕조 교체라는 거시적 관점에서 이 변화를 고려와 조선이 명 중심의 새로운 예제 질서에 편입된 것으로 해석하기도 한다.[7]

그렇다면 과연 동아시아의 국제 질서가 원 중심에서 명 중심으로 전환되고, 역성혁명을 통해 고려에서 조선으로 왕조가 교체되면서 기존의 복식 문화는 모두 배척되고 새로운 복식 문화가 형성되었을까? 고려와 조선은 왜 명의 복식 문화를 주목했을까?

복식이라는 소재는 사료의 한계 등으로 인해 학계에서 충분한 연구 성과가 축적되지 못한 분야이다. 하지만 복식은 개인과 사회를 드러내는 기호 또는 상징으로서, '유행'이라는 이름하에 사회 변화를 가장 빨리 반영하면서도 동시에 인간 생활의 기본 요소인 의식주 가운데 하나인 만큼 '고유성'을 담지하고 있다. 더욱이 전근대 유교 사회의 복식은 생활문화이자 예(禮)의 표현이었고, 정치적·사회적 수단으로도 활용되었을 정도로 그 안에는 다양한 사회문화적 의미가 담겨 있다. 따라서 고려 말 조선 초 관복의 형식적·외형적 변화를 살펴보는 일은 당대인들의 문화관과 가치관을 확인하는 중요한 지표가

---

6 복식사 분야의 대표적인 연구로는 石宙善, 『韓國 服飾史』, 寶晉齋, 1971; 유희경·김문자, 『한국복식문화사』, 教文社, 1981; 임명미, 『한국의 복식문화 (1)』, 경춘사, 1996이 있다.

7 이러한 변화가 명이 예제(禮制)를 외연으로 확장함으로써 동아시아 국제 질서를 구축하고자 한 것이라고 보는 관점에 대해서는 岩井茂樹, 「明のまなざしと東アジア 明代中國の禮制覇權主義と東アジアの秩序」, 『東洋文化』 85, 2005; 檀上寬, 『明代海禁＝朝貢システムと華夷秩序』, 京都大學學術出版社, 2013이 있다. 특히 그 예제가 고려·조선에 구현된 방식에 관해서는 최종석, 「고려시대 조하의 의례 구조의 변동과 국가위상」, 『한국문화』 51, 2010; 한형주, 「대명의례를 통해 본 15세기 朝－明관계」, 『역사민속학』 28, 2008; 정동훈, 「명대의 예제 질서에서 조선국왕의 위상」, 『역사와 현실』 84, 2012; 박종천 편, 『조선시대 예교 담론과 예제 질서』, 소명출판, 2016 등이 있다.

될 수 있다. 이 글에서는 고려 말 조선 초 다양한 관복[8]의 변화를 추적함으로써 당대의 문화적 지향을 시론적 차원에서 살펴보고자 한다.

2. 13세기 몽골풍의 수용

고려 말 조선 초 관복제의 변화상에서 명 관복제의 수용이 크게 부각된 것은, 그 이전 시기인 13~14세기 동안 고려 사회에 널리 확산되어 있던 몽골 복식의 영향 때문이라고 할 수 있다. 13세기 동아시아 사회에 몽골제국이 흥기함에 따라 고려 역시 이들과 새로운 관계를 맺었다. 30여 년간의 전쟁 끝에 강화를 맺으며 수립된 고려와 몽골(원)의 관계는 정동행성(征東行省)의 설치, 다루가치의 파견, 친조(親朝), 6사(事), 통혼(通婚), 중조(重祚) 등 과거에는 존재하지 않았던 다양한 정치·외교 양식들로 나타났다. 이와 같은 변화는 복식 문화에도 투영되었다. 100여 년간 몽골(원)과의 사대 관계가 지속되면서, 개국 이래 꾸준히 정비되어 '일대(一代)의 제도'를 이루었다고 평가받던 고려의 복식 문화에 개체변발(開剃辮髮)과 호복(胡服)으로 대변되는 몽골 복식이 확산되었던 것이다.

13세기 고려가 접한 원의 복식 문화는 기존 고려 복식 문화와 달랐다. 고려의 복식 문화는 고대 이래 한반도에서 자생한 '한복(韓服)'과 당(唐) 이래의

---

8 고려~조선 초 왕과 신료의 관복은 다음과 같이 크게 세 가지 종류로 구분된다.
  ① 제복(祭服): 원구·사직·태묘·선농에서 지내는 제사와 같은 대례(大禮) 때 착용
  ② 조복(朝服): 정월·동지·절일의 조하 의례, 팔관회·연등회, 대연회, 사면령의 반포, 왕비·왕태자의 책봉 때 착용
  ③ 공복(公服): 평상시 집무를 볼 때 착용

강민첨(姜民瞻, 963~1021)

고려 전기에 활약한 장군이다. 1018년 거
란이 침입했을 때 강감찬의 부장으로 출전
한 바 있다. 그의 초상화를 통해 고려 전기
관료의 공복을 알 수 있는데, 각이 지고 위
가 평평한 관모인 복두와 둥근 깃으로 이
루어진 단령포의 모습을 확인할 수 있다.

중국 왕조들로부터 수용한 '한복(漢服)'으로 구성되어 있었다.[9] 또한 비교적
온난한 기후 속에서 고대로부터 발달해온 직조 및 염색 기술을 바탕으로 소
재 면에서도 저마포(苧麻布) 등의 마직물과 능라(綾羅) 등의 견직물이 복식 문
화의 주축을 이루고 있었다.[10]

특히 관료들이 착용하는 관복은 계속된 정비 끝에 의종대에 그 체계를 완
성했다. 고려 건국 직후에는 신라의 제도를 따랐으나, 평소 집무 시에 착용하
는 공복(公服)의 경우 광종대에 후주(後周)의 '화제(華制)'를 참조하여 자(紫)·단

---

9 '한국 복식의 이중 구조'에 관해서는 金東旭, 『韓國服飾史硏究』, 亞細亞文化社, 1979과
柳喜卿, 『韓國服飾史硏究』, 이화여자대학교출판부, 1975 참조.

10 유희경·김문자, 『(개정판) 한국복식문화사』, 敎文社, 2004, 173~175쪽; 국사편찬위원회
편, 『옷차림과 치장의 변천』, 두산동아, 2006, 104~105쪽.

(丹)·비(緋)·록(綠)의 4색(色)으로 이루어진 고려식 공복제를 제정하여 운영했다. 이는 이후 관제의 개편을 거치며 자·비·록의 3색 공복제로 바뀌었고, 그리하여 복두(幞頭)와 3색의 단령포(團領袍: 둥근 깃의 포)가 고려 관료의 공복으로 자리 잡았다. 성종대에는 원구·사직·태묘 등을 건립하여 유교 제례가 시행되고, 해당 의례를 송으로부터 수용하면서 대례(大禮)에 적합한 면복(冕服)이 제복(祭服)으로 도입되었다.[11] 특히 왕의 면복은 이후 요(遼)·금(金)과 조공—책봉 관계를 맺으며 이루어진 '사여관복(賜與官服)'을 통해 전래되었다. 이때 중국 황제의 12류관(旒冠) 12장복(章服)보다 아래인 9류관 9장복이 하사되어 고려국왕의 제복으로 정착되었고, 고려 백관의 제복 역시 이를 기준으로 등위가 결정되었다. 이렇게 받아들인 다양한 관복은 예종부터 인종, 의종에 이르는 예제 정비 과정에서 고려식으로 재정비되었고, 그 결과 의종대 『상정고금예문(詳定古今禮文)』의 편찬으로 그 체계를 완비했다. 즉, 고려는 후주·송의 제도를 바탕으로 요·금 등 관복제를 수용하여 제복·조복·공복으로 구성된 관복 체제를 확립·운영하고 있었다.[12]

한편, 몽골의 복식 문화는 오랫동안 유라시아 스텝 지역의 유목 생활을 통해 형성되었다. 그들은 양·낙타 등의 털과 가죽, 각종 소재를 응축하여 만든 펠트 등을 모자와 의복에 다수 활용했다.[13] 옷의 구성에서도 유목 민족의

---

11 면복은 구슬을 드리운 면류관(冕旒冠)과 무늬를 수놓은 장복(章服)으로 구성되는데, 면류관의 유수(旒數: 구슬을 꿴 줄의 수)와 장복의 장수(章數: 무늬의 수)로 그 위계에 차등을 두었다.

12 김윤정, 「고려 전기 집권 체제의 정비와 官服制의 확립」, 『한국중세사연구』 28, 2010.

13 Thomas T. Allsen, *Commodity and exchanges in the Mongol empire—A cultural history of Islamic textiles*, Cambridge University Press, 1997, pp. 10~18.

발명품으로 여겨지는 바지[고(袴)]와 가죽 부츠[화(靴)]가 주축을 이루었다.[14] 또한 넓은 소매와 둥근 깃으로 구성된 '한식(漢式) 포(袍)'와 달리, 기마(騎馬) 등의 활동에 적합하도록 좁은 소매 및 직령교임(直領校任: 교차하는 곧은 깃), 그리고 허리에 주름을 넣어 아랫부분이 치마처럼 넓게 퍼지는 이른바 '호복'을 널리 착용했다.[15]

이 같은 복식의 특징 외에 북방 유목 민족들은 머리를 깎는 변발의 풍습이 있었는데,[16] 몽골족의 경우 옆머리를 땋아 올리는 변발을 하고, 남은 둘레 머리 가운데 앞머리를 늘어뜨리는 '개체(開剃)'를 하는 것이 특징이었다. 이러한 머리 모양 때문에 몽골은 고려에서 보편적으로 쓰던 건(巾), 사모(紗帽), 삿갓 형태의 립(笠)과는 다른 관모를 착용했다.[17] 햇빛을 가리는 용도의 챙이 달린 립은 차브이 황후가 쿠빌라이를 위하여 처음 고안해낸 이후, 이것의 응용된 형태로 후렴(后簾: 뒷 드리개)이 달린 '종모(椶帽)', 챙이 넓고 정수리가 높으면서 둥근 '원정립[圓頂笠: 혹은 고정립(高頂笠)]', 여러 면에 각이 있는 '다각립(多角笠)' 등 다양한 립이 널리 착용되었다.[18]

이 같은 몽골의 복식은 30년간의 전쟁 경험과 몽골에 대한 멸시, 부정적

---

14 華梅 著, 朴聖實·李秀雄 譯, 『中國服飾史』, 耕春社, 1992; 李正玉 外, 『中國服飾史』, 螢雪出版社, 2000.

15 王維堤 지음, 김하림 외 옮김, 『중국의 옷 문화』, 2005, 168~171쪽.

16 거란족은 머리 정수리 부위를 모두 깎은 뒤 남은 둘레의 머리를 그대로 늘어뜨렸고, 여진족은 남은 머리를 땋았던 반면, 몽골족은 땋은 부위를 말아 올렸다는 점에서 변발의 차이가 있다. 김문숙, 「13~14세기 고려 복식에 수용된 몽골 복식에 관한 연구」, 『몽골학』 17, 2004, 230~232쪽.

17 강순제, 『한국복식사전』, 민속원, 2016, 342~343쪽.

18 김문숙, 「고려시대 원간섭기 일반복식의 변천」, 서울대학교 의류학과 박사학위논문, 2000, 26~33쪽.

인식이 결합되어 고려 사회에서는 한동안 강하게 거부되었다. 더욱이 원종은 쿠빌라이에게 '불개토풍(不改土風)', 즉 고려의 의관을 비롯한 풍속을 바꾸지 말 것을 요청했고, 쿠빌라이 역시 이를 약속했다. 하지만 이러한 상황은 원에서 생활하는 고려 지배층의 증가, 고려와 원의 통혼, 일본 원정을 위한 정동행성 설치, 원 관료들의 고려 주둔 등 양국 관계가 밀접해짐에 따라 변화했다. 특히 고려에 대한 원의 불신이 지속되는 와중에 즉위 이후 첫 친조를 앞둔 충렬왕은 1278년(충렬왕 4) '의관개변령(衣冠改變令)'을 반포하여 고려가 원과 복식 문화를 공유하고 있음을 가시적으로 보여줌으로써 우호적 신뢰 관계를 다지고자 했다.[19] 이를 계기로 전국의 관

이조년(李兆年, 1269~1343)
고려 후기의 문신이다. 충렬왕·충선왕·충숙왕·충혜왕을 호종하여 원을 왕래하면서 양국 사이의 주요한 정치·외교 현안을 해결했다. 현재 남은 그의 초상화는 모두 조선 시기에 개모된 것이지만, 기본 양식은 고려 말에 제작된 모습을 그대로 담고 있다고 평가받는다. 그가 입은 관복은 강민첨과 달리, 관모의 위가 둥근 원정립이고 곧게 뻗은 깃을 허리에서 묶는 직령포임을 확인할 수 있다.

리들은 개체변발을 하고, 기존의 공복은 호복에 몽골식 립을 착용하는 차림으로 바뀌었다. 고려 관인 사회에 몽골의 복식 문화가 전면적으로 수용된 것이다.

---

19 김윤정, 「충렬왕대 '衣冠改變令'의 반포와 國俗의 보존」, 『東方學志』 176, 2016.

게다가 충선왕 이후 중조와 원 황실 의례의 참석을 계기로 원 중심의 세계 질서를 직접 목도하면서 강력한 황제권을 거듭 확인하게 되었고, 그 결과 기존에 고려국왕이 조복으로 착용하던 황포(黃袍) 또한 제후국 격식의 자포(紫袍)로 착용 수위를 조정하기도 했다.[20] 왕실과 지배층을 중심으로는 세비르[설비아(設比兒)] 등 원의 의례 문화와 진주의(眞珠衣)·복탁[고고(姑姑)] 등 원의 다양한 물질문화가 확산되었다. 또한 원 조정에 출사하거나 대원(對元) 외교에 참여하는 계층이 늘어나고, 원을 왕래하거나 체류하는 고려인이 증가했을 뿐만 아니라, 원과의 물적 교류도 크게 증대했다. 이는 14세기에 제작된 『박통사(朴通事)』와 『노걸대(老乞大)』에 당시 몽골 복식에 대한 고려인들의 수요가 반영되었다는 사실을 통해, 그리고 해인사 비로자나불 복장(腹藏) 유물로 출토된 요선철릭(腰線帖裏)과 밀양의 박익(朴翊) 묘 벽화에 묘사된 인물들의 모습을 통해, 호복과 호례(胡禮)가 단지 일부 지배층에만 국한되지 않고 전 연령·사회계층에 걸쳐 향유되었음을 알려준다.[21]

하지만 이는 어디까지나 고려가 원 중심의 국제 질서 속에서 제후국으로 안정적인 발전을 이루고 있을 때 해당되는 이야기이다. 1320년(충숙왕 7) 충선왕의 토번(吐蕃) 유배를 시작으로 고려국왕들의 압송과 억류, 폐위가 반복되고, 심왕(瀋王) 옹립 운동 및 고려를 원의 행성으로 편입시키자는 입성론(立省論) 등 국가 위기 상황이 도래하자, 고려는 국가의 정체성 보존을 주장하는 논리로 과거 쿠빌라이의 '불개토풍' 약속을 들어 원과 문화가 다르다는[풍속

---

20 이종서, 「고려국왕과 관리의 복식(服飾)이 반영하는 국가 위상과 자의식의 변동」, 『한국문화』 60, 2012; 이종서, 「고려 후기 상반된 질서의 공존과 그 역사적 의미」, 『한국문화』 72, 2015.

21 김윤정, 「14세기 고려-원 관계 확장과 고려의 원 복식문화 수용」, 『歷史學報』 234, 2017.

부동(風俗不同)] 점을 강조하게 되었다.[22] 원의 정치적·문화적 파급이 급격히 이루어지는 상황에서 제국 속에 위치한 고려·고려인은 몽골 복식을 착용하는 것과 자신의 문화적 정체성에 대해 고민할 수밖에 없었던 것이다.[23]

충목왕 즉위 이후에는 고려 사회를 이렇듯 혼돈으로 몰고 간 것들에 대한 개혁 논의가 시작되었고, 그 과정에서 몽골 복식을 착용하는 일을 두고 재고하게 되었다. 특히 이제현(李齊賢)·이곡(李穀) 등의 성리학자들은 충혜왕 때까지의 상황을 가리켜 "국가의 풍속[국속(國俗)]이 훼손되고 사회 기강이 문란해진 것"으로 파악했고, 몽골 복식 착용을 과거 폐정의 상징물로 보았다. 이들은 '원의 복식 문화=사치스럽고 기강을 흐리는 것=전대(前代)의 악습'으로 여겨 비판했다.[24] 이러한 비판적 흐름이 확산됨에 따라 고려 사회에서는 몽골 복식 착용을 지양하게 되었고, 점차 개혁의 대상으로 간주하기 시작했다.

13세기 고려의 관복에 몽골풍이 수용되는 변화를 통해 고려인들이 지니고 있었던 문화적 범주와 그 지향을 확인할 수 있다. 고려가 몽골이라는 낯선 문화와 처음 외교 관계를 맺을 때는 '불개토풍'을 내세워 자신들의 문화와 국가를 수호하는 수단으로 활용했으나,[25] 양국 관계가 깊어지고 넓어지는 과정에서 기존 '불개토풍'의 범주에 포함되었던 의관 역시 개변이 가능한 것

---

22 『高麗史節要』卷24, 忠肅王 10年 1月; 『高麗史』卷36, 世家36 忠惠王 卽位年 閏7月 庚寅; 卷110, 列傳23 李齊賢.

23 김윤정, 「고려·원 관계의 추이와 복식문화의 변천」, 연세대학교 사학과 박사학위논문, 2017, 119~123쪽.

24 『高麗史節要』卷25, 忠惠王 後5年 5月; 忠穆王 卽位年 4月; 『高麗史』卷109, 列傳22 李穀; 卷38, 世家38 恭愍王 元年 2月.

25 李益柱, 「高麗·元關係의 構造에 대한 研究—소위 '世祖舊制'의 분석을 중심으로」, 『韓國史論』36, 1996.

으로 전환되었기에 몽골 복식이 확산될 수 있었다. 이러한 변화는 '불개토풍'
의 의식이 크게 희석되는 가운데 가능했으며, 아울러 원을 천자국이자 중화
로 인식하면서 그들이 주도하는 문화의 흐름에 적극 동참하고자 했던[26] 고려
인들의 문화적 지향이 반영된 결과였다. 한편 국체의 위기 속에서 몽골 복식
에 대한 지양이 이루어졌다는 점은 원 문화를 개방적인 자세로 수용하는 가
운데서도 단위 국가로서의 고려를 상정하고 있었음을 의미한다. 즉, 고려는
당대의 중화가 보유한 보편 문화를 추구하면서, 동시에 국가로서의 정체성도
유지하고 있었음을 시사한다.

3. 14세기 후반 명제(明制)의 도입

국정 쇄신과 개혁의 분위기는 공민왕 즉위 이후에도 이어졌다. 공민왕은
이연종(李衍宗)의 건의로 그동안 고수해왔던 개체변발을 풀고 호복을 벗었으
며,[27] 1356년(공민왕 5)부터는 원의 영향력으로부터 벗어나기 위한 개혁들을
더욱 적극적으로 단행했다.[28] 하지만 원과 정치·외교적 관계가 유지되고 있

---

26 도현철, 「원간섭기를 어떻게 볼 것인가」, 한명기 외 지음, 『쟁점 한국사』, 창비, 2016 참
조.

27 『高麗史』 卷106, 列傳19 李承休 附 李衍宗.

28 공민왕 5년부터 이루어진 일련의 개혁 과정과 그 성격이 지닌 '반원성(反元性)'에 대
해서는 연구자들 사이에 다소간 이견이 있다. 이와 관련된 대표적인 연구로는 閔賢九,
「高麗 恭愍王의 反元的 改革政治에 대한 一考察─背景과 發端」, 『震檀學報』 68, 1989;
홍영의, 「恭愍王 初期 改革政治와 政治勢力의 推移 (하) 元年·5年의 改革方案을 중심
으로」, 『사학연구』 43·44, 1992; 閔賢九, 「高麗 恭愍王代 反元的 改革政治의 展開過
程」, 『허선도선생정년기념한국사학논총』, 1992; 이익주, 「공민왕대 개혁의 추이와 신흥

는 상황에서 원 문화의 영향력 자체를 부정할 수는 없었으므로, 공민왕 초년의 개혁은 고려의 풍속 정비를 기치로 내세운 '이풍역속(移風易俗)'의 연장선상에 있었다. 특히 관제 및 국학의 육성 등 개혁의 과정에서 '구제(舊制) 회복'이 표방되었고, 그 전형으로는 고려 전기 예악(禮樂)과 문물의 수성기인 태조·문종대의 정치가 재조명되기도 했다.[29]

관복에도 규제가 이루어졌다. 1357년(공민왕 6)에는 도선(道詵)의 『옥룡기(玉龍記)』에 기반하여 "토풍(土風)에 순응하며 풍속을 창성하기 위한" 방안으로 고려의 토풍에 적합한 복색의 착용이 장려되었다.[30]

이숭인(李崇仁, 1347~1392)

고려 말의 문신이다. 그는 우왕 연간에 정몽주·정도전 등과 함께했으나, 조선 개국에 반대하면서 제거당하였다. 초상화 속 이숭인은 고려 전기와 같이 단령포를 착용하고 있으나, 관모는 백옥의 정자가 달린 흑립을 착용하고 있다. 이는 1367년(공민왕 16)에 정비되어 당시 일시적으로 착용된 공복의 모습을 반영하고 있는 귀한 자료이다.

유신의 성장」, 『역사와 현실』 15, 1995; 김경록, 「공민왕대 국제정세와 대외관계의 전개양상」, 『역사와 현실』 64, 2007; 이강한, 「공민왕 5년(1356) '반원개혁(反元改革)'의 재검토」, 『大東文化研究』 65, 2009; 이명미, 「공민왕대 초반 군주권 재구축 시도와 奇氏一家 — 1356년(공민왕 5) 개혁을 중심으로」, 『韓國文化』 53, 201; 이익주, 「1356년 공민왕 反元政治 再論」, 『역사학보』 225, 2015 등이 있다.

29 이강한, 「공민왕대 관제 개편의 내용 및 의미」, 『역사학보』 201, 2009.

30 『高麗史節要』 卷26, 恭愍王 6年 閏9月.

한편, 이 무렵에는 원 황실의 내분과 각지에서 발생한 봉기로 원 중심의 천하질서가 붕괴되기 시작하고, 공민왕 폐위 사건 등으로 고려와 원 관계에도 균열이 발생했다. 이에 고려에서는 국속을 회복하고 조정 내에 난립해 있던 몽골 복식을 제한하고자 1367년(공민왕 16) 관복제를 정비했다. 100여 년간 고려 사회에 정착된 원의 문화를 일시에 소거하는 일은 불가능했기 때문에, 그나마 몽골 복식에 기원을 둔 흑립(黑笠)과 정자(頂子: 모자 꼭대기에 만들어 달던 꾸밈새)를 바꾸는 식으로 관복이 재정비될 수밖에 없었지만,[31] 이는 고려 관복의 변화를 의미하는 중요한 사건이었다. 고려에게 그동안 '문화의 중심'이던 원의 위상은 더 이상 예전 같지 않았다. 고려가 풍속을 회복하기 위한 문화적 대안을 모색하는 과정에서 고려의 지향에 부합하는 새로운 대안이 나타날 경우에는 언제든지 원 중심의 문화권에서 이탈할 수 있음이 예고되고 있었다.

1368년 명이라는 새로운 천자국의 등장에 고려가 기민하게 대응한 데는 이러한 문화적 지향이 반영되어 있다. 1369년 4월에 명 황제의 즉위를 알리는 조서가 고려에 전달되자, 고려에서는 바로 사신을 보내 하례하고, 이후 황제·황태후의 생일과 신년을 하례할 사신단을 잇달아 파견했다. 귀국한 사신단은 명 태조로부터 받은 금인(金印), 악기, 육경(六經) 등과 더불어 관복도 공민왕에게 올렸다. 그런데 『명실록(明實錄)』에 따르면 고려 사신단이 하례할 때 '제복 제도'를 요청했고, 그에 따라 홍무제가 공부(工部)에 관복을 만들어 고려에 주도록 했다고 한다.[32] 즉, 1370년(공민왕 19) 고려에 전달된 명 태조의

---

31 『高麗史』卷72, 志26 輿服1 官服 官服通制(恭愍王 16年 7月).

32 『明太祖實錄』卷45, 洪武 2年 9月 丙午.

하사 관복은 고려가 먼저 명에 요청한 결과로 보내진 것이었다.[33]

고려의 이러한 관복 요청은 일차적으로 고려가 새로운 외교 대상으로서 명을 설정하였음을 의미한다. 고려가 관복과 더불어 봉작(封爵) 및 번국(藩國)의 조하(朝賀) 의례 등을 명에 요청한 것은 명 중심의 국제 질서에 편승하기를 희망했기 때문이다.[34] 원 중심의 천하질서에 균열이 가는 상황을 목도하고, 새로운 천하질서의 중심으로 명을 주목한 것이다. 따라서 그간 원과의 관계에서는 중단되었으나 과거 조공-책봉 관계를 맺었던 요·금·송과의 관계에서 국왕의 관복인 제복을 받아오던 '사여관복'의 의례를 재개함으로써 새로운 외교 관계를 수립하는 동시에, 무너진 풍속을 회복하기 위한 문화 표본을 새로운 중화로부터 제공받고자 했다.

한편 명으로서도 고려에 관복을 하사하는 일은 중요한 의미를 지니고 있었다. 당시 명은 원의 세력을 완전히 축출하지 못한 상태였기 때문에, 요동의 배후에 있는 고려의 지지를 받는 것은 정치적·군사적으로 긴요했다.[35] 고려의 관복 요청은 곧 명에 대한 고려의 지지를 상징하는 것으로 여겨졌다. 더욱이 당시 명은 『원사(元史)』의 편찬을 통해 정통론(正統論)을 세움으로써 통

---

33 이는 장가, 「의관과 인정—여말선초 대명의관 사용 경위 고찰」, 박종천 편, 『조선시대 예교 담론과 예제질서』, 소명출판, 2016에서도 이미 지적된 바 있다.

34 명 조정에서는 역대 중국 왕조들이 번국의 군주들로부터 받았던 조하·조공례를 검토하고(『明太祖實錄』 卷45, 洪武 2年 9月 壬子), 고려의 요청에 따라 『본국조하의주(本國朝賀儀注)』를 전달했다. 이와 별도로 조선 초 사료에 1370년(홍무 3년) 고려에 전달되었다고 언급되는 『번국의주(蕃國儀注)』 역시 이 시기에 명에서 반사된 비슷한 성격의 예서로 주목되기도 한다. 최종석, 「고려 말기·조선 초기 迎詔儀禮에 관한 새로운 이해 모색—『蕃國儀注』의 소개와 복원」, 『민족문화연구』 69, 2015.

35 김순자, 『韓國 中世 韓中關係史』, 혜안, 2007, 116쪽.

치권 행사의 명분을 확보하고 중원의 주인으로서 입지를 다지고 있었다.[36] 명이 고려의 관복 요청을 받은 직후에 재빨리 이를 의논하여 고려 사신단에 전달한 것은 예제를 통한 명 중심 천하질서의 확립을 중요한 과제로 생각했기에 가능했다.

1370년(공민왕 19) 고려의 요청에 따른 명의 관복 하사는 이와 같이 양국의 필요성으로 빠르게 이루어질 수 있었다. 이때 명에서 보내온 관복은 국왕의 제복과 조복, 왕비의 관복, 신료의 제복이었다.[37] 이 당시 명은 홍무제 즉위 이후 각종 예제가 정비되기 시작하는 단계로, 예부(禮部)와 한림원(翰林院)의 논의를 거쳐 당·송의 제도를 참작한 황제 이하 황태자, 황비, 황태자비를 비롯하여 공후(公侯)와 신료의 제복 및 황제의 조복에 관한 제도가 마련되었다.[38] 따라서 명이 고려에 보낸 관복은 그즈음 제도로 구비되어 있던 관복들을 하사한 것이었다.

고려 조정은 국왕에서 신료에 이르기까지 이를 준용하여 착용하기 시작했다. 왕의 제복은 명의 황태자·친왕에 준한 9류관 9장복으로, 왕의 조복은 명의 황태자보다 아래 단계에 준한 7량(梁)의 원유관(遠遊冠)과 강사포(絳紗袍)를 기존의 자황포(柘黃袍) 대신 착용하게 되었다. 또한 백관의 경우에는 더 이상 면류관과 장복을 제복으로 착용하지 않게 되었다. 대신, 명 신료보다 2등급 아래에 준한 5량(梁) 이하의 원유관을 착용하는 양식으로 변화했다. 이렇게 변화한 관복은 사신 영접이나 태자의 절일 등 고려 조정의 의례에서 실제

---

36 명의 『원사』 편찬과 정통론에 관해서는 김양섭, 「元末·明初 金華學派의 正統觀念 — 明朝의 건설 및 皇帝像의 정립과 관련하여」, 『중앙사론』 20, 2004; 이개석, 「정통론과 13~14세기 동아시아 역사서술」, 『대구사학』 88, 2007 참조.

37 『高麗史』 卷42, 世家42 恭愍王 19年 5月 甲寅.

38 『明太祖實錄』 卷36下, 洪武 元年 11月 甲子; 『明史』 卷66, 志42 輿服2.

로 착용되었다.[39]

　관복의 요청과 하사의 과정을 통해 고려는 새로운 천자이자 문화의 종주
국으로서 명이 수립되었음을 확인했다. 고려는 관복뿐 아니라 명 과거(科擧)
의 응시 및 음악의 수용 등에도 적극적이었으며, 이를 통해 모든 제도와 문
물이 원래의 모습을 되찾고 비로소 풍속과 교화를 바로 세울 수 있게 되었다
고 평가했다.[40] 요청한 관복이 명으로부터 도착하자 고려는 원의 '지정(至正)'
연호 대신에 명의 '홍무(洪武)' 연호를 사용함으로써[41] 원의 문화권에서 이탈
하여 명 중심의 새로운 문화권으로 편입했음을 대내외적으로 천명했다.

　고려는 1372년(공민왕 21) 다시금 명에 관복을 요청했다. 명이 원의 근거지
인 카라코룸을 공격했다가 실패하고, 역으로 요동의 우가장(牛家莊)에서 원의
공격을 받아 큰 타격을 입자, 명은 그 책임을 그때까지도 원과 단교하고 있
지 않았던 고려에게 물었다. 이 때문에 명과 고려의 관계가 경색되자,[42] 공민
왕은 '호인(胡人)'과 같은 개체변발을 금지한다는 명령을 전국에 반포하고,[43]
동시에 고려에서 아직 바꾸지 못했던 관료의 공복 등 관복을 추가로 하사해
줄 것을 명에 요청했다. 즉, 고려는 명에게 원과의 관계에서 완전히 벗어나
명의 문화권에 존재하고 있음을 가시적으로 보여주고자 했던 것이다.

39　『高麗史』卷65, 志19 禮7 賓禮 迎大明詔使儀; 卷67, 志21 禮9 嘉禮 進大明表箋儀; 王
　　　太子節日受宮官賀井會儀.

40　『牧隱文藁』卷11,「請冠服表」;「請子弟入學表」;「謝賜紗羅表」.

41　『高麗史』卷42, 世家42 恭愍王 19年 7月 乙未.

42　이 시기 요동의 정세와 고려·원·명의 관계에 대해서는 윤은숙,「나가추의 활동과 14세
　　　기 말 동아시아 정세」, 『明清史研究』 28, 2007; 윤은숙,「元末明初 劉益의 明朝 투항과
　　　高麗의 對明 使行의 성격」,『역사학보』 221, 2014 참조.

43　『高麗史節要』卷29, 恭愍王 23年 5月.

하지만 이때의 요청은 공민왕의 사망으로 명 조정에 도달하지 못했다. 게다가 앞서 고려에 와 있던 명 사신이 살해당하는 사건이 발생했을 뿐 아니라, 공민왕의 죽음을 알리고 우왕의 승습을 요청하기 위해 파견했던 고려 사신이 남경(南京)에 구류되면서 고려와 명의 외교 관계는 단절되었다. 대내적으로 불안정한 왕위 계승의 정통성을 명으로부터도 인정받지 못하는 상황이 벌어지자, 우왕을 추대한 이인임(李仁任) 등은 오히려 원으로부터 인정받기를 희망했다. 그들은 정도전(鄭道傳)·이숭인(李崇仁)·정몽주(鄭夢周) 등 반대 세력을 정계에서 대거 축출하면서까지 원과의 통교를 재개했고, 심지어 과거 공민왕대 호복과 개체변발 금지령에 역행하는 조치를 단행했다.[44] 하지만 이는 왕위 계승의 정당성 문제를 해결하기 위해 사대 관계를 활용하는 과정에서 이루어진 조치일 뿐이었다. 고려는 원으로부터 책봉을 받았음에도 매년 명에 꾸준히 사신을 파견하며 여전히 명과의 관계 개선에 몰두했다.

마침내 1385년(우왕 11) 9월에 명은 정식으로 우왕을 책봉하고 공민왕의 시호를 전달했다. 그 무렵 명은 원의 우호 세력이 잔존해 있던 운남(雲南) 지역을 평정함으로써 기세등등했는데, 이런 상황에서 고려가 막대한 양의 금은과 말 등을 납부하여 명의 '신뢰'를 얻은 결과였다. 11년 만에 통교가 재개되자, 고려 조정은 책봉과 시호 하사에 감사를 표하고 과거 원으로부터 받은 포마문자(鋪馬文字)까지 모두 명에 반환하면서 명의 역일(曆日)과 부험(符驗)을 청하였다. 그리고 이듬해에는 정몽주를 파견하여 관복을 추가로 보내줄 것을

---

44 우왕대 대외 정책을 둘러싼 갈등은 '화(華)'와 '이(夷)'의 구분 기준을 다르게 설정함에 따라 발생한 것으로, 고려 말 사대부들 사이에서는 주자학에 대한 이해와 개혁의 방향뿐만 아니라 천자·중원을 이해하는 방식에서도 서로 상이한 화이관(華夷觀)을 지니고 있었다. 都賢喆, 「高麗末期 士大夫의 對外觀—華夷論을 중심으로」, 『震檀學報』 86, 1998; 김순자, 「元·明 교체와 麗末鮮初의 華夷論」, 『한국중세사연구』 10, 2001.

요청했다.[45] 이러한 요구에 명이 응답하지 않자 고려는 다음 달에 재차 청했으나, 명은 의관의 하사가 불가하다고 밝히며 고려의 풍속에 따라 운영할 것을 지시했다.[46]

그럼에도 고려는 1387년(우왕 13) 파견된 설장수를 통해 또다시 관복을 요청했고, 드디어 명 황제로부터 자신들이 요구한 관복들을 받게 되었다.[47] 설장수가 명에서 받은 사모와 단령포를 입고 귀국하자, 지난 2년간 명에 관복을 요청하는 데 앞장섰던 정몽주와 이숭인, 하륜(河崙) 등은 명의 복식을 도입하여 고려 관인의 관복 제도를 다시 정할 것을 건의했다. 이에 충렬왕의 '의관 개변령'으로 개체변발을 하고 호복과 몽골식 립을 착용했던 고려 관

정몽주(鄭夢周, 1337~1392)

고려 말의 문신이다. 정도전 등과 함께 개혁을 추진했으나, 조선 개국에 반대하여 제거됨으로써 충신의 상징이 되었다. 그의 초상화를 통해 우왕대 설장수가 명으로부터 받아 개정된 고려 공복을 알 수 있는데, 검은 사모와 둥근 깃의 단령포를 착용하고 있는 모습을 확인할 수 있다.

인의 공복이, 명제를 준용하여 사모와 단령포를 기본으로 하고 품계에 따라

---

45 『高麗史節要』 卷32, 禑王 12年 2月.

46 『明太祖實錄』 卷176, 洪武 18年 12月 壬子; 卷179, 洪武 19年 11月 丁卯; 『高麗史』 卷136, 列傳49 禑王 12年 7月; 『高麗史節要』 卷32, 禑王 12年 8月.

47 『高麗史』 卷136, 列傳49 禑王 13年 5月.

차등 있게 대(帶)를 착용하는 새로운 방식으로 교체되었다.[48] 이로써 고려 관인의 관복에 남아 있던 몽골 복식의 잔재는 제도적으로 모두 정리되었고, 고려국왕과 신료의 제복·조복·공복이 전면 개편되었다.

14세기 말 고려의 관복에 명제가 도입된 것은 매우 주목할 만한 의례이다. 과거 송·요·금으로부터 전해진 '사여관복'이 국왕의 '제복'이었다는 점과 비교할 때, 1370년 공민왕대 명에 요청하여 받은 관복은 국왕의 '제복·조복' 및 왕비의 '조복'과 신료의 '제복'이었다는 점에서 그 범위가 확장된 것이었다. 더욱이 한 차례 관복이 하사되었음에도 공민왕 말년부터 우왕대까지 고려는 공민왕대에 하사되지 않았던 왕의 편복(便服) 및 군신의 조복과 편복을 지속적으로 요청했다. 이 관복들은 일반적으로 사대 관계를 형성하는 상국으로부터 받지 않은 사항으로서, 과거 고려가 중원의 왕조에서 받던 사여관복의 의례를 초월하는 수준이었다.

여기에는 역설적으로 몽골 복식의 영향이 작용했다고 볼 수 있다. 원은 제복을 구비하고 있었으나 송·요·금과 같이 그것을 고려국왕의 관복으로 하사하지는 않았다. 원과의 관계에서 몽골풍의 유입은 과거와 같은 의례를 통해서가 아니라, 100여 년간 밀접하게 관계를 맺어오는 동안 강력한 중화의 문화적 흡입력을 경험하는 과정에서 이루어진 것이었다. 따라서 새로운 천자가 탄생하자 고려는 일차적으로 고려국왕과 중국 황제의 관계를 설정할 때 중요한 상징이 되는 국왕의 관복, 즉 제복을 요청한 것이다. 명이 고려의 요청에 부응하며 '문화의 표본'을 제시하자, 고려는 자신들의 풍속을 회복하고 재정비하는 과정에서 명이 보유한 새로운 문화에 주목했다. 고려는 새로운 문화의 중심인 명의 관복제를 모델로 삼아 기존에 남아 있던 몽골풍을 일소

---

48 『高麗史節要』卷31, 禑王 13年 6月.

하고 새로운 관복제를 정립하고자 한 것이다.

4. 15세기 조선 관복제의 정립

고려 말 정치·경제·사상 등 사회 전반에 대한 개혁 논의는 기존 체제의
유지 여부를 둘러싸고 구법파(舊法派)와 신법파(新法派)로 분화되었고, 이들의
갈등은 신법파의 승리로 귀결되었다.[49] 이는 창왕의 폐위와 공양왕 옹립, 반
대 세력의 숙청, 과전법(科田法) 제정으로 이어졌고, 정도전과 조준(趙浚) 등 신
료들은 이성계를 왕으로 추대하는 역성혁명을 단행했다. 1392년 7월 17일
수창궁에서 왕위에 오른 이성계는 새로운 왕조의 개창을 선언했다.[50]

조선은 안으로는 고려 이래의 사회적 폐단을 개선함으로써 새로운 집권
체제를 구축하는 한편, 밖으로는 변화하는 국제 정세에 적절히 대처하는 이
중의 과제를 해결해야 했다. 특히 대외적으로 명과 조공-책봉 관계를 맺는
일은 새로운 왕조의 정통성 문제를 해결하여 대내적 안정을 도모할 수 있다
는 점에서 무엇보다도 중요했으므로, 이성계 정권은 대명 정책에 적극적이
었다.[51] 태조 이성계의 즉위 후 조정은 명에 새 왕조의 성립과 새로운 국왕의
즉위를 알리며 이를 승인해줄 것을 요청했다. 이에 명은 이성계의 즉위를 승
인하고 새 왕조의 건국을 인정했다. 또한 조정에서는 논의 끝에 선택된 '조
선'과 '화령(和寧)' 두 개의 국호 가운데 적절한 것을 선택해주기를 명에 요청

---

49 都賢喆, 『高麗末 士大夫의 政治思想研究』, 一潮閣, 1999.

50 『太祖實錄』 卷1, 太祖 1年 7月 丙申.

51 김순자, 『韓國 中世 韓中關係史』, 혜안, 2007, 157~160쪽.

하고, 마침내 국호를 조선으로 결정했다.

이러한 가운데 관료들의 등위를 가시적으로 구분하는 조선의 관복 역시 제정되었다. 즉위 후 5개월이 지난 12월에 백관의 공복이 정비되었다. 그에 따라 조선의 신료는 모두 관모로 오사모(烏紗帽)를 착용하되, 품계에 따라 각각 포(袍)의 색(홍·청·록), 대의 종류[서대(犀帶)·여지금대(茘枝金帶)·흑각혁대(黑角革帶)], 홀의 종류(상아홀·나무홀)에 차등이 두어졌다.[52] 이는 고려 우왕대에 명으로부터 받은 오사모와 단령삼을 기본으로 했으나, 가슴에 수를 놓아 장식하는 보자(補子)와 대(帶)로 그 관위를 구분하던 당시 명의 공복제와는 엄연히 달랐다.[53]

건국 직후 조선의 관복제가 정비되는 과정에서는 고려의 예제가 일차적으로 참조되었다. 태조는 즉위 직후 체제 정비를 위해 백관에게 고려의 정령(政令)·법제(法制)의 장단점과 변천 내력을 상세히 기록하여 아뢰도록 명하는 등 과거의 집권 체제에 대하여 상고했다.[54] 공복제를 정하기 전, 7월에 문무백관의 관제를 정할 때는 "의장(儀章)과 법제는 한결같이 고려의 것에 의거하게 한다"고 밝히기도 했다.[55] 그리하여 태조 즉위 직후 제정된 공복제는 과거 명에서 받은 이래로 고려 관인 공복제의 기본 원형이 되었던 오사모와 단령삼을 기본 구조로 삼고, 포(袍)의 색으로 구분하던 고려 의종대의 공복제와 대(帶)의 종류로 구분하던 우왕대의 공복제 등 전조(前朝)의 예제를 종합적으

---

52 『太祖實錄』卷2, 太祖 1年 12月 戊午.

53 전혜숙·류재운, 「명 홍무제의 관복 제정에 관한 연구」, 『服飾』55-2, 2005; 전혜숙·류재운, 「조선 태조대 관복 제정에 관한 연구」, 『한국문화』 8-3, 2005, 48~49쪽.

54 『太祖實錄』卷1, 太祖 1年 7月 18日 丁酉.

55 『太祖實錄』卷1, 太祖 1年 7月 28日 丁未.

로 반영한 양식이 되었다. 요컨대, 조선의 관복제는 고려의 관복제를 두루 참고하여 재구성해낸 결과물이라 할 수 있다.

곧이어 왕과 신료들이 대례 시에 착용할 제복제도 정비되었다.[56] 공복과 달리 1395년(태조 4)에 제복 제도를 제정할 때는 명의 제도에 의거한다고 밝혔으며, 종실과 재신(宰臣) 이하 9품 관원에 이르기까지 각각 면류관의 유수와 장복의 무늬 수에 차등을 두는 제복제를 정하였다. 그런데 한 가지 주목되는 점은, 당시 명의 제복제에서는 면류관과 장복을 친왕까지의 황족에게만 적용하고, 일반 백관들은 이를 착용하지 않도록 규정했다는 사실이다.[57] 이는 곧, 태조 연간에 제정한 제복제가 당시 중화의 제도인 '명제(明制)'를 관복제 제정의 '표본'으로 삼는다고 표명하기는 했지만, 과거 고려 공민왕이 명 홍무제로부터 받은 고려국왕의 제복을 기준으로 명이 관복을 하사할 때 명시했던 '이등체강(二等遞降: 명의 서열에서 2등급을 낮추는 것)' 관복제 운영의 원칙을 '자체적으로' 적용하여 운용했음을 알려준다.[58]

태종 때는 명의 관복이 직접 고려에 전해졌다. 태조 때는 표전 문제와 요동 정벌 등으로 조선과 명의 관계가 다소 경색되었으나, 이후 '정난(靖難)의 역(役)'과 영락제의 등극 등 명 내부의 문제가 발생하자 명은 조선 우호 정책

---

56 『太祖實錄』卷8, 太祖 4年(1395) 7月 庚子.

57 『明史』卷66, 志42 輿服2 皇帝冕服; 皇太子冠服; 親王冠服.

58 면복이 백관의 제복으로 사용된 것은 태조대에 일시적으로 나타난 현상이다. 태종대에 이르면 백관의 제복은 이미 조복과 비슷한 형태의 양관(梁冠) 체제로 정착되어 나갔다. 태조대에 명의 제복 제도인 양관 제도를 따르지 않고 오히려 고려시대의 면복제를 준용한 이유에 대해서는 대명 관계가 악화되었기 때문이라고 해석하는 견해도 있다. 전혜숙·류재운, 앞의 글, 2005, 51~52쪽. 다만 공민왕대에 이미 신료들의 제복으로 양관 체제를 하사받아 그것이 운영되었음에도 불구하고, 태조대에 새롭게 면복 체제를 도입한 배경에 대해서는 추후 좀 더 면밀한 검토가 요구된다.

을 구사했다.[59] 그런 가운데 왕자의 난을 두 차례 거친 뒤 왕위에 오른 태종은 명에 왕의 제복인 면복을 요청했고, 명의 건문제와 영락제는 각각 명의 친왕(親王)의 예제에 준하는 9류관 9장복을 태종의 관복으로 보냈다.[60] 이는 고려 공민왕 이후 30여 년 만에 이루어진 것으로, 조선 건국 이후 명의 관복이 정식 유입된 최초의 사례이며, 그 뒤에는 왕세자의 조복과 제복 등도 직접 전해졌다.

태종대에 조선이 명에 관복을 요청한 것은 대명 관계의 개선과 더불어 국가 의례를 정비하는 차원에서 이루어진 일이었다. 태종은 왕권 확립의 일환으로 의례상정소(儀禮詳定所)를 설치하는 등, 국가 예제를 전반적으로 정비하여[61] 조선의 예제 확립에 주력했다.[62] 1416년(태종 16) 관복색(冠服色)의 제정과 백관 관복의 재정비는 그런 상황 속에서 이루어졌다. 건국 직후 문무관의 공복과 제복의 제도는 마련되었으나 조복에 대한 규정은 마련되지 못한 까닭에, 조정의 관리로 임명된 자들이 고려의 구습에 따라 조복 차림으로 예궐하는 것이 문제로 지적되었다.[63] 이에 명에서 사여관복으로 받은 왕·세자의 조복과 『홍무예제(洪武禮制)』를 참작하여 백관의 조복을 정하기로 결정하고 관복색을 제정한 것이다.[64] 이때 이등체강의 원칙을 적용하여 조선의 1품 관료

---

59 박원호,『明初朝鮮關係史研究』, 一潮閣, 2002, 150~154쪽.

60 『太宗實錄』卷3, 太宗 2年 2月 己卯; 卷6, 太宗 3年 10月 辛未.

61 태종대 의례상정소의 설치와 그 활동에 대해서는 李範稙,『韓國中世禮思想研究』, 一潮閣, 1991; 임용한, 「조선 초기 儀禮詳定所의 운영과 기능」,『역사와실학』24, 2002; 姜文植, 「태종~세종대 許稠의 禮制 정비와 禮 인식」,『震檀學報』105, 2008 참조.

62 한형주, 「許稠와 태종~세종대 國家儀禮의 정비」,『민족문화연구』44, 2006, 287쪽.

63 『太宗實錄』卷24, 太宗 12年 11月 丙戌.

64 『太宗實錄』卷31, 太宗 16年 1月 丙午; 3月 壬戌.

가 명의 3품 관료에 해당하는 격식을 갖추었고, 이를 기준으로 1품에서 9품까지 양관(梁冠)과 의상(衣裳), 패수(佩綬) 등의 격식을 정하여 그해 동지의 향궐하례(向闕賀禮)부터 착용했다.

태종대 관복 정비가 큰 화두로 대두한 것은 그 무렵까지도 관복을 비롯한 의례 운영에서 상당 부분 고려의 의례를 채택하고 있었기 때문이다.[65] 조선이 참조했던 예제인 '구례(舊禮)'에서는 당·송의 예제와 그에 기반한 고려의 예제가 큰 비중을 차지했기 때문에 '시의성'이 충분히 반영되지 못하고 있었다. 하지만 당시 조선은 일반 신료들의 제복과 악기 등을 명 조정에 요청해서 구매해야 할 정도로[66] 관복 재정비가 시급한 상황이었다. 따라서 동서고금의 예제에 대한 상고뿐만 아니라 시의성을 반영한 당대의 문화적 표본, 즉 명제에 주목할 수밖에 없었고, 이를 바탕으로 조선에 부합하는 예제를 확립하고자 했다.

태종대의 관복제 정비는 세종대까지 이어졌다. 세종은 문풍(文風)의 진작과 새로운 인재 양성을 목적으로 집현전을 설치하여 의례상정소 및 예조와 더불어 예학(禮學)에 중요한 역할을 담당하도록 했다.[67] 그에 따라 태종대에 일단락된 국가 사전(祀典)을 더욱 확대하여 오례의(五禮儀)를 정비·편찬하기 위한 예제의 상고가 활발히 이루어졌고, 이는 관복에 대해서도 마찬가지였다.[68] 왕, 세자, 신료별 관복 종류에 따른 이용 범위와 격식 전반에 대한 상

---

65 『太宗實錄』卷22, 太宗 11年 11月 甲子; 卷24, 太宗 12年 11月 丙戌.

66 『太宗實錄』卷9, 太宗 5年 4月 癸酉.

67 김문식, 「조선시대 國家典禮書의 편찬 양상」, 『장서각』 21, 2009.

68 김해영, 「조선 초기 禮制 연구와 『國朝五禮儀』의 편찬」, 『조선시대사학보』 55, 2010, 49쪽.

신숙주(申叔舟, 1417~1475)
조선 초의 문신이다. 세종대에 출사하여 계유정난 이후 세조~성종대까지 정치와 외교에 걸쳐 폭넓게 활약했다. 그의 초상화에 나타난 관복을 보면 1454년(단종 2)에 제정된 흉배가 달린 포를 착용하고 있고, 사모의 양각은 수평이 아니다. 이는 조선 초 관복의 전형을 알려준다.

고뿐만 아니라, 그동안 언급되지 않았던 신발 착용의 법례, 악공(樂工)들의 의관, 복식 금제(禁制) 등 다양한 영역이 검토·논의된 끝에 체례(體例)가 정해졌다. 그 과정에서 필요한 것은 명에 요구했는데, 세자 조복의 격에 대한 재고와 오랫동안 사용하지 않아 낡은 왕의 조복 재요청 등이 그것이었다.[69] 이러한 일련의 과정을 거쳐 조선의 관복제는 세종대를 기점으로 그 체계가 정립되었다. 세종대에 오례의가 정리됨으로써 관복에 관한 논의는 일단락되었고 그 밖의 여러 문제들 — 세자 조복 문제와 시무복인 상복(常服)에 흉배를 추가하는 문제 등 — 도 문종과 단종대에 매듭짓게 되었다.

그리고 그 결과물은 이후 성종대 편찬된 『경국대전』에 그대로 반영됨으로써 조복·제복·공복·상복의 조선 관복제 체계가 완성되었다.[70]

---

69 한형주, 앞의 글, 2008, 60~68쪽.

70 세종대의 오례의와 『국조오례의』의 상관관계에 대해서는 韓亨周, 「15세기 祀典體制의 성립과 그 추이—『國朝五禮儀』 편찬 과정을 중심으로」, 『歷史敎育』, 2004; 김해영, 앞의 글, 2010 참조.

5. 신구(新舊), 보편과 특수의 조화

지금까지 고려 말~조선 초 관복제의 변화 과정을 살펴보았다. 13세기 고려는 몽골(원)과의 관계 속에서 정치·경제·사회·문화 전반에 걸쳐 변화했고, 건국 이래로 일련의 체제를 갖추고 있었던 고려의 관복제 역시 전환을 맞이했다. 몽골(원)은 고려의 문화를 지켜준다는 '불개토풍'을 약속했으며, 고려의 풍습에 개변을 강요하지 않았다. 그럼에도 정치·외교적 환경의 변화와 제국을 구축한 원의 문화적 흡입력으로 인해 고려 사회는 원을 문화의 중심인 중화로 인식하고 그들의 복식 역시 수용했다. 관복에도 몽골풍이 도입되어 한 세기 동안 고려의 관복은 몽골 복식의 영향을 받으며, 고려는 자신들의 문화적 범주를 확장해 나갔다. 원 문화의 영향력으로 고려는 문화의 중심으로서 '중화'가 지니는 위치를 실감했고, 또한 제국 속에서 자신들의 위치와 풍속을 다지는 계기를 마련했다.[71]

14세기 말에 이르러 '이풍역속'의 기치하에 훼손된 고려의 풍속을 재기하기 위한 움직임이 나타났는데, 새로운 천자가 탄생하자 고려는 명의 문화에 주목했다. 명은 고려의 기대에 부응하며 '관복의 표본'을 제시했고, 이는 기존의 몽골 복식을 대체할 새로운 대안으로 여겨졌다. 이후 명이 중원을 완전하게 장악함에 따라 고려는 새로운 문화의 중심인 명의 관복제를 모델 삼아

---

71 원이 '오랑캐'로 규정된 것은 명에 의해서라고 할 수 있다. 중원의 새로운 주인이 된 명은 새 왕조를 정당화하기 위해 천명 사상과 화이 사상의 유교주의를 표방했고, 그 과정에서 '구축호로(驅逐胡虜)', '회복중화(恢復中華)'와 같은 구호를 내세우며 원을 '오랑캐'로 규정했다. 하지만 원이 중원의 주인으로 군림하는 동안은 그 누구도 원을 '오랑캐'로 여기지 않았다. 단죠 히로시 지음, 한종수 옮김, 『영락제—화이질서의 완성』, 아이필드, 2017, 49~60쪽.

기존에 남아 있던 몽골풍을 일소하고 관복제를 재정립하고자 했다. 공민왕 말년에서 우왕대에 걸쳐 지속적인 요청을 통해 명으로부터 받은 관복과 이에 기반하여 정립한 새로운 관복제는 그렇게 이루어졌다.

1392년 건국된 신왕조는 관복제를 새롭게 제정하는 과제에 직면했다. 조선 조정은 고금 예제를 상고하는 동시에, 당대의 '업그레이드된 중화'라 할 수 있는 명제도 참조했다. 하지만 각종 예제를 새로이 구축해내면서 마련된 명의 관복제가 자신들이 상정한 관복의 의례와 다를 때는 논쟁과 갈등을 겪기도 했다. 이러한 갈등은 과거 원 문화의 영향기를 거쳤기에 발생했던 것이라 할 수 있다. 중화가 지닌 문화적 영향력을 경험한 고려는 '중화의 교체'에 따라 문화적 공백을 메움과 동시에 자신들의 풍속을 회복할 수 있는 문화적 표본을 찾아 나서게 되었고, 그것을 명이 일정 부분 충족시켜주었다. 또한 조선은 당·송과 같은 과거의 문화적 표본뿐만 아니라 '시왕지제(時王之制)'로 '시의성을 지닌 중화', 즉 명제 역시 중요한 문화적 표본으로 인식하게 되었기 때문이라 할 수 있다. 이 같은 일련의 과정은 고려/조선이 중화로 상정한 당대의 '보편 문화'와 긴장 관계를 갖는 속에서 자신들의 문화를 재구성해 나가는 과정이었다고 할 수 있다.

역서 반사(頒賜)의 의미와 그 변화

| 서은혜 |

1. 조선 역서 편찬의 특징

조선의 역서 편찬 과정에 보이는 가장 큰 특징은 조선이 명·청으로부터 반사(頒賜)받은 역서와 완전히 동일한 역일을 가지는 역서를 간행하고자 했다는 점이다.[1] 조선의 역서 편찬 과정을 구체적으로 소개하면 다음과 같다. 갑자년의 역서를 편찬한다고 가정해보자. 그렇다면 2년 전인 임술년 10월에 역서 편찬을 시작한다. 12명의 담당 관원이 4개 조로 나뉘어 각기 3개월치의 역일을 계산한다. 계산이 끝나고 담당 관원이 검산을 마치면 목판에 새길 정본을 깨끗하게 써서 다시 교정한다. 교정된 정본을 목판으로 몇 장 인쇄하여 또 한 번 교정한다. 교정을 마친 후 이듬해인 계해년 4월부터 역서 인쇄에

---

[1] 전통시대 역서는 역일과 역주로 크게 나뉜다. 역일은 한 해의 길이, 달의 대소, 삭일의 간지 등으로 구성된 날짜와 관련된 항목이고, 역주는 해당 날짜에 해야 할 일, 하지 말아야 할 일을 알려주는 점성술과 관련된 항목이다. 역주도 역서의 중요한 구성 요소이기는 하지만, 이 글에서는 검토 대상을 역일에 한정하고자 한다.

들어간다. 역서 인쇄는 동지 이전에 마무리되어야 했다. 계해년 동지일에 임금에게 해당 연도인 갑자년 역서를 진헌함으로써 역서 편찬 과정은 마무리된다.[2]

그런데 여기서 역서 편찬이 완전히 종료되는 것은 아니었다. 조선의 역서 편찬에만 보이는 중요한 과정이 남아 있다. 바로 명·청의 역서와 대조하는 과정이다. 명·청은 조선에 매년 101권의 역서를 반사했다. 조선은 매년 편찬한 역서의 역일을 명·청에서 반사받은 역서와 대조해보고 '틀린' 내용이 있는지 검토했다. 좀 더 구체적으로는 윤달의 유무와 위치, 각 달의 대소, 각 달 삭일(朔日)의 간지, 12절기의 일자를 대조했다. 대조 결과 명·청의 역서와 다른 내용이 발견될 경우, 해당 역일을 계산한 관원은 '계산을 잘못했다'는 죄로 처벌되었다.

조선의 역서를 명·청의 역서와 대조하여 수정했던 까닭은 무엇일까? 조선은 제후국으로서 천자의 정삭(正朔), 즉 천자가 천하에 반포한 시간질서를 따라야 한다는 인식을 가지고 있었기 때문이다. 조선은 국초부터 명의 역서와 조선의 역서를 대조해가며 명의 역일을 따랐고, 청의 책봉을 받은 이후에는 청을 오랑캐 국가라 멸시하면서도 역서만큼은 전적으로 청의 역일을 따랐다.[3] 더 나아가 선조는 제후국이 역서를 독자적으로 간행해서는 안 된다는

---

2 이상 역서의 편찬과 간행에 대해서는 허윤섭, 「조선 후기 觀象監 天文學 부문의 조직과 업무―18세기 후반 이후를 중심으로」, 서울대학교 석사학위논문, 2000, 28~30쪽 참고.

3 병자호란 이후 청으로부터 책봉을 받고 역서를 반사받았으나 청이 완전히 패권을 장악하기 이전에는 청의 역일을 따르지 않은 사례가 종종 나타난다. 그러나 청이 패권을 장악하고 시헌력 개력이 이루어진 1654년(효종 5) 이후에는 청의 역일과 차이가 나는 경우가 전혀 없다. 문중양, 「'鄕曆'에서 '東曆'으로―조선 후기 自國曆을 갖고자 하는 열망」, 『역사학보』 218, 2013, 262쪽.

의식을 드러내기도 했다. 선조는 나라에서 개별적으로 역서를 만드는 것은 매우 떳떳하지 못한 일이고 명의 흠천감 인신이 찍히지 않은 역서는 사사로이 만든 것이니, 조선에서 만든 역서를 인출해 사용하는 것은 명을 기망하는 일이 된다며[4] 조선의 역서 간행 그 자체를 문제 삼기도 했다. 이에 대해 신료들은 선조의 하교가 맞는 말이지만 역서는 일상생활에 관계된 것이니 형편상 난처하다고 해서 반포하지 않을 수 없다고 대답했다.[5] 물론 역서를 간행하지 말자는 선조의 발언은 매우 극단적이다. 그런데 사실 신하들 역시 부득이 간행할 수밖에 없음을 피력하기는 했으나 원칙대로라면 조선에서 역서를 간행해서는 안 된다는 선조의 발언에 동의하고 있다.

천자국의 역일을 준수해야 한다는 의식과 제후국으로서 '원칙적으로' 역서를 간행해서는 안 된다는 의식은 언제부터 생겨났을까? 대다수의 연구는 이런 의식이 전통적인 동아시아 국제 질서, 즉 책봉 질서 속에 당연히 존재했다고 여겼을뿐더러, 그 존재를 믿어 의심치 않았기 때문에 자세히 분석하지 않았다. 가장 대표적인 연구는 전해종에 의해 이루어졌다. 전해종은 '전형적 조공 관계'라는 개념을 통해 한중 관계 전반을 다루었다. 전형적 조공 관계를 경제적·의례적·군사적·정치적 및 기타 관계로 범주화하고, 조·청(朝淸) 관계에서 특징적으로 보이는 여러 요소를 각 범주에 맞게 하위 항목으로 나눈 뒤 각 시대마다 해당 항목을 만족시키는지 정리했다. 이때 연호와 역(曆)은 정치적 관계의 하위 항목으로 설정되었으며, 신라가 당의 연호와 역을 사용하기 시작한 이래 모든 시기에 연호와 역의 사용이 이루어졌다고 말한다.[6]

---

4 『선조실록』, 권107, 선조 31년 12월 계유.

5 『선조실록』, 권107, 선조 31년 12월 병자.

6 전해종, 『한중관계사연구』, 일조각, 1974, 31~34쪽.

역서의 반사가 이른바 '전형적 조공 관계'의 핵심 지표 중 하나로 설정되어 전 시기에 걸쳐 시행되었다고 한 그의 주장에 따라 이를 인용한 많은 연구들에서 역서의 반사가 시기를 막론하고 당연하게 이루어졌던 일로 간주되었다. 심지어 이는 조선시대와 전혀 다른 국제 질서 아래 있었던 고려시대에 대해서도 마찬가지였다. 장동익은 고려가 자국의 역서를 편찬할 때 중원 및 북방에서 받은 역서를 참고했다고 주장하는 과정에서, 오대(五代) 이래 중원 및 북방 민족과 외교 관계를 수립하며 그들로부터 반삭(頒朔)·반력(頒曆)을 받았다고 이야기하며 책봉과 역서의 반사가 함께 이루어졌다는 시각을 드러냈다.[7] 전용훈은 "정삭을 받들다(奉正朔)"라는 표현을 연호의 채용 및 역서의 반사와 같은 의미로 인식하여, 고려가 형식적이지만 책봉 관계에 있던 모든 나라로부터 역서를 받고 그 나라의 시간 규범을 따랐을 것이라 말했다.[8]

그러나 고려 전기에는 고려가 국제 관계의 형세에 따라 연호를 바꾸거나 아예 연호 없이 간지만 사용했다는 사실이 밝혀졌다.[9] 게다가 역서의 반사 사례가 극히 드물 뿐만 아니라 책봉 관계가 아닌데도 불구하고 역서를 반사해주는 사례 또한 사료상에 나타나고 있다. 역서의 간행이 '원칙적으로는' 불가하며 또한 역서를 간행하는 것이 중국에 알려지면 안 되는 일이라는 의식이 존재했던 흔적을 찾기 힘들다. 더욱이 이 시기에 고려는 중국의 그 어느

---

7 장동익, 『고려사 연구의 기초』, 경인문화사, 2016, 109쪽.

8 전용훈은, 피책봉국은 반드시 책봉국의 시간 규범을 준수하는 의미에서 책봉국의 정삭을 채용해야 했으며 이는 역서의 수령과 연호의 채용으로 실천되었다고 말한다. 이에 기록에는 남아 있지 않더라도 책봉 관계를 맺은 경우에는 역서를 수령했을 가능성이 매우 높다고 보았다. 그는 정삭의 채용이 역서의 수령과 연호의 채용을 동시에 의미하는 것으로 간주하고 있다. 전용훈, 『한국 천문학사』, 들녘, 2017, 131~132쪽.

9 최근의 대표적인 연구로 한정수, 「10~12세기 초 국제질서와 고려의 年號紀年」, 『한국중세사연구』 49, 2017이 있다.

국가와도 '동일한' 역일을 사용하지 않았다. 이런 상황에서 고려 전기에도 역서의 반사가 책봉 관계의 지표 중 하나이며 천자국의 역일을 준수했다고 볼 수 있을지 의심할 수밖에 없다.

제후국은 천자국의 시간질서를 따라야만 한다는 인식이 언제, 어떻게 만들어진 것인지 다시 한 번 질문해볼 필요가 있다. 천자국의 역일을 준수하기 위해서는 천자국의 역서를 매년 안정적으로 접수해야만 한다. 매년 역서를 반사받는다는 전제가 없으면 천자국의 역일을 따라야 한다는 관념을 가지기 힘들다. 천자국의 역일을 모른다면 이를 따를 수 없기 때문이다. 또한 천자국으로부터 역서를 반사받지 않는다면 제후국에서는 자체적으로 역서를 제작해서는 안 된다는 의식이 생길 수가 없다. 제후국에서도 자국이 실제로 사용할 역서가 매년 필요하기 때문이다. 천자국의 시간질서를 따른다는 인식 형성의 첫 단계는 바로 천자국으로부터 정기적으로 역서 반사가 이루어지는 것이다.

그렇다면 천자국으로부터 정례적인 역서 반사는 언제부터 시작되었는가? 역서 반사에 붙은 '조공 관계의 전형'이라는 꼬리표를 떼고 사료상에서 역서 반사가 정기적으로 나타나기 시작한 시기를 찾아본다면, 그 기점은 바로 몽골 복속기이다. 몽골이 고려에 매년 역서를 반사해주기 시작했고, 역서 반사가 상례화되면서 천자국으로부터 매년 역서를 반사받는다는 인식이 생기기 시작했다. 더 나아가 공간적·시간적으로 몽골의 질서 안에 포함됨으로써 천자국의 시간질서를 따라야 한다는 관념이 자리 잡게 되었다. 몽골 복속기를 거치며 만들어진 관습과 인식은 이후 조선에까지 그대로 영향을 미쳤다. 명은 과도기를 거친 후 조선을 비롯한 제후국에 정기적으로 역서를 반사하는 제도를 만들었고, 조선은 매년 역서를 반사받아 이를 기준으로 자국의 역서를 천자국의 역서에 일치시키고자 했다.

이 글에서는 몽골 복속기 이래 어떤 과정을 거쳐 역서 반사가 정례화되었는지 살펴봄으로써 역서와 시간질서에 대한 조선의 인식이 어디서 기원했는지를 고찰해보고자 한다. 그리고 이와 대조적으로 천자국에 의한 정기적인 역서 반사라는 관념이 고착되기 이전인 고려 전기에는 역서의 반사가 어떻게 이루어졌고, 그것이 당시 국제 관계에서 어떤 의미를 가지고 있었는지도 살펴보도록 하겠다.

2. 고려 전기: 역서 반사의 이례성

고려 전기에 중국으로부터 역서를 반사받은 사례는 다음과 같다. 먼저 중국의 오대 국가 시기부터 따져보면, 태조 16년(933)에 후당(後唐)에서 책봉과 함께 역서를 하사받은 것 단 1회뿐이다.[10] 이후 후진(後晉)과 후주(後周)로부터 책봉을 받았지만 역서가 반사된 사례는 없다. 송(宋)으로부터 역서를 하사받은 사례는 3건으로, 현종 7년(1016), 현종 11년(1020), 현종 13년(1022)에 각기 한 차례씩 역서를 받았다. 고려는 성종 15년(996)에 거란으로부터 책봉을 받은 뒤 현종 7년부터 약 6년간 일시적으로 단교한 시기를 제외하면 거란과 쭉 책봉 관계를 맺어왔다. 그러나 약 200년에 이르는 시기 동안 거란이 고려에 역서를 반사한 사례는 찾을 수 없다. 금(金)의 경우 인종 14년(1136)에 역서를 반포한 사례가 1건 확인된다. 이상이 고려 전·중기에 중국으로부터 역서를 반사받은 사례의 전부이다. 다음으로 송·거란·금의 사례를 통해 고려 전·중기 역서 반사가 어떤 양상으로 시행되었으며 어떤 의미를 가지고 있었는지

---

10 『고려사』 권2, 세가2 태조 16년 3월.

살펴보자. 사료가 극히 적은 탓에 깊이 고찰하기 힘든 오대 국가는 검토에서 제외한다.

고려는 광종 14년(963)부터 성종 15년(996)까지 송과 책봉 관계를 맺었다. 이 시기에는 송이 고려에게 역서를 반사해준 사례가 전혀 발견되지 않는다. 이후 고려는 거란과 책봉 관계를 맺었으나 거란과의 관계가 불안해지면서 송과 다시금 통교하게 되었다. 거란은 현종의 친조(親朝)와 6성의 반환을 요구했는데, 고려가 이에 응하지 않자 거란의 침입이 목전에 다가왔다. 이에 현종 5년(1014), 고려는 송에 사신을 보내서 이전과 같이 귀부(歸附)할 것을 요청했다.[11] 고려가 귀부를 위해 송에 요청한 사항은 구체적으로 존호와 정삭(正朔)을 내려달라는 것이었다. 송은 고려의 이 요청을 들어주었고, 고려는 현종 7년(1016)부터 송의 연호를 따르기 시작했다. 정확히 이 시점에 송의 역서 반사 사실이 확인된다. 현종 7년, 송은 전해에 방문한 고려 사신 곽원(郭元)이 귀국하는 길에 선물과 함께 각종 서적과 역서를 주었다.[12] 현종 11년(1020)에는 고려에서 표문을 지어 올려 천희(天禧) 4년의 역서 1권을 반사해준 일에 사례했다.[13] 천희 4년의 역서는 지난해(1019) 사행을 떠났던 최원신(崔元信)이 돌아올 때 받아 온 것이었다. 마지막 사례는 현종 13년(1022)에 한조(韓祚)가 사행에서 돌아오면서 여러 서적들과 함께 역서를 받아 귀국한 것이다.[14]

현종 11년(1020) 2월, 고려는 거란에 화의를 요청했다. 현종 12년(1021) 6월, 고려는 한조를 송에 사은사(謝恩使)로 파견하여 은혜에 사례하고 거란과

---

11 『고려사』 권4, 세가4 현종 5년 8월 갑자.

12 『송사』 권8, 본기8 진종 대중상부 9년.

13 『東文選』 권33 「上大宋皇帝謝賜曆日表」.

14 『고려사』 권4, 세가4 현종 13년 5월 병자.

통교하게 되었음을 알리는 한편, 음양지리서(陰陽地理書)와 『성혜방(聖惠方)』을 달라고 요청했다.[15] 송은 이를 다 승인해주었으며 고려에서 요청한 책 외에도 건흥력(乾興曆), 즉 건흥 원년(1022)의 역서를 주었다. 이 역서는 현종 13년 5월 8일에 현종에게 전달되었다. 그러나 송의 역서가 도착한 이 시점에 고려는 이미 거란의 연호를 쓰고 있는 상황이었다. 같은 해 4월, 거란이 사신을 보내 고려국왕을 책봉하자 고려가 곧바로 거란의 연호를 사용했기 때문이다.

이상의 사례를 통해 송의 역서 반사가 책봉에 수반되는 의례의 의미로 이루어지지 않았다는 사실을 확인할 수 있다. 송은 고려와 책봉 관계를 맺고 있던 30여 년 동안 고려에 역서를 반사한 적이 없었지만, 오히려 책봉이라는 형식 없이 통교했던 1016~1022년 사이에 3회에 걸쳐 반사했다. 이 시기에 송이 천자국의 시간질서를 고려에 반포한다는 이념을 염두에 두고 역서를 반사해주었다고 보기는 힘들다. 매년 새해가 되기 전에 다음 해의 역서를 반사해주고자 하는 모습은 전혀 찾아볼 수 없기 때문이다. 다만 고려의 사절이 귀국할 때 그해의 역서를 1권 선물해주었을 뿐이다.

한편, 고려는 거란·금과 책봉 관계를 수립한 이후 상당히 안정적인 관계를 유지했고, 양국 간에는 정기적인 사신 왕래가 이루어졌다. 고려는 현종 13년(1022) 다시금 거란으로부터 책봉을 받은 뒤 거란이 금에 의해 멸망하기 직전까지 책봉 관계를 유지했으며, 인종 20년(1142)에는 금과 책봉 관계를 형성했다. 현종 13년 이래 고려는 거란에 정기적으로 매년 두 차례 사신을 파견했다. 천령절(千齡節)과 정단(正旦)을 하례하는 사신과 함께 보내는 춘하계문후사(春夏季問候使), 그리고 태후의 탄신을 하례하는 사신을 보낼 때 함께 파견하는 추동계문후사(秋冬季問候使)이다. 거란도 매년 고려국왕의 탄일을 하

---

15 『송사』 권487, 열전246 외국3 고려 천희 5년.

레하는 사신을 보내고 3년마다 횡선사(橫宣使)를 파견했다. 인종 4년(1126) 고려가 금에 봉표칭신(奉表稱臣)하자, 금은 이를 받아들이고 사신 왕래는 거란의 전례에 따라 행하겠다고 전했다.[16] 이에 고려는 금에 매년 하정사(賀正使)와 절일사(節日使)를 비롯한 기타 사절을 정기적으로 파견했다. 금 역시 거란의 전례에 따라 하생신사(賀生辰使)와 횡선사 등을 정기적으로 고려에 보냈다.[17] 그런데 200여 년간 정기적인 사행이 이루어졌음에도 거란이나 금에서 고려에 역서를 반사한 사실은 거의 확인되지 않는다. 좀 더 정확히 말하면 거란이 고려에 역서를 준 사례는 없고, 금의 경우 단 1건의 사례만 확인된다.

금이 고려에 역서를 반사한 유일한 사례는 인종 14년(1136)으로, 고려를 책봉해주기 이전의 일이다. 천회(天會) 14년(1136) 정월, 금은 고려에 역서를 반사해주었다.[18] 이는 고려에서 하정사(賀正使)로 파견한 곽동순(郭東珣)이 금에 신년하례를 올린 지 나흘 뒤의 일로서 하정사 일행에게 역서를 반사해준 것으로 여겨진다.

금이 고려에 역서를 반사해준 사건이 일회성으로 그친 일이었는지, 아니면 매년 하정사에게 역서를 반사해주었는지 확인해볼 필요가 있다. 도요시마 유카(豊島悠果)는 『동인지문사륙(東人之文四六)』과 『동문선(東文選)』에 실린 문서를 바탕으로 신종 7년(1204) 금에 파견된 하정사 김극기(金克己) 일행의 일정을 복원하여 소개했다.[19] 하정사 일행이 금으로부터 역서를 받았다면 역서

---

16 『고려사』 권15, 세가15 인종 4년 9월 신미.

17 김한규, 『한중관계사 1』, 아르케, 1999, 401~403쪽.

18 『금사』 권4, 희종 천회 14년 정월 계유. "頒曆于高麗."

19 豊島悠果, 「金朝の外交制度と高麗使節―1204年の賀正使節行程の復元試案」, 『東洋史研究』 73-3, 2014.

의 반사에 사례하는 표문을 지어 올리지 않았을 리 없다. 그러나 이때 하정
사 일행이 역서를 받은 흔적은 보이지 않는다. 고려와 금 사이의 사행은 매
우 정기적으로 정해진 예에 따라 이루어졌기 때문에 신종 7년에만 이례적으
로 역서 반사가 행해지지 않았다고 보는 것은 무리이며, 오히려 하정사 일행
에게 역서를 반사하는 의례가 원래 존재하지 않았다고 보는 편이 더 합당하
다고 생각된다. 또한 금이 고려와의 관계를 형성하는 데 거란의 전례를 적용
했기에, 금이 고려에 역서를 반사하지 않았다면 거란 역시 고려에 역서를 매
년 반사하지 않았다고 판단할 수 있다.

거란·금은 고려와 책봉 관계를 맺고 정기적으로 사신 왕래를 했음에도
불구하고 고려에게 역서를 반사하지 않았다. 거란·금이 책봉국에 역서를 매
년 반사해주어야만 한다는 인식을 갖고 있지 않았기 때문이라고도 볼 수 있
다. 이는 송의 경우도 마찬가지로, 송은 고려에 6년간 세 차례 역서를 주었으
나 책봉에 수반되는 행위가 아니었으며, 매년 시행된 것도 아니었다. 이러한
모습들을 종합해보면 고려 전기에는 중국으로부터 역서 반사가 정기적으로
이루어지지 않았으며, 더욱이 책봉에 결부되어 행해진 것이 아니었음을 확인
할 수 있다.

3. 고려 후기: 정기적인 역서 반사의 시작

왕식(王禃)에게 역서를 반사하고 후세에 이를 상례(常禮)로 삼았다.[20]

---

20 『원사』 권208, 열전95 외이1 고려 중통 3년 정월. "賜禃曆, 後歲以爲常, 禃遣使入謝, 優
詔答之."

위 글은 『원사(元史)』 고려 열전(列傳)에 실려 있는 기사이다. 몽골은 중통(中統) 3년(1262)에 고려 원종에게 역서를 반사했다. '후세에 이를 상례로 삼았다'고 했는데, 이는 중통 3년 이후 몽골에서 고려에 매년 역서를 반사했다는 것을 의미한다. 그렇다면 실제로 몽골이 고려에 해마다 역서를 반사했는지 살펴보자. 중통 3년에 최초로 중통 3년의 역서를 반사한 이후, 『원사』 본기(本紀) 및 『고려사(高麗史)』 세가의 기록을 통해 지원 16년(1279)까지 17년 동안 역서가 총 14차례 반사되었음을 확인할 수 있다.[21] 지원 7년(1270), 지원 11년(1274), 지원 12년(1275) 역서의 반사는 기록되어 있지 않으나, 이는 실제로 반사하지 않았다기보다는 기록이 누락되었을 가능성이 있다. 몽골은 고려에게 거의 매년 역서를 반사해주었고, 역서의 반사는 대부분 『원사』 본기에 수록되었다.

『고려사』에는 몽골이 역서를 반사하면서 함께 보낸 조서가 5통 기록되어 있다. 그중 가장 이른 시기인 원종 5년(1264)에 받은 중통 5년 역서의 반사 조서 내용을 살펴보자.

새봄이 시작하는 정월을 맞아 때에 맞게 만물을 길러내고 내가 차별 없이 은혜를 베푸는 것이 마땅하다. 그대는 외방에서 우리나라의 관계에 충실하여, 정월 초하루를 만나 신년하례의 인사를 보내왔으므로 사신이 돌아가는 편에 역서를 보내는 것이 마땅하다. 이제 그대에게 중통 5년(1264)의 역서 한 권을 보낸다. 그대는 예로부터의 규범을 상고하여 백성에게 농사철을 알려줌으로써 동쪽에 있는 고려(東隅)의 백성에게 권하여 농사일에

---

21 역서 반사의 사례는 서은혜, 「여몽관계의 추이와 고려의 역법 운용」, 서울대학교 석사학위논문, 2016, 〈표 1〉 참조.

힘쓰도록 하라. 힘써 조화로운 기운을 받아들이면 풍년이 이를 것이니, 이는 그대에게 아름다운 일이며 짐도 역시 기뻐할 것이다.[22]

이 조서를 통해 몽골에서 고려에 무슨 이유로, 어떻게 역서를 반사했는지 확인할 수 있다. 역서를 반사한 이유는 고려가 몽골과의 관계에 충실하여 신년하례 인사를 보내왔기 때문이다. 이에 사신이 돌아갈 때 역서를 1권 주어 보내게 된 것이다. 지원 8년 역서, 지원 13년 역서, 지원 16년 역서와 함께 내린 조서에도 거의 동일한 내용이 담겨 있다. 동쪽의 제후인 고려의 충성에 보답하는 선물이라는 명목으로 역서 1권을 보낸 것이다. 조서가 남아 있지 않아 단정할 수는 없지만, 위의 4건 외에 다른 역서 역시 비슷한 맥락으로 고려에 선물로 보내졌을 것이다.

그런데 지원 18년(1281), 지원 18년 역서의 반사를 기점으로 중요한 변화가 생긴다. 고려에 역서를 반사했다는 기록이 『원사』에서 사라진 것이다. 이는 본기에 역서 반사 사실이 거의 매년 기록되었던 이전의 상황과 크게 다르다. 어떠한 이유로 역서 반사 기록이 사라진 것일까.

역서의 반사와 관련하여 1281년을 전후로 일어난 두 가지 사건을 언급하지 않을 수 없다. 하나는 고려에 몽골의 지방행정기관인 정동행성(征東行省)이 설치되고 고려국왕이 정동행성 승상을 겸하게 된 일이다. 충렬왕은 지원 17년(1280) 12월에 개부의동삼사 중서좌승상 행중서성사(開府儀同三司 中書左丞相 行中書省事)로 책봉되었고, 다음 해인 지원 18년 3월에는 부마국왕(駙馬國王)의 선명(宣命)과 정동행성 승상(征東行省丞相)의 인장(印章)을 수여받았다. 이에 충렬왕은 부마고려국왕 정동행성 승상으로서 고려국왕이라는 위상과 아

---

22 『고려사』 권26, 세가26 원종 5년 2월 병인.

울러 몽골의 제왕(諸王)이자 관료의 위상도 동시에 지니게 되었다. 그리고 몽골에 속한 한 지역이라는 성격이 고려에 덧씌워졌다.

고려국왕에게 몽골 관료의 위상이 추가된 것은 고려-몽골 관계의 구조에 상당한 변화를 야기했다.[23] 이 중 행정적인 측면의 변화가 주목된다. 이전까지 고려와 몽골이 주고받는 문서는 거란·금 이래 이용되었던 외교문서의 문서식으로 작성되었다. 몽골 황제는 고려국왕에게 조(詔)를 전했고, 고려국왕은 황제에게 표(表)를 올렸다. 몽골 관부와 고려국왕 사이에서는 첩(牒)과 서(書)가 오갔다. 그런데 고려국왕이 정동행성 승상으로 임명된 직후 몽골은 고려국왕에게 자(咨)라는 형식의 문서를 보내기 시작했다. 자문은 2품 이상의 관부·관인 사이에서 사용되던 문서식으로, 고려국왕에게 자문을 보냈다는 것은 문서를 주고받을 때 외국 국왕의 위상이 아닌 2품 이상의 관인, 즉 정동행성 승상의 위상이 우선시되었다는 점을 보여준다.[24]

다른 하나는 수시력(授時曆)의 편찬이다. 몽골은 남송 정복 후 국가적 사업으로 새로운 역법 편찬에 착수했다. 수시력 편찬을 위해 몽골 전역, 정확히는 대칸울루스 전역에서 천문을 관측하여 데이터를 확보했다. 고려는 수시력 편찬을 위해 천문을 관측했던 28곳의 관측 장소 중 하나였다.[25] 몽골은 수시력 편찬 과정에서 고려를 그들의 시간질서 속에 포함된 지역으로 인식했던 것이다.[26] 수시력은 지원 17년 10월에 반포되었고, 수시력으로 만든 역서가

---

23 이명미는 고려국왕이 황제의 부마와 정동행성 승상의 위상을 겸하게 된 일을 계기로 고려-몽골 관계 및 고려의 권력 구조에 어떠한 변화가 생겼는지를 자세히 논했다. 이명미, 『13~14세기 고려·몽골관계 연구』, 혜안, 2016.

24 정동훈, 「고려시대 외교문서 연구」, 서울대학교 박사학위논문, 2016, 367~397쪽.

25 『원사』, 권164, 열전51 곽수경 지원 16년.

26 몽골이 고려를 그들의 시간질서 속에 포함한 것과 고려가 스스로 몽골의 시간질서 속

지원 18년 정월 초하루부터 천하에서 사용되었다.

충렬왕 7년(1281) 정월 초하루, 고려에 수시력이 반포되었다. 수시력으로 만든 지원 18년 역서와 수시력을 반포하는 조서가 함께 전달되었다. 이때 고려에 전달된 조서는 지원 17년 10월에 반포했던 수시력의 완성을 천하에 알리는 조서와 동일한 것이었다.[27] 이전까지 몽골은 고려에 역서를 반사하면서 고려국왕에게 선물로 준다는 의미를 담은 조서를 동봉했다. 그런데 이때 수시력으로 만든 첫 역서와 함께 고려국왕을 수신자로 하는 별도의 조서가 아닌 천하에 반포하는 조서를 보낸 것이다.

역서 반사 양상의 변화에는 고려국왕에게 몽골 관료의 위상이 추가되고 행정적인 측면에서 이러한 위상이 우선 고려되었다는 점, 몽골의 시간질서가 미치는 지역에 고려가 포함된 점이 복합적으로 작용했을 것이다. 몽골은 이전까지 외국 국왕에게 주는 선물의 의미로 고려에 역서를 한 권씩 반사했다. 그러나 1281년을 기점으로 역서 반사의 대상이 외국 군주로서의 고려국왕이 아닌 정동행성 승상으로 바뀌고, 고려는 수시력의 반포 대상인 천하의 일부로 간주되었다. 그 결과, 고려에 역서를 반사하는 일은 더 이상 외교적인 사건이 될 수 없었고, '제후국으로서 충성을 보였다'는 등의 특별한 사유를 들지 않고도 당연히 매년 시행하는 정례적인 일로 변화되었다. 이런 까닭으로 고려에 역서를 반사하는 일이 『원사』 본기의 수록 대상에서 제외된 것이다.

몽골 복속기 동안 매년 역서를 반사받은 경험을 바탕으로 고려에도 정기

에 포함되어 있음을 인식하고 이에 순응한 것은 전혀 다른 문제이다. 고려는 수시력이 반포된 이후 30여 년이 지난 1309년에 이르러서야 수시력으로 개력하고 몽골의 시간질서에 따르고자 했다. 이와 관련된 내용은 서은혜, 앞의 글, 2장 참고.

27 『원전장』詔令 권1 典章1 「頒授時曆」; 『고려사』 권29 세가29 충렬왕 7년 정월 무술 초하루.

적인 역서의 반사라는 인식이 자리 잡았다. 1363년 4월, 몽골이 공민왕을 폐위시켰다는 소문이 전해지자, 백관과 기로(耆老)가 몽골 조정의 중서성(中書省)·어사대(御史臺)·첨사원(詹事院)에 서한을 써서 보냈다. 다음은 그 내용 중 일부이다.

> 엎드려 생각하건대 우리나라가 홍건적을 평정하고 (몽골과의) 통로를 (다시) 튼 뒤에 헌첩사(獻捷使)·하정사(賀正使)·사은사(謝恩使)·하성절사(賀聖節使) 등의 사신이 서로 잇달아 갔으나 그중 1인도 귀환한 자가 없으며, 또한 봄이 다 지나가도록 정삭이 반사되지 않았으며, 사면령을 반포하셨어도 (사면령을 전하는) 사신이 오지 않았습니다.[28]

고려의 백관과 기로는 양국 사이의 교류가 재개되지 않았음을 밝히면서 몽골이 정삭과 사면령을 보내지 않고 있다고 언급했다. 특히 봄이 다 지나가도록 정삭, 즉 역서가 이르지 않았음을 호소한 대목은 이전에는 봄이 지나기 전에 항상 역서가 반사되었다는 사실을 알려준다. 이 서한에서 고려는 몽골이 보내주는 물품 중 가장 대표적인 것으로 역서를 꼽고 있는 것이다.

특히 이 서한이 공민왕 5년(1356) 이른바 반원 개혁이 이루어진 이후에 작성되었다는 점이 주목된다. 공민왕 5년에 일어난 일련의 사건들의 성격에 대해서는 여전히 학계의 논란이 지속되고 있지만, 이 시기를 기점으로 몽골의 정치적 외압이 줄어들었다는 점에 대해서는 크게 이견이 없을 듯하다.[29] 몽

---

28 『고려사』, 권40, 세가40 공민왕 12년 4월.
29 최종석, 「1356(공민왕 5)~1369년(공민왕 18) 고려-몽골(원)관계의 성격—'원 간섭기'와의 연속성을 중심으로」, 『역사교육』 116, 2010.

골의 정치적 외압이 줄어든 상황에서, 몽골과의 왕래가 몇 년간 단절되었음에도 불구하고 고려는 다른 무엇보다 역서 반사가 이루어지지 않았음을 언급했다. 이 서한이 전달되고 덕흥군(德興君)의 난이 마무리된 이후 몽골의 역서 반사가 이전과 같이 이루어졌는지는 확언할 수 없다. 그러나 이 서한은 몽골 복속기를 거치며 역서 반사가 정례화되었다는 사실과 동시에 매년 시행되어야 할 일로 인식되었다는 점을 잘 보여준다.

4. 여말선초: 역서 반사의 정례화와 제도화

공민왕 19년(1370) 5월, 명 홍무제는 고려국왕을 책봉하고 대통력(大統曆) 1본과 금으로 수놓은 융단 10필을 내려주었다.[30] 고려에 책봉 조서와 함께 전해준 것은 대통력으로 편찬한 홍무 2년(1369) 역서였다. 홍무제가 이 역서를 사신에게 건네며 고려국왕에게 전달하도록 한 시점은 홍무 2년 8월로,[31] 명에서 다음 해의 역서 편찬이 완성되지 않았을 때이다.[32] 이에 홍무제는 같은 해 10월에 고려에서 파견된 사신 성준득(成准得) 일행이 귀국할 때 홍무 3년의 대통력을 반사해주었다.[33] 책봉과 함께 내려준 역서는 고려가 책봉을 받음으로써 명의 시간질서에 포함된다는 상징적 의미를 담은 선물이었을 것이다. 그런데 이 사건을 통해 명이 고려에 매년 역서를 반사해주고자 했을

---

30 『고려사』 권42, 세가42 공민왕 19년 5월 갑인.

31 『명태조실록』 권44, 홍무 2년 8월 병자.

32 홍무 연간에 역서의 편찬이 완성되어 진헌되는 날은 매년 9월 1일이었다.

33 『명태조실록』 권46, 홍무 2년 10월 임술.

가능성을 엿볼 수 있다.

공민왕이 시해되는 공민왕 23년(1374) 전까지 고려와 명의 관계는 우호적이었다. 고려는 이전 몽골과의 관계에 기반하여 명과의 관계를 형성하고자 했고, 명 역시 몽골이 이룩해놓은 천하질서, 즉 천자국의 질서가 제후국에까지 두루 적용되는 질서를 지향했다.[34] 이런 관념하에서 명이 고려에 역서를 반사해주었을 가능성은 적지 않다. 실제로 1370~1374년의 이 4년간 고려는 매년 하정사를 비롯한 사신을 매년 정기적으로 파견했고, 명은 이 사신들이 귀환하는 길에 역서를 반사해주었을 것이다.

하지만 우왕의 즉위 이후 고려와 명의 관계는 완전히 경색되고 만다. 우왕 즉위년(1374) 11월 공민왕의 사망을 알리기 위해 고부사(告訃使)를 파견했으나, 그즈음 일어났던 김의(金義)의 명 사신 살해 사건으로 인해 정작 그들은 명에 입국하지도 못하고 돌아왔다. 이후 고려는 우왕이 책봉을 받지 못한 것은 물론이고 몇 년간 명과 정상적으로 통교하지도 못했다. 고려에서 보낸 사신은 남경에 이르지 못한 채 요동에서 돌아오는 경우가 허다했으며, 남경에 도착하면 그대로 억류되는 경우도 많았다.[35] 명에서는 아예 사신을 파견하지 않았다. 이런 상황에서 역서의 반사는 그야말로 불가능한 일이었다.

우왕 11년(1385) 비로소 명이 우왕의 승습을 인정하고 고려국왕으로 책봉해주었다. 이에 고려는 조민수(曺敏修)를 사은사로 보내 책봉에 감사하고 아울러 역서와 부험(符驗)을 내려줄 것을 요청했다.[36] 명은 이 요청에 부응하여

---

34 최종석, 앞의 글, 269쪽.

35 우왕대 고려의 사신 파견에 대해서는 박성주, 「고려·조선 견명사 연구」, 동국대학교대학원 박사학위논문, 2005, 〈부표 1〉 참고. 명의 사신 파견에 대해서는 정동훈, 「고려시대 외교문서 연구」, 서울대학교 박사학위논문, 2016, 505~506쪽 참고.

36 『고려사절요』 권32, 우왕 11년 10월.

역서 10부를 반사해주었다.[37] 고려가 역서를 요청한 것이 책봉에 따른 의물(儀物)로서의 역서를 달라고 한 것인지, 책봉 관계가 이루어졌으니 매년 역서를 반사해줄 것을 요청한 것인지 정확히 판별할 수는 없다. 중요한 점은 고려가 역서의 반사를 책봉과 연결 지어서 명에게 역서를 달라고 먼저 요청했다는 사실이다. 여말선초 시기 역서의 반사와 관련하여 다음의 사료를 살펴보자.

> 조선국에는 매년 대통력 100본을 지급하였습니다. 지금 이단(李旦, 이성계)이 변방에서 자주 분란을 일으켜 이미 그 왕래를 끊었으니, 매년 반사하던 역서도 역시 마땅히 면조(免造)해야 합니다.[38]

명 예부는 홍무제에게 매년 조선에 대통력을 100본씩 지급해왔으나 지금 이성계가 분란을 일으키는 탓에 조선과 왕래를 끊었으므로 역서를 내리는 일도 중지해야 한다고 아뢰었다. 여기서 조선에 매년 100본씩 역서를 지급해왔다는 말이 주목된다. 이때는 홍무 27년(1394) 2월로, 조선이 건국된 지 2년이 채 되지 않은 시기였다. 조선이 '매년' 역서를 받았다고 하기에는 그 역사가 너무 짧고, 조선이 명으로부터 책봉을 받고자 절실했던 상황에서 만약 역서를 받았다면 이를 크게 기록하지 않았을 리 없다. 당시 명은 조선에 책봉을 내려주지 않고 스스로 나라를 다스리라며 강경한 입장을 취하고 있었기 때문이다. 이런 상황에서 조선이 대통력 100본을 받았을 가능성은 매우 낮다. 그렇다면 이 사료에서 말하는 조선국이란 고려일 수밖에 없다.

---

37 『고려사절요』 권32, 우왕 12년 3월; 『명태조실록』 권176, 태조 홍무 18년 12월 임자.
38 『명태조실록』 권231, 홍무 27년 2월 계유.

앞서 명은 1370년에 고려와 책봉 관계를 맺은 뒤 홍무 2년 역서와 홍무 3년의 역서를 연이어 반사해주었고, 이후 몇 년간 역서를 반사해주었을 가능성이 적지 않음을 확인했다. 우왕대에도 뒤늦게나마 우왕을 책봉해주고 고려의 요청에 따라 역서를 반사해주었다. 다만 홍무 18년(1385)에 우왕에게 반사해준 역서는 10부뿐이었고, 공민왕대의 4년간, 우왕대 말기의 2년간 외에는 정기적으로 사행이 이루어지지 않았기 때문에 역서의 반사가 시행되기 힘든 실정이었다. 명의 예부가 조선에 매년 대통력 100본을 지급했다고 한 말은, 명이 고려와 책봉 관계를 맺고 우호적인 관계 및 안정적인 사행을 바탕으로 고려에 100본의 대통력을 매년 반사해주었던 상황을 상기한 것인 듯싶다. 실상 이 발언이 나온 당시 몇 년간 역서의 반사가 이미 이루어지지 않은 상태였고, 새 왕조인 조선에는 한 번도 역서 반사가 시행되지 않았던 상황이었다. 그럼에도 불구하고 명 예부는 이성계에게 역서를 반사해주지 말자고 건의했다. 이는 조선에 역서를 반사하는 일이 '원칙적으로는' 마땅한 것이라는 관념을 명이 갖고 있었기 때문이다.

건문제는 두 번에 걸쳐 조선에 역서를 반사했다. 첫 번째는 정종 즉위년 (1398)년 12월에 명이 여러 제후국에 홍무제의 부고를 알리는 자문(咨文)을 보내면서 건문 원년의 대통력 1부를 전달한 것이고,[39] 두 번째는 태종 2년(1401) 2월에 역서 1권을 반사한 것이다. 건문제는 숙부인 연왕(燕王: 훗날의 영락제)과 내전을 벌이는 과정에서 조선의 도움이 필요했다. 이런 와중에 조선에서 태종이 즉위하여 명에 고명(誥命)과 인신, 그리고 역서를 청했다. 이에 건문제는 2월에 역서 1권을 반사하고, 3월에는 조선국왕 고명과 인신을 하사하고 책봉해주었다. 이 두 사례 모두 정기적인 역서 반사와는 거리가 먼 의례적인 사

---

39 『태조실록』 15권, 태조 7년 12월 갑자.

건이었다.

영락제의 즉위 이후 비로소 정기적인 역서 반사가 실현되었다. 영락제는
즉위 직후 조선에 고명, 인신, 그리고 영락 원년(1403)의 역서를 주었다. 영락
제는 조선국왕을 책봉해주며 보낸 선유(宣諭) 성지(聖旨)에서 조선의 일로 인
신·고명·역일의 일은 예부가 주선하여 조선에 줘서 가져가도록 했다는 사실
을 알리고, 자신이 모든 일을 홍무제를 본받아 행하고 있는데 특히 홍무 2년
과 3년 이래의 전적을 매일 보고 있으니 조선 역시 이를 자세히 보라고 전했
다.[40] 홍무 2년과 3년은 특히 명이 고려와 책봉 관계를 맺고 책봉국에 천자
의 지배를 어떻게 구현할 것인지 그 방법을 구체화하던 시기였다. '조선에 매
년 역서 100본을 주었다'는 시기가 바로 이 무렵인 것이다. 명 영락제는 홍
무제를 넘어 쿠빌라이를 모델로 하여 천자의 지배질서를 구현하고자 했다.[41]
이런 기조 아래 제후국에 대한 역서 반사가 제도화된 것이었다. 조선에 대한
역서 반사가 정례화·제도화되었음은 다음의 두 사료를 통해 확인할 수 있다.

흠천감(欽天監)에서 영락 2년 대통력서를 만들어 진헌했다. 황제가 봉천
전(奉天殿)에 나아가 이를 받고, 제왕(諸王) 및 문무 조신들에게 반사했다.
또한 사신을 보내 조선과 여러 번국(番國)에게 반사하고 이를 법식으로 삼
도록 했다.[42]

---

40 『태종실록』권5, 태종 3년 4월 갑인.

41 단죠 히로시 지음, 한종수 옮김, 『영락제―화이질서의 완성』, 아이필드, 2017, 228~230
쪽.

42 『명태종실록』권25, 영락 원년 11월 을해 초하루.

평안도 감사가 보고하기를, "사인(舍人) 위형(魏亨)이 (명 황제께서) 반사한 역일을 가지고 왔습니다"라고 했다. 이에 앞서 매년의 역일을 본국의 절일사(節日使)에게 주어 보냈는데, 지금 절일사 남지(南智)가 돌아올 때 조정에서 미처 반사하지 못했기 때문에 예부에서 성지를 받들어 위형으로 하여금 뒤쫓아 가서 남지에게 주게 하고, 만약 뒤쫓아 이르지 못했다면 바로 왕국에까지 가서라도 교부하게 했으나, 위형이 길에서 만나지 못했던 까닭으로 왔던 것이었다.[43]

영락 원년(1403), 영락제는 조선을 비롯한 여러 번국에 역서를 반사하는 것을 법식으로 삼도록 했다. 조선은 이때부터 정례적으로 역서를 반사받았다. 『태종실록』에는 영락 2년의 대통력을 반사해준 것을 알리는 예부의 자문이 수록되어 있다.[44] 이후 세종 18년(1436)의 기록을 보면, 명이 매년 조선의 절일사에게 역서를 반사해주었음을 확인할 수 있다. 심지어 절일사가 역서를 받지 못한 채로 떠났더니, 따로 사신을 뒤쫓아 보내서 조선에 역서를 반사해주기까지 했다. 이와 같이 영락제 즉위를 기점으로 역서의 반사가 제도화되어 매년 시행되었고, 조선은 해마다 명의 역서를 받게 된 것이다. 『대명회전(大明會典)』에는 이렇게 기록되어 있다. "유구(琉球), 점성(占城) 등 외국은 정통(正統) 이전에는 모두 조공해오면 지급했다. 모든 나라에 왕력(王曆) 1본과 민력(民曆) 10본을 준다. 지금 항상 지급하는 것은 오직 조선국뿐으로, 왕력 1본과 민력 100본을 준다."[45]

---

43 『세종실록』 권71, 세종 18년 정월 정묘 초하루.

44 『태종실록』 권7, 태종 4년 3월 무진.

45 『대명회전』 권223 '흠천감'.

명에서 조선에 역서를 반사하는 일을 제도화하여 매년 시행하게 된 직후부터 조선에서도 자국의 역서가 명의 역서와 합치되어야 한다는 인식이 보이기 시작한다. 실제로 태종 10년(1410) 4월에 역일을 잘못 산정한 서운관 승(書雲觀丞) 유당생(柳塘生)을 귀양 보내는 사건이 벌어졌다. 11월의 삭일이 조선의 역서에서는 갑자일인데, 명에서 반사한 대통력과 대조해보니 계해일이었기 때문이다.[46] 태종 17년(1417)에도 비슷한 일이 벌어졌다. 12월 20일(신축)에 진헌·주문의 일로 사행을 떠났던 노귀산(盧龜山) 등이 명 황제가 흠사(欽賜)해준 역서 100부를 가지고 돌아와서 태종에게 바쳤다.[47] 7일 뒤, 태종은 조선에서 만든 역서를 명으로부터 반사받은 역서와 비교한 결과 틀린 곳이 있다는 이유로 전 서운 부정(書雲副正) 조의구(趙義珣)를 의금부에 가두었다.[48] 이때는 명에서 반사한 역서를 전달받은 지 단 7일 만에 역서 대조를 끝냈던 것이다.

세종 즉위 후 명의 역서와 역일이 조선과 일치해야 한다는 인식은 한층 강화되었다. 세종은 1420년(세종 2)에 역법 연구를 지시했다. 역법 연구의 최종 목적은 다름이 아니라 조선의 역서를 명의 역서에 합치시키고자 하는 것이었다.[49] 역법 연구가 완료되자 세종은 "이에 앞서 우리나라가 추보(推步: 천체의 운행을 측정)하는 법에 정밀하지 못하더니, 역법을 교정한 이후로는 일식·월식과 절기(節氣)의 일정함이 중국에서 반포한 역서와 비교할 때 털끝만큼도

---

46 『태종실록』 권19, 태종 10년 4월 임인.

47 『태종실록』 권34, 태종 17년 12월 신축.

48 『태종실록』 권34, 태종 17년 12월 무신.

49 박권수, 「조선의 역서 간행과 로컬 사이언스」, 『한국과학사학회지』 35(1), 2013, 96~97쪽.

틀리지 아니하므로 내 매우 기뻐하노라"[50]고 감탄했다.

조선은 명의 연호를 사용하고 매년 명으로부터 역서를 받음으로써 명의 시간질서에 따랐다. 명의 역서는 조선의 역서가 따라야 할 기준이자 조선이 매년 행했던 '역일 계산'이라는 문제의 '정답지' 역할을 했다. 조선은 매년 14개월에 걸쳐 역서를 편찬하고 최종적으로 '정답지'와 대조하여 맞춰 본 뒤 정확히 일치하면 매우 기뻐하면서 이를 조선 팔도에 반포하여 백성들로 하여금 이 시간에 따르도록 했다. 조선 초기에 천자국의 시간질서에 따라야 한다는 인식이 형성되고, 이 인식이 명과 동일한 역일의 역서 편찬으로 실현되기에 이른 것은, 몽골 복속기 이래 역서 반사가 정례화되어 매년 역서를 정기적으로 받게 된 현실에서 기원한 것이었다.

---

50 『세종실록』 권58, 세종 14년 10월 을묘.

전쟁과 지도의 변화

| 이규철 |

1. 전쟁의 시대 15세기

전쟁의 사전적 정의는 '국가 간에 자국의 의사를 상대국에 강요하기 위해 수행되는 조직적인 무력 투쟁 혹은 폭력 행위의 상태'이다.[1] 일반적으로 한국사에서 전쟁을 이야기할 때, 국가 대 국가의 무력 충돌을 제시하는 경우가 많다. 고려–몽골의 전쟁이나 조선–일본, 조선–후금의 전쟁이 대표적 사례이다. 하지만 사전적 정의로만 따져도 한국사 속에는 훨씬 많은 전쟁이 있었다는 점을 금방 기억할 수 있다.

국가와 국가가 총력전 양상으로 대립하는 대규모 전쟁은 아니었지만, 자국의 의사를 상대국이나 상대 세력에 강요하기 위해 수행된 조직적 무력 행위는 한국사 속에 많은 사례가 남아 있다. 15세기의 고려와 조선은 유달리

---

1 『한국민족문화대백과사전』의 '전쟁' 항목 참고(http://100.daum.net/encyclopedia/view/14XXE0049619).

활발한 대외 군사 활동을 전개했다. 특히 조선은 건국 후 백여 년 동안 매우 자주 대외정벌(對外征伐)을 시행했다.[2] 중세 이후 한국 역사 속에서 한반도의 국가가 이처럼 자주 주변 세력을 군사적으로 압박했던 사례는 찾기 어렵다. 조선은 대외정벌을 시행할 때마다 출병의 명분을 외부 요인으로 제시했다. 그러나 전쟁이 기본적으로 '외부 세력에 대한 군사 행동'이라는 국내 정치의 산물임은 부정하기 어렵다.

대외정벌을 시행하기 위해서는 병력과 군수, 작전, 인선 등을 모두 고려해 계획을 세워야만 했다. 특히 정벌은 다른 대외 정책과 달리 승리하지 못하고 패배할 수도 있다는 위험을 감수해야 한다. 아울러 특정 세력에 대한 군사 행동은 자연스럽게 주변 세력의 반발과 대립을 불러올 가능성이 높았다. 따라서 대외정벌은 짧은 논의와 준비를 통해 진행할 수 있는 정책이 결코 아니었다.

조선은 건국 초기부터 주변 세력에게 공격적인 방식으로 영향력을 행사했다. 심지어 조선의 여진 정벌은 사대의 대상이었던 명과의 충돌이 불가피한 행위였다. 결국 대외정벌은 15세기 조선의 대외 정책과 외교 사상 등을 파악할 수 있는 중요한 소재가 된다. 조선의 대외 정벌은 외부 세력의 침입에 대한 대응이나 원치 않은 상황에서 부득이하게 펼쳤던 대외 정책으로 파악하기 어렵다. 15세기 조선의 대외 정책을 시행하고 책임졌던 존재들의 사상과 외교관이 반영된 것으로 볼 필요가 있다.

15세기 조선의 대외정벌은 건국 후 특별한 성격을 갖는 대외 정책으로

---

2 군사 활동의 빈도를 분석하는 작업은 평가자에 따라 달라질 것이다. 그렇지만 조선은 건국 후 100년 동안 실제 국외 지역으로 출병했던 사례가 9차례 있었다. 여기에 조선이 출병 준비를 마쳤거나 계획했지만 실행하지 못했던 사례까지 포함한다면 횟수는 더욱 늘어난다.

설명할 수도 있다. 하지만 대외정벌 정책의 입안 자체가 조선 건국 이후 이루어진 것으로만 보기는 어렵다. 조선이 보여줬던 대외정벌 정책의 다양한 모습들은 이미 고려 말 공민왕 재위 시기부터 나타났기 때문이다. 우왕과 창왕의 재위 시기 역시 공민왕대와 기본 정책 방향은 동일했다고 생각한다.

조선의 대외정벌은 15세기 조선을 대표하는 대외 정책의 하나이면서도 명백하게 고려 말 대외 정책의 영향을 받았던 것으로 설명 가능하다. 다만 조선은 공민왕대부터 시작된 정벌 정책을 보다 체계적으로 시행하면서 독자적인 대외 정책을 추진했다. 따라서 대외정벌은 여말선초 시기 한 세기를 관통하는 대표적 대외 정책으로 설명 가능하다.

고려와 조선의 전쟁은 당연히 자국의 이익을 위한 정치 행위였다. 거기에는 고려와 조선이라는 나라의 영향력을 주변 세력에게 확대하려는 목적이 담겨 있었다. 보다 구체적으로는, 새로운 영역과 영토를 확보한다는 목표를 수반한 것이었다. 원이라는 거대 제국의 영향력이 쇠퇴한 시점에서 고려와 조선, 명은 모두 자국의 영역을 확보하기 위해 부지런히 움직였다. 공민왕이 반원 개혁과 전쟁을 통해 확보했던 지역은 이전 시기의 영역을 넘어선다. 조선 역시 정벌을 통해 영토를 확대하면서 현재 우리가 알고 있는 한반도 지도의 형태를 갖춰 나가기 시작했다. 아래에서는 고려 말 조선 초 대외정벌의 성격과 대외 정책의 방향을 설명하면서 고려와 조선의 연속과 단절에 대한 고민을 적어보고자 한다.

2. 대외정벌을 통한 외교

고려 말 대외정벌을 준비해서 본격적으로 추진·시행했던 인물은 공민왕이었다. 원의 간섭 아래 있었던 고려는 공민왕을 중심으로 기존의 지배 질서를 타파하려는 적극적인 움직임을 보였다. 공민왕이 추진했던 반원 정책은 원의 통제력이 급격하게 떨어진 상황에서 가능했다. 원의 통치 영역 안에서 다양한 형태의 반란이 일어나고 있었지만, 원은 이에 적절하게 대응하지 못하고 있었다.

공민왕은 여말선초 시기 대외정벌 정책에서 가장 상징적인 인물이다. 그는 대외정벌 정책을 적극 활용해서 고려가 원의 영향력에서 벗어날 수 있는 계기를 만들었고, 고려의 영역을 회복했다. 적극적으로 대외정벌을 시행하면서 국정을 이끈 공민왕의 통치 방식은 그 후계자인 우왕은 물론 조선 초기의 국왕들에게도 큰 영향을 미쳤다.

공민왕 재위기의 고려는 복잡한 국제 정세 속에서도 지속적으로 대외정벌을 준비해 시행했다. 더욱이 정벌의 대상이 고려에게 큰 피해를 주었던 왜구나 홍건적이 아닌 요양(遼陽)이나 탐라(耽羅) 지역이었다는 사실은, 당시 출병이 외부 세력의 압박에 대한 반발이라기보다는 계획된 정책의 일환이었음을 시사한다.

공민왕은 즉위 후 5년 만에 처음으로 국외 지역에 대한 군사 활동을 단행했다. 내부에서 부원배 세력을 제거하는 동시에 인당(印璫)과 강중경(姜仲卿) 등에게 압록강을 건너가 원의 역참을 공격하도록 했다. 같은 시기에 고려는 쌍성(雙城) 등지를 공격해 수복했다.[3] 당시 고려는 내외에서 원과 관련된 3개의 큰 문제를 먼저 만들었고, 나름의 방법으로 해결했다. 고려가 보여준 대외

---

3 『高麗史』 권39, 세가 39 공민왕 5년 5월. "以評理印璫 同知密直司事姜仲卿 爲西北面兵馬使 司尹辛珣 兪洪 前大護軍崔瑩 前副正崔夫介 爲副使 攻鴨江以西八站 以密直副使柳仁雨 爲東北面兵馬使 前大護軍貢天甫 前宗簿令金元鳳 爲副使 收復雙城等地."

문제의 해결 방식에서 출병이 중요한 위치에 오르는 순간이었다.

당시 고려는 같은 시기에 복수의 지역으로 출병했다. 대외정벌 정책을 적극적으로 시행했던 조선에서도 찾기 어려운 과감한 정책이었다. 공민왕이 상당한 부담에도 불구하고 복수의 지역에 출병했던 것은, 공세적 조치로 국정주도권을 확보하려는 의도와 원과 명의 대립 구도 속에서 고려의 영향력을 확대하려는 의도 등이 반영된 것이라고 판단한다. 전쟁 행위를 통해 국내와 국외에 복잡하게 얽혀 있는 다양한 문제들을 해결하고자 했던 것이다.

공민왕은 이후에도 탐라와 동녕부 등에 대한 정벌을 시행했다.[4] 특히 탐라에 대한 1차 정벌이 실패하자 공민왕은 최영(崔瑩)에게 전함 314척과 군사 25,605명을 거느리고 다시 정벌을 나서도록 했다.[5] 314척의 전함과 2만 5천여 명이라는 정벌군의 규모는 대외정벌이 가장 활성화되었던 조선 초기에도 보기 어려운 큰 규모의 출정이었다.

사실 공민왕대 탐라 정벌은 기록에 따르면 제주 목호들이 고려 조정에 2천 필의 말을 진상하라는 요구에 3백 필만 보낸 일을 응징한 것처럼 서술되어 있다.[6] 하지만 이미 고려에서 대규모로 전함을 건조하고 있었고, 전함 건조의 책임자가 지난 탐라 정벌의 총지휘관 김유(金庾)였다는 점만 봐도 고려는 이미 정벌을 준비하고 있었다고 추정 가능하다.[7] 정벌의 원인으로 언급된 사례들을 잘 살펴보면 조선의 방식과 비슷한 점들이 쉽게 발견된다. 조선도

---

4 『高麗史』권41, 세가 41 공민왕 15년 10월; 『高麗史』권42, 세가 42 공민왕 19년 정월 갑오.

5 『高麗史』권113, 열전 26 최영.

6 『高麗史』권44, 세가 44 공민왕 23년 7월 을해; 『高麗史』권44, 세가 44 공민왕 23년 7월 무자.

7 『高麗史』권43, 세가 43 공민왕 23년 3월.

항상 정벌의 원인을 외부 세력의 침입이나 도발로 제시했기 때문이다. 이 역시 공민왕대 대외정벌과 조선 초 대외정벌의 연관성을 보여준다.

공민왕대에 준비·시행되었던 대외정벌은 국내는 물론 국외와 관련된 여러 분야에 큰 영향을 주었다. 특히 전쟁의 성과를 국왕의 권위 확대에 활용하는 방식이 나타나기 시작했다. 이는 우왕은 물론 조선 건국 세력에게도 큰 영향을 주었다. 따라서 조선이 건국 후 백여 년 동안 적극적으로 대외정벌 정책을 준비·시행했던 시작점은 공민왕대 대외 정책에서 찾을 수 있다.

우왕은 공민왕 시해 후 논란 속에서 등극했지만 선왕의 정책을 계승했다. 전대보다 북원을 중시하려는 모습도 보였지만, 공민왕의 대외 정책을 전환했다고 보기는 어렵다. 우왕은 공민왕의 정당한 후계자임을 강조하기 위해서도 선왕의 정책을 적극적으로 계승할 필요가 있었다.

우왕대에 실제로 추진된 정벌은 요동 정벌이었다. 기록에 따르면 우왕대 요동 출병 계획은 명의 철령위(鐵嶺衛) 설치 때문에 시작된 것으로 되어 있다.[8] 하지만 철령위 설치 문제 이전부터 고려와 명의 관계가 악화되고 있었다는 점, 변경 지역을 중심으로 고려-명군의 군사 충돌이 지속되었다는 점, 우왕 등이 요동 공격 의사를 밝혔다는 점 등을 고려할 필요가 있다.[9] 철령위 설치 문제는 출병의 명분이었을 뿐, 우왕 역시 선대 공민왕처럼 요양 지역에 대한 출병을 계획하고 있었던 것으로 보인다.

기록에 따르면 당시 고려는 요동 출병을 위해 5만의 병력을 두 달도 안 되는 기간 동안 동원한 것으로 되어 있다. 하지만 이는 현실적으로 불가능한 일이다. 국내-국외에서 지속적인 군사 활동을 진행했던 공민왕 재위기에도

---

8 『高麗史』 권137, 열전 50 신우 14년 2월.

9 『高麗史』 권135, 열전 48 신우 10년 정월; 『高麗史』 권135, 열전 48 신우 11년 6월 무인.

5만의 병력을 짧은 기간에 동원하는 것은 쉽지 않았다. 그런데 국제 정세와 달리 실제 대규모 전투 행위가 없었던 우왕대에 두 달 남짓한 시간에 5만의 병력을 동원한다는 것은 불가능하다. 이런 기록 역시 고려의 요동 출병이 이미 계획된 상황임을 반영한 것이라 생각한다.

공민왕 재위기를 중심으로 본격화된 대외정벌은 조선 건국 이후 더욱 확대되었다. 조선 건국 직후에는 대규모 출병이 없었다. 하지만 태조대 대마도 정벌이 있었고,[10] 태종대에도 후대에 비해 적은 규모였지만 여진 정벌이 진행되었다.[11] 이는 대외정벌을 통해 대외 영향력을 확대하려는 정책 기조가 태조와 태종의 재위기 동안 수립되었다는 증거일 것이다. 당시의 국제 정세 때문에 대규모 출병이 진행되지는 않았지만, 조선은 여러 외교 정책을 준비하고 있었다.

세종 1년 시행된 대마도 정벌은 사실상 상왕 태종이 주도한 전쟁이었다. 1419년의 대마도 정벌(己亥東征)은 왜구 침입에 대한 대응이라기보다는 명의 일본 정벌 명분을 없애기 위한 선제 조치의 성격이 강했다. 조선 건국 후 왜구 침입 횟수와 피해는 점차 줄어드는 추세였고, 태종대에는 왜구 피해가 거의 사라졌기 때문이다. 반면 명의 왜구 피해는 급증하고 있었다. 피해 규모 확대에 따라 명에서는 일본 정벌이 언급되기 시작했다.

당시 조선은 명의 일본 정벌을 막기 위해서는 그들의 왜구 피해를 줄이는 것이 가장 중요하다고 판단했다. 이를 위해 두 가지 방법을 택했다. 하나는 왜구 관련 정보를 명에게 적극적으로 알리는 것이고, 다른 하나가 대마도 정

---

10 『太祖實錄』권10, 太祖 5년 12월 3일 정해.

11 『太宗實錄』권19, 太宗 10년 2월 10일 정미; 『太宗實錄』권19, 太宗 10년 2월 22일 기미.

벌이었다.[12] 조선은 이를 통해 명이 일본을 정벌할 때 나타날 수 있는 조선의 불필요한 개입 상황을 방지할 수 있었다. 또한 남방 지역의 문제점들을 해소해 북방 진출과 영향력 확대라는 대외 목표를 일관되게 추진할 수 있는 계기를 마련했다.

세종대에 들어 조선의 정벌 정책은 더욱 확대되었다. 정벌을 중심으로 한 대외 정책을 적극 활용해 큰 성과를 얻은 임금이 세종이다. 세종대 조선은 여진 세력의 여연(閭延) 침입 사건을 계기로 건주위(建州衛)의 유력 추장 이만주(李滿住)에 대한 대규모 정벌을 단행했다.[13] 당시 조선은 여연을 침입했던 여진 세력의 정체를 정확히 파악하지 못했다. 그럼에도 여연 침입의 주동자를 이만주라 주장하며 정벌을 단행했다. 이는 외부 세력의 침입이 정벌의 근본적 원인이라기보다는 출병을 위한 명분으로 활용되었음을 의미한다.

조선의 대외정벌은 항상 외부 세력의 침입에 대한 대응을 명분으로 시행되었다. 하지만 당시 외부 세력의 침입 횟수나 조선이 입었던 피해의 정도는 매우 제한적이었다. 따라서 조선이 단행한 대외정벌의 원인을 외부의 침입에서만 찾을 수는 없다. 사실 대외정벌이라는 대규모 정책이 단 한 건의 국지적 침입 사건으로만 결정되었다고 보기는 어렵다. 특히 여연 사건 이전 세종의 재위기 동안 여진 세력의 침입은 매우 적었다. 뿐만 아니라 침입 규모나 조선의 피해 역시 매우 적었다. 그런데 세종은 갑자기 대규모 군사 활동을 언급했다. 대마도 정벌과 1차 파저강(婆猪江) 정벌 등 조선의 정벌 과정은 유사한 흐름을 보여준다.

---

12 『世宗實錄』 권4, 世宗 1년 5월 14일 무오; 『世宗實錄』 권5, 世宗 1년 9월 6일 무신.

13 『世宗實錄』 권59, 世宗 15년 3월 14일 정묘.

세종은 두 차례에 걸친 파저강 정벌을 단행했고,[14] 정벌의 성과를 성공적으로 활용했다. 세종은 정벌 이후 집권 전반기보다 더욱 강한 정치 통제력을 행사했다. 특히 세종은 정벌의 추진 과정에서 신료들의 반대를 무릅쓰고 이를 선도적으로 추진해 시행했다. 이런 정치 구도는 국왕이 대외정벌을 활용해 군주의 위상을 높이는 동시에 정치 주도권을 확대하고자 했음을 잘 보여준다.

태종이나 세종은 대외정벌의 실패가 가져올 위험성도 충분히 인지하고 있었을 것이다. 하지만 정치 영향력 확대를 위해 국내는 물론 국외까지 영향을 미칠 만한 정책이 필요했다. 특히 국내에서 얻을 수 있는 정치적 성과는 한계가 있었기 때문에, 대내외에 큰 영향력을 미칠 수 있는 국왕 주도의 정책이 필요했다. 그것이 바로 대외정벌이었다. 위험성도 있지만 성공할 경우 얻을 수 있는 성과가 훨씬 컸기 때문에, 조선 초기 국왕들은 신료들의 거센 반대를 무릅쓰고 대외정벌을 주도적으로 추진했다.

태종과 세종의 정책 방향은 세조에게도 계승되었다. 세조는 정통성 문제 등으로 자신이 세종의 정당한 후계자임을 강조하고 싶어 했다. 자연스럽게 선친의 대외 정책을 계승하는 것은 물론 더욱 확대했다. 여진 추장들의 내조가 가장 폭넓게 시행되었던 시기도 세조대였다. 대외정벌 정책도 보다 적극적으로 시행했다.

실제 이만주나 낭발아한(浪孛兒罕)과 같은 압록강·두만강 이북 지역의 유력 추장을 처형했던 것은 모두 세조대였다. 세종과 세조는 모두 상시적으로 대외정벌 정책을 준비·시행하겠다는 의도를 표명했다. 대표적으로 세종과 세조는 정벌이 성공적으로 마무리된 후 바로 다음 정벌 의사를 밝혔다. 두

---

14 『世宗實錄』 권78, 世宗 19년 9월 14일 신축.

왕이 대외정벌에 가지고 있었던 깊은 관심을 보여주는 일화들이다.

　다만 세조의 건주위 정벌 계획은 출병 직전 '이시애(李施愛) 반란'이라는 조선 건국 후 최대 규모의 반란 사건이 일어나면서 중지되었다.[15] 이시애 반란은 조선이 중시했던 대외 출병을 중지시킨 것 외에 조선의 북방 정책에 대한 내부 반발 성격을 가지고 있었다. 이시애 반란은 대외정벌 정책의 한계가 점차 조선의 구성원들에게 인식되기 시작한 중요한 변곡점이었다.

　성종의 재위기는 대외정벌에 대한 신료들의 반대가 이전보다 더욱 거세진 시기였다. 특히 성종 22년의 북정(北征)은 대간들의 격렬한 반대 속에서 진행되었다. 성종은 신료들의 반대에도 건국 이후 최대 규모의 정벌군(2만)을 편성했다.[16] 성종의 북정은 기대했던 성과를 얻지 못했다. 당시 신하들은 누구도 정벌의 실패를 직접적으로 언급하지 않았지만, 정벌은 사실상 실패라는 공론(公論)이 형성되었다. 이 상황은 세조까지의 정국과는 달리 언관(言官)의 활동과 공론 등이 국왕의 정치적 주도권을 제한하는 방식으로 작용하도록 했다.

　국왕에게 대외정벌은 성공만 하면 위상을 높이는 것은 물론 정치 주도권을 확보하는 데도 큰 도움이 되는 정책이었다. 다만 실패할 경우 감당해야 할 부정적 영향력도 결코 작지 않았다. 그럼에도 고려 말 조선 초의 국왕들은 적극적으로 정벌을 추진했다. 국왕의 권위 강화와 정치 주도권 확보를 위해 국내와 국외에 모두 영향을 줄 수 있는 정책이 필요했기 때문이다. 이와 같은 상황들이 바로 고려 말 조선 초의 15세기를 전쟁의 시대로 만들었다.

15　『世祖實錄』권42, 世祖 13년 5월 16일 경진.

16　『成宗實錄』권253, 成宗 22년 5월 15일 경인; 『成宗實錄』권253, 成宗 22년 5월 15일 경인.

3. 전쟁을 통한 영토 확장과 새로운 지도

고려 말 조선 초에 유독 전쟁이 많았다는 것은 당시 고려와 조선이 모두 군사 행동을 통해 얻고자 하는 목표가 있었음을 시사한다. 대외 영향력 확대나 국왕의 권위 강화, 국내의 정치적 관심을 전쟁에 모으는 것 등, 다양한 목적이 있었을 것이다. 중요한 것은 고려와 조선이 모두 전쟁을 통해 새로운 영토를 확보하려 했고, 실제로 목표를 달성했다는 사실이다. 고려와 조선은 모두 국제 관계가 안정되지 않은 상황을 최대한 활용해서 새로운 영토를 확보하고자 노력했다. 당시의 노력으로 지금 우리가 알고 있는 한반도 지도가 만들어졌다.

공민왕대 고려는 쌍성총관부 일대 수복에 성공했다. 당시 고려가 확보한 지역은 기존 쌍성총관부 관할 영역을 넘어섰다. 고려는 공민왕 4년(1355) 쌍성 지역 세력가였던 이자춘(李子春)의 포섭에 성공했다.[17] 기록에 따르면 공민왕은 개경을 방문한 이자춘에게 쌍성 지역에 돌아가서 자신의 백성을 다스리고, 사변이 있으면 명령에 따라 행동하도록 지시했다고 한다.[18] 이는 당시 공민왕이 쌍성 지역에 대한 군사 행동을 계획하고 있었다는 사실과, 해당 지역을 고려의 영역으로 인식했다는 점을 짐작하게 해준다. 이자춘이 개경까지 와서 공민왕을 직접 만났던 일은 쌍성 지역을 공격하기 위한 고려의 사전 작업이 가져온 성과였을 것이다. 고려는 결국 쌍성총관부를 회복했고, 함주(咸州) 이북 지역까지 장악했다.[19]

---

17 『高麗史』 권38, 세가 38 공민왕 4년 12월.

18 『高麗史』 권39, 세가 39 공민왕 5년 3월.

19 『高麗史』 권39, 세가 39 공민왕 5년 7월.

고려는 쌍성총관부 외에 요양(遼陽)과 심양(瀋陽) 지역에 대해서도 깊은 관심을 나타냈다. 공민왕 8년, 고려는 요양과 심양의 유민(流民) 2,300여 호를 내지 군현들에 정착시켰다.[20] 공민왕 10년에도 교서를 내려 해당 지역의 귀화 유민들을 잘 보살피도록 조치했다.[21] 특히 요양과 심양 일대에는 많은 수의 고려인들이 거주하고 있었다. 또 원 간섭기 동안 고려 왕족이 대대로 번왕으로 책봉되었던 지역이었다. 고려는 요양과 심양 지역이 '고려의 땅'이라는 인식을 가지고 있었다.[22]

이에 더해 고려는 여진 지역에도 관심을 가졌다. 공민왕 5년 천호(千戶) 정신계(丁臣桂)가 이판령(伊板嶺)을 넘어 여진군과 싸워 승리했다는 기록이 확인된다.[23] 고려는 쌍성총관부를 비롯해 요심-여진 지역에 대한 관심을 유지하면서 해당 지역에 대한 영향력을 확대하기 위해 움직였다. 공민왕대 동녕부와 탐라에 대한 정벌이 단행되었던 것도 같은 맥락이었다. 하지만 당시 고려의 적극적인 대외 활동은 변경 지역 세력들을 자극했다.

조선 역시 마찬가지였다. 조선 초기 대외 정책의 기조는 국익을 지키는 범위 내에서 사대에 충실하는 것이었다. 조선이 새로운 국가를 세우면서 지키려 했던 대외 정책의 핵심은 '조종의 고토(故土)' 확보였다. 압록강과 두만강까지 실제 영토를 확보한 상황에서 대외 영향력을 더욱 확대하는 것이 실제 목표였다. 이를 위해 조선은 주변 세력을 자국의 영향력 아래에 두면서

---

20 『高麗史』 권39, 세가 39 공민왕 8년 11월 갑진. "遼瀋流民 二千三百餘戶來投 分處西北郡縣 官給資糧."

21 『高麗史』 권39, 세가 39 공민왕 10년 2월 신묘.

22 김순자, 『韓國 中世 韓中關係史』, 혜안, 2007, 56쪽 참조.

23 『高麗史節要』 권26, 공민왕 5년 9월. "千戶丁臣桂 領兵過伊板嶺 與女眞軍戰 我軍大捷 斬獲甚多 虜其魁帖木兒 傳首于京."

영토를 확대하고자 했다. 조선의 외교적 목표를 위협하는 경우, 사대의 대상이었던 명이라 해도 단호히 대처하고자 했다. 이러한 조선의 대외 정책을 담보하는 수단이 대외정벌이었다.

조선이 압록강과 두만강 일대를 장악하려 했던 또 다른 이유는, 이성계 가문의 기반이 동북면 일대에서 비롯되었다는 점에서 찾을 수 있다.[24] 이성계는 가문의 근거지였던 동북면과 두만강 일대를 기반으로 친위 부대를 조직했다. 이를 바탕으로 자신의 세력을 키웠고, 고려 말 이성계가 세웠던 군공은 대부분 이들과 함께한 것이었다.

이성계의 여진 출신 친위 병력에는 여진과 요양 지역에 영향력을 행사하고 있던 추장과 장수들이 포함되어 있었다. 이성계와 그의 가문은 여진 지역에 큰 영향력을 가지고 있었다. 무엇보다 여진 세력은 이성계 부대의 핵심이었다. 이들의 특별한 관계가 태조를 비롯한 조선 초기의 국왕들로 하여금 여진에 대해 깊은 관심을 유지하도록 했다. 15세기 조선은 여진 세력을 포섭하거나 제압하면서 자국의 영향력 아래에 두고자 했다. 조선 초기 국왕들이 대외적으로 국위를 선양하고 대내적으로 국왕의 위엄을 강화하고자 할 때 여진 문제가 중요하게 취급된 데는 이런 배경이 작용했다.

조선은 건국 전후에 많은 수의 여진 추장들을 귀순시켰다.[25] 이를 바탕으로 조선은 압록강부터 두만강까지 연결되는 새로운 영역을 설정할 수 있었

---

24 이성계의 세력 기반에 대한 주요 연구들은 다음과 같다. 柳昌圭,「李成桂의 軍事的 基盤—東北面을 중심으로」,『震檀學報』58, 1984; 許興植,「高麗末 李成桂(1335~1408)의 세력 기반」,『歷史와 人間의 對應—高柄翊先生 回甲紀念 史學論叢』, 한울, 1984; 宋基中,「朝鮮朝 建國을 後援한 勢力의 地域的 基盤」,『震檀學報』78, 1994; 한성주,「朝鮮前期 豆滿江流域에 나타나는 두 개의 '朝鮮'」,『明淸史研究』37, 2012.

25 『太祖實錄』권8, 太祖 4년 12월 14일 계묘.

다. 조선은 건국 직후 여진 세력과의 관계를 더욱 확대했다. 동시에 영토를 개척하면서 새로운 국가 체제를 만들고자 했다. 결국 조선이 언급했던 '조종 구토(祖宗舊土)'는 압록강과 두만강을 국경으로 하는 영역을 의미했다고 생각한다.

실제로 『태조실록』에는 조선이 압록강과 두만강을 경계로 삼았다는 기록이 보인다.[26] 물론 조선이 태조대부터 실력으로 압록강과 두만강을 경계로 확보했던 것은 아니다. 다만 조선은 건국 직후부터 압록강과 두만강을 조선의 경계로 삼겠다는 목표의식을 가지고 있었다. 아울러 이를 실현할 계획도 가지고 있었다.[27] 태조대의 목표는 당연히 태종·세종·세조에게 계승되었다.

조선의 영토 확장은 세종대 4군 6진(四郡六鎭) 신설로 구체화되었다. 세종대 대외 정책의 핵심은 대외정벌과 북방 개척으로 정리할 수 있다. 그리고 '대외정벌'과 '북방 개척'은 당연히 서로 깊은 연관을 지닌 정책이었다. 조선이 4군을 설치한 시기는 대외정벌을 준비해 시행했던 시기와 일치한다. 4군의 본격적인 설치 시기가 조선의 대외정벌 시기와 일치한다는 사실은 정벌과 영토 확장 문제의 연관성을 잘 설명해준다.

물론 6진이 설치되었던 두만강 지역에서는 같은 시기 정벌이 시행되지 않았다. 그렇지만 세종은 두만강 지역의 정벌 계획도 가지고 있었다. 그리고 해당 지역에 대한 정벌은 결국 세조 재위기에 추진되었다. 대외정벌과 영토

---

26 『太祖實錄』권8, 太祖 4년 12월 14일 계묘. "上受命以後 聲敎遠被 西北之民 安生樂業 田野日闢 生齒日繁 義州張思吉 願隷上麾下 得與開國功臣之列 自後張氏 無復反側 自 義州 至閭延 沿江千里 建邑置守 以鴨綠江爲界 (…) 自孔州迤北 至于甲山 設邑置鎭 以 治民事 以練士卒 且建學校 以訓經書 文武之政 於是畢擧 延袤千里 皆入版籍 以豆滿江 爲界."

27 尹薰杓, 「朝鮮前期 北方開拓과 領土意識」, 『韓國史硏究』 129, 2005, 69~70쪽 참조.

확장은 모두 건국 직후부터 준비되어온 정책으로, 세종 재위기에 이르러 실제 성과를 얻었다고 볼 수 있다.

세종대 조선은 많은 준비 끝에 장기간에 걸쳐 순차적으로 4군 6진을 설치했다. 4군 6진의 설치는 영토 확장의 상징적 조치였지만, 압록강과 두만강을 조선의 실제 국경선으로 만들었음을 드러내는 것이기도 했다.

4군의 신설은 세종 15년에 본격화되었다. 당시 이조는 시번강(時蕃江)의 자작리(慈作里)가 여연과 강계(江界) 사이의 요충지이기 때문에 군읍을 설치해 자성(慈城)으로 부르자고 건의했다. 세종은 이조의 의견에 따라 자성군을 설치했다.[28] 자성군 신설은 4군 설치의 시작이었다. 자성군의 설치는 조선의 1차 파저강 정벌 직후에 이루어졌다. 이 역시 영토 개척과 정벌의 연관성을 보여주는 것이라고 생각된다.[29] 대외정벌과 영토 확장의 연관성은 다음의 기사를 통해서도 파악 가능하다.

임금이 여러 신하들에게 이르기를 "고려의 윤관은 17만 병력을 거느리고 여진을 소탕하여 주진을 개척해 설치했으므로, 여진이 지금에 이르기까지 모두 우리나라의 위령(威靈)을 칭송하니 그 공이 진실로 적지 않다. 관(윤관)이 주를 설치할 때 길주(吉州)가 있었는데, 지금의 길주가 예전 길주와 같은가? 고황제께서 조선 지도를 친람하시고 조서를 내리기를, '공험진(公嶮鎭) 이남은 조선의 경계다'라고 하셨다. 경들은 참고하여 아뢰라" 했다.

---

28 『世宗實錄』 권60, 世宗 15년 6월 1일 임오.

29 세종대 조선의 정벌이 4군 설치와 연관이 있다는 설명은 다음의 연구들이 참조된다. 宋炳基, 「3. 東北·西北界의 修復」, 『한국사』 9, 국사편찬위원회, 1981, 163쪽; 方東仁, 「4. 4군 6진의 개척」, 『한국사』 22, 국사편찬위원회, 1995, 147쪽; 오종록, 「세종 시대 북방 영토 개척」, 『세종문화사대계』 3, 세종대왕기념사업회, 2001, 809쪽.

상께서 이때 바야흐로 파저강 정벌에 뜻이 기울었기 때문에 이 같은 전교
가 있었다.[30]

기사에서 세종은 고려 윤관(尹瓘)의 주진 개척과 설치를 언급하며 그의 공
적을 높이 평가했다. 그리고 북쪽으로 공험진이 조선의 경계가 된다는 점을
강조했다. 세종은 신료들에게 길주의 위치를 확인하도록 지시했는데, 그의
전교가 파저강 정벌과 관련이 있다는 점이 명시적으로 기록되어 있다. 세종
이 홍무제(洪武帝)의 조서를 기반으로 '공험진 이남이 조선의 경계'라고 언급
한 것을 볼 때, 당시 조선이 생각했던 '조종구토'가 공험진을 포함하는 것이
었음도 짐작할 수 있다.

공험진 문제는 사실 이미 태종대에 언급되었다. 태종은 명이 건주위 설
치를 통해 압록강 북방 지역에 대한 영향력을 키우고 지배권을 주장하게 될
까 우려했기 때문에, 고려 『예종실록』에서 윤관이 동여진(東女眞)을 공격하고
경계에 비석을 세웠다는 기록을 조사하도록 지시했다.[31] 결국 태종은 공민왕
재위기에 원과 홍무제가 공험진 이남에 대한 고려의 관할을 인정했다는 점
을 강조했다. 또 해당 지역과 인원에 대한 관할권을 요구했다.[32] 원과 명 모
두가 공험진 이남을 조선의 영역으로 인정했다는 점을 강조한 것이었다. 영
락제(永樂帝)는 칙서를 보내 조선의 10처 인원에 대한 관할권을 인정해주었
다.[33] 조선은 자연스럽게 공험진까지를 자국의 영역으로 생각하게 되었다.

---

30 『世宗實錄』 권59, 世宗 15년 3월 20일 계유.
31 『太宗實錄』 권7, 太宗 4년 4월 27일 정유.
32 『太宗實錄』 권7, 太宗 4년 5월 19일 기미.
33 『太宗實錄』 권8, 太宗 4년 10월 1일 기사.

그런데 세종은 두 차례의 정벌 후 김종서에게 공험진·선춘령비(先春嶺碑)·동북 9성의 정확한 위치를 조사하도록 지시했다.[34] 세종은 대외정벌의 성과를 바탕으로 공험진이나 윤관의 동북 9성 지역까지 영역을 확대하려는 의도를 가졌던 것 같다. 하지만 이러한 기록은 당시 조선이 공험진과 선춘령비는 물론 동북 9성의 정확한 위치를 파악하지 못하고 있었다는 점을 알려준다. 공험진을 옛날부터 자국의 영역이었다고 언급하면서도 정확한 위치조차 파악하지 못했던 것이다. 결과적으로 조선이 공험진을 계속 언급했던 것은 고려가 확보했던 지역이 곧 조선의 영역에 포함되는 것으로 판단했기 때문으로 보인다.

두만강 유역의 6진도 4군 설치와 비슷한 방식으로 작업이 진행되었다. 세종은 김종서를 함길도에 파견해 6진 설치를 지휘하도록 했다. 두만강 일대의 유력 추장이었던 동맹가첩목아(童猛哥帖木兒)가 사망하자 세종은 이 기회를 이용해 진(鎭)을 설치하고 조종의 뜻을 잇겠다고 말했다.[35] 6진 설치를 통해 두만강 유역의 영토를 확보하려는 의도가 있었다는 점을 파악할 수 있다.

세종대 시행되지 않았던 두만강 일대 모련위(毛憐衛) 정벌은 결국 세조대에 진행되었다. 당시 조선은 모련위의 유력 추장 낭발아한을 통제에 따르지 않았다는 이유 등으로 처형했다.[36] 이후 낭발아한의 유족들은 조선을 공격했고,[37] 조선은 이를 명분으로 정벌을 진행했다.[38] 세조대 정벌에서도 여진 세

---

34 『世宗實錄』권86, 世宗 21년 8월 6일 임오.

35 『世宗實錄』권62, 世宗 15년 11월 19일 무술.

36 『世祖實錄』권17, 世祖 5년 8월 28일 정축.

37 『世祖實錄』권19, 世祖 6년 1월 28일 병오.

38 『世祖實錄』권19, 世祖 6년 2월 24일 신미.

력의 침입은 정벌의 직접적 원인이 아니라 명분으로 활용되었다는 점을 파악할 수 있다. 조선은 두만강 일대의 유력 추장을 제거하는 정도에서 그친 것이 아니라, 대규모 정벌을 통해 자국의 영역을 확보했다. 당시 조선은 북방 지역에 대한 영향력 확보와 진출 문제를 해결하기 위해 군사력을 적극적으로 활용했던 것이다.

4. 고려·조선의 대외 정책에서 연속과 단절

조선 건국 이후 백여 년을 대표하는 대외 정책은 '정벌'이었다. 고려와 조선은 지속적으로 북방 진출을 노렸다. 하지만 1세기 가까이 관련 대외 정책이 집요하게 추진되었던 것은 15세기뿐이다. 그 정책에는 전쟁과 같은 대규모 활동부터 정보 수집이나 행정기구 설치 등이 모두 포함되었다.

고려는 북방 진출을 자주 언급했지만 공민왕 이전 해당 사례는 예종대 윤관 정도만 확인된다. 조선도 정묘·병자호란 이후 북벌을 부르짖은 사람들이 많았지만 실제로 실행한 적은 없었다. 당시 조선의 사대부들이 국왕을 모시고 격문을 쓰면서 북방 오랑캐를 정벌하는 꿈을 문집 등에 기록했던 사례도 종종 확인된다. 그렇지만 그 시기의 조선은 실제로 정벌을 시행할 의지도 능력도 없었다. 반면 15세기 조선은 달랐다. '북벌'이라 표현하건 '동정', '서정'으로 표현하건, 15세기 조선은 항상 준비했다. 그리고 준비한 계획에 따라 정벌을 시행하면서 국가 체제를 정비했다.

15세기 조선의 대외 정책은 고려의 영향을 크게 받았다. 건국 초기 조선의 입장에서는 참고할 만한 국가 체제나 정치가가 많지 않았다. 조선이 정책과 제도를 계획하고 정비하면서 참고하거나 비교할 대상은 실제로 고려밖에 없었다. 건국 초기 조선 국왕들이 국정 운영을 위해 참고하거나 비교했던 정치가는 공민왕이었다. 이런 정황들을 미루어 본다면 고려 말과 조선 초의 대외 정책은 분명히 강한 연속성을 가지고 있었다. 후대의 국정 운영자들이 참고했던 대외정벌 정책의 모델을 제시한 것이 공민왕이라고 본다면, 고려-조선의 대외 정책에서 보이는 연속성은 더욱 명백해진다.

그렇지만 이를 고려와 조선 전체의 연속성으로 볼 수 있는지에 대해서는 조금 더 고민이 필요하다. 원 간섭기를 제도적으로 끝낸 공민왕의 재위기를 고려 내부의 연속성에서 평가할 수 있을지 고민해볼 필요가 있다. 고려는 원 간섭기를 거치면서 문화나 제도 면에서 큰 변화를 겪었다. 공민왕 재위기에 나타났던 다양한 현상들은 원 간섭기 이전의 고려로 돌아가려는 것보다는 원 간섭기 이후 새로운 고려 사회를 만들기 위한 조치였다고 생각한다.

따라서 고려 공민왕부터 조선 성종까지 백여 년의 시간을 한 묶음으로 볼 수도 있을 것이다. 사회문제를 해결하려는 문제의식이 모였고, 사회를 변혁하려는 구성원들의 의지가 모여 실제로 큰 변화를 이끌어냈다. 이런 시각에서 본다면 여말선초 시기를 통해 고려-조선 사회 전체의 연속과 단절을 이야기하는 것은 쉽지 않다고 생각한다.

이미 고려와 조선의 구성원이 가졌던 문제의식은 대부분 공유되었던 상황이었다. 물론 사람들은 고려 사회의 개혁을 추진하는 과정에서 실현 방안을 두고 대립했다. 하지만 이들의 문제의식과 대립 속에서 조선 건국과 사회 변혁이라는 결과가 도출되었다. 그렇다면 공민왕 재위 이후 나타난 여러 변화상은 고려보다는 조선 사회에 더 많이 반영되었다고 생각된다.

아울러 여말선초가 고려-조선 사회의 연속과 단절을 평가하기에 좋은 시기인가에 대한 고민도 필요하다고 본다. 개혁의 주체나 사회 변화에 대한 요구가 두 시기에 공통적으로 맞물려 있는 경우가 많다. 조선 건국 세력들은 거의 대부분 고려의 신하들이었다. 조선이 추진해 시행했던 사회 개혁에 대한 문제의식은 이미 고려 말부터 나타나고 있었다. 여말선초의 인물들이나 그들의 고민을 고려 혹은 조선만의 것으로 설명하기는 어려워 보인다. 두 사회의 성격을 보다 직접적으로 비교하기 위해서는 고려와 조선의 체제가 정비되어 있는 시기가 더 적절할 수도 있을 것이다.

제5부

여말선초 불교사의 재인식

조선 불교, 단절인가 연속인가?

| 김용태 |

1. 여말선초, 변동과 연속의 시공간

불교는 삼국시대 이후 고려까지 융성하면서 사상과 문화의 꽃을 피웠지만 유교를 숭상한 조선시대에 들어와 급격히 내리막길을 걸었다는 것이 일반의 상식이다. 불교가 주류에서 비주류로 전락했다는 점에서 이는 실제 역사상과 완전히 배치되는 인식은 아니다. 다만 고려시대에도 정치 이념은 불교가 아닌 유교였고, 종교 문화 면에서도 무속과 풍수지리 등이 불교와 함께 깊이 뿌리내리고 있었다. 그런데 조선에 들어 이런 다양성이 사라지고 성리학 일변도의 획일적인 사회로 순식간에 탈바꿈한 것일까? 16세기를 거쳐 17세기 이후에는 유교 사회의 모습이 갖추어졌을지 모르지만, 15세기까지는 고려의 유습이 짙게 깔려 있었다.

여말선초, 넓게 보면 14~15세기는 불교에서 유교로의 패러다임 전환기였음에 분명하다. 14세기는 동아시아 세계의 변환기로서, 중국에서는 원에서 명으로, 한국에서는 고려에서 조선으로 왕조 교체가 일어났고, 일본에서는 가마쿠라에서 무로마치 막부로의 이행이 이루어졌다. 화이론(華夷論)의 성리학적 세계관으로 무장한 고려 말 지식인들은 중화의 도를 상징하는 유교를 앞세워 오랑캐 종교이자 이단인 불교를 거세게 몰아붙였다. 이는 숭유억불(崇儒抑佛)의 지향과 이념적인 유불 교체로 가시화되었다. 그러나 간과해서는 안 될 점은 바로 전통의 지속성 문제이다. 단절과 변화가 어느 시기에나 나타나는 것처럼, 시간의 흐름 속에 내재된 연속성 또한 역사의 기본 속성이다. 조선왕조 개창은 유불 교체의 상징적·선언적 사건이지만, 14세기 고려와 15세기 조선의 시공간을 묶은 여말선초의 장에서 변동과 연속은 동시에 일어났다. 그렇다면 불교사의 관점에서 어느 쪽에 더 무게를 둘 수 있을 것인지 구체적으로 검토해보자.

2. 숭유억불 이미지의 고착과 불교사의 형상화

사상사의 시각에서 여말선초는 불교 국가 고려에서 유교 국가 조선으로, 불교에서 유교로의 교체가 이루어진 시기이고 조선은 줄곧 숭유억불의 기치를 높이 들었다는 것이 일반적인 통념이다. 이는 한국사 시기구분론에서 고려에서 조선, 중세에서 근세로의 이행을 설명할 때 상부구조의 전환을 뒷받침하는 중요한 논거로 활용되었다. 그러나 유불 교체의 조짐은 조선 건국 훨씬 이전부터 이미 싹을 틔웠다. 그 출발점은 고려가 원에서 성리학을 수용한 후, 특히 1340년대에 주자의 사서집주가 고려 과거시험의 교재로 채택되어 제도적 기제가 만들어지면서부터이다.[1]

---

1 도현철, 「원 간섭기 『사서집주』 이해와 성리학 수용」, 『역사와 현실』 49, 2003.

여기서 하나 짚고 넘어가야 할 것은, 조선시대 불교를 말할 때 늘 수식어로 따라붙는 '숭유억불(崇儒抑佛)' 개념의 태생 문제이다. 『조선왕조실록』을 비롯한 문헌 사료에서는 숭유억불이나 배불숭유(排佛崇儒)와 같은 용어가 보이지 않는다. 유학을 높이고 도를 중시한다는 '숭유중도(崇儒重道)'는 쉽게 찾아볼 수 있지만, 유교와 불교를 극명히 대비시킨 정치·이념적 선전 문구 '숭유억불'은 당대가 아닌 후대의 인식이 반영되어 탄생한 일종의 조어이다.[2] 현재 확인되는 한 '숭유억불'이라는 용어가 최초로 등장한 것은 1906년 10월 16일자 『대한매일신보』 논설에서였다. "한국은 조선 500년에 숭유억불하여 불교가 크게 쇠퇴하였고 일본은 불교를 숭배하여 집집마다 불상을 두고 사람마다 불음을 암송하여 그 나라의 종교가 되었다. (…) 얼마 전 일본 승려가 한국에 와서 정토종 교회를 경성 안에 처음 설립하니 (…) 이토 통감은 정치상의 통감이고 개교 총감은 종교상의 총감이다"라는 글에서[3] 일본의 숭불 전통과 비교하여 조선조의 숭유억불을 언급하고 있다.

1911년 일본인 학자의 글에서도 숭유억불과 같은 의미의 '배불숭유'가 나온다. 후루타니 기요시(古谷清)는 「이조불교사경개(李朝佛教史梗槪)」 서언에

---

2 19세기 말의 시대의식을 상징하는 '동도서기(東道西器)'도 후대의 역사인식을 투영한 개념이라는 점에서 숭유억불과 유사한 점이 있다. 동도서기론은 1882년 "서양의 물질 문명을 수용하기 위해서는 변통을 도모해야 하며 바꾸고자 하는 것은 器이지 道가 아니다"라는 尹善學의 상소에 처음 나온다. 1885년 申箕善도 『농정신서』 서문에서 '중토의 도'와 '서국의 기'를 병행할 것을 주장했다. '동도서기'라는 말 자체는 1898년 金東薰의 시무상소에 대한 비답에서도 확인되지만(『日省錄』 1898년 11월 20일 기사), 이를 학술적 용어로 승화시켜 담론화한 것은 한우근의 『한국 개항기의 상업 연구』(1970)였다. 이에 대해서는 장영숙, 「동도서기론의 연구 동향과 과제」, 『역사와 현실』 50, 2003; 노대환, 『동도서기론 형성 과정 연구』, 일지사, 2005 참조.

3 「開教總監」, 『대한매일신보』 1906. 10. 16.

서 적극적인 배불숭유 정책으로 인해 조선시대사는 '한 편의 불교 쇠망사'
가 되어버렸다고 단언했다. 그는 고려 말부터 승려의 타락과 악폐가 발생하
고 정치적 혼란이 가중되면서 유불 충돌이 일어났고, 유생의 끊임없는 압박
을 받은 결과 불교가 쇠미해졌다고 했다. 다만 조선시대에도 왕실 여성을 포
함한 부녀자와 산촌 벽읍 서민의 신앙으로 불교의 명맥이 이어졌는데, 그나
마 이 때문에 조선시대사 연구에서 유교와 함께 불교가 중요한 대상이 된다
면서 나름의 종교사적 의미를 부여했다.[4]

숭유억불이나 유불 교체, 그로 인한 불교의 침체라고 하는 조선시대 불교
에 대한 전형적 인식은 1910년대 이후 고착화되었다. 다카하시 도오루(高橋
亨)는 그의 주저 『이조불교』(1929)에서 조선시대 불교는 억압과 쇠퇴로 인해
발전이 정체되고 여성과 서민의 신앙을 제외하면 독자적 특성이 전혀 없다
고 하여, 후루타니의 평가를 답습한 위에 쇠퇴와 정체의 이미지를 덧칠했다.
나아가 그는 한국 불교 자체가 교리 면에서 중국 불교의 이식일 뿐이어서 교
리 발달사로서 내용이 소략하고 제한적이며 구체적 종교사로서만 독특한 성
질을 가진다고 보았다.[5] 다카하시는 총독부의 종교 조사 및 도서 조사 촉탁
으로 일하다가 1926년부터 경성제대 교수로 재직했는데, 의타성과 발전 부
재의 관점에서 한국사를 바라본 식민지기의 대표적 관변 학자였다. 그런 그
가 타율성과 정체성으로 대변되는 식민사관을 적용하기에 안성맞춤의 대상
으로 조선시대 불교를 낙인찍은 것이다.

한국 및 조선시대 불교에 대한 다카하시의 인식을 좀 더 상세히 살펴보
자. 그는 한국의 종교 신앙의 특색은 과거 역사뿐 아니라 한국인의 특성으로

---

4 古谷清, 「李朝佛教史梗槪」, 『佛教史學』 1-3, 1911.

5 高橋亨, 『李朝佛教』, 大阪: 寶文館, 1929, 序說.

서, 사상의 고착성이 매우 현저하여 일단 받아들이면 끝까지 변하지 않는 성질을 가진다고 보았다. 그러면서 조선시대 불교는 종교로서의 사회성을 잃어버린 소외된 계층의 신앙이었을 뿐이라고 진단하고,[6] 국가에 교권을 빼앗기고 모욕과 압박을 받은 기괴한 역사에 불과하다고 평가절하했다.[7] 그는 『이조불교』에서 교법의 성쇠를 기준으로 조선시대를 3시기로 구분했다. 먼저 제1기는 불교가 억압을 받으면서도 국가의 공인을 받은 성종대까지이고, 제2기는 중종 초반에 법제적 폐불 상황을 맞았지만 아직 교법이 쇠퇴하지 않고 청허 휴정(淸虛休靜), 사명 유정(四溟惟政) 등의 명승이 배출된 인조대까지이다. 제3기 효종대 이후는 교세가 완전히 몰락하고 승려가 경멸을 받아 불법이 없어진 시기로 규정했다.[8] 여기서 제1기가 15세기에 해당하는데, '국가의 공인'이라는 측면에서 그나마 긍정적인 평가를 내리고 있다. 반면 제3기인 조선후기에 대해서는 경멸, 몰락이라는 단어에서 볼 수 있듯이 매우 부정적인 시선으로 바라보았다. 이는 일제에 의한 한국의 근대화 추진을 합리화하기 위해 당시 통용되던 '조선 후기 부정론'과도 맥락이 닿아 있다.[9]

한국 불교, 특히 조선시대 불교에 대한 폄하는 정도의 차이는 있지만 식민지기의 다른 일본인 학자들에게서도 똑같이 나타난다. 중국 선종 전공자인 일본 고마자와대학의 누카리야 가이텐(忽滑谷快天)은 한국 불교를 중국 불교의 아류로 보고 그 사상적 독자성을 전혀 인정하지 않았다. 또한 그는 『조선

---

6 高橋亨, 「朝鮮宗敎史に現れる信仰の特色」, 朝鮮總督府學務局, 1921.

7 高橋亨, 「朝鮮佛敎の歷史的依他性」, 『朝鮮』 250, 1936.

8 高橋亨, 앞의 책, 서설.

9 김용태, 『조선 후기 불교사 연구—임제 법통과 교학 전통』, 신구문화사, 2010 등 최근의 연구들은 조선 후기에 불교가 안정적으로 존립했고 전기에 비해서도 여러 측면에서 활성화되었다고 보는 등 다카하시와는 다른 결론을 도출하고 있다.

선교사』(1930)에서 교학 전래의 시대, 선도 흥륭의 시대, 선교 병립의 시대에 이어 4편 조선시대를 선교 쇠퇴의 시대로 명명했는데,[10] 현세 이익적 기복 신앙이 중심이었다고 본 점에서 마찬가지였다. 경성의 중앙불교(혜화)전문학교 교수였던 에다 도시오(江田俊雄)도 다카하시의 3시기 구분론을 그대로 옮겨와 조선시대를 불교 공인기, 점쇠기, 쇠퇴기로 나누었고, 뒤로 갈수록 하향 곡선을 그린다고 보았다.[11]

숭유억불에 따른 조선시대 불교 쇠퇴론은 한국인 학자들도 대체로 공감하는 바였다. 김영수는 『조선불교사고』(1939)에서 조선 전기를 유불 교체와 억불 정책, 그에 대비되는 왕실 불교와 신앙을 키워드로 서술했다. 비록 국왕과 왕실의 친불교적 정서에 주목하기는 했지만, 이전 시기에 비해 불교가 크게 쇠락한 시기로 조선시대를 이해하는 점에서는 동일했다.[12] 권상로도 『조선불교사개설』(1939)에서 삼국 및 통일신라를 불교 향상 시대, 고려를 불교 평행 시대, 조선을 불교 쇠퇴 시대, 근대를 갱생 과도 시대로 명명하고, 조선시대는 다시 압박절정-중간명멸-유지잔천으로 세분했다. 그는 역사상 유례없는 정책적 억압의 결과 조선시대에는 교단이 겨우 명맥만 이어갔고, 더욱이 후기에는 국가와 민중 사이에서 불교가 정당한 관계를 맺지 못하고 배척이 절정에 달했다고 하여 다카하시의 입장에 동조했다.[13]

해방 후에도 숭유억불과 쇠퇴론으로 점철된 조선시대 불교의 어두운 이미지는 크게 달라지지 않았다. 1960년대 이후 한국사 연구의 화두였던 민족

---

10   忽滑谷快天, 『朝鮮禪教史』, 東京: 春秋社, 1930.

11   江田俊雄, 『朝鮮佛教史の研究』, 東京: 日本國書刊行會, 1977, 18~24쪽.

12   金映遂, 『朝鮮佛教史稿』, 中央佛教專門學校, 1939(『朝鮮佛教史』, 민속원, 2002로 복간).

13   權相老, 『朝鮮佛教史概說』, 佛教時報社, 1939.

주의 역사학과 내재적 발전론의 시각도 조선시대 불교에는 적용되지 않았고, 불교사는 고대와 고려의 화려한 영광을 복원하는 데 초점이 맞추어졌다. 우정상·김영태는 공저 『한국불교사』(1969)의 서설에서 "불교는 민족의 자주와 긍지를 불러일으키며 한국의 문화이자 민족의 생활이다. 한국 불교사 연구는 우리 역사를 올바로 알기 위한 것"이라고 천명하고, "불교가 호국 신앙과 현세 이익 사상을 형성하고 서민의 생활 불교를 완성하여 민족 문화를 창조했다"고 하여 민족사에 기여한 불교의 저력을 높이 평가했다. 다만 조선은 고려 말 교단의 문란과 병폐, 기복양재(祈福禳災)의 저속화된 불교 유산을 이어 억압과 수난을 당한 시대였고, 종파도 종지도 없이 선의 법맥만 전해졌다고 하여 역사적 가치를 별로 인정하지 않았다.[14]

안계현의 유작 『한국불교사연구』(1982)도 고려 말 이후 유불 교체가 일어나 배척을 당하기는 했지만 불교야말로 한국 정신 문화의 주류라고 자부했다. 그는 한국 불교의 전통이 국가 불교, 주술 불교, 장례 불교의 특색이 강하고 호국 신앙과 호국 불교, 토착 신앙과의 습합이 현저했다고 보았다. 고려 불교에 대해서는 "사회경제사 내지 문화사적 배경하에서 불교사를 역사학으로 끌어올리고 사상사적 방향에도 초점을 맞추어야 한다"고 제안한 반면, 조선과 관련해서는 억불 정책하의 교계의 동향과 왕실 불교, 승려의 경제 활동과 불교 신앙의 대중화 등을 다루기는 했지만 큰 비중을 두지는 않았다.[15]

이후 김영태는 『한국불교사』(1986)에서 고려 불교의 특징을 기복양재로 보고 조선은 산중 승단의 산승 시대 불교였다고 규정했다. 숭유척불, 배불억승 등의 표현도 썼는데, 조선시대를 16세기 중반 이전의 양종 승과 존립기,

---

14 우정상·김영태 공저, 『韓國佛敎史』, 進修堂, 1969, 서설.

15 안계현, 『韓國佛敎史硏究』, 同和出版社, 1982.

17세기 전반까지의 산승가풍 확립기, 이후 삼문수업 존속기의 3기로 구분했다. 여기서 시기구분의 주제어를 존립과 가풍 확립, 수행 전통의 존속으로 뽑은 것에서 알 수 있듯이, 조선시대 불교의 의미를 재고해보려는 시도가 보여 주목된다.[16]

한우근의 『유교정치와 불교—여말선초 대불교시책』(1993)은 저자의 표현대로 유불 교체기인 여말선초의 불교 시책을 다룬 책으로, 고려 말 척불론과 성종대까지의 억불책을 개관했다. 그는 조선 초의 불교 정책이 재정 기반의 확보라는 국가의 현실적 필요에서 불교를 억제하려는 것이었지 배척 말살하려는 것은 아니었다고 주장하고, 종교적 성격으로 인해 불교의 존속이 가능했다고 보았다. 이념적 배불론이나 극단적 혁파론을 억불 시책의 근본 계기로 보는 관점이나 성리학 자체가 주도적 역할을 했다고 보는 기존의 통설은 '숭유억불이라는 관념적 선입견'에서 말미암은 해석이라고 비판한 대목이 눈에 띈다.[17]

황인규의 『고려 후기·조선 초 불교사 연구』(2003)는 신유학이 수용된 후 성리학이 지닌 배타성으로 말미암아 전통 문화가 중국 유교 문화와 사대주의적 분위기로 바뀌었다고 전제했다. 그는 여말선초 불교사의 전개를 유불 교체의 측면보다 불교계의 주체적 입장에서 살펴보는 것이 연구의 목적임을 밝히고, 성리학 수용 후 불교계가 보수화 내지 퇴조를 거듭했지만 일각에서 자정 및 개혁 운동이 일어났음을 강조했다.[18] 근래에 나온 이봉춘의 『조선시대 불교사 연구』(2015)는 불유 교대, 배불이라고 하는 기존의 틀 속에서 조선

16 김영태, 『한국불교사』, 경서원, 1986, 238~249쪽.

17 한우근, 『儒敎政治와 佛敎—麗末鮮初 對佛敎施策』, 일조각, 1993, 84~87쪽.

18 황인규, 『고려 후기·조선 초 불교사 연구』, 혜안, 2003, 609~619쪽.

전기의 정책적 흐름을 개관하면서도 군주의 숭불과 왕실 불교, 사원 경제와 불교 신앙의 다양한 측면을 '홍불 정책과 교단의 자립 활동'이라는 독립된 장으로 다루어 최근 학계의 변화된 시각을 반영하고 있다.[19]

이처럼 근대기 이후 조선시대 불교에 대한 연구는 유불 교체와 숭유억불에 따른 쇠퇴론의 관점이 주된 경향이었고, 고려와 조선을 구분 짓는 단절론적 인식이 강했다. 따라서 여말선초 불교사는 연속보다는 변동의 측면에 무게를 두어왔다. 하지만 이는 정치 이념, 주류 사상, 시대의식에 한정시켜 볼 때는 이해가 가지만, 가치관과 심성, 종교와 문화 등을 포괄하는 전통의 장기 지속성을 설명하기에는 충분치 않다는 점에서 재고의 여지가 있다. 그렇기에 최근에는 조선시대 불교의 역사상을 다른 각도에서 바라봐야 한다는 인식이 확산되고 있다. 이에 여말선초의 시대사조였던 배불론의 내용과 그에 대한 대응 논리를 검토하고 불교 사상과 신앙의 연속적 흐름을 개관한 후 과연 어떻게 보는 것이 타당할지를 다시 한 번 생각해보자.

3. 불교적 사유의 해체와 반격:
배불론의 득세와 대응 논리

고려의 불교 전통은 성리학 수용 이후 이념 공세의 표적이 되었고, 이는 사원 경제의 비대화라는 현실의 폐단과 맞물려 규제와 축소라는 정책적 전환으로 나타났다. 사찰의 재산을 최소화시키려는 억불의 움직임은 고려 말부터 있었는데, 그것이 가시화된 것은 조선 태종대에 와서였다. 여말선초 시

---

19 이봉춘, 『조선시대 불교사 연구』, 민족사, 2015, 377~592쪽.

기에는 배불론이 시대의 화두로 들불처럼 타올랐고, 이는 정치·경제의 당면한 문제뿐 아니라 인륜, 내세관처럼 유교와 불교가 상충하는 지점에 대한 정면 공격으로 비화되었다. 당시의 유학자들은 신유학의 세례를 받았고, 조선 개국 후에는 성리학의 기치를 높이 들고 유교 국가 조선을 건설하고자 했다. 그렇기에 고려의 유습을 상징하는 대표적 이단인 불교는 그들에게 타파하고 극복해야 할 가장 강력한 주적이었다.

배불론은 고려 말인 14세기 후반부터 적극적으로 제기되었다. 그 방향은 두 가지였는데, 첫 번째는 불교가 가지고 있던 막대한 사회경제적 기득권을 내려놓게 하여 그 폐해를 근절시키려는 현실적 억불론이었다. 당시 사원은 엄청난 양의 사사전과 사사노비를 보유하고 있었고, 따라서 이를 환수하는 것은 국가에서 필요한 재원과 노동력 확보를 위해 필수불가결한 조치였다. 하지만 권문세가에 몰렸던 부의 집중을 과전법 등의 토지 정책 시행을 통해 해소한 것과는 달리, 지지 기반이 강했던 사원을 손보기란 쉽지 않았다. 조선 태종대에 가서야 사사전과 사사노비가 대대적으로 속공된 것도 그 때문이다. 배불론의 두 번째 유형은 유교와 배치되는 불교의 윤리적 문제와 심성론 및 내세관에 대한 벽이단(闢異端)적 척불론이었다. 불교는 부모와 군주를 저버리고 인륜을 도외시하는 오랑캐의 가르침이며, 천리를 상정하지 않아 도덕의 소이연을 설명하지 못하고 인과응보와 윤회 등의 허황된 설로 혹세무민한다는 것이 비판의 기본 골자였다.[20]

먼저 현실적 억불론을 들여다보면, 원활한 국정 운영에 지장을 줄 만큼 불교의 폐해가 선을 넘어섰다는 인식이 14세기 중반에 이미 퍼져 있었다. 당

---

20 김용태, 「조선시대 불교의 유불공존 모색과 시대성의 추구」, 『조선시대사학보』 49, 2009.

시 신유학의 대표자로서 학계와 정계에서 큰 권위를 갖고 있던 이색(李穡)은 불교 자체에 대해서만큼은 대체로 호의적이었다.[21] 하지만 그조차도 1351년 (공민왕 즉위년) 원에서 들어와 올린 상서에서 "불교의 오교양종이 이익을 위한 소굴이 되고 놀고먹는 백성들이 많습니다. 도첩이 없는 승려는 군오에 충당하고 새로 창건한 사찰은 철거하여 양민이 함부로 승려가 되지 않게 하소서"라고 하여,[22] 국역 체계의 근간을 뒤흔드는 불교의 폐단에 대해 심각한 우려를 표명했다.

여기서 한 걸음 더 나아가 공양왕대에 성균박사를 지낸 김초(金貂)는 "탑을 세우는 역사가 농민을 피곤하게 하고 선승에 대한 공양으로 전곡이 허비됩니다. (…) 위에서 좋아하는 일은 아래에서 반드시 더 심하게 좋아하는 법이니 백성들이 석씨에 들어가서 항산을 버리고 군부를 배반하게 될까 두렵습니다"라고 하면서 승도의 본업 귀속, 오교양종 혁파, 전국 사찰의 소재 관사 소속, 노비와 재용의 관사 분속과 같은 폐불 논의와 함께 새로 삭발하는 자는 죽여야 한다는 극론을 펼쳤다. 이에 공양왕이 크게 노하여 참형에 처하려 했으나 정몽주가 "불씨를 배척하는 것은 유자가 늘 하는 일로서 예로부터 군왕은 이를 내버려두고 논하지 않았습니다"라며 용서를 구해 극형을 면할 수 있었다.[23]

승도 수의 급증과 사원에 몰린 막대한 양의 토지와 노비에도 불구하고, 그래도 고려 말까지는 불교가 고려 태조 왕건의 삼한 기업의 근본이며 국가

21　이색의 불교관은 최병헌, 「牧隱 李穡의 佛教觀」, 『牧隱 李穡의 生涯와 思想』, 일조각, 1996 참조.

22　『高麗史』 권115, 열전 28 李穡傳.

23　『고려사』 권117, 열전 30 李詹傳; 鄭夢周傳.

를 복되고 이롭게 한다는 전통적 시각이 표출되면서[24] 억불 시책이 공식적으로 단행되지는 않았다. 하지만 조선이 개창된 후에는 분위기가 일변하여, 불교가 국가에 해독이 되는 악법이며 창업의 기반을 닦는 데 저해된다는 논조가 대세가 되었고 배불론이 공공연히 불거져 나왔다. '생식과 생산을 하지 않고 빌어먹는 것'에 대한 비난이나 승려의 사치와 방종, 사원의 재산 축적이 도가 지나치다는 비판, 오랑캐의 법인 불교가 국가와 백성을 좀먹고 병들게 한다는 주장 등을 당시 기록에서 쉽게 찾아볼 수 있다.[25] 태조는 즉위 직후 양광도와 경상도의 지방관이 상복 입은 백성들이 절에 가서 부처에게 공양하는 것을 금지했다는 말을 전해 듣고 "당대의 대유학자인 이색 또한 부처를 숭상하는데 이 무리들은 무슨 글을 읽었기에 이처럼 부처를 싫어한단 말인가"라고 꾸짖었는데,[26] 이 또한 배불론이 주장에 그치지 않고 실천으로 옮겨지던 정황을 잘 보여준다.

이제 억불론과 벽이론이 현실의 장에서 결합되면서 유교와 불교가 더는 공생할 수 없다는 인식이 유학자 관료층에 확산되었고, 조선 개창 후 하나의 시대의식으로 떠올랐다. 이런 분위기는 크게 보면 원명 교체라는 국제 정세의 변동과 그에 따른 세계관과 주류 사조의 변화와도 관련이 있다. 중화의 도인 성리학과 오랑캐의 교인 불교를 이분법적으로 나누고, 전자에 절대적 우위를 두는 '용하변이(用夏變夷)'의 화이론적 시각이 압도하게 된 것이다.[27]

---

24 『고려사』 권46, 공양왕 3년 6월 병진.

25 『佛氏雜辨』「佛氏乞食之辨」(『三峯集』 권9, 『한국문집총간』 5, 454쪽); 高橋亨, 앞의 책, 38~42쪽.

26 『太祖實錄』 권2, 태조 1년 12월 6일(임자).

27 도현철, 「원명교체기 고려 사대부의 소중화의식」, 『역사와 현실』 37, 2000.

고려적 전통인 불교(토풍)는 중화의 보편인 성리학(화풍)에 주류 사상의 지위를 넘겨줘야 했고, 구습을 혁파하려는 유학자들의 집중포화를 받아야 했다.

벽이론적 척불론은 시간이 갈수록 그 강도를 더해갔다. 14세기 중반까지는 사상계에서 유불 일치를 전제로 한 공조론이 일반적이었다. 공민왕대에 문하시중을 역임한 이제현(李齊賢)은 "불도는 자비와 희사(喜捨)를 근본으로 삼는다. 자비는 인(仁)을 섬기는 것이고 희사는 의(義)를 섬기는 것이다"라고 하여 유불의 핵심 개념을 유사한 것으로 비교했다. 그의 제자 이곡(李穀)도 "성인의 호생(好生)의 덕과 부처의 불살생의 계는 인애와 같고 자비와 동일하다"고 하여 스승의 뒤를 이었고, 또 유자는 '수신제가치국평천하', 불자는 '수행과 견성성불'을 도로 삼는다고 하여 양자를 대비시켰다.[28] 고려 말까지도 유교와 불교를 동등하게 바라보면서 양자의 역할 분담과 공존을 주장하는 의견이 끊이지 않았다.

그러나 조선 초의 대표적 배불서인 정도전(鄭道傳)의 『불씨잡변(佛氏雜辨)』을 보면 유교 중심주의와 척불의 논조가 강화되고 공세의 수위 또한 훨씬 높아졌음이 확인된다. 정도전은 주자의 불교 비판론을 충실히 계승하여 불교 배척을 통해 유교 국가의 지향점을 대내외에 널리 알리려 했다. 그는 먼저 '만물의 생성과 소멸은 기가 모이고 흩어지는 것뿐인데 불교에서는 혼령을 인정하여 인과응보와 화복의 낭설을 가지고 혹세무민한다'고 몰아세웠다.[29] 나아가 불교는 '관심견성(觀心見性)'처럼 주객의 구분 없이 심과 성을 동일시

---

28 『益齋集』 권5, 「金書密敎大藏書」; 『稼亭集』 권6, 「金剛山長安寺中興碑」; 권3, 「新作心遠樓記」.

29 『불씨잡변』 「佛氏輪廻之辨」; 「佛氏禍福之辨」; 「佛法入中國」(『삼봉집』 권9, 『한국문집총간』 5, 447, 453, 457쪽).

하는데, 그 결과 마음의 작용을 본성으로 긍정함으로써 악행의 근본 원인을 설명하지 못한다고 비판했다. 본성에 내재된 리의 절대성을 인정하지 않기 때문에 결국 허무공적한 가르침에 빠졌다고 본 것이다.[30] 그는 불교가 도학을 해침에 있어 양주와 묵적에 비할 바가 아닌 이단 중의 이단이라고 공격하였고, 이에 대해 권근(權近)은 『불씨잡변』 서문에서 "맹자를 계승하여 이단을 배척하고 도학을 드높였다"고 하여 벽이단의 책무를 자임한 그의 기상을 높이 평가했다. 하지만 정도전도 당시의 현실을 목도하며 "불교가 성행하고 그 뿌리가 매우 깊어서 장차 우리 도가 사라질지 모른다"는 깊은 우려감을 토로했다.[31]

고려 말부터 목소리를 높인 배불론과 조선 초의 억불 기조 강화에 대한 당시 불교계의 공식적인 대응 양상은 기록에서 찾아보기 어렵다. 태종대에 억불 정책이 단행되었을 때 조계종 승려 성민(省敏) 등이 사찰의 전지와 노비를 줄이는 것에 반대하여 신문고를 친 사실이 전해질 뿐이다.[32] 하지만 15세기 초부터 배불론에 대한 대응 논리를 담은 호불 논서가 나오기 시작했다. 다만 이 책들이 본격적으로 유포된 것은 1세기가 지난 16세기 전반의 일이었다. 현전하는 호불 논서로는 함허 기화(函虛己和, 1376~1433)의 『현정론(顯正論)』과 저자 미상의 『유석질의론(儒釋質疑論)』 등이 있는데, 1520~1540년대 사이에 집중적으로 간행, 유통되었다. 이 시기는 공교롭게도 조광조(趙光祖)

---

30 『불씨잡변』, 「佛氏作用是性之辨」; 「佛氏眞假之辨」 (『삼봉집』 권9, 『한국문집총간』 5, 450, 452쪽).

31 『불씨잡변』, 「闢異端之辨」; 「佛氏雜辨序」; 「佛氏雜辨識」 (『삼봉집』 권9, 『한국문집총간』 5, 459, 462, 460쪽). 『불씨잡변』의 발문에 의하면 이 책은 정도전 사후 족손 韓奕에게 전해지다가 숭불 군주인 세조 2년(1456)에 양양군수 尹起畎이 간행했다.

32 『太宗實錄』 권11, 태종 6년 2월 26일(정해).

등의 기묘 사림이 정국을 주도하던 중종 초에 선교양종이 혁파되고 1516년 『경국대전』의 도승조가 사문화되는 등, 법제적 폐불이 단행된 직후여서 그 배경이 관심을 끈다.[33]

　이들 호불 논서에 나오는 불교 옹호의 논리를 간단히 살펴보자. 기화는 『현정론』에서 불교가 인과응보를 설함으로써 마음으로 심복하게 하여 인심 교화의 근본적인 방안이 되며, 효나 충 같은 인륜 도리에 어긋나지 않는다고 반박했다. 그는 불교가 애욕을 끊고 윤회를 면하기 위해 세속에서 벗어나 있지만, '입신(立身)하여 도를 행하고 후세에 이름을 떨치는 것'이 유교의 가장 큰 효이고 군주의 안녕과 나라의 번영을 기원하고 백성을 교화하는 것이 충이라면, 불교 역시 그런 역할을 충실히 수행해왔다고 주장했다. 이어 유교의 오상(五常)은 불교의 오계(五戒)에 대응되며 불살생이 바로 인이라고 강조했다.[34] 화이론적 비판에 대해서도 '도가 있는 곳에 귀의하는 것이며 동방(중국)과 서방(인도)은 상대적 개념'이라고 비껴 나갔다. 또한 국가의 존망은 시세운수의 성쇠에 따른 것이지 숭불을 했다고 국망의 책임을 불교에 떠넘기는 것은 무리라고 보았다. 나아가 승려가 법을 펴고 중생을 이롭게 한다면 공양을 받는 것이 당연하며, 문제가 있어도 승려 개인의 잘못을 따질 일이지 불도를 폐하는 것은 부당하다고 호소했다. 또한 유불이 이치와 교화의 자취에서 서

---

33 기화의 『顯正論』은 1526년, 『儒釋質疑論』은 1537년에 간행되었고 그밖에 南山慧日峯의 『顯正論』이 1538년에 개간되었다. 기화의 『현정론』은 1526년 전라도 광양 招川寺 초간본(동국대 소장) 이후 1537년 전라도 緣起寺 중간본, 1544년 황해도 石頭寺 간본 등과 필사본까지 남아 있어 16세기 전반 폐불의 위기의식 속에서 그 수요가 컸음을 짐작할 수 있다.

34 『顯正論』(『한국불교전서』 7, 217~219, 221, 222쪽).

로 다르지 않음을 내세워 불교 존립의 당위성을 찾고자 했다.[35]

『유석질의론』은 유불도 삼교가 마음에 근본을 둔다는 점에서 같다고 전제하고 태극, 음양오행설 등을 적용하여 불교의 개념과 역사를 설명했다. 주목되는 것은 유교보다 불교를 우위에 두어 논지를 전개했다는 점인데, 유교는 마음을 닦고 다스리는 자취를 전공하지만 불교는 본성을 밝히고 깨우쳐서 진리에 계합한다고 보았다.[36] 또 부처의 체는 태극(太極)이고 용은 건곤(乾坤)이며, 법신, 보신, 화신의 3신은 각각 무극(無極), 태극, 팔괘(八卦)의 변화에 대응한다고 서술했다. 역(易)과 연기(緣起)가 같다고 하면서 역의 도는 태극에서 근원하고 태극은 무극(=법신)에 근본을 두며 음양은 보신, 24기의 조화 작용은 화신에 해당한다고 본 것이다. 한편 사람이 죽으면 정신(영혼)도 없어진다고 보는 유교의 이해를 음양의 변화에 어둡기 때문이라고 비판하고, 과거-현세-미래로 이어지는 윤회와 인과응보야말로 천도와 자연의 이치라고 주장했다. 마지막으로 불교를 버리면 국토의 강령함을 보존하지 못하므로 선왕의 법도를 폐지하지 말고 유신의 천명을 성취해야 함을 강조했다.[37]

불교가 국가 운영이나 사회 질서 유지, 공동체적 가치에 해롭지 않다는 주장은 이들 호불 논서에만 나오는 것은 아니다. 고려 말까지는 불교가 국가에 복과 이로움을 준다고 공개적으로 옹호하는 유학자 관료도 있었는데,[38] 불교가 수양과 교화에 도움이 된다는 인식은 조선시대에도 이어졌다. 15세기에 활동한 서거정(徐居正)은 "불교의 청정 담박함과 욕심을 줄이고 마음을

---

35 위의 책, 223~225쪽.

36 『儒釋質疑論』 권상(『한국불교전서』 7, 252, 255쪽).

37 위의 책, 270쪽.

38 權相老, 『朝鮮佛敎略史』, 新文館, 1917, 167~168쪽.

닦는 가르침은 유교와 비슷하므로 불교에 미혹되지도 않지만 심하게 배척하지도 않는다"고 밝힌 바 있다.[39] 율곡 이이(栗谷 李珥)도 19세 때 금강산에 입산하여 1년간 불전을 읽고 선을 수행했는데, 당시는 1550년에 재건된 선교양종 체제에서 도승과 승과가 공식적으로 실시되던 때였다. 훗날 그는 이때의 일을 비판적으로 성찰하면서 불교의 허탄함을 알게 되었다고 술회했다. 하지만 "불교의 묘처가 유교에서 벗어나 있지 않으므로, 유교를 버리고 따로 불교에서 구할 것이 없다"라고 한 것이나, 『성학집요(聖學輯要)』에서 윤회와 보응에 대한 불교의 설은 조잡하지만 돈오점수, 일심 등은 선학의 요체로서 불교의 심성론은 그나마 정치하다고 평가한 것을 보면,[40] 불교적 사유와 수행론에 대한 유학자들의 이해가 부정 일변도로 점철된 것은 아니었다.

지금까지 살펴본 것처럼 14세기 중반 이후 현실적인 억불의 필요성과 함께 배불의 목소리가 높아졌고, 조선 개국 후에는 벽이론적 척불론이 더욱 득세하며 그 결과가 태종대의 억불 시책으로 나타났다. 이는 숭유억불, 유불 교체, 단절론이라고 하는 조선시대 불교에 대한 기존의 통설이 크게 틀리지 않았음을 말해준다. 하지만 정치와 시대사조의 측면에서는 그럴지 모르지만 불교는 여말선초기에 사회 내에서 견고한 기반을 가지고 있던 주류 전통이었다. 1910년대 초에 후루타니는 16세기 후반 선조대 이전까지는 유교와 불교의 2대 사조가 영향을 미쳐서 유생과 관료는 유교, 왕실에서 서민까지 여성과 지방민은 불교에 의해 지배되었다고 보았다.[41] 불교가 유교와 함께 조선적 전통의 중요한 축을 이루었음은 최남선(崔南善)이 "한국사와 불교는 떼려

---

39 『四佳集』「贈守伊上人序」.

40 『栗谷全書』권1,「楓岳贈小菴老僧并序」;『聖學輯要』권2,「佛者夷狄之一法」.

41 古谷淸,「李朝佛敎史梗槪」,『佛敎史學』1-8, 1912.

야 뗄 수 없는 관계이며, 서민의 정신 생활과 사회의 심령적 발전 면에서 불교가 유교보다 큰 역할을 했고, 사회적 세력과 문화적 영향력 또한 심대했다"고 평한 언급에서도 엿볼 수 있다.[42] 이제 여말선초 불교사의 궤적을 좇아가며 이러한 평가가 가능했던 이유를 따져보기로 하자.

4. 불교 전통의 지속과 변화: 사상과 신앙의 궤적

현재 학계에서는 고려=불교, 조선=유교의 등식 아래 여말선초 불교를 단절론적 시각에서 보는 경향이 강하다. 하지만 사상(관념)과 신앙(문화)의 두 축으로 이어진 유구한 불교 전통이 하루아침에 사라질 리는 만무했다. 특히 불교 신앙, 즉 삶에 위안을 주고 죽음의 두려움을 해소해주는 종교적 구원의 역할은 불교가 존립할 수 있었던 가장 중요한 요인이었다. 물론 불교는 유자들의 정치·이념적 공세와 신흥 왕조 국가의 확고한 억불의 기조에 의해 큰 위기를 맞았고, 전 왕조의 유제로서 타파의 대상이 된 것이 사실이다. 세종은 세자를 봉하면서 성균관 대성전에서 공자 위패에 절하는 입학례를 처음으로 행했다.[43] 고려의 국왕이 승려인 왕사와 국사에게 제자의 예를 올린 것과 비교하면, 불교에서 유교로의 전환을 상징적으로 보여주는 사례이다. 여기서는 여말선초 불교 사상과 신앙의 궤적을 그려보고, 그 안에서 관행의 지속성과 변화의 조짐을 동시에 살펴본다.

---

42 崔南善, 「朝鮮佛教의 大觀으로부터 朝鮮佛教通史에 及함」, 『朝鮮佛教叢報』 11, 三十本山聯合事務所, 1918.

43 『世宗實錄』 권14 세종 3년 12월 25일(갑인).

    13세기 중반부터 14세기 중반까지 약 백 년간 이어진 이른바 원 간섭기는 정치적으로 독특한 성격을 가진 시기였다. 고려의 국왕은 원 황제의 사위로서 황제가 직접 임명했지만, 국왕의 자치와 풍속 유지 등 고려의 자율성도 용인되는 이중적 양상을 보였다.[44] 그럼에도 고려는 세계제국 원의 구심력 아래에 놓여 있었고, 원의 세계 체제의 일원이었다. 불교계에도 그 여파가 미쳐서 원 황실의 티베트 불교가 전래되고 중국 임제종풍(臨濟宗風)이 큰 영향을 미치는 등 변화가 수반되었다. 수선사 등 고려의 유력 사원들은 정치적 보호와 후원을 위해 원 황실과 귀족의 원찰 지정을 자청했고, 이들의 만수무강과 안녕을 기원하는 법회를 열었다.[45] 또한 이전에 국가적 차원에서 행해지던 법회와 의례가 축소·중단되거나 성격이 달라졌다. 연등회와 팔관회, 국난극복을 기원하는 담선법회 등이 국가의례로서의 의미가 퇴색되거나 원의 압력으로 열리지 않게 되었다.[46] 국사 칭호도 고려의 국제가 제후국에 맞게 격하되면서 국존이나 국통으로 바뀌었다.

    한편 중국 강남 지방에는 선종, 정토 신앙과 같은 한족 중심의 불교 전통이 계승되고 있었다. 당시 선종은 임제종이 주류였는데, 화두를 참구하는 임제종 간화선풍(看話禪風)은 스승으로부터 깨달음을 인가받는 것이 중요한 관건이었다. 따라서 강남 지역 임제종 승려에게 직접 인가를 받고 법을 전해오는 풍조가 고려에 유행처럼 번졌다. 13세기 후반 무자(無字) 화두로 유명한 몽산 덕이(蒙山 德異)의 선풍이 고려에 전해지고 그의 저작이 유통되었으며,

---

44 이익주, 「高麗·元 關係의 構造에 대한 研究—소위 '世祖舊制'의 분석을 중심으로」, 『韓國史論』 36, 1996.

45 박영제, 「원 간섭기 초기 불교계의 변화」, 『14세기 고려의 정치와 사회』, 민음사, 1994.

46 안지원, 『고려의 불교 의례와 문화』, 서울대출판문화원, 2005, 328~329쪽. 담선법회는 충렬왕대에 중단되었다.

14세기 중반 무렵에는 임제종 법맥 전수와 간화선풍 습득이 고려 불교계의 트렌드로 자리를 잡았다. 그와 함께 선종 규범서인 『백장청규(百丈淸規)』가 전해져 사찰 의례와 일상의 준칙이 되었는데, 이때 들어온 것은 원 황제의 칙명에 의해 새로 편찬된 『칙수백장청규(勅修百丈淸規)』였다. 여기에는 국가 제도에 의한 사찰 운영, 황제와 황실의 번영을 기원하는 축원이 담기는 등 국가불교적인 색채가 짙었다.[47]

이 시기에 원에 유학 가서 임제종 선승의 인가를 받고 간화선풍을 습득하여 돌아온 대표적 인물로는 14세기에 활동했던 조계종 선승 태고 보우(太古 普愚), 나옹 혜근(懶翁 慧勤), 백운 경한(白雲 景閑)의 여말 3사를 들 수 있다.[48] 태고 보우(1301~1382)는 1346년에 대도(大都)에 머물며 원 황실에서 『반야경(般若經)』을 강설했고, 강남의 임제종승 석옥 청공(石屋 淸珙)에게 인가를 받은 후 황태자 축원 법회를 주관했다. 귀국 후 공민왕의 왕사로 책봉되자 원융부(圓融府)를 설치해 '9산의 원융과 5교의 홍통'을 내세워 9산 선문의 통합을 추진했다. 그는 신돈(辛旽)에게 배척되어 잠시 밀려났다가 신돈 몰락 후 다시 국사로 임명되었다.[49]

나옹 혜근(1320~1376)은 지공(指空)—나옹(懶翁)—무학(無學)의 3화상으로 존숭된 고승으로, 1347년 원에 가서 인도 출신 승려 지공을 스승으로 모셨고, 임제종의 평산 처림(平山 處林)에게 인가를 받았다. 원의 순제에 의해 대도 광제선사(廣濟禪寺)의 주지로 임명되어 개당 법회를 주관하고 1358년에 귀국했

---

47 강호선, 「고려말 禪僧의 入元遊歷과 元 淸規의 수용」, 『韓國思想史學』 40, 2012.

48 여말 3사와 그 문도들의 선풍에 대해서는 황인규, 『고려 말·조선 전기 불교계와 고승연구』, 혜안, 2005, 235~252쪽 참조.

49 최병헌, 「太古普愚의 불교사적 위치」, 『韓國文化』 7, 1986.

다. 그 또한 공민왕대에 승과인 공부선을 주관하고 왕사로 봉해졌다. 혜근의 제자로는 환암 혼수(幻庵 混修) 등 다수가 있었지만, 무학 자초(無學 自超)-함허 기화(涵虛 己和)로 이어지는 계보가 조선 초기까지 불교계를 주도했다.[50] 세계 최고 금속활자본인 『불조직지심체요절(佛祖直指心體要節)』 2권을 편집한 백운 경한(1299~1374) 또한 1351년 중국에 가서 석옥 청공의 인가를 받았고, 지공에게 법을 묻기도 했다. 귀국 후 공부선을 주관했는데 그의 선풍은 화두를 참구하면서도 무심의 경지를 강조한 점이 특징이다.[51]

　　이러한 임제종 간화선풍의 성행과 중국식 의례의 도입은 14세기 고려 불교계에 지각변동을 일으켰다. 하지만 그에 대한 비판도 제기되었다. 조선 초 서울의 조계종 흥천사(興天寺) 감주 상총(尙聰)이 태조에게 올린 상소문에는, 당시 불교계의 중국화 경향에 대한 우려와 함께 지눌의 수선사 전통을 회복해야 한다는 제언이 담겨 있다. 상총은 명리를 다투는 폐단이 남아 승려들이 선 수행과 교학 연찬을 하지 않는다고 탄식하면서, 선과 교를 겸수하고, 특히 선종은 보조 지눌(普照 知訥)의 유제를 이어야 한다고 강조했다. 나아가 그는 중국풍의 불교를 높이 받드는 모화승(慕化僧)들이 의례 작법에서 전통을 잇지 않는다고 지적하며 지눌의 수선사 작법을 따라야 한다고 상언했다.[52] 그렇지만 이미 대세가 된 임제종 간화선풍은 이후까지 이어져 조선시대 선종 전통의 근간을 형성했다.

　　고려 구제의 개혁을 추진한 공민왕은 여말 3사 등 중국 간화선사의 인가를 받고 돌아온 승려들을 최고위 승직에 임명했다. 당시까지 유력 고승들은

50　강호선, 「고려 말 나옹 혜근 연구」, 서울대 국사학과 박사논문, 2011.

51　황인규, 앞의 책, 2005, 391~422쪽.

52　『태조실록』 권14, 태조 7년 5월 13일(기미).

대개 명문가 출신으로 수선사 역대 사주의 후계자이거나 주요 산문을 주도한 이들이었다. 여말 3사의 경우처럼 이들과 배경을 달리하는 승려들이 중국 유학과 법맥 전수를 통해 교계의 주류로 부상한 것은, 권문세족 출신을 배제하고 신진 인사를 기용하려 했던 공민왕대의 분위기와 맞물려 있었다.[53] 화엄종 승려 설산 천희(雪山 千熙, 1307~1382)가 58세의 늦은 나이에 원에 가서 몽산 덕이의 영당을 참배하고 강남의 대표적 선승인 만봉 시울(萬峰 時蔚)의 가사를 전해 받고 귀국한 후 화엄종 출신 신돈의 지원으로 국사가 된 것에서도,[54] 당시 간화선의 인가와 전법이 고승으로서의 권위를 부여하는 기제였음을 알 수 있다.

원 간섭기 이후 고려 불교계는 선종인 조계종이 주도했지만 천태종, 자은종(법상종), 화엄종도 여전히 주요 종파였다. 천태종은 충렬왕비 제국대장공주의 원찰인 개경 묘련사의 무외국사(無畏國師) 정오(丁午), 백련사 계통으로 『석가여래행적송(釋迦如來行蹟頌)』을 쓴 부암 운묵(浮庵 雲默)이 유명하다. 천태종은 교학과 관행을 함께 닦는 데 특징이 있으며, 천태의 지관 수행법과 참선이 근원부터 같음을 강조했다.[55] 태조대에 조선의 처음이자 마지막 왕사와 국사로 임명된 이가 조계종의 무학 자초와 천태종의 조구(祖丘)였음을 보면,[56]

53 최연식, 「고려 말 간화선 전통의 확립 과정에 대한 검토」, 『간화선 수행과 한국禪』, 동국대학교출판부, 2012, 207~236쪽.

54 황인규, 앞의 책, 2003, 257~259쪽.

55 국사편찬위원회 편, 『신앙과 사상으로 본 불교 전통의 흐름』, 두산동아, 2007, 178~179쪽.

56 『태조실록』 권6, 태조 3년 9월 8일(을사). 국사 책봉 뒤 고려의 전통대로 조구의 향리인 담양을 군으로 승격시켰고 병환으로 입적했을 때는 조회를 하지 않았다. 『태조실록』 권7, 태조 4년 1월 27일(임술); 권8, 태조 4년 11월 14일(갑술).

조계종과 함께 천태종의 위상도 높았음을 알 수 있다. 조선 초에 활동한 천태종 승려로는 백련사 계통으로 위화도 회군에 참가하여 개국공신이 된 신조(神照), 세종 초에 판천태종사(判天台宗事)를 맡고 선교양종으로 통합 후 선종 본사 흥천사 주지를 지낸 행호(行乎)가 대표적이다.[57]

교종에서는 자은종(慈恩宗)이 주축이 되어 원에 사경승(寫經僧)을 파견했고, 이로 인해 국존이 된 혜영(惠永)이 개경 중흥사를 중심으로 활동하며 교세를 만회했다. 미수(彌授) 또한 국존이 되어 충숙왕대에 참회부를 운영하기도 했다.[58] 화엄종은 이제현의 형이자 『백화도량발원문(白花道場發願文)』의 해설서를 쓴 학승 체원(體元) 이후 신돈이 권세를 잡아 정국을 주도했고, 원에 다녀온 천희가 국사의 지위에 올랐다.[59] 조선에 들어서도 화엄종은 교종의 대표 종파였고, 조선 전기 승과 시험에서도 교종은 『화엄경』과 『십지론』을 시험 보았다. 생육신으로 유명한 김시습(金時習)은 선과 천태뿐 아니라 화엄에도 조예가 깊어 『화엄일승법계도주병서(華嚴一乘法界圖註幷序)』와 같은 주석서를 썼다. 화엄종과 자은종은 각각 교세를 유지하다가 세종대에 선교양종의 교종으로 통합되었다.

고려시대에는 불교가 사상뿐 아니라 신앙, 의례와 같은 종교적 영역에서도 큰 지분을 가지고 있었다. 국왕에서 천인까지 전 계층에 불교가 깊숙이 뿌리내리고 있었다 해도 과언이 아니다. 국왕의 즉위 기념 의례였던 보살계 수지와 관정도량, 연등회와 팔관회 같은 국가 의례를 포함하여 호국적 성격

---

57 황인규, 앞의 책, 2003, 319~327쪽; 황인규, 앞의 책, 2005, 423~448쪽.

58 강호선, 「14세기 전반기 麗元 불교 교류와 임제종」, 서울대 국사학과 석사논문, 2000.

59 이병욱, 『고려시대의 불교사상』, 혜안, 2002, 93~116쪽. 여말선초 4대 종파의 동향과 고승들의 활동은 황인규 앞의 책, 2005, 251~351쪽 참조.

의 인왕도량이나 나한도량, 신중도량, 재앙을 없애고 복을 비는 소재도량 등이 왕실과 국가 차원에서 설행되었다. 또 경향 각지에서 다양한 법회와 재회, 반승 행사와 불사가 이루어졌다. 극락정토로 이끄는 아미타불, 망자를 천도하고 지옥의 나락에서 구원해주는 지장보살, 현생의 업보를 판정하는 시왕, 현세의 고통을 구제하고 이익을 베풀어주는 관음보살 등 신앙의 대상이 다양했고, 지역공동체 조직인 향도도 염불, 매향 등을 행하며 지역민의 행복과 안녕을 기원했다. 승려는 물론 왕족과 관인층에서도 화장을 한 후 절에 안치했다가 재매장하는 방식이 유행하는 등 불교와 유교를 혼용한 상·장례 방식이 관례화되었다.[60]

국가 의례를 제외한 고려의 불교 신앙이나 재회의 상당수는 조선에 들어와서도 단절 없이 이어졌다. 그중 우란분재(盂蘭盆齋)와 수륙재(水陸齋)의 예를 들어보자. 우란분재는 7월 15일 백중에 행하며 『우란분경(盂蘭盆經)』에 의거해 망자의 영가를 추도하고 천도하는 의식이다. 원래는 하안거 후 수행 및 공덕을 쌓은 승려를 공양하는 법회로 시작되었는데, 중국에서는 지옥에 떨어진 어머니를 구하기 위해 노력한 『우란분경』의 목련존자 이야기가 부각되면서 효의 측면이 강조되었고, 부모와 조상의 명복을 빌고 왕생을 기원하는 천도 의식이 되었다. 조선 태조는 흥천사에서 우란분재를 크게 열었고,[61] 『세종실록』에도 "나라 풍속이 7월 15일은 절에 가서 망자의 혼을 불러 제사하는데, 이날 승도들이 도성 거리에서 깃발을 세우고 쟁과 북을 치며 탁자 위에 찬구를 늘어놓고 망자의 이름을 불렀다. 이에 사녀들이 수없이 모여들어 곡식과 베를 보시했는데 남에게 뒤질까 염려하였고 일부 공경과 사대부 집에

---

60 국사편찬위원회 편, 앞의 책, 198~204, 216~218쪽.

61 『태조실록』 권14, 태조 7년 7월 14일(정해).

서도 이를 행하였다"고 하여,[62] 민간에서 세시풍속으로 전해지던 우란분재의 모습을 그려볼 수 있다. 물과 뭍의 모든 중생의 혼령을 위로하는 수륙재는 고려 말에 왕실의 상장례에 포함되었고 조선 태조에 의해 국행 수륙재로 설행되었다. 세종대에 국가 의례를 정비할 때도 왕실의 기신재(忌晨齋)가 수륙재와 통합되어 행해졌고 수륙재 관련 내용은 불교 의례 가운데 유일하게 『경국대전』에 수록되었다.[63]

15세기 말까지의 풍속이나 문물 제도 등을 망라한 문화사의 보고인 『용재총화(慵齋叢話)』는 "4월 8일의 연등회와 7월 보름의 우란분, 12월 8일의 욕불(관불) 때는 다투어 다과와 떡 같은 것을 시주하여 부처에게 공양하고 승려를 대접하였는데, 승려들은 범패를 부르고 곱게 차려입은 부녀자들이 산골짜기에 모여들었다"고 기록하고 있어 연등회, 우란분재 등의 불교 의례가 조선에 들어서도 성행했음을 볼 수 있다. 선왕과 선후의 명복을 비는 왕실 기신재가 공식적으로 혁파된 것은 조광조 등 기묘사림이 활동하던 중종대 1516년이었다. 하지만 앞서 15세기까지는 왕실이나 민간의 사적인 불교 의례 설행에 대한 국가 차원의 금지 조치는 보이지 않는다. 『용재총화』의 다음 기록은 15세기의 유불 관계와 시대 분위기를 생생하게 전해준다.

> 태종 때에 12종을 개혁하고 사사전을 모두 혁파했으나, 그래도 불교의
> 유풍이 끊이지 않았다. 사대부들이 친속을 위하여 재를 올리고 빈당에서
> 법회를 설하기도 하며, 기제를 행할 때 승려를 맞이하여 음식을 공양하였
> 다. 승려와 관리들이 시를 화답하는 일도 많았고 유생들은 대개 절에 올라

---

62 『세종실록』 권109, 세종 27년 7월 14일(병술).

63 강호선, 「조선 태조 4년 國行水陸齋 설행과 그 의미」, 『한국문화』 62, 2013.

가 독서하였다. 유학자와 승려가 서로 의뢰하는 이들이 적지 않았는데 이는 세조 때에 극에 달하였다. 당시 승려들이 촌락에서 제멋대로 행해도 조관이나 수령들조차 항의하지 못하였다. 성균관 유생 가운데 부처의 사리에 은총을 구하는 이가 있었는데도 사람들이 괴이하게 여기지 않았다.[64]

비록 성종대부터 유교주의가 더욱 강화되기는 했지만, 적어도 15세기까지는 왕실과 일반민은 물론 일부 사대부층에게도 불교가 중요한 관습이자 오랜 전통으로 이어져왔다. 왕실의 경우는 숭불과 후원의 양상이 조선 말까지 계속되었고, 국왕은 태종 등 특수한 예외를 제외하고는 왕실과 유학자 관료 사이에서 양자의 간극을 해소하는 중재자 역할을 담당했다. 왕실 불교의 지속은 불교가 국왕과 왕족의 무병장수와 평안을 기원하고 사후의 명복을 빌고 추숭하는 기능을 했기 때문이다. 국왕 입장에서도 사원과 왕실 재정의 유착 관계는 물론, 국태민안(國泰民安)의 기원, 민심 무마와 왕권 강화를 위한 전략적 선택지로서 불교는 충분한 활용 가치를 지닌 매력적인 대상이었다. 노골적인 숭불 군주는 태조와 세조만이 아니었다. 세종도 태조가 세운 흥천사의 사리각을 화려하게 중수한 후 열린 낙성경찬회 때 '보살계제자(菩薩戒弟子) 조선국왕'을 표명하는 등[65] 이전 시대부터 이어진 전통의 관행을 따르고 있었다.

왕실 불교의 실상을 조금 더 살펴보면, 능침사(陵寢寺)나 원당(願堂)에서 선왕 선후의 명복을 빌고 '조종의 유훈'을 내세워 불교 신앙과 의례를 공공연히 행했다. 세종은 소헌왕후의 상을 당하자 "세상 사람들이 집안에서는 부처를

64 『慵齋叢話』 권8.

65 『세종실록』 권95, 세종 24년 3월 24일(을유).

받들고 귀신을 섬기지 않음이 없는데도 남에게는 귀신과 부처가 그르다고 한다. 지금 중궁이 세상을 떠났는데 자식들이 돈을 내어 불경을 펴낸다 하므로 허락한다. 그대들은 이를 잘못이라 여기지만 어버이를 위해 불사를 하지 않는 사람이 누구인가"라고 반문하고는, "전에 내가 모후의 상을 당하여 세 번 법회를 베풀었고 태종께서도 나에게 대자암에 가라고 했으나 마침 일이 있어 가지 못했는데 실은 간 것이나 마찬가지이다"라고 술회했다.[66] 이때 소헌왕후의 초재는 장의사에서 치렀고 이후 대상재까지 진관사, 회암사 등에서 설했으며 재회 때마다 대군, 승지와 예조 당상 각 1인이 참석하고 8천에서 1만 명의 승려에게 반승 행사를 베풀었다.[67]

이러한 왕실 불교의 대척점에는 유교 국가로서의 공적 영역이 존재했던 것이 사실이다. 사전 체제를 정비하면서 불교식 재회는 국가 의례에서 거의 배제되었고, 사대부 관료층의 불교에 대한 비판적 시각도 어제오늘의 일이 아니었다. 그렇지만 화장이 금지되고 유교식 상·장례가 적극 권장되었음에도, 부모의 왕생과 내세의 복락을 기원하는 불교의 사후 관념과 의례는 사적 영역에서 여전히 파급력을 지니고 있었다. 왕실은 국상 중의 칠칠재(사십구재)를 중종대까지 국행 의례 수준에서 행했고, 이후에도 내행 의례로 계속했다. 사족 또한 유교적 효의 명분에 의거하여 영당이 부속된 사찰이나 분암에 해당하는 사암을 제사를 받드는 보완 시설로 활용하면서 유교와 불교 의례를 함께 설한 사례들이 많이 나온다.[68]

---

66 『세종실록』 권111, 세종 28년 3월 26일(계사).

67 『세종실록』 권111, 세종 28년 3월 29일(병신).

68 박정미, 「조선시대 佛教式 喪·祭禮의 설행 양상—왕실의 국행 불교 상례와 사족의 봉제사 사암을 중심으로」, 숙명여대 사학과 박사논문, 2015.

성종대에 예조판서를 지낸 성현(成俔, 1439~1504)은 "신라와 고려에서는 불교를 숭상하여 장례 때 오로지 부처를 공양하고 반승을 행하는 것을 상규로 하였다. 본조에 와서도 아직 그 풍습이 남아 공경과 유사의 집에서도 빈당에 승려를 불러 경전을 설하는 법석을 예사로 한다. 또 산사에서 칠일재를 베푸는데 돈 있는 집은 다투어 사치스럽게 꾸미고 가난한 이들도 이를 좇아 구차히 마련하니 소모되는 비용과 재화가 매우 커서 이를 식재(食齋)라 한다. 기일에는 승려를 맞아 먼저 공양한 뒤에 혼을 부르고 제사를 행하므로 이를 승재(僧齋)라 한다"고 기록했다.[69] 이는 15세기까지 불교식 상·장례가 조선 사회에 만연해 있었음을 여실히 보여주고 있다.

다카하시 도오루는 한국의 종교 전통에 대해 "조선시대에는 종교 문화의 이중성이 성립되어 유식 계급의 남자는 유교의 사상과 신앙을 받드는 풍속을 만들었고 여자와 무식한 촌민들은 불교 및 무격을 믿었다. 이처럼 한 가정 내에서도 이중성의 습속을 형성하게 되었다. 유자의 저술에 나오는 불교 및 무속에 대한 공격과 타도의 논의는 주자학을 종교적으로 신봉하여 나온 것이지만, 1천 년된 불사와 무속의 제사는 조선의 가정과 사회에서 공공연히 행해졌고 그 범위의 광대함은 유교 신앙 문화의 몇 배에 달하였다"[70]고 보았다. 이렇듯 조선시대 내내 이어진 불교의 종교적 전통은 타자의 시각에서도 그 영향력을 인정할 만했다. 그렇다면 조선 개창 후 백 년, 즉 15세기는 어떻게 보아야 할 것인가? 숭유억불의 단절론적 지향과 시대적 변화에도 불구하고 불교 사상과 신앙의 영역에서는 연속의 측면에 방점을 찍는 편이 좀 더 설득력이 있다고 판단된다.

---

69 『용재총화』 권1.

70 高橋亨, 「朝鮮信仰文化の二重性と之を統合するもの」, 『天理大學學報』 2-1·2, 1950.

5. 조선 불교, 고려 불교의 연장선에서 새 시대를 맞다

지금까지 여말선초 불교계의 동향을 사상과 관념, 종교적 심성 등을 포괄하는 사(思)의 측면에서 살펴보았다. 그 결과 조선 불교는 과연 고려 불교의 단절인가 연속인가라는 질문에 대해 연속성에 보다 무게를 둘 수밖에 없다는 결론을 얻었다. 여말선초기에 정치 이념과 시대 사조는 분명 유교였지만, 종교와 관습의 영역에서 불교가 가진 연속성 또한 결코 간과할 수 없다. 그렇기에 조선시대 불교사 전체의 특성을 대변해온 '숭유억불'이라는 상징적 기제가 여전히 유효함에도, 시기별로 각각의 성격을 달리 이해할 필요가 있다. 이 글에서 주로 다룬 14~15세기의 여말선초기는 공식 기록상 배불의 공론화, 억불의 가시화가 주된 흐름이었던 것처럼 보이지만, 사상과 신앙을 두 축으로 하는 불교 전통의 내적 지속 또한 시대상을 반영하는 중요한 특성이었다. 이어 16세기에는 선교양종 체제가 해체되고 공인에서 방임으로의 정책 전환을 통해 제도의 단절과 변화가 일어났으며, 불교계는 그에 맞추어 자립의 길을 모색해야 했다. 한편 임진왜란을 거치고 17세기 이후가 되면 유교 사회에서의 공존과 시대 상황에 맞는 새로운 불교 전통의 창출로 이어지게 된다. 임제법통의 표방, 승려 교육 과정 및 선·교·염불을 포괄하는 수행 체계의 정비, 정토 신앙의 확산과 의례 내용의 변화 등에서 조선 후기 불교가 그 이전과 다른 양상으로 전개되었음을 볼 수 있다. 다시 결론으로 돌아오면, 여말선초기에 불교는 격동의 풍파를 겪으면서도 유불 교체의 파고를 넘어 순항했다. 따라서 왕조 교체를 단절과 전환의 기점으로 확정하기보다는 이 시기를 변동과 연속의 두 관점에서 바라보고, 보다 긴 호흡으로 역사의 흐름을 조망할 필요가 있다.

도승제 강화의 역사적 의의

| 양혜원 |

1. 승(僧)은 누구인가

1392년 7월 20일, 즉위한 지 갓 사흘이 지난 태조에게 사헌부는 급히 개혁해야 할 열 가지 일을 건의했다. 그 내용은 주로 나라의 기강을 세우고 상벌을 분명히 하며 군자와 친하고 소인을 멀리하는 등 왕이 가져야 할 이상적인 태도를 강조하는 것이었는데, 유독 물리치고 걸러내야 할 두 부류를 거론했으니 바로 환관과 승니(僧尼)이다.[1] 이를 두고 조정이 승니를 '모두 없애야 한다'고 주장한 것으로 간혹 오인하기도 하지만, 문장을 잘 살피면 불교의 종지에 충실하지 못한 승니를 '걸러내야 한다(汰)'는 내용이다. 물론 당시 상황에서 갑자기 환관을 물리치고 승니를 걸러내는 일은 쉽지 않은 것이어서, 태조는 열 가지 중 이 두 가지만 빼고 모두 시행하겠다고 답했다.

건국 직후부터 나라를 다스리는 데 걸림돌로 지적된 이들 '승니'는 누구

---

1 『太祖實錄』卷1, 1年 7月 20日 己亥.

인가? 불교의 남성 출가자인 '승(僧)'과 여성 출가자인 '니(尼)'를 가리킨다. '승' 혹은 '승니'는 출가자 모두를 지칭하기도 한다. 오늘날 불교 출가자를 칭할 때 흔히 '승려(僧侶)'라고 하지만, 이는 우리가 전통적으로 사용해온 용어가 아니다. 실제로 『조선왕조실록』(이하 실록)을 읽어가다 보면 '승려'라는 표현은 거의 찾아볼 수 없는데, 이는 일본식 용어이기 때문인 것으로 보인다. 실록에 세 차례 정도 등장하는 '승려'의 용례는 모두 일본에서 올린 글을 인용한 것들이다.[2] 우리나라에서 출가자 혹은 출가자 무리의 의미로 '승', '승도(僧徒)'를 사용했다면, 일본은 '승', '승려'를 선택했던 것이다.[3] 따라서 이 글에서는 불교의 출가자를 범칭하는 조선시대 사료 용어로서 '승' 혹은 '승도'를 사용할 것이다.[4]

조선시대의 승은 억압과 천대를 받은 소수의 존재로 이해되는 경우가 많다. 그러나 이는 '숭유억불의 조선'이라는 통설에 기댄 추정에 가까우며, 실상 이 시기 승이 어떤 존재였는지에 대한 연구는 거의 이루어진 바가 없다. 이 글에서는 현재 학계의 조선시대 승에 대한 선입견이 어떤 식으로 형성되

---

2 『世宗實錄』卷120, 30年 6月 21日 乙亥; 『成宗實錄』卷69, 7年 7月 26日 丁卯; 『成宗實錄』卷85, 8年 10月 1日 乙未.

3 오늘날 우리가 '승려(僧侶)'라는 용어를 많이 사용하게 된 것은 것은 19세기 후반 이래 일본의 영향을 받은 것으로 보인다. 적어도 실록에서는 승(僧), 승도(僧徒)가 사용될 뿐이며, '승려'는 19세기 후반에야 개인 기록류에서 용례가 보이기 시작한다. 특히 1895년 일본 불교계의 영향으로 승도의 도성 출입 금지가 해제된 시점 즈음부터 산발적으로 보이기 시작한다는 점은 짚어볼 만하다(『荷齋日記』권제4, 乙未년(1895) 4월, "(…) 此卽僧侶入城之禁也"). 그러나 실록에서는 같은 사건에 대해 여전히 '승도'라는 용어를 사용하고 있다(『高宗實錄』卷33, 32年 3月 29日 庚子, "總理大臣金弘集, 內務大臣朴泳孝奏, 自今僧徒의 入城ᄒᆞ난 舊禁을 弛흠이 何如하올지?' 允之).

4 조선시대에 출가자를 지칭하던 용어들에 대한 상세한 고찰은 양혜원, 「조선 초기 법전의 '僧' 연구」, 서울대학교 박사학위논문, 2017a, 56~95쪽 참조.

었는지 짚어보고, 조선 초 승도 과잉 현상과 불교의 '승' 개념을 간략히 검토한다. 또 조선 초 법전에서 이들을 어떻게 규제하려 했는지 조선의 첫 번째 공식 법전인 『경제육전(經濟六典)』의 내용을 중심으로 살피고자 한다. 그 과정에서 드러나는 승의 면모는 고려 말의 흔적이 남아 있는 동시에 조선의 개선 의지가 반영된 것이라고 볼 수 있다. 고려 말 승 관련 제도가 상세하지 않으므로 이전에 비해 어떤 부분이 어느 정도 바뀌었는지 명확히 서술하기는 어렵겠지만, 적어도 『경제육전』의 승 관련 조문의 구체적인 내용을 소개하여 전후 시기와의 비교 기준을 마련한다는 의미를 가질 것으로 기대한다.

2. 조선시대 승에 대한 오해

여말선초의 승은 어떤 존재였길래 혁명으로 일어난 새로운 왕조에서 가장 시급하게 걸러내야 할 부류로 지목되었을까? 이 질문과 관련하여 제기되는 답변은 통상 다음과 같은 틀을 갖는다.

"척불운동은 고려 말 본격적으로 일어나 조선에서 강력히 전개되었다.[5] 새로 개창된 조선은 숭유억불(崇儒抑佛)을 국시로 했다. 그러나 태조는 독실한 신불자여서 유신들의 배불 시도가 무산되었다.[6] 태종은 철저한 배불

---

5 李相佰,「儒佛兩敎交代의 機緣에 關한 一研究」,『朝鮮文化史研究論攷』, 乙酉文化社, 1947.

6 李逢春,「朝鮮開國初의 排佛推進과 그 實際」,『한국불교학』15, 1990; 李逢春,「朝鮮初期 排佛史 研究—王朝實錄을 中心으로」, 동국대학교 박사학위논문, 1991;『조선시대 불교사 연구』, 민족사, 2015.

왕으로 우리나라 불교의 법난사를 시작했으나 이율배반적으로 불사(佛事)를 많이 했다.[7] 세종은 즉위 초에는 불교 숭신자가 아니었고 종파 통폐합과 승록사 혁파 등의 강력한 배불 정책을 취했으나, 만년에 심경의 변화를 일으켜 호불했다. 하지만 불교가 정도(正道)라는 신념은 없었을 것이다.[8] 세조의 숭불은 조선 억불 정책 속의 일탈이었다.[9] 성종은 숭불 왕실과 숭유 조신 사이에서 조심스럽게 유교주의 국가 체제를 만들어갔다.[10] 고려전 시대를 통해 전성기를 맞았던 불교는 조선이 건국된 후 본격적으로 배척되기 시작하여 조선조 500년 동안 불법(佛法)은 사태당하고 승려는 핍박, 천대받는 법난이 계속되었다."[11]

조선 초 불교 정책은 대략 위와 같은 틀 안에서 설명되어왔다. '고려 대 조선', '불교 대 유교'의 대립 구도는 신왕조 조선을 바라보는 기본적인 시각으로 자리 잡아, 관련 시대 연구 성과들에서 널리 차용되었다. 이상과 같은 설명을 토대로 보면, 천 년 이상 종교와 사상 문화를 독점하고 있던 불교가 조선의 개창과 함께 유교에게 그 지위를 내어준 이른바 '유불 교체(儒佛交替)'를 이루게 되고, 그에 따라 조선 건국 후 승의 지위도 대폭 하락한다는 맥락이 형성되는 것이다.

우선, 선행 연구들이 여말선초 불교 정책을 평가하는 시각을 짚어볼 필요

---

7 金煐泰,「朝鮮 太宗朝의 佛事와 斥佛」,『東洋學』18, 1988.

8 한우근,「世宗朝에 있어서의 對佛教施策」,『震檀學報』25-27, 1964.

9 權延雄,「世祖代의 佛教政策」,『震檀學報』75, 1993.

10 車文燮,『朝鮮時代軍制研究』, 단국대학교출판부, 1973.

11 李載昌,『韓國佛教寺院經濟研究』, 불교시대사, 1991, 145쪽.

가 있다. 관련하여 사용되는 용어는 대표적으로 척불(斥佛), 억불(抑佛), 배불(排佛)의 세 가지이다.

'척불'이라는 용어는 여말선초 정치 세력의 특질을 설명할 때 종종 선택된다. 대표적으로 이상백이 '불교를 배척하고 유교를 현양하려 노력한 소위 척불운동'이라는 정의로 고려 말 조선 초 척불 운동 연구를 진행한 이래 자주 사용되었다.[12]

'억불'이라는 용어는 한우근이 '척불 정책'이라는 표현의 부당함을 지적하며 제기한 용어이다.[13] 한우근은 '조선 초기 종교적 의미에서 불교를 배척한 것은 오직 일부 유신들의 이론이었으며 실제로 불교를 말살하려는 것이 아니고 국가의 현실적인 요구 한도 내에서 불교를 억제하려는 시책'이었다는 점에서 척불 정책보다 억불 정책이라고 하는 것이 정당하다고 주장했다. 불교라는 '사상'을 배척한 것이 아니라 현실의 사회경제적 이유로 불교의 '세력'을 억제했다는 것이다. 이 입장은 최근 조선시대 불교사 연구자들에게 설득력 있게 받아들여지고 있는 추세이다.

'배불'이라는 용어는 이봉춘의 연구들에서 조선시대 불교 정책의 성격을 드러내는 용어로 적극 사용되었다.[14] 그는 고려 후기 주자학을 중심으로 한 신흥사대부들의 위치가 점차 강화되면서 이들에 의한 '불교 배격' 논의가 적극성을 띠어간다고 보았다. 이봉춘은 개국부터 짧게는 세종까지 60년, 길게는 성종까지 백 년 동안을 불교와 유교가 교대하는 종교적 전환기로 보고,

---

12 李相佰, 앞의 글. "佛教를 排斥하고 儒教를 顯揚하려 努力한 所爲 斥佛運動", "高麗末 斥佛運動", "太宗代 斥佛運動" 등으로 사용하고 있다.

13 한우근, 「麗末鮮初의 佛教政策」, 『서울대論文集 人文社會科學』 6, 1957(『儒教政治와 佛教』, 一潮閣, 1993 재수록).

14 李逢春, 앞의 글, 1990; 李逢春, 앞의 글, 1991.

그 사이에 배불이라는 대세의 흐름과 몇몇 다양한 흥불의 양상이 교차한다고 평가했다. 그는 '배불'이라는 개념을 정치와 사상의 측면뿐 아니라 현실 동향에도 광범하게 적용하여 사용했다.

이처럼 척불, 억불, 혹은 배불로 평가되는 여말선초 불교 정책의 기조 속에서, 출가자임에도 권력과 재물을 탐하고 세속화한 승은 타락한 고려 말 불교계의 표상이자 개혁 대상으로서 조선 개창의 정당성을 선명하게 드러내주는 소재로 선택되기도 한다. 불교적 윤리관을 바탕으로 한 고려가 주자성리학의 윤리관을 따르는 조선으로 '전환'된다는 설명 속에서,[15] 조선의 '보편적이고 객관적인 성리학 규범'에 대해 고려의 불교와 승은 이전 사회의 폐단과 모순의 상징처럼 그려져왔다고 해도 과언이 아니다. 학계뿐 아니라 대중의 상식이었던 이 거대한 정치사상사적 통설은 그 나름의 설득력뿐만 아니라 조선 개창 세력의 성격과 관련하여 일면의 진실을 담고 있다.

그러나 조선 개창을 중심에 두고 형성된 유·불의 이항대립적 틀은, 조선 정치 세력의 성격을 강렬하게 부각시키기 위한 다소 편의적인 도식으로 읽히기도 한다. 그런 경향 속에서 조선시대 불교는 연구사에서 소외되어왔고, '승' 역시 독립적 연구 주제로 거의 다루어지지 못했다. 그 결과 불교 관련 주제는 천 년 동안 지배적 사상 체계로 군림하다 조선의 개창과 함께 급격히 쇠락한, 우리 역사상 가장 분절적으로 이해되는 분야가 되었다.

여기서 특기할 점은, 여말선초 유불 관계를 다룬 대표적 연구 성과들은 불교를 둘러싼 당시의 현실적 분위기를 분명히 인지해야 한다고 누차 강조한 바 있다는 것이다. 예컨대 이상백은 척불 운동에 대한 선구적 글을 쓰면

---

15 金勳埴,「麗末鮮初 儒佛交替와 朱子學의 定着」,『韓國 古代·中世의 支配體制와 農民』, 지식산업사, 1997.

서도 척불 현상은 당시의 일면일 뿐이지 해당 시기의 전면적 해명을 시도한 것이 아니라고 선을 그었다. 거대하게 존재하던 조선 초 불교를 일거에 없앨 수 있었을 리도 없고, 척불 운동이라 하더라도 전체적으로 보면 극히 일부 유생의 주장에 불과했으며, 이들은 당시 상식으로 '미친 유생(狂生, 狂儒)' 정도 로밖에 보이지 않았을 것이라고 지적했다.[16]

한우근은 한 발 더 나아가, 척불의 가장 유력한 배경이 사원 경제의 팽창과 승도 과잉 등의 국가 재정 문제에 있음을 알면서도, 이상백은 이 문제를 정치 운동에만 관련시킬 뿐 가장 유력한 실제 문제를 추구하지 않았다고 비판했다. 현실을 따져보았을 때 조선 초 '척불'이라는 용어는 적절치 않다는 것이다. 그는 유불 교체라는 형식적 대립관으로는 여말선초 억불 정책의 정체를 파악할 수 없으며, 현실 정책의 동기에 숭유억불이라는 관념적 선입견을 대입해서는 곤란하다고 지적했다.[17]

승을 염두에 두고 이상의 지적들을 음미해보았을 때 가장 큰 문제점은, 구체적 연구가 거의 이루어진 적이 없음에도 조선시대 승의 성격을 관념적으로 규정하는 경향이 있다는 점이다. 정치사상적 통설에 기대어 조선은 철저한 척불 혹은 억불 정책으로 일관했다고 전제한 후, 조선 개창과 함께 승은 핍박과 착취 속에 대거 사라지고 천민 신분으로 전락했다는 식의 이해는 실증적 연구의 토대 위에 있다고 보기 어렵다.[18]

---

16 李相佰, 앞의 책, 21쪽.

17 한우근, 앞의 책, 11쪽, 84쪽.

18 조선시대 승의 신분을 賤으로 보던 종래의 시각은 이미 20세기 초 李能和를 비롯한 불교사학자들이 부정해왔으며, 최근 손성필, 「조선시대 승려 賤人身分說의 재검토—高橋亨의 주장에 대한 비판을 중심으로」, 『보조사상』 40, 2014에서 승을 八賤의 하나로 구분한 다카하시 도오루의 주장을 반박한 바 있어 참고가 된다.

애초에 '승'이라는 개념은 양천과 같은 신분 범주에 일괄적으로 포섭된다고 보기 어렵다. 양천 모두가 출가하고 있었기 때문이다. 또한 승은 원칙적으로 독신을 지향하므로 승의 지위는 양천의 신분과 같이 상속되지 않으며, 설사 승이 대처(帶妻)하여 자식을 보더라도 그 자식이 반드시 승이 되는 것도 아니다.

장기적 호흡으로 볼 때 조선시대 승의 사회적 지위가 점차로 낮아진 것은 사실이지만, 승은 천민이라는 동일 신분으로 묶일 수 있는 부류가 아니며 일거에 없앨 수 있을 만큼 소수의 집단이었다고 보기도 어렵다. 또 승의 규모를 통제하는 정책은 조선에서 처음 시행한 것이 아니며, 고려를 비롯하여 불교가 번성한 동아시아의 여러 왕조에서 널리 시행해왔다. 무엇보다 위와 같은 도식화된 인식으로는 '그럼에도 불구하고' 여말선초 승이 장기간 광범위하게 존재하던 현실을 설명할 수 없다는 난점이 있다.

고려 말 조선 초 승에 대한 이해는, 현재 우리가 해당 시기 승이 어떤 존재였는지 아직 아는 바가 많지 않다는 점을 분명히 하는 데서 시작할 필요가 있다. 승에 대한 이해가 상세하지 못하므로 고려에서 조선으로 넘어가면서 승의 지위가 어떻게 변화했다고 단정적으로 이야기하기도 어렵다. 다만, 고려시대 승이 관료 혹은 지배층의 지위를 갖는다고 평가되는 데 반해[19] 조선 후기 기록에는 승의 지위가 하락한 듯한 흔적이 많아, 시간의 흐름에 따라 승의 성격과 위상이 변화해갔다는 정도를 알 수 있을 뿐이다. 15~16세기를 지난 결과로 조선 후기적 승의 모습이 나타났다고 할 때, 이는 비단 승의 지위 변화뿐 아니라 사회 전체의 분위기 전환을 반영한 것으로 생각할 수 있을 것이다.

---

19 이정훈, 「고려시대 지배 체제의 변화와 중국률의 수용」, 『한국사론』 33, 2002, 10쪽.

3. 승도 과잉 현상과 도승제 운영

조선 초 승의 수는 민의 3할이라고[20] 지적될 만큼 과다하게 증가한 상태였다. 지나치게 많은 승도 수는 이미 고려 말부터 조정이 직면한 심각한 사회문제 중 하나였다. 여말선초 내내 조정에서는 증가하여 줄지 않는 승의 규모에 대한 비판과 그에 대한 대책이 지속적으로 제기되었다.[21] 즉, 승은 너무나 많고 흔한 존재여서 일거에 없앨 수 없는 강고한 현실이었다. 이 시기 사회상을 제대로 이해하기 위해서는 과다하고 광범위하게 분포하고 있던 이들의 존재를 인식해야 한다.

개국 직후 승과 관련한 주요한 문제는 대개 승의 과도한 수가 통제되지 않는다는 데 초점이 있었다. 승도 수 과잉,[22] 출가할 수 없는 자들의 출가,[23] 승을 출가시키는 법이 있음에도 관리들이 제대로 시행하지 않는 문제[24] 등이 그것이다.

승도 수가 많아지는 것이 사회문제가 되었던 구체적인 이유는 무엇일까? 우선 승은 생산 활동에 종사하지 않으므로 이들의 수가 많아지면 사회적 부담이 커질 것을 생각할 수 있다. 이런 류의 비판은 일찍부터 있었는데, 백성 가운데 농·공·상(農工商) 셋이 생산한 것을 사농공상(士農工商) 넷이 나누

---

20 『太祖實錄』卷7, 4年 2月 19日 癸未.

21 여말선초 승도 수 과잉 문제의 원인과 제도적 대응에 대한 고찰은 양혜원, 「고려 후기
~조선 전기 免役僧의 증가와 度牒制 시행의 성격」, 『韓國思想史學』 44, 2013 참조.

22 『太祖實錄』卷7, 4年 2月 19日 癸未; 『成宗實錄』卷68, 7年 6月 5日 丙子.

23 『太宗實錄』卷15, 8年 5月 10日 戊午; 『世宗實錄』卷10, 2年 11月 7日 辛未.

24 『高麗史』卷84, 志 刑法1 職制; 『世祖實錄』卷28, 8年 6月 10日 癸酉; 『成宗實錄』卷
272, 23年 12月 7日 癸卯.

어 먹다가 승이나 도사(道士)가 합세하면 다섯 혹은 여섯이 나누어 먹어야 하니 백성이 궁핍해질 수밖에 없다는 당나라 한유(韓愈, 768~824)의 글은, 비생산층으로서의 승을 비난하는 고전적인 논리이다.[25] 승이 사농공상의 밖에 있으면서 그들의 생산물을 축낸다는 식의 비판은 정도전(鄭道傳)이나 최만리(崔萬理)의 언급에서도 보이듯이 조선시대에도 곧잘 인용되었다.[26] 사실 이런 류의 비판은 같은 비생산층이라도 사(士)는 되고 승은 안 된다는 논리여서, 애초에 불교에 대한 부정적인 입장을 전제하는 것이라 할 수 있다. 이는 사상적으로 불교를 배척하는 것이라기보다, 실록에 언급된 바와 같이 승이 백성의 3할에 이르는 상황에서 나온 비판이었음을 이해할 필요가 있다.

'민의 3할'이란 너무 많은 수치여서 이 발언은 과장이 섞였을 수 있다. 그러나 성종대까지도 승의 수가 50만~60만, 혹은 40만은 될 것이라며 조정에서 계속 몇십만 단위로 인식하고 있음을 볼 때,[27] 이와 관련하여 좀 더 깊이 생각해볼 여지가 있다. 상식 밖이라 생각될 만큼 많은 승도의 수가 지속적·반복적으로 지적되는 조선 초의 상황을 단순한 과장으로 치부하기보다는, 어떻게 이런 상황이 가능했는가를 생각해봐야 하며, 승으로 언급되는 이들 모두가 동일한 성격의 승이겠는가를 의심해볼 필요도 있다. 출가할 수 없는 자가 출가하는 문제가 조정에서 자주 지적되었음을 감안해볼 때, 과다한 승도 수는 또 다른 여러 복잡한 문제 위에서 거론되었을 가능성이 높다. 위의 수치들을 정확한 것이라고 볼 수 없더라도 이 시기 승이 사회적으로 과잉 상태

---

25 韓愈, 『韓昌黎集』第十一卷 原道.

26 鄭道傳, 『三峯集』, 「佛氏雜辯」, 佛氏乞食之辨; 『世宗實錄』 卷85, 21年 4月 19日 丙申.

27 『成宗實錄』 卷68, 成宗 7年 6月 5日 丙子; 『成宗實錄』 卷111, 成宗 10年 11月 29日 庚戌.

였다는 것은 분명해 보인다.

승의 증가에 따른 사회적 문제는 조선뿐 아니라 불교 수용 이후 동아시아에서 꾸준히 제기되었다. 애초에 승이 갖는 '출세간(出世間)적' 성격에 갈등의 초점이 있었다. 이를 이해하기 위해서는 승의 원론적 의미를 간단히 짚어볼 필요가 있다. 불교에서 수행에 전념하기 위해 집을 나와 불교 수행자들의 무리에 들어가는 것을 이른바 '출가(出家)'라고 한다. 출가하여 승이 될 때, 부적절한 행위를 하지 않겠다는 약속으로 남성 250가지, 여성 348가지의 구족계(具足戒)를 받는다. 보통의 사람이 '세속' 혹은 '세간'에 머무르는 상태라면, 출가는 세속 혹은 세간을 떠난 '출세간'의 상태가 되는 것이다. 이들 출가자들은 자신들만의 '율(律)'에 의해 출가 공동체의 질서를 유지한다.

이 지점에서 승이 국가 체제와 갈등을 일으킬 만한 단서를 포착할 수 있다. 바로 그들이 '출가, 출세간'의 존재로서 그들만의 '율'을 공유하는 집단이라는 점이다. 그들은 세간을 떠났으므로 원칙적으로 세간의 모든 것과 관계를 끊는다. 그 '세간'에는 흔히 알려져 있듯 부모-자식 관계뿐 아니라, 왕이나 국가 체제와의 관계도 포함된다. '원론적'으로 승이 출세간임을 인정하는 것은 세간의 통치 체제에서 벗어났음을 인정하는 것이며, 출가자들이 출가 전 세속에 대해 가지고 있던 의무들에서 벗어났음을 의미한다.[28] 따라서 출

---

28 세간을 떠난 존재에 대한 세간의 통치가 가능한가, 세간을 떠난 존재가 세간의 왕에게 예경해야 하는가 등의 문제는 불교가 보편적 사상으로 자리 잡아가던 동아시아 사회에서 심각한 논의 대상이었다. '출세간'의 정체성과 왕에 대한 예경은 승속 간에 타협할 수 없는 가치였던 것이다. 동진의 사문 慧遠의 『沙門不敬王者論』, 北魏의 사문 法果의 "황제는 當今의 如來" 등의 주장(에릭 쥐르허 저, 최연식 역, 『불교의 중국 정복』, 도서출판씨아이알, 2007, 202~239쪽; 가마다 시게오 지음, 정순일 역, 『중국불교사』, 경서원, 1996, 72~92쪽)은 그러한 갈등을 잘 대변한다. 특히 출세간인 승은 세간의 통치자에게 예경하지 않는다는 『沙門不敬王者論』은 '출가자'들의 원론적인 입장을 잘 보

가자들이 지켜야 할 바는 '세간의 율'이 아니라 '출세간의 율'인 것이다.

그러나 현실에서 위와 같은 원론적 출세간의 의미가 관철되기는 어렵다. 스스로 출세간이라고 주장한다고 출세간으로 대우받을 수 있는 것이 아니며, 세간의 통치 체제가 그들이 출세간임을 인정해주어야 비로소 세간의 현실적 속박으로부터 벗어날 여지가 생기는 것이다. 세간의 현실적 속박이란 예컨대 세간의 법률을 위반했을 때의 처벌, 군신 관계를 비롯한 여러 세간의 위계, 국역 같은 세간의 의무들이다.[29] 대체로 중국을 비롯한 동아시아 사회에서 불교가 확산됨에 따라 불교 교단은 국가 체제 아래로 예속되어간다고 평가되지만, '출세간 승은 세간에서 나간 존재'라는 관념은 세속 권력이 용인할 수 있는 한도에서 인정되는 양상을 보인다.[30]

여준다. 출가 수행자인 沙門은 方外의 士(世俗의 밖에 있는 자)로서 국가 권력의 밖에 있다고 주장하고 있다. 이는 중국 전통의 예경 질서와 외래의 종교로서 불교의 대립을 드러낸다. 橫井克信, 「王法と佛法」, 『佛敎の東傳と受容』, 佼成出版社, 2010, 325쪽.

29 승이 죄를 지었을 때 세간의 사람들보다 가볍게 처분하거나, 승에게 역 면제와 같이 세간의 의무를 덜어주는 특전을 주는 것은 이미 중국 당나라 초부터 제도화되어 있었다. 예컨대 貞觀 9년의 도승에 대한 규정에 따르면, 공식적으로 도승하여 僧籍에 오른 자는 徭役을 면제받는 특전을 인정받고, 度牒을 받은 후 1년 동안 笞杖刑을 苦使로 바꾸어 받는 형법상의 특전을 부여받았다. 諸戶入雄, 『中國佛敎制度史の硏究』, 平河出版社, 1990, 294쪽.

30 단, 역사적으로 세속 권력이 교단을 통제했다 하더라도, 숭불의 왕조인 경우 정책 집행자들이 불교 교단의 재가자에 속해 있었음을 고려할 필요가 있다. 불교를 존숭하는 사회가 세속 통치 체제 내로 출가 교단을 포섭하는 일은 교단의 비판을 마주하며 그 필요성과 정당성을 확보해야 했다. 그런 맥락에서, 나말여초 僧統制에서 僧錄制로의 변화를 기억할 필요가 있다. 세속 권력에 의한 불교 교단 통제라는 의미가 강했던 승통제가 불교 사무를 장록하는 실무적 성격의 승록제로 전환해간 것은 불교를 숭상하는 세간이 출세간의 승을 어떻게 다루어야 할 것인지에 대한 고민의 결과였다. 僧統制에서 僧錄制로 변화하는 과정에 대해서는 남동신, 「나말여초 국왕과 불교의 관계」, 『역사와현실』 56, 2005 참조.

결국 출세간 승의 문제에 대한 제도적 해법이 필요해지면서 세속의 왕화(王化)가 미치는 통치 체제의 큰 틀 내에서 '제도적 출세간'의 범주를 설정하게 된다. 도승(度僧)의 법을 두고 승을 출가시킨 후 도첩(度牒)을 주어 제도적 출세간인 도첩승(度牒僧)을 배출하는 방식이 그것이다. 이는 승이 출세간임을 인정하되, 현실에서 세속 제도로 그 범주를 한정할 수 있다는 점에서, 불교가 성한 사회에서 명분과 실리를 모두 챙길 수 있는 방법으로 고안된 것이었다.

'도승'이란 나라에서 정해둔 절차에 따라 승을 출가시킨다는 의미의 제도적 용어이다.[31] 도승하려는 자는 국가로부터 이를 허가하는 증빙을 받아야 하는데, 이를 '도첩'이라고 한다. 도승 시 도첩을 발급하기도 했기 때문에 '도첩제'라고도 부른다. 이 도첩을 소지한 승을 '도첩승'이라고 한다. 말하자면 도첩은 그것을 지닌 승이 세속의 통제하에 통치 체제에서 나갔음을 증빙하는 '제도적 출세간의 증서'였다. 따라서 도첩승은 세속의 역에 차출되지 않는다. 이는 세속의 제도에서 '출세간 승'의 개념을 수용하여 제도적 출세간인 도첩승에게 면역의 특전을 부여한 것으로 해석할 수 있다.

우리나라는 불교적 맥락의 '출세간'이라는 의미뿐 아니라 도승제,[32] 도첩

---

31 '度僧'이 일종의 제도적 용어임은 일찍이 金煐泰, 「朝鮮前期의 度僧 및 赴役僧 문제」, 『佛教學報』 32, 1995, 1쪽에서 지적된 바 있다. '度僧'의 의미에 대한 상세한 고찰은 양혜원, 앞의 글, 2017a, 26~28쪽 참조.

32 고려의 경우, 관단 체제로 불리는 일종의 도승이 이루어지고 있었던 것으로 보인다. 官壇受戒와 관련하여 허흥식, 「불교계의 조직과 행정 제도」, 『고려불교사연구』, 일조각, 1986; 한기문, 『고려 사원의 구조와 기능』, 1998, 민족사의 제4장 'I. 고려 전기 受戒와 戒壇' 참조. 조선의 경우 『경국대전』에 도승의 항목이 독립적으로 형성되어 있었고, 이전 단계 법전인 『경제육전』도 마찬가지였을 것으로 보고 있다. 이와 관련해서는 양혜원, 「『경제육전』 도승·도첩 규정으로 본 조선 초 도승제의 의미」, 『한국사상사학』 57, 2017b 참조.

승의 개념 등을 모두 수용하고 있었다. 도승제는 줄곧 있었던 것으로 보이는데, 도첩이 기록상 처음 드러나는 시기는 1325년(고려 충숙왕 12)이다.[33] 기록을 기준으로 볼 때 도첩은 이때부터 16세기 후반 조선 명종대까지 약 250여 년에 한정되어 운영된다.

혹자는 이 시기 도첩을 '승의 신분증명서' 정도로 해석하곤 하는데, 이는 도첩의 의미를 드러낼 수 있는 표현이 아니다. 실록에는 '도첩'이 '승인이 출가했다는 신표(度牒者 僧人出家之信也)'[34]로 정의되고 있다. 법에 도첩 발급을 위한 여러 조건이 규정되어 있었으므로 출가한 모든 승이 도첩을 받을 수는 없었다. 즉 개인적 출가와 '제도적 출가'는 달랐다는 의미이다.

이렇게 볼 때 도첩승이 제도적 출세간으로서 면역의 특전을 받는 존재라는 점을 간과하면, 조선 사회의 승을 이해하는 데 한계가 생긴다. 조선의 위정자들은 도첩을 받은 승이 세속적 의무와 무관하다는 데 의문을 표하지 않았다. 도첩승에 대한 논의는 그들이 세속의 일, 특히 역과 무관하다는 사실을 모두가 인지한 가운데 이루어졌던 것이다.[35]

도승제를 운영한다는 것은 '제도적 관점'에서 승을 도첩을 소지한 '도첩승(度牒僧)'과 그렇지 못한 '무도첩승(無度牒僧)'으로 나눌 수 있음을 의미한다. 여기서 유의할 점은 이 시기 승을 모두 도첩승이라고 이해하거나, 무도첩승

---

33 현재 문자 기록에서 우리나라의 도첩제가 확인되는 시점은 1325년 충숙왕의 조치이므로 관련 연구들은 대개 충숙왕 12년을 도첩제의 시작점으로 파악하고 있다. 다만 중국의 경우 이미 남북조시대부터 도첩이 나타나고 있기 때문에, 과연 우리나라에서 충숙왕 전에는 시행되지 않았을 것인가에 대한 의심이 제기되기도 한다.

34 『世祖實錄』 卷33, 10年 5月 6日 戊午.

35 『太宗實錄』 卷34, 17年 11月 1日 壬子. 도승과 도첩의 개념과 조선시대의 이해 양상에 대한 상세한 고찰은 양혜원, 앞의 글, 2017a, I장 1절 참조.

은 승이 아니라고 이해해서는 곤란하다는 사실이다. 이는 조선 초를 비롯한 도첩제 시행기의 승을 파악하고자 할 때 많은 연구자들이 혼동하는 문제이다. 이 시기는 신분이 천(賤)인 승이 실록에서 확인되고 승직(僧職)을 가진 승 가운데 도첩을 소지하지 않은 경우도 확인되기 때문에, 제도적으로 도첩 소지에 따라 도첩·무도첩승으로 구분될 뿐, 도첩승만 승이라는 식으로 해석하면 사료의 이해가 어려운 경우가 많다. 만약 어떤 절에 도첩승과 무도첩승이 섞여 살 경우, 겉으로는 이 둘을 구분할 수 없었을 것이다. '무도첩승'은 관에서 도첩 소지를 단속하고 수색할 때 잡혀 나온다.

요컨대 승의 출세간적 특성은 불가피하게 세속의 통치 질서와 갈등을 일으킬 소지가 있었다. 승이 증가할수록 세간의 백성들에게 역 부담이 전가될 가능성이 높아지기 때문이다. 역은 신분과 밀접하게 연관된 사안이기도 했다. 결국 전체 승의 규모는 국가의 역 운영 및 신분과 연동되는 문제였고, 이는 개인의 출가에 국가가 제도적으로 간섭하게 된 이유 중 하나였다. 세속의 권력은 모든 승이 역에서 제외되도록 허용하지 않았으며, 무분별한 승의 양산을 통제하기 위해 제도적으로 승을 출가시키는 도승 규정을 마련했다. 특히 승도가 과다하게 존재하던 여말선초에는 제도적 해법으로 도승제를 점차 강화하여 제도적 출세간의 범위를 강력히 통제하고자 했던 것으로 보인다.

4. 『경제육전』 조문으로 본 승의 성격

앞서 살핀 바와 같이 여말선초의 승도 수 과잉은 도승제의 강화로 이어졌다. 조선 초에 시행된 도승제는 고려 말 정책의 연장선상에 있었는데, 조선시대 들어와 체제 정비와 함께 법전의 조문으로 성문화되었다. 14세기 전반에

시작된 도첩 발급과 도승제 강화의 흐름이 공민왕과 창왕 때의 개정을 거쳐 조선으로 이어졌던 것이다.[36]

이 시기 승이 되는 것은 역으로부터의 이탈을 의미했던 것으로 이해되며, 조선 초 신분제의 틀이 정착되는 과정에서 군역과 더불어 도첩 발급의 문제가 큰 쟁점이 되었다. 특히 세조대 보법의 시행으로 군역 차정 방식이 변화하면서 도첩 소지자의 면역은 더욱 민감한 문제가 되었던 것으로 보인다. 개별 인정을 차출해야 하는 군역 문제와 함께 출가한 승의 규모 및 도승 제도가 함께 거론되는 것은 필연적이었으며, 도승 관련 규정은 『경제육전(經濟六典)』과 『경국대전(經國大典)』에 모두 수록되었다.

우선 조선 초 승 관련 법령을 알기 위해서는 『경제육전』의 내용을 고찰해야 한다. 『경제육전』은 조선왕조의 첫 번째 간행 법전으로[37] 건국 직후부터 편찬을 시작하여 세종대까지 총 네 차례 간행되었다. 그러나 현재 책이 남아 있지 않아, 실록에서 『경제육전』을 인용한 기사를 찾아 이를 통해 조문을 추적·추출하고 그 내용을 『경국대전』 체제에 즉하여 배치하는 방식으로 『경제육전』의 형태와 조문의 복원을 시도해야 한다.[38] 이런 방식으로 조문을 복원

---

36 15세기의 불교 정책, 특히 도승과 관련된 제반 조치는 조선 개창 후 갑자기 시행된 게 아니라 고려 말 정책의 연장선상에 있었다. 양혜원, 앞의 글, 2013 참조.

37 조선의 첫 법전으로 정도전의 『朝鮮經國典』을 들기도 한다(임용한, 「경제육전의 편찬 과정과 판본별 특징」, 『경제육전과 육전 체제의 성립』, 혜안, 2007, 163쪽). 다만 이는 편찬만 되고 공간되지 못했고, 정도전 개인의 사찬 법전으로 볼 것인지 조선의 공식 법전으로 볼 것인지 논란이 있다. 『경제육전』의 경우 누차에 걸쳐 간행되었으므로 『경제육전』이 조선의 첫 간행 법전이라는 데는 관련 학계의 이견이 없는 듯하다.

38 『경제육전』의 판본과 관련하여 관련 조문 연구의 효시격인 花村美樹, 「經濟六典について: 李朝國初の法典に關する一考察」, 『法學論纂』, 1932, 第1部 論集 第5冊에서 실록의 기록을 추출한 바 있다. 이후 윤국일, 『經國大典研究』, 과학·백과사전출판사, 1986은 『원집』과 이후 판본으로 구분하여 총 350여 개의 조문을 추려 수록했다. 이 저서

해보면 『경제육전』에는 적어도 34개조에 이르는 불교 관련 조문이 있었음을 확인할 수 있다.[39]

불교의 출가자 집단으로서 승이란 원래 세속의 지위와 관계없이 평등을 지향하는 집단인데, 이런 원칙과 달리 『경제육전』의 경우 도첩을 받아 도첩 승이 될 수 있는 자격을 신분에 준하여 제한했다. 도승뿐만 아니라 『경제육전』에서 확인되는 승 관련 여러 조문들의 전반적인 특징은 신분적 속성을 강하게 지니고 있다.

『경제육전』에 수록되었을 도승 관련 조문은 꽤 여러 차례 실록에서 인용되었다. 그 내용을 정리해보면, 소수의 관인 자제인 '양반 자제'[40] 중에서 '스

는 2001년 여강출판사에서 『역주 경국대전』이라는 서명으로 재출간되었다. 현재 '한국의 지식콘텐츠(krpia.co.kr)'에서 『역주 경국대전』의 전문을 제공하고 있으며 『경제육전』의 조문을 추려낸 내력의 서술과 해당 조문들은 '제1장 『경제육전』의 편찬과 그 원형' 부분에 실려 있다. 1986년 윤국일의 연구가 간행된 후 다시 田鳳德, 『經濟六典拾遺』, 亞細亞文化社, 1989가 출간되었다. 전봉덕은 기왕의 『경제육전』을 크게 확충하여 실록에서 약 천여 개의 조문을 뽑아냈다. 이어 연세대학교국학연구원 편, 『經濟六典輯錄』, 도서출판다은, 1993은 윤국일의 연구와 전봉덕의 연구를 비교하고 빠진 조문을 찾아 보강하는 방식으로 『경제육전』의 조문을 복원코자 했다. 특히 간행 순서에 따라 『元典』(태조 6년), 『續集詳節』(태종 12년), 『新續六典』(세종 8년), 『新撰經濟續六典』(세종 15년)의 네 간본으로 나누고 각 조문이 어느 시기에 편찬된 법전에 소속된 것인지 구분하여 수록한 것이 가장 큰 특징이다. 그 결과 『經濟六典輯錄』은 중복되는 부분 등을 제외하고 『경제육전』의 조문 수를 총 589개조로 정리했다. 이후의 『경제육전』 관련 연구들은 대부분 이 『經濟六典輯錄』의 조문을 기본 참고 자료로 삼고 있다. 최근 양혜원, 앞의 글, 2017a는 『경제육전』의 조문 가운데 불교 관련 내용만 따로 검토하여 추출·제시하고 불교 관련 조문의 내용을 수정·보완·확충했다.

39 양혜원, 앞의 글, 2017a, '부록 1. 『經濟六典』 불교 관련 조문' 참조. 이하에서 서술하는 『경제육전』 수록 승 관련 조문의 내용은 모두 이 부록의 조문에 근거한 것이다.

40 『경제육전』 도승 조항의 '양반 자제'의 성격에 대한 세밀한 고찰은 양혜원, 앞의 글, 2017a, 115~124쪽 참조.

스로 승이 되기를 원하고→ 부모나 친족의 허락을 얻어 승록사에 신고→ 예조에 보고하여 왕의 허락을 득하고→ 정전 오승포 백 필을 납부하면→ 도첩을 주어 출가를 허용'했다. 더하여 도첩을 줄 때 재행(才行)을 시험했다.[41] 즉 이 도승제는 높은 신분 기준과 까다로운 절차, 도승자의 재력, 자질 등의 요건을 복합적으로 요구했던 것이다. 결국 이는 국가가 많은 수의 도첩 발급을 전제하지 않았던 것으로 이해된다.[42]

특히 이 도승제의 핵심은 도승 대상을 '양반 자제'로 한정한 것이었다. 조선 초 양반은 문무반 관료를 의미하는 것으로, 조선 후기의 양반과는 다른 극소수의 존재이다. 개국 초 도첩 관련 규정에서 '양반-서인-천구'를 설정했다가[43] 결국 법전에서 서인과 천구를 배제한 소수의 상층 양반 자제만 도첩 발급 대상으로 제한한 것이다.[44] 실록에 인용된 기사가 "『육전』을 살피면 양반 자제에서 아래로 공사천구에 이르기까지 제멋대로 삭발하는 것은 매우 부당합니다. 금후로는 양반 자제로서 스스로 승이 되기를 원하는 자는 (…)"[45] 과 같이 언급하고 있는 것을 보아, 적어도 법전에 수록된 조문은 공사천구

---

41 『太宗實錄』卷3, 2年 6月 18日 庚午, "凡僧尼 試才行給度牒 許令削髮." 여기서 승니는 재행을 시험하여 도첩을 주어 출가를 허락한다고 했으나, 이 내용이 『경제육전』에 실렸다는 기록은 실록에서 명확하게 확인되지 않는다. 그러나 도첩을 주면서 재행을 시험하는 것은 이후의 『경국대전』 도승은 물론 명나라의 도승에서도 확인되는 과정이다. 따라서 『경제육전』의 도승에도 규정되었을 가능성이 높다.

42 『경제육전』의 도승 조문을 추출하여 전문을 추적하는 과정은 양혜원, 앞의 글, 2017b, 1장 참조.

43 『太祖實錄』卷2, 1年 9月 24日 壬寅.

44 조선 초 천구에게까지 도첩을 주는 규정은 이미 광범위하게 존재하던 무도첩승을 구제하기 위한 一時之法으로 판단된다. 이와 관련한 상세한 서술은 양혜원, 앞의 글, 2017a, 145쪽 참조.

45 『太宗實錄』卷15, 8年 5月 10日 戊午.

등을 제외한 '양반 자제'로 대상을 한정했음을 알 수 있다.

정전을 낼 재력이나 승으로서 재행의 연마 등은 후천적으로 대비할 수 있는 것이지만, 양반 자제라는 신분 규정은 생득적인 것이다. 조선 초 관인층 자제인 양반 자제가 소수였다는 점만 보더라도, 이 시기 도승제가 도첩의 대량 발급을 염두에 둔 제도라고 생각하기 힘들다.

더구나 도첩승들은 이른바 승과(僧科)를 통해 승직을 받을 수 있었는데, 승과는 문과(文科) 향시의 법에 의거하여 치르고 초선과 입선에서 각각 어느 정도 규모를 뽑는지 정하고 있었다. 승직을 선발하는 승과도 관직을 선발하는 과거와 대동소이한 방식으로 운영되고 있었던 것이다.

『경제육전』에는 출가했다가 환속하는 경우에 대한 규정도 있었다. 승이 환속할 경우 초입사례를 면제해주고 성중애마(成衆愛馬)에 준하는 자리를 주며, 능력이 있는 경우 출가했을 때 지녔던 승직에 준하여 관리로 서용하도록 하는 조문이 수록되어 있었다. 이런 제도는 이미 고려조부터 시행되었던 것으로 생각된다.[46]

위와 같은 내용을 미루어 보았을 때, 제도적으로 양반 자제에 한정되는 도첩승은 역을 면하고 승과를 통해 승직에 나아갈 수 있는 자이며, 이들은 환속했을 때 초입사례를 거치지 않고도 성중애마에 준하는 자리를 받았다. 도승 자체가 초입사례에 준하는 조건을 보증한다고 여긴 것이다. 승직을 지낸 경우에는 과거를 보지 않고 승직에 준하는 관리로 서용되는 특전을 부여받았다. 조선 초 이러한 제도의 대상에 하층민이 포함되었다고 상정하기는

46　그 사례로 『경제육전』을 편찬한 조준(趙浚)의 동생 조견(趙狷)의 예를 찾아볼 수 있다(양혜원, 앞의 글, 2017a, 195~198쪽). 다만 이러한 제도가 고려의 어느 시기부터 시행되었는가는 향후 밝혀야 할 과제 중 하나이다.

어려우며, 그런 맥락에서 도승 대상인 '양반 자제' 규정을 이해할 수 있다.

한편,『경제육전』의 승 관련 규정을 검토해보면 해당 규정의 대상이 민의 3할인 승 모두라고 판단하기는 어렵다. 육전의 까다로운 도승 규정을 적용하면 도첩승은 필연적으로 소수일 수밖에 없으며, 바로 이 점이『경제육전』의 도승제를 규정한 이유라고 판단할 수 있다. 즉 당시 도승 규정을 적용하면 승 가운데 소수의 도첩승과 다수의 무도첩승이 존재할 수 밖에 없으며, 민의 3할이 승이더라도 도첩승이 되어 면역의 특전을 받는 범위는 매우 좁아질 수 밖에 없다. 이는 도첩 소지에 의해 제도적 출세간의 범주를 한정하는 것으로, 제도적 출세간은 도첩승에 국한되며 무도첩승은 제도적으로 세간에 속한다. 곧 제도적으로 보았을 때 무도첩승은 세간의 역 차정 대상이 될 수 있다.[47]

『경제육전』에 수록된 도승 제도와 이들에 대한 일련의 특전들이 이전 사회인 고려와 얼마나 달라진 것인지 현재의 연구 성과로는 구체적으로 설명하기 힘들다. 다만, 상대적으로 높은 신분과 경제력 등이 복합적으로 결합된 도승제와 승직 선발, 환속자 등에 대한 규정들은 우리가 흔히 상상하듯 천대받는 조선 후기 승의 이미지와는 매우 다르다. 도첩승을 지배층으로 간주하는『경제육전』단계의 시각은 고려적인 분위기의 연장선으로 생각된다.

이후『경제육전』보다 더욱 정비된 통일 법전의 형태로 등장하는 1484년 (성종 15)의『경국대전』에서는 도승을 '양반 자제'로 제한하는 문구나 '환속자 서용' 규정이 삭제되는 등 변화가 확인된다.『경국대전』의 승 관련 규정은 선

---

47 시기적으로 나중이긴 하지만 16세기 이문건의 문집『묵재일기』에서 승이 군역을 피하기 위해 이문건에게 도움을 요청하는 상황을, 이러한 도승제의 제도적 틀 아래서 이해할 수 있다. 즉 해당 승은 도첩을 소지하지 않은 무도첩승이기 때문에 '제도적 출세간'이 아니므로 국가의 차역 대상이 되었다고 볼 수 있다. 이 시기 도첩의 핵심적 기능에 대한 상세한 고찰은 양혜원, 앞의 글, 2017b, 2장 참조.

교양종으로의 종파 통합으로 인한 승직 규모의 축소, 승록사의 폐지 등의 상황이 총체적으로 반영된 결과물이었다.

5. 도첩승, 특권을 이어가다

현재는 여말선초 승의 성격과 관련된 연구 성과가 막 제출되고 있는 시점이어서 확정적인 결론을 내리기에는 한계가 있다. 그럼에도 승도 과잉 현상을 소개하고 이를 제도적으로 어떻게 해결하려 했는지 『경제육전』을 통해 살피는 것만으로도 이 시기 분위기를 엿보는 데 도움이 될 것이다.

고려 말 과다하고 광범위하게 승이 분포하던 현실이 조선 초까지 지속된다는 점을 수긍한다면, 이는 여말선초 사회 전반에 출가의 풍조가 만연해 있었음을 보여주는 '현상의 연속성'이라고 할 수 있을 것이다. 따라서 이 시기 각종 불교 정책 시행의 근본적 원인은 정치사상의 전환 때문이라기보다 현실에 존재하는 문제적 상황을 배경으로 했을 가능성이 높다. 사상 교체의 결과로 불교를 억압했다기보다, 현실의 압도적인 문제적 상황을 개선하기 위해 강력한 정치사상적 명분이 필요했다는 것이다.

또한 조선 초 성문화된 승 관련 제도들의 시원적 형태는 유사한 현상을 배경으로 하는 고려 말 제도의 연장선 위에 있었다고 할 수 있다. 조선의 개창으로 승이 억압되고 천시되었다는 식의 기존 이해에 비추어볼 때, 『경제육전』에서 보이는 높은 신분의 승은 생소하기만 하다. 더구나 승의 수가 과잉되었을 때 이를 통제하려는 정책은 어느 시기나 존재했으며, 고려나 조선의 경우도 마찬가지다. 도첩을 통해 신분 혹은 직역을 제한하여 도승을 통제해보려는 시도는 기록상 적어도 14세기 전반에 시작되었으며, 이 제도의 연장선 위에서 도승 규모 제한이라는 일정한 방향성을 가지고 조선 초 도승제가 성립되었다.

한편, 『경제육전』과 같은 법전에서 사회를 구분하는 관점에 유의할 필요가 있다. 『경제육전』처럼 도승제를 수록한 법전은, 해당 사회를 '양천'과 같은 신분보다 '출세간(승)과 세간(속)'으로 우선 구분하고 있다고 생각할 수 있다. 물론 법전에서 왕은 규제하지 않으므로, 가장 상위에는 왕이 존재한다. 이런 구도는 『경제육전』뿐 아니라 역시 도승제가 수록된 『경국대전』에서도 유효한데, 이 시기 법전에서 제도적 출세간은 군역을 비롯한 세간의 의무에서 벗어나 있다.[48]

불교적 관념이 반영된 이러한 구분은 해당 시기 사회를 바라볼 때 중요한 시사점을 던져준다. 이 시기에 승이 군역을 지지 않은 것은 천(賤)처럼 '배제' 되는 것이 아니라, 성균관이나 향교의 학생(學生)처럼 '면제'되는 특권이었다. 법으로 도첩승을 제한하려 한 까닭이 이것이다. 사람들이 더 이상 제도적 출세간을 정식으로 인정하지 않는 시기가 되어야 비로소 기존의 사회로부터 완전히 변화했다고 평가할 수 있지 않을까.

숭유억불, 고려와 다른 조선이라는 통설에 기댄 채 조선 초 사회를 바라볼 때, 민의 3할이 승이라거나 세조대 호패법을 시행할 때 승이 된 자가 14

---

48 『경국대전』이 승속을 우선적으로 구분하고 있다고 보는 견해는 기존 법사학계에서 이미 제기된 바 있다. 조우영, 「『경국대전』의 신분 제도」, 서울대 법학과 박사논문, 2003은 『경국대전』에서 僧人은 俗人이 지는 거의 모든 의무로부터 벗어나고 있음에 주목했다. 단, 조우영은 이에 대해 『경국대전』에 규정된 '승'은 신분적 속성을 가졌다고 주장했으며, 통치 질서 전반을 유교적 관념에 맞추어 구성하는 과정에서 僧人을 따로 떼어내 세속 통치 질서에서 소외시켰다고 보았다. 그는 이 구도를 조선 사회가 개창된 후 유교적 이데올로기에 의해 불교가 배제되는 과정으로 이해한 듯하다. 그러나 이는 조선만의 특성이 아니며 전통적 출세간 승의 개념을 염두에 두고 파악할 필요가 있다.

만 3천이었다거나, 성종대까지도 전국에 40만 혹은 50만~60만까지 승이 늘었을 거라고 추정하는 실록의 기록들은 당황스럽다. 반복적·지속적으로 등장하는 여말선초 승도 과잉의 문제는 이 시기 사회상을 어떻게 바라봐야 할 것인가에 대한 근본적 의문을 던져준다. 조선 사회에서 승도의 수가 과다했다는 사실 자체가 생경한 데다, 5천만 인구 가운데 승이 1만~2만에 불과한 현재를 사는 우리가, 지금보다 훨씬 적은 인구 가운데 몇 십만 단위로 승이 존재하는 사회를 어떻게 이해할 것인가?

불교가 천 년 이상 지배적 사상으로 존재해왔던 시기, 지역의 대표 경관으로 절이 존재하고 거리에서 승을 보는 것이 어렵지 않은 사회에서 생각하는 승과, 현재를 사는 우리가 생각하는 승은 서로 다른 존재 양상과 사회적 맥락을 가지는 것이 당연하다. 현재 우리는 실록에 산발적으로 남은 피역승, 타락한 승 등 '문제적 승'에 대한 기록에 익숙할 뿐, 당시의 진짜 승에 대해서는 아직 모르는 것이 너무나 많다. 승을 중심으로 조선 사회를 바라볼 때 고려와의 연속성을 염두에 둘 수 밖에 없는 까닭이다.

15세기 불교 서적의 재발견

| 손성필 |

1. 15세기 불교 서적의 간행

조선 초기인 15세기는 국왕이 『석보상절(釋譜詳節)』, 『월인천강지곡(月印千江之曲)』 등과 같은 불교 서적을 편찬하고 간경도감(刊經都監)에서 불교 서적을 언해(諺解)하고 간행했던 시기였다. 이러한 국왕 또는 국가의 불교 서적 편찬과 간행은 일반적으로 국왕의 개인적인 신앙 행위, 유교 국가의 이질적이고 퇴행적인 행위로 이해되어왔다. 그러나 이 글에서는 조선 초기인 15세기 불교 서적 간행과 관련된 기존 담론을 비판적으로 검토하여 새로운 해석의 가능성을 모색해보고자 한다. 15세기의 불서 간행에 대한 논의를 위해 우선 13세기부터 19세기까지 불서 판종의 현황, 곧 불서 간행의 추이를 현존 판본에 대한 서지학 연구 성과를 바탕으로 정리하여 제시하면 〈표 1〉과 같다.[1]

---

1 손성필, 「16·17세기 불교 정책과 불교계의 동향」, 동국대 사학과 박사학위논문, 2013a, 119쪽의 〈표 2〉를 토대로 하되, 13·14세기 불서는 남권희, 『高麗時代 記錄文化 硏究』,

<표 1> 13세기~19세기 불교 서적 간행 현황

	구분	13세기	14세기	15세기	16세기	17세기	18세기	19세기	계
목판	관판	3	2	34	–	–	–	–	39
	사찰판	27	27	64	301	319	169	55	962
	사가판	28	31	–					59
활자	관판	–	–	27					27
	사찰판	–	2						2
계		58	62	125	301	319	169	55	1,089

<표 1>의 불서 간행 현황은 현존 자료를 중심으로 조사한 것이므로 당시에 간행된 불서의 총량이 아니라는 점에 주의할 필요가 있다. 하지만 오래된 서적, 큰 전란 이전에 간행된 서적일수록 현전할 가능성이 낮다는 점 등을 고려한다면, 불서 간행의 대략적인 추이를 살펴보는 데는 무리가 없어 보인다. 우선 세기별 불서 간행의 합계를 통해 볼 때, 14세기에 비해 15세기에 간행량이 많고, 15세기에 비해 16세기에 간행량이 많다는 점이 주목된다.[2] 임진

청주고인쇄박물관, 2002, 30~103쪽과 215~273쪽을 통해 보완했다. 15세기는 천혜봉, 「朝鮮前期 佛書版本」, 『서지학보』 5, 1991에 의거하고, 16~19세기는 박상국, 「有刊記佛書木板本目錄」, 『全國寺刹所藏木板集』, 문화재관리국, 1987에 의거하여 조사했다. 목판으로 판각하거나 활자로 인출한 것을 대상으로 했으며, 대장경, 간행 시기 및 주체가 불분명한 판본 등은 제외했다. 刊經都監 重修本은 旣刊本의 飜刻本이 아니라 重修 印出本이라는 최근의 연구 성과에 따라 간행 횟수 및 목록에서 제외했다. 비록 중수본은 신규 관판본이 아니므로 간행 횟수 및 목록에서 제외했지만, 冊版이 중수되었다는 것은 당시까지 敎藏 등의 고려 책판이 상당수 전래되었음을 의미한다는 점에서 그 실제에 대한 면밀한 검토가 필요하다. 송일기, 「刊經都監 重修本에 대한 誤解」, 『서지학연구』 73, 2018.

2 조선시대에 불교 서적이 대량 간행되었다는 점은 일찍이 일본인 학자에 의해 지적된 바 있다. 마에마 쿄사쿠는 조선시대 사찰에서 간행된 불서의 수가 2천여 종에 이른다고 추

왜란 이전의 16세기에 사찰판 불서의 간행량이 크게 증가한 현상은 근래에 알려져 그 역사적 의미에 대한 해석이 이루어지기 시작했다.[3] 그런데 16세기 이후에는 주로 사찰에서 목판본 불서를 간행했지만, 15세기 이전에는 관(官), 사찰(寺刹), 사가(私家) 등의 다양한 주체가 목판본뿐 아니라 활자본으로도 불서를 간행했음이 확인된다.

불서의 간행 시기, 주체 등에 대한 이와 같은 분석이 가능한 것은 불서에는 간행 사실에 관한 서문(序文), 발문(跋文), 간기(刊記), 연화질(緣化秩) 등이 충실히 기재된다는 특징이 있기 때문이다. 간행 주체의 경우 간행 관련 기록에 의거하여 주체가 관서이면 관판, 사찰이면 사찰판, 개인이면 사가판 등으로 구분하는 것이다. 그런데 13, 14, 15세기의 불서 간행 주체를 살펴보면 관판의 경우 관서가 간행 주체로 명기된 것과 국왕이나 왕실 인물이 간행 주체로 기재된 것으로 구분되는데, 이른바 이 국왕·왕실판 불서는 특히 15세기에 집중적으로 간행되었다. 그리고 13, 14세기의 사가판의 경우 최우(崔瑀), 정안(鄭晏) 등과 같은 최고위층 인사가 간행한 것이거나, 혜심(慧諶), 체원(體元) 등

정했고(前間恭作, 『朝鮮の板本』, 松浦書店, 1937, 23쪽), 에다 토시오는 조선시대의 불서 간행이 동시대의 일본이나 중국에 비해 아주 활발했다고 평가하기도 했다. 江田俊雄, 「佛書刊行より見た李朝代佛教」, 『印度學佛教學研究』 4-1, 1956.

3 손성필, 「16세기 사찰판 불서 간행의 증대와 그 서지사적 의의」, 『서지학연구』 54, 2013. 16세기에 사찰판 불교 서적의 간행이 크게 증가한 현상은 불교사, 인쇄문화사, 향촌사회사 등 다각도의 해석이 필요한 연구 과제인 것으로 보인다. 그러나 이 글에서는 15세기의 불서 간행으로 논의를 제한할 것이다. 한편, 불서 간행의 추이와 관련하여 조선시대 불교사 자료, 불교사 시기구분, 불교 정책의 성격 등에 대해 개괄적으로 논한 연구로는 손성필, 「조선시대 불교사 자료의 종류와 성격」, 『불교학연구』 39, 2014; 「조선시대 불교사 시기구분 시론」, 『불교학연구』 45, 2015; 「조선시대 불교 정책의 실제—승정체제, 사찰, 승도에 대한 정책의 성격과 변천」, 『한국문화』 83, 2018 등이 있다.

과 같은 유력 승인층(僧人層)이 간행한 것이 대부분이다.[4] 고려의 사가판은 관서나 사찰을 통해 불서를 간행한 것으로 보이기 때문에 사실 관판, 사찰판과의 구분이 애매한 측면이 있다. 결국 13, 14세기에는 주로 최고위층 인사나 승인이 관서나 사찰을 통해 불서를 간행했다고 할 수 있다.

그렇다면 고려 후기인 13, 14세기와 조선 초기인 15세기를 비교해볼 때 최고위층 인사나 사찰이 불서 간행의 주요 주체였다는 점은 공통적이라고 할 수 있으나, 15세기에는 국왕과 왕실이 간행 주체로서 다수의 불서를 간행했다는 점, 관에서 활자본 불서를 다수 간행했다는 점, 통념과는 달리 조선 건국 이후에도 불서 간행량이 줄지 않았고 사찰의 불서 간행량이 적지 않았다는 점 등은 특징적이라고 할 수 있다. 그러므로 〈표 1〉을 통해 확인되는 이러한 양상을 13, 14세기와의 연속, 그리고 15세기 새로운 변화의 측면에서 보다 면밀히 검토할 필요가 있어 보인다. 이는 15세기에 간행된 불서의 종류를 살펴보아도 마찬가지이다. 15세기에 간행된 관판, 사찰판 불서의 종류와 간행 횟수를 정리하면 〈표 2〉와 같다.[5]

〈표 2〉에서 보듯 15세기에는 다양한 종류의 불서가 간행되었다. 간행 불서의 종류를 살펴보면 대체로 고려 후기인 13, 14세기의 불서 간행 경향을 계승하면서도 『묘법연화경(妙法蓮華經)』과 수륙재 의식집류(水陸齋儀式集類)의 간행이 크게 증가하는 새로운 현상이 나타나기도 했다.[6] 그리고 16세기와 비

---

4 남권희, 앞의 책, 2002, 30~103쪽.

5 손성필, 앞의 글, 2013a, 130~131쪽, 133쪽. 앞서 언급했듯 刊經都監 重修本 佛書는 제외했다. 간경도감 刊行 및 印出 불서, 仁粹大妃 등 왕후의 인출 불서 등은 김성수 외, 『朝鮮前記 記錄文化 硏究―목판인쇄 기록물』, 청주고인쇄박물관, 2013, 184~188쪽 참조.

6 이 글에서는 15세기에 간행된 불서의 종류에 대한 자세한 논의는 생략한다. 15, 16세

<표 2> 15세기(태조~연산군대) 불교 서적의 간행 현황

구분	불교 서적(간행 횟수)
관판	妙法蓮華經(10), 楞嚴經(5), 圓覺經(4), 禪宗永嘉集(3), 地藏經(3), 金剛經(2), 禮念彌陀道場懺法(2), 天地冥陽水陸雜文(2), 金剛經三家解(1), 金剛經五家解(1), 大般若經(1), 牧牛子修心訣(1), 蒙山和尙法語略錄(1), 般若心經略疏(1), 飜譯名義(1), 碧巖錄(1), 父母恩重經(1), 佛頂心陀羅尼經(1), 舍利靈應記(1), 四法語(1), 釋譜詳節(1), 小彌陀懺(1), 水陸無遮平等齋儀撮要(1), 水陸齋儀撮要(1), 阿彌陀經(1), 永嘉眞覺大師證道歌(1), 永嘉眞覺大師證道歌註解(1), 永嘉證道歌南明泉禪師繼頌(1), 五大眞言集(1), 月印釋譜(1), 月印千江之曲(1), 六經合部(1), 六祖大師法寶壇經(1), 慈悲道場懺法(1), 長壽滅罪護諸童子陀羅尼經(1), 眞言勸供(1), 天台四敎儀(1), 華嚴經(1)
사찰판	金剛經(9), 妙法蓮華經(8), 六經合部(5), 楞嚴經(4), 父母恩重經(4), 牧牛子修心訣(3), 長壽滅罪護諸童子陀羅尼經(3), 高峰和尙禪要(2), 蒙山和尙六道普說(2), 普濟尊者三種歌(2), 六祖大師法寶壇經(2), 達磨大師血脈論(1), 大方廣佛華嚴經 普賢行願品(1), 般若波羅蜜多心經解(1), 法界聖凡水陸勝會修齋儀軌(1), 法集別行錄節要幷入私記(1), 佛祖三經(1), 佛祖歷代通載(1), 西天佛祖宗派傳法旨要(1), 禪門拈頌集(1), 禪源諸詮集都序(1), 禪宗永嘉集(1), 禪宗唯心訣(1), 心經太顚和尙注(1), 永嘉眞覺大師證道歌(1), 禮念彌陀道場懺法(1), 預修十王生七經(1), 人天眼目(1), 寂滅示衆論(1), 曹洞五位(1), 地藏經(1), 千手千眼大陀羅尼經(1), 賢首諸乘法數(1), 現行西方經(1), 黃檗山斷際禪師傳心法要(1)

교해보면, 대체로 15세기의 불서 간행 경향이 16세기로 계승되는 가운데 16세기에는 이른바 사집(四集)에 해당하는 강학용 불서의 간행이 증가하는 새로운 현상이 나타나기도 했다.[7] 적어도 국가와 사찰이 간행한 불서의 종류를

기에 간행된 불서의 종류에 대한 논의는 손성필, 앞의 글, 2013a, 129~162쪽 참조. 고려 후기와 조선시대의 『妙法蓮華經』 간행에 대해서는 박광연, 「고려 후기 '法華經 戒環解'의 유통과 사상사적 의미―고려 후기 天台宗의 사상 경향에 대한 일고찰」, 『불교연구』 38, 2013; 정왕근, 「朝鮮時代 『妙法蓮華經』의 板本 硏究」, 중앙대학교 박사학위논문, 2012 등 참조. 『묘법연화경』은 조선시대에 가장 많이 간행된 불서로, 현재 파악된 간행본 판종만 160여 종에 이른다.

7 손성필·전효진, 「16·17세기 '四集' 불서의 판본 계통과 불교계 재편」, 『한국사상사학』 58, 2018.

통해 볼 때, 13, 14, 15, 16세기에는 기존 전통을 계승하면서 새로운 경향이 출현하기도 하는 지속과 변화의 양상이 확인되지만, 커다란 변화나 급격한 단절의 증거는 찾아보기 어렵다.

그러나 15세기의 불교 서적 간행은 지금까지 한국사 연구에서 그리 중요한 주제가 아니었다. 고려시대의 불서 간행에 비해서도 그러하거니와, 정치, 법률, 역사, 지리, 음악, 농업, 의약, 천문, 군사, 어학, 문학, 유교 등의 각 분야에서 15세기에 간행된 각종 서적들이 가지는 의미가 중요하게 다루어지는 와중에도 불교 서적은 주로 훈민정음 창제, 인쇄기술 발달 등과 관련하여 거론될 뿐 해당 불서의 간행 자체가 가지는 역사적 의미에 대해서는 관심이 적었다.[8] 15세기에 간행된 개별 불서에 대한 서지학계와 국어학계의 연구 성과는 결코 적지 않지만, 그 역사적 의미에 대한 해석은 국왕의 개인적인 신앙 행위, 유교 국가의 이례적 행태, 명맥 유지를 위한 불교계의 자구책 등과 같은 해석을 벗어나지 못하고 있는 듯하다.

이는 기본적으로 조선시대에 불교가 억압당했다는 인식에 따른 것이라고 할 수 있지만, 조선시대 불교에 대한 이 같은 인식은 한국사의 전개 및 조선시대의 성격을 바라보는 시각과 밀접한 관련성을 지닌 것으로 생각된다. 그러므로 우선 조선시대의 '불교'와 '서적'에 대한 담론을 비판적으로 검토함으로써 한국사 이해에서 15세기의 불서가 소외된 이유에 대해 성찰해보고자 한다.

---

8 국사편찬위원회, 『한국사 26·27. 조선 초기의 문화』, 1995; 신양선, 『조선 초기 서지사 연구—15세기 관찬서를 중심으로』, 혜안, 2012.

2. 조선시대 '불교'와 '서적'에 대한 담론

'불교' 담론: 이념의 쇠퇴와 피억압

고려의 멸망과 조선의 건국은 역사의 발전, 이른바 불교 국가에서 유교 국가로의 전환으로 이해되어왔다. 지배 이념(이데올로기)이 불교에서 유교로 바뀌는 사상사적 전환이 역사 발전을 추동했다고 보고, 이를 '유불 교체'라 표현한다. 그리하여 국가의 불교 정책은 고려의 숭불 정책에서 조선의 억불(벽불, 척불, 배불) 정책으로 전환되었고, 이단인 불교 사상은 배척당하고 부패한 기득권 세력인 불교계와 승도는 억압당하게 되었다. 주지하다시피 이를 '숭유억불'이라 표현한다. 고려의 지배 이념인 불교는 이제 개인적인 '종교'와 '신앙'의 영역을 담당하게 되었으며, 국왕과 왕실, 서민과 부녀자의 신앙에 기대어 명맥을 유지하게 되었다. 유교 국가의 국왕과 신료는 기본적으로 불교를 배척했지만, 간혹 불교를 신앙하는 국왕이 출현하여 숭불 정책을 시행하면 불교계가 부흥했고, 불교를 신앙하는 신료가 승인과 교유하고 사찰의 불사를 지원하기도 했다. 그러나 조선시대에 불교계는 지속적으로 억압당할 수밖에 없었다고 하는 것이 일반적 이해, 일반적 서사인 듯하다.

그런데 조선시대 불교가 이렇게 쇠퇴하고 무력했다는 인식은 개항기 및 일제강점기의 지식인들에 의해 형성되어 확산된 것으로 보인다. 유교와 불교를 대비하여 조선의 이념 지향을 규정한 '숭유억불'이라는 개념 자체가 한국과 일본의 종교 전통을 비교하면서 형성된 것으로 보이는데,[9] 특히 다카하시

---

9 지금까지 확인된 바로는 1906년 10월 16일 『大韓每日申報』의 논설에서 '숭유'와 '억불'을 대비하는 서술이 처음 보인다. 김용태, 「조선 불교, 고려 불교의 단절인가 연속인가?」, 『역사비평』 123, 2018.

도오루(高橋亨)의 『이조불교(李朝佛敎)』는 조선시대 불교사를 체계적으로 정리한 역작으로, 조선시대 불교에 대한 여러 인식을 형성하고 유포하는 데 큰 영향을 미친 책이다.[10] 그의 책에서는 불교계의 포교권을 국가가 탈취했다(敎化權國家奪取說), 승도의 신분이 천인으로 추락했다(僧侶賤人身分說), 불교 사상이 정체되고 타율적이었다(固着性非獨自性說), 불교계가 산중으로 숨어들어갔다(山中佛敎說), 불교는 쇠퇴할 수밖에 없었다(衰退持續說), 불교가 명맥을 유지했다(命脈維持說), 불교는 부녀자와 서민의 신앙일 뿐이었다(婦女子庶民信仰說)는 등의 담론과 서사가 확인된다. 그의 주장은 '식민 통치와 일본 불교의 관점에 따른 조선 불교의 사회적 무능론'이었다고 정의할 수 있을 듯하다.[11]

불교가 억압당했고 무력했다는 인식은 해방 이후에도 크게 바뀌지 않았다. 다카하시가 독단적 유교와 무력한 불교로 인해 조선이 쇠퇴할 수밖에 없었다는 입장에 서 있었다면, 해방 이후의 한국사학계는 한국사가 내재적으로 발전했고 조선시대가 근대로 이행하고 있었다는 입장이었다고 할 수 있다. 그에 따라 조선의 건국이 불교 국가에서 유교 국가로 전환한, 이른바 '역사의 발전'으로 서술되었고, 유교와 불교의 대립은 이념의 대립, 종교의 대립으로 이해되었다. 이러한 유교 지향의 단선적 발전론에 따라 조선의 불교는 억압의 대상, 개인의 종교 신앙, 이질적이고 퇴행적인 것으로 이해될 수밖에 없었다. 이런 인식에 따라 조선시대 불교에 대한 연구는 계속 부진할 수밖에 없었고, 다카하시의 주장들은 오늘날에도 여전히 조선시대 불교를 설명하는 유

10　高橋亨, 『李朝佛敎』, 寶文館, 1929.

11　손성필, 앞의 글, 2013a, 4~5쪽. 일제강점기 연구자의 불교사 인식에 대해서는 김용태, 「식민시기 한국인·일본인 학자의 한국 불교사 인식—공통의 지향과 상이한 시각」, 『한국사상사학』 56, 2017 참조.

력한 서사로 통용되고 있다.

일차적 문제는 조선시대 불교에 대한 이러한 인식 중에서 근거 없는 주장에 따른 것이 적지 않다는 데 있다. 2000년대 이후 진전된 조선시대 불교에 대한 연구 성과를 통해 볼 때, 조선시대 불교에 대한 기존의 인식은 잘못된 정보에 의거한 것들이 많다. 대표적인 것이 조선시대의 승도(僧徒)가 천인(賤人)이었고, 팔천(八賤)의 하나였다는 인식이다. 이러한 인식은 근래까지도 역사적 사실로 받아들여졌는데, 특히 승도가 팔천 중의 하나였다는 주장은 조선시대 자료에서 전혀 근거를 찾을 수 없는 허구적 주장으로, 이미 일제강점기에 이능화(李能和)에 의해 강하게 비판된 바 있다.[12] 조선시대의 승인층은 다양한 신분이 수렴된 복합적 사회 계층으로, 시기에 따라 차이가 있지만 도첩승(度牒僧), 통정승(通政僧) 등과 같은 면역층(免役層)이 거의 지속적으로 존재했고, 판사(判事), 주지(住持), 총섭(摠攝) 등과 같은 승직자(僧職者)가 존재했을 뿐 아니라, 17세기 중엽 이후에는 속인(俗人)이 아니라 승인(僧人)으로서 호적에 등재되었다.[13]

태종과 세종의 억불 정책에 따라 결국 36개 사찰만 국가로부터 공인되고 그 밖의 사찰은 철훼되었다는 인식 또한 대표적 오해이다. 세종이 종단을 선종(禪宗)과 교종(敎宗)의 양종으로 통합하고 상당수의 사원전을 속공한 것은 국가 관료 체제의 일부인 승정 체제(僧政體制)에 대한 개혁이었다. 국가가 보호하고 관리하는 사찰, 곧 승정 체제에 소속시켜 사원전을 지급하고 주지를

---

12 손성필, 「조선시대 승려 賤人身分說의 재검토―高橋亨의 주장에 대한 비판을 중심으로」, 『보조사상』 40, 2013b.

13 장경준, 「조선 후기 호적대장의 승려 등재 배경과 그 양상」, 『대동문화연구』 54, 2006, 271~272쪽; 손성필, 앞의 글, 2013a, 201~214쪽.

<표3> 『신증동국여지승람』 수록 사찰의 수

지역	군현 수(A)	사찰 수(B)	古跡條 사찰 수	군현당 평균 사찰 수(B/A)
경기도	39	212	35	5.4
충청도	54	260	2	4.8
경상도	67	284	22	4.2
전라도	57	280	3	4.9
황해도	24	213	1	8.9
강원도	26	113	1	4.3
함경도	22	75	–	3.4
평안도	42	221	6	5.3
계	331	1,658	70	5.0

제수하는 사찰의 수를 대폭 감축하는 대대적인 개혁이었던 것은 분명하지만, 그 밖의 사찰을 승정 체제에서 배제(革)했을 뿐 조선 말기의 서원 철폐처럼 철훼(撤)한 것이 아니었다.[14] 곧 36개 이외의 사찰에 대한 국가의 보호와 지원 중단이 불교계에 상당한 타격을 입힌 것은 분명해 보이지만, 사찰의 경제적 기반이 사원전 등과 같은 국가적 지원만은 아니었다는 점 또한 고려되어야 한다. 그러므로 국가적 지원에 의존도가 높던 사찰은 상당수 도태된 것으로 보이지만, 시납전(施納田), 사전(私田), 시주(施主) 등의 경제적 기반을 가진 사찰은 계속 유지될 수 있었다. 실제로 『신증동국여지승람(新增東國輿地勝覽)』을 통해 15세기 후반에서 16세기 전반까지 전국 각 군현에 존재했던 사찰 현황을 확인할 수 있는데, 그 수를 정리하여 제시하면 〈표 3〉과 같다.[15]

---

14 손성필, 「16세기 조선의 정치·사회와 불교계」, 『동국사학』 61, 2016, 48~49쪽.

15 이병희, 「朝鮮時期 寺刹의 數的 推移」, 『역사교육』 61, 1997; 손성필, 앞의 글, 2016, 141쪽.

〈표 3〉에서 보듯 『신증동국여지승람』이 편찬된 16세기 전반에 전국 각 군현에는 1,650여 개소의 사찰이 있었다. '신증(新增)'되거나 '금폐(今廢)'된 사찰이 몇 건 되지 않는다는 점을 통해 볼 때, 이 정도 수의 사찰이 『동국여지승람』이 편찬된 15세기 후반에도 있었다고 볼 수 있다. 그런데 『여지승람』에 수록된 사찰은 각 군현의 대표 사찰로, 군현별로 대략 5개 소의 사찰을 수록했다. 그러므로 『여지승람』에 수록된 사찰 외에도 다수의 사찰이 존재했다고 볼 수 있으며, 이는 여러 문헌 기록을 통해서도 확인된다. 그렇다면 15세기 불교 정책과 불교계에 대한 해석은 전국에 이렇게 다수의 사찰이 존재했다는 점을 바탕으로 이루어져야 할 것이다.

　한편 1424년(세종 6)에 승정 체제가 선종과 교종, 그 소속 사찰 36개로 개혁되었지만, 이 선교양종의 승정 체제가 연산군대까지 약 80년 동안 안정적으로 유지되었다는 점을 간과해서는 안 된다. 세종이 승정 체제를 대대적으로 개혁했지만, 국가 체제에서 승정 체제를 완전히 배제한 것은 아니었으며, 이는 큰 변동 없이 15세기에 유지되고 있었던 것이다. 승과(僧科) 시행, 승직과 법계(法階)의 제수, 36개 사찰 주지의 제수, 사원전 지급, 도첩 발급 등의 승정 체제 운영이 연산군의 폭정에 따라 폐지될 때까지 지속적으로 이루어졌다.[16] 또한 왕실의 의례 중에 기신재(忌晨齋)는 1516년(중종 11)에 기묘사림의 주청으로 폐지될 때까지 지속되었다. 이는 연산군이 등장하고 기묘사림이 대두할 때까지 승정 체제, 국행 불교 의례 등의 불교 제도가 계속 유지되고 있었음을 의미한다. 곧 15세기에는 국가의 통치 체제에서 불교를 완전히 배제하지 않았던 것이다. 이는 세종이 1448년(세종 30)에 내불당 조영에 반대하

---

16 『世宗實錄 地理志』의 각 郡縣 조에는 당시 禪宗과 敎宗에 속한 사찰과 지급된 寺院田의 結數를 수록되어 있다.

는 신료들에게 언급한 다음과 같은 내용을 통해서도 확인된다.

> 세상의 모든 일이 취(取)와 사(捨)에 불과하니, 남김없이 사태(沙汰)한다면 사(捨)라고 이르는 것이 가할 것이고, 사태(沙汰)하지 못한다면 취(取)라고 이르는 것이 가할 것이다. 기신(忌晨)에 재(齋)를 베푸는 것, 대상(大喪)에 추천(追薦)하는 것, 여러 절이 조(租)를 먹는 전(田), 도첩(度牒)에 돈을 내는 영(令)이 모두 사(捨)하지 못하고 취(取)한 것이다.[17]

세종의 말처럼 15세기에는 기신재, 추천재, 사원전, 도첩제 등이 국가 체제에서 유지되고 있었다. 이는 내불당 조영을 반대하는 신료에게 조선의 통치 체제에서 불교를 완전히 배제하지 않았음을 환기시키는 발언이었다고 할 수 있다. 그러므로 15세기의 불서 간행도 15세기에 국가 승정 체제가 운용되고 있었다는 점, 국왕이 통치의 방편으로 불교를 완전히 배제하지 않았다는 점, 전국 각 군현에 적어도 1,650여 개소 이상의 사찰이 존재했다는 점 등을 고려하면서 해석해야 할 것이다. 오늘날의 관념에 따라 재단하기보다, 당대의 맥락을 충분히 고려하면서 그 의미를 살펴볼 필요가 있는 것이다.

'서적' 담론: 기술의 발전과 유교화

인쇄 기술의 발달과 서적의 보급은 서유럽 근대화 담론에서 중요한 기술사적 배경으로 알려져 있다. 구텐베르크가 금속활자 인쇄 기술의 개량을 통해 42행 성서를 보급한 것은 지식의 보급을 확산하고 기존의 권위를 해체함으로써 서유럽의 근대를 출현시킨 혁명적 변화를 이끌었다고 평가된다. 그에

---

17 『世宗實錄』 卷121, 世宗 30年 7月 17日(辛丑).

따라 한국사의 전개를 서술할 때도 인쇄 기술의 발달과 서적의 보급은 중요한 주제의 하나로 다루어져왔다. 세계 최고의 인쇄물인 『무구정광대다라니경(無垢淨光大陀羅尼經)』과 세계 최고의 금속활자 인쇄물인 『불조직지심체요절(佛祖直指心體要節)』은 우리 민족의 우수성을 입증하는 국가적인 자부심의 증거로 여겨지고 있다. 그에 따라 서지학계에서 더 오래된 최고의 금속활자, 금속활자본에 대한 논쟁이 벌어지기도 하지만, 정작 금속활자 인쇄 기술의 발달, 금속활자본의 보급이 고려 사회에 어떤 영향을 미쳤는지에 대한 구체적인 논의는 찾아보기 어렵다. 서적 보급에 따라 혁신적인 변화가 있었으리라고 막연히 서술되고 있는 듯하다.

15세기, 특히 세종대는 국가의 인쇄 기술이 발달하고 서책 보급이 크게 증대된 시기로 알려져 있다. 세종대에는 우리 민족사에서 과학 기술과 문화가 크게 발달하여 어학, 천문, 의학, 농학 등의 분야에서 큰 성취를 이루었다고 평가되어왔으며,[18] 인쇄 기술도 뛰어난 성취를 이룬 분야의 하나로 거론된다. 세종대의 인쇄 기술이 이전에 비해 크게 발달한 것은 분명한 사실로 보이지만, 그러한 기술의 발달이 어떤 국가, 사회적 변화를 이끌었는지에 대한 논의는 부족하다. 국가가 활자로 다양한 서종을 다량 간행함으로써 지식의 보급이 확대되고 국가, 사회적 발전을 이루었다는 상투적 이해보다 진전된 논의를 찾아보기 어려운 것이다. 그중에서도 불교 서적은 15세기에 국가가 활자와 목판으로 다수 간행한 서적류임에도 그 의미 해석에 대한 논의는 진전되지 못했다. 15세기의 국왕·왕실판 불서에 대한 천혜봉의 다음과 같은 서술이 이 시기 불서 간행에 대한 일반적인 인식에 가까운 것 같다.

---

18 세종대를 포함한 조선 전기의 역사상에 대한 비판적 논의는 정다함, 「'한국사'상의 조선시대상—조선 전기를 중심으로」, 『사이』 8, 2010 참조.

조선시대에는 국왕을 위시한 왕비·대군·군·공주·옹주·여러 빈들이 국시에 위배됨을 알면서도 사적으로 불전에 속죄하거나 공덕을 쌓기 위하여 또는 살아 있는 자의 수복을 기원하거나 죽은 자의 명복을 빌기 위하여 불경을 간행했다. 이를 국왕 및 왕실판이라 일컬으며, 14세기 말부터 15세기 말까지 1세기여에 걸쳐 계속되었다. (…) 조선왕조는 건국하자 숭유배불 정책을 국시로 삼고 그 실천에 온갖 힘을 기울였지만 오랜 세월에 걸쳐 뿌리 깊게 박힌 불교에 대한 신앙심을 일조일석에 말살시킬 수는 없었다. 숭유억불로 민심의 일변을 꾀했던 태조조차 자신이 개국 과정에서 너무나 많은 인명을 살상시킨 것을 마음 아프게 여기고 그 죄과를 씻고자 마침내 불사에 기울어졌다. (…) 세종도 처음에는 불교를 멀리하는 정책을 썼으나, 중년부터 점차로 관심을 갖고 여러 불사를 묵인하기 시작하였다. (…) 이 불서의 국역 및 간행은 세조의 강력한 왕권에 의해 한때 추진된 것으로 관판의 성격을 지니고 있으면서도 국가적 차원에서 받아들여지지 못하고, 다만 왕실과 일부 계층, 그리고 서민층에 의해 받아들여진 것은 익히 잘 알려진 사실이다.[19]

위의 서술을 정리해보면, 15세기의 국왕·왕실판 불서는 이 시기의 특징적 현상이며, 특히 세조대의 간경도감본은 관판의 성격을 지닌다고 평가했다. 하지만 이 불서 간행은 국왕과 왕실의 개인적 신앙심의 발로였을 뿐이며, 왕실과 일부 계층, 서민층 외에는 받아들여지기 어려웠다고 하면서, 그 이유를 조선이 숭유억불, 곧 유교가 국시(國是)인 나라였기 때문이라고 했다. 결국 조선은 유교가 국교인 나라이며, 유교 외의 이념, 특히 불교는 설 자리가 없

---

19 국사편찬위원회, 『한국사 27. 조선 초기의 문화 II』, 1995, 216~219쪽.

는 나라였기 때문에, 국왕과 왕실이 간행한 불서조차 국가적 차원에서 받아들여질 수 없었다고 본 것이다. 조선의 '국시'가 숭유억불이었느냐에 대한 논의는 차치하더라도, 조선이 유교 국가라는 인식, 건국 초기부터 유교 외의 이념은 설 자리가 없었다는 인식이 강하게 작용하고 있음을 확인할 수 있다. 곧, 조선을 '유교 국가'로 규정하고 일반화하는 인식이 강고한 것이다.

이는 조선시대 역사의 전개에 대한 서술에서도 마찬가지로, 조선시대의 여러 역사 현상은 이른바 '유교화'라는 개념으로 쉽게 일반화된다. 조선의 유교화가 마치 결정된 일인 것처럼 해석하고, 그 밖의 현상에 대해서는 주의 깊게 바라보지 않는 것이다. 예를 들어 유교 서적의 간행과 보급은 조선이 유교화되는 데 중요한 기여를 했을 것이 분명하다. 『삼강행실도(三綱行實圖)』는 국가가 유교 사상으로 백성을 교화하기 위해 편찬한 책으로, 내용을 간략하게 편집하고 그림을 수록하여 백성을 교화하는 효과를 극대화하기 위해 간행되었음은 널리 알려져 있다. 15세기부터 19세기에 이르기까지 한문본, 언해본, 선정본, 중간본 등과 같은 다양한 판본으로 편집·간행되어 조선 사회에 미친 영향력이 컸음은 분명한 듯하다. 특히 1511년(중종 6)에 『삼강행실도』를 2,940질 인쇄하여 전국에 보급한 사실은 유교 이념을 널리 보급하고자 한 국가적 의지의 발현이었다고 평가된다.[20]

그런데 〈표 1〉에서 보듯 『삼강행실도』가 다량 보급되기 시작한 16세기 전반은 『삼강행실도』, 『경민편(警民編)』 등과 같은 교화서가 보급된 시기이기도 하지만, 전국의 지방 사찰에서 불교 서적의 간행이 크게 증가한 시기이기도 했다. 『삼강행실도』 등의 유교 서적이 다수 간행된 사실과 함께 결국 조

---

20 한국학중앙연구원 편, 『조선시대 책의 문화사—삼강행실도를 통한 지식의 전파와 관습의 형성』, 휴머니스트, 2008.

선이 유교화되었다는 결과를 두고 보면, 유교 서적의 간행과 보급의 영향으로 조선이 유교화되었다는 해석이 틀린 것은 아니다. 하지만 조선이 결국 유교화되었다고 하는 단선적이고 결정론적인 입장에서 보면, 조선 사회가 유교화되는 구체적 과정, 유교 외의 사상·문화와의 상호관계를 조명하기 어려워진다. 예컨대 『삼강행실도』 보급의 역사적 의미 중 하나를 '불교에서 유교로'의 전환에 기여한 것이라고 평가하기도 하지만,[21] 당대의 불교 서적 간행과의 상관관계를 고려하지 않는다면 이는 결정론적이고 관념적인 해석에 불과하다. 다시 말해 국가가 왜 백성에게 『삼강행실도』를 간행하여 보급하고자 했는지, 특히 지방의 향촌 사회를 규정하는 규범과 문화는 무엇이었는지, 그러한 규범과 문화가 14, 15, 16세기에 어떻게 달랐는지 등에 대한 검토를 토대로, 이른바 조선의 유교화에 대한 보다 구체적인 사실 구명과 진전된 의미 해석이 필요해 보인다.

유교 서적 간행이 조선의 유교화에 기여했다는 해석과는 달리, 근래에는 국가와 사족에 의한 서적 간행의 독점이 지식의 보급과 확산을 저해했다는 견해도 제기되었다. 조선시대의 서적과 관련된 여러 지식과 정보를 종합적으로 탐구하여 나온 이러한 성과들은 서적의 간행에 대해 단편적인 해석을 해 온 기존의 연구 성과에 비해 진일보한 것이다.[22] 인쇄 기술의 발달을 민족적 성취로 보거나, 서적 보급을 통한 조선의 유교화를 긍정적으로 보는 시각과

---

21 전경목, 「『삼강행실도』의 편찬 배경과 조선 초·중기 사회의 변화」, 위의 책, 2008, 96~97쪽.

22 강명관, 『책벌레들, 조선을 만들다』, 푸른역사, 2007; 이재정, 『조선출판주식회사—조선은 왜 인력과 물력을 동원하여 출판을 독점했을까?』, 안티쿠스, 2008; 강명관, 『조선시대 책과 지식의 역사—조선의 책과 지식은 조선 사회와 어떻게 만나고 헤어졌을까?』, 천년의상상, 2014.

는 달리, 서적 간행을 권력과 계급의 관점에서 해석하고 조선시대 서적 간행의 한계를 지적한 것은 확실히 진일보한 해석으로 보인다. 조선시대의 서적에 대한 강명관의 견해를 인용해보면 다음과 같다.

> 조선의 금속활자 인쇄술은 구텐베르크의 인쇄술과는 달리 지식의 전면적 확산이라는 방향으로 나아가지 못했다. 오로지 사족을 위한 것에 그쳤을 뿐이다. 한글이라는 민중 문자의 탄생 역시, 우리의 예상과는 달리 서적의 인쇄·보급과는 거의 관계를 맺지 않았다. 민중이 읽을 서적을 한글로 인쇄해 보급한 경우는 『삼강행실도』 같은 민중 교화용 서적이 거의 유일했다. 그 외의 책이 한글로 인쇄·반포되는 일은 없었다. 민중이 스스로 한글 서책을 인쇄하는 일 또한 전혀 없었다. 우리는 금속활자와 민중 문자의 이상적 결합을 상상할 수 있지만, 순수하게 한글 서적을 인쇄하기 위해 만든 금속활자는 아예 존재하지도 않았다. 조선 사회는 사족 사회였기 때문이다. 곧 조선의 인쇄술은 사족을 위해 존재한 것이다.[23]

위 글에서 보듯 강명관은 조선의 금속활자는 지식의 전면적 확산이라는 방향으로 나아가지 못했고, 금속활자는 순수한 한글 서적의 인쇄에 활용되지 않았으며, 조선의 인쇄 기술은 사족을 위해 존재했다고 주장했다. 조선시대의 서적 간행에 대한 그의 견해는, 금속활자를 통해 자국어 서적을 출판함으로써 지식의 전면적 확산을 이루어내고 근대 사회를 창출한 서유럽의 역사를 모델로 상정하고 조선시대의 역사를 평가한 것으로 보인다. 하지만 조선시대에 어떤 서적을 누가, 왜, 어떻게 간행했느냐에 대한 근본적 질문을 던졌

---

23 강명관, 앞의 책, 2014, 538~539쪽.

다는 점에서 선구적이라고 할 수 있다. 위에서 지적한 바와 같이 서적 간행은 권력 및 계급과 밀접한 상관관계를 가지며, 조선시대 언해 서적은 민중에게 보급하기 위해 간행된 것으로 보기 어렵다고 한다면, 15세기에 국가가 금속활자와 목판으로 서적을 간행한 목적은 무엇이었는가, 15세기에 국왕과 왕실이 왜 불교 서적을 다수 언해하고 간행했는가라는 질문을 다시 하지 않을 수 없다.

3. 15세기 관판 불서 간행의 해석

조선시대 '불교'와 '서적'에 대한 담론을 통해 볼 때, 조선시대 불교 서적은 '유불 교체', '숭유억불', '조선의 유교화' 등의 담론 지형으로 인해 소외될 수밖에 없었다. 이러한 담론 지형에 의하면 여말선초는 정치·사회 체제의 변혁기, 불교에서 유교로의 사상사적 전환기였다. 그에 따라 조선에서는 유교를 숭상하고 불교를 억압하게 되었고, 정치·사회·문화 등의 모든 측면에서 유교화가 진행되었다. 조선 건국에 대한 이러한 서사는 워낙 강고해서 의심하기 어려운 상식처럼 보인다. 그에 따라 조선시대의 불교, 불교 서적은 한국사 연구에서 소외되었고, 15세기에 국가와 왕실에서 간행한 불교 서적조차 국왕과 왕실 인사의 일탈적 행위로 저평가되었다. 그런데 앞서 천혜봉도 지적한 바와 같이 국왕·왕실판 불서의 간행은 15세기의 특징적 현상일 뿐만 아니라, 최근의 연구에 의하면 15세기 불교 정책과 불교계 동향에 대한 기존의 이해 중에는 잘못된 것이 적지 않다. 15세기 국왕·왕실판을 포함한 관판 불서 간행의 역사적 의미를 재해석할 여지가 있어 보이는 것이다.

고려 말기인 14세기와 조선 초기인 15세기 사이에 불교 정책, 불교 제도,

불교계 동향 등의 지속과 변화 양상을 단절적인 것으로 보느냐 연속적인 것으로 보느냐는, 15세기 관판 불서 간행을 해석하는 데도 중요한 지점이다. 그런데 한국 불교사 연구자들도 대체로 고려 말과 조선 초의 불교 정책과 불교계를 변화와 단절로 바라보는 시각이 강고하다. 여말선초 불교 정책과 불교계에 대한 최병헌, 남동신, 박윤진의 견해를 각각 인용해보면 다음과 같다.

> 조선왕조의 계속된 억불 정책의 추진은 불교가 발전할 수 있는 사회경제적인 토대를 박탈하는 상태에 이르게 하였다. 억불 정책은 우선 불교 종파를 11종에서 7종으로, 그리고 다시 선교양종으로 통폐합하면서 사찰과 승려 수를 감소시켰고, 사찰 소유의 토지와 노비를 국가의 소유로 환속하였다. (⋯) 뿐만 아니라 17세기 서인이 집권하는 인조 때에는 승려의 도성 출입까지 금지됨으로써 완전히 산간 불교로 밀려나 겨우 명맥만 유지하는 상태로 전락하였다.[24]

> 유자들이 조선왕조를 개창하자 이후 500년 동안 지속될 정책, 즉 '불교를 억압하고 유교를 숭상한다(抑佛崇儒)'를 강력하게 시행하였다. 마침내 불교는 지배 이데올로기로서의 지위를 성리학에게 빼앗겼으며, 불교 승려는 지배층에서 8대 천민의 하나로 전락하였다. (⋯) 따라서 14세기 후반 불교에서 유교로의 이행은 사상사적인 일대 변혁을 의미하며, 그것은 동시기에 전개된 중세 사회의 사회경제적 격변을 반영하는 것이다.[25]

---

24 최병헌, 「한국 불교사의 체계적 인식과 이해방법론」, 『한국불교사 연구 입문』, 지식산업사, 2013, 123쪽.

25 남동신, 「중세 한국 사회와 불교」, 『인문과학연구』 8, 2003.

고려의 불교 정책의 성격을 다시 정리하자면, 승정과 그 변화로 인해 국가 예속성이 강화되었다는 점과 중앙집중적 성향을 가졌다는 것이다. 고려시대에 불교계가 크게 융성했음에도 불구하고 조선으로 넘어가게 되면서 쉽게 몰락할 수밖에 없었던 이유로 이와 같은 성격을 거론할 수 있다. 즉 여러 국가적인 제도에 의해 불교계가 국가에 너무 종속되어 있었다는 점, 특히 수도 중심으로 불교계가 통제되는 취약성으로 인해 국가의 억불 정책에 쉽게 영향을 받을 수밖에 없었다는 점, 승정이 특정 승려에게 위임되면서 불교계의 다양성이 훼손되고 국가적으로 종속되어 국가 정책의 변화에 크게 영향을 받았다는 것이다. 조선 건국 후 불교가 갑작스럽게 쇠락하는 것은 고려시대부터 가져왔던 불교의 성격이나 특성이 조선의 정책과 연동되어 나타난 현상인 것이다.[26]

위의 세 견해는 각기 다른 맥락에서 논지를 전개하고 있지만 기본적으로 조선이 건국되면서 불교, 불교계가 몰락했다는 입장에 서 있다. 결과적으로 조선시대에 불교계가 몰락했다는 점을 전제로 논의를 전개하는 것처럼 보인다. 그러나 그 근거로 제시된 사실 중에는 잘못된 것들도 있다. 앞서 언급했듯이 승도가 팔천의 하나였다는 것은 허구적 담론이며, 승도의 도성 출입 규제 또한 그 시행 목적과 대상 등에 대한 재검토의 필요성이 제기된 바 있다.[27] 조선시대 불교에 대한 연구가 부진하고 다카하시의 연구 성과를 극복하지 못함에 따라 조선시대 불교의 역사상이 고착화된 것인데, 이는 조선시

---

26 박윤진, 「고려시대 불교 정책의 성격」, 『동국사학』 59, 2015, 30쪽.

27 손성필, 「조선시대 승려 賤人身分說의 재검토—高橋亨의 주장에 대한 비판을 중심으로」, 『보조사상』 40, 2013b.

대 불교 연구의 진전에 따라 여말선초의 지속과 변화 양상이 재검토될 여지가 있음을 의미한다. 예컨대 위의 인용문에서 박윤진은 고려의 불교가 국가에 과도하게 종속되어 있었다는 점을 지적했는데, 그는 이러한 종속성이 조선 건국 이후 불교계가 몰락하게 된 이유라고 해석했지만, 다른 한편 불교계의 국가 종속성은 결국 고려와 조선이 크게 다르지 않았음을 의미한다고도 할 수 있다.

실제로 고려의 승정 체제, 승관 제도(僧官制度)는 조선으로 계승되었다. 앞서 살펴보았듯이 태종과 세종의 종단 통폐합은 국가 체제의 일부인 승정 체제에 대한 개혁으로, 승정 체제의 규모는 크게 축소되었지만 선교양종의 승정 체제는 세종대부터 연산군대에 이르기까지 약 80년간 유지되었다. 도총섭(都撫攝)은 원 간섭기에, 판사(判事)는 공민왕대에 설치된 승직(僧職)인데,[28] 이 또한 조선에 계승되었다. 그간 태종과 세종의 종단 통폐합은 주로 불교계에 대한 억압으로 해석되어왔지만, 고려의 승정 체제가 축소·개편되어 조선 건국 이후에도 연산군대까지 계속 유지되었다는 점에 주목할 필요가 있다.[29] 오히려 세종대에 선교양종을 설치한 이후 세조, 성종대를 거쳐 연산군대에 이르기까지 승정 체제가 안정적으로 유지된 이유, 그 설치 목적과 역할 등에 대한 검토와 해석이 필요해 보인다.

그리고 앞서 논한 바와 같이 승정 체제 소속 종단의 통폐합으로 인해 그 소속에서 배제되었다고 해서 사찰이 철훼된 것은 아니었다. 승정 체제 소속 36개 사찰 외에도 경제적 기반을 갖춘 사찰은 유지될 수 있었다. 『동국여지

---

28 이정훈, 「고려 후기 僧官의 구성과 역할」, 『한국사학보』 49, 2012, 223~224쪽.

29 여말선초 승정 체제와 승관 제도의 변천에 대해서는 사문경, 「高麗末·朝鮮初 佛教機關 硏究」, 충남대 사학과 박사학위논문, 2001 참조.

승람』에 따르면, 15세기 후반의 전국 각 군현에 1,650여 개소 이상의 사찰이 유지되고 있었음이 확인된다. 태종과 세종의 승정 체제 개혁은—박윤진의 표현을 빌리자면—국가에 대한 종속성이 강한 사찰을 도태시키는 결과를 초래했던 것이며, 종속성이 비교적 강하지 않은 사찰은 자체 경제 기반을 통해 유지될 수 있었다. 이는 조선 초의 승정 체제 개혁이 불교 제도와 불교 전통의 단절을 초래했다고 단정하기 어려움을 의미한다. 곧 고려에서 조선으로의 변화가 국가의 불교 제도, 불교계 전통의 단절을 유발했다고 보기는 어려우므로, 그 지속과 변화 양상에 대한 면밀한 검토가 필요한 것이다.

이제 앞선 논의를 바탕으로 15세기 관판 불서에 대한 주요 해석을 검토해보고자 한다. 우선 최병헌은 『월인석보(月印釋譜)』를 중심으로 15세기 불서 편찬의 역사적 의의를 왕권의 강화와 권위의 수식, 일반 백성을 대상으로 하는 불교의 포교 사업, 훈민정음의 보급, 불교의 토착화 등 4가지 측면에서 부여했다.[30] 이 중에서 『월인석보』의 편찬과 보급이 일반 백성을 대상으로 한 불교의 포교, 훈민정음의 보급에 기여했다는 해석은, 앞서 강명관이 비판한 바와 같이 언해 서적을 포함하여 15세기에 국가가 간행한 서적이 과연 일반 백성을 대상으로 한 것일까 의심스럽다는 점에서 재검토의 여지가 있어 보인다. 주목되는 것은 첫 번째 의의인데, 동아시아에서 불교는 전통적으로 국가 불교로 수용되었고 왕권의 강화와 권위의 수식에 기여했으므로, 조선의 건국 이후에도 왕권 강화를 모색할 때 불교가 필요했다고 했다. 그러므로 세종과 세조는 개인적인 신앙뿐만 아니라 국왕의 권위 선양, 왕업의 과시, 민심의 수렴 등을 위해 불서를 간행했다고 했다. 최병헌의 이러한 해석은 15세기에도 여전히 국왕이 불교를 정치적으로 활용했다고 해석했다는 점에서 주목

---

30 최병헌, 「『月印釋譜』 編纂의 佛敎史的 意義」, 『진단학보』 75, 1993, 223~225쪽.

된다. 한편 박정숙은 간경도감의 설치와 역할에 대해 논하면서 세조가 간경도감을 설치해 언해 불서 등을 간행한 것이 왕권 강화를 위해서였다고 본 점은 최병헌과 공통적이지만, 세종의 유업 계승을 과시하여 왕권의 권위를 확립하고자 한 것이라고 보았다는 점에서 다소 차이가 있다.[31] 최병헌과 박정숙의 해석은 15세기의 관판 불서 간행이 단순히 개인적 신앙에 따른 것이 아니라 왕권 강화라는 정치적 목적이 개재한 것임을 지적했다. 한편, 근래에 김기종은 15세기의 언해 불서에 대한 다소 새로운 견해를 피력했는데, 이를 인용해보면 다음과 같다.

세종은 즉위 20년(1438)을 기점으로 그 이전의 억압 일변도에서 벗어나 불교에 대한 유화적인 입장을 취하기 시작한다. 이러한 변화는 무엇보다 불교에 대한 제도적 정비가 일단락되었고, 또한 예악과 문물 제도의 정비를 통해 유교 국가로서의 안정적 기반이 이루어졌음에 기인한다. 불교에 대한 세종의 유화적인 입장은 억압 정책에도 불구하고 불교가 여전히 신앙의 대상으로 숭신되고 있는 상황으로 인해 보다 적극적인 태도를 취했다고 여겨진다. 곧 세종은 유교 국가의 틀 안에서 나라의 통치에 도움이 되는 방향으로 불교를 '순화'시킬 방안을 모색했고, 이러한 모색이 현실화된 것이 바로 『석보상절』, 「월인천강지곡」의 제작과 내불당 중건이라는 것이다. 많은 대중들이 모이는 장소에서 불리고 읽힐 것을 전제로 한 『석보상절』과 「월인천강지곡」의 제작에 대해서 세종은 다음의 두 가지에 주안점을 둔 것으로 보인다. 하나는 백성들에게 친숙하고 많은 백성들이 믿고 있는 불교를 이용한 대중 교화이다. (…) 다른 하나는 그동안의 억불 정책

---

31 박정숙, 「世祖代 刊經都監의 설치와 佛典 刊行」, 『부대사학』 20, 1996, 75~77쪽.

으로 인해 질적 수준이 저하되고 비행을 저지르는 승려들에 대한 문제였다. (…) 전자는 국가의 통치에 도움이 되는 유불의 조화, 후자는 승려들에 대한 교육을 통해 불교계의 '순화'를 모색한 것으로, 그 목적은 불교의 중흥이나 불교 대중화가 아닌 국가의 안정과 통합에 있었다고 여겨진다.[32]

김기종은 15세기 국왕의 언해 불서 간행 목적을 '불교를 이용한 대중의 교화', '승려 교육'으로 보았다. 개인의 신앙, 왕권의 강화, 불교 대중화와 같은 종전의 해석과 달리, 국가의 안정과 통합을 그 목적으로 해석한 점이 참신하다. 이는 세종이 국가의 통치자로서 불서를 간행했고 통치에 불교를 활용했다고 본 것으로, 개인적 신앙이나 정치적 입장에 따라 간행했다고 본 기존의 해석과는 차이가 있다. 이러한 해석은 앞서 논한 바와 같이 15세기에 조선이 국가 승정 체제를 유지하고 있었고, 도성을 비롯하여 각 군현에 수많은 사찰들이 유지되고 있었다는 점을 상기한다면 상당히 설득력이 있다.[33]

한편 15세기 관판 불서에 대한 해석은 당시의 불교 정책에 대한 이해와 밀접한 상관관계를 갖는다. 이에 세조대의 불교 정책에 대한 근래의 해석들을 참고할 필요가 있는데, 먼저 세조대 불교 정책에 대한 기존의 일반적 인식에 가깝다고 여겨지는 권영웅의 해석을 보면 다음과 같다.

조선왕조가 추진한 숭유억불의 맥락에서 보면, 세조의 숭불 정책은 분명히 이변이며 일탈이었다. (…) 또 하나의 정치적 요인으로, 세조의 정통성

---

32 김기종, 「간경도감의 언해불전」, 『불교와 한글—글로컬리티의 문화사』, 동국대학교출판부, 223~224쪽.

33 다만 '순화'라는 개념의 의미가 다소 불명확하다는 점, 국가의 안정과 통합을 위한 것이었다는 해석의 근거가 아직 부족하다는 점 등에 대한 논의의 진전이 필요해 보인다.

문제였다. 세조는 조카의 왕위를 찬탈하였기 때문에 정통성이 없었으며 (…) 결국 세조는 유교적 정통성을 포기하고, 불교적 공덕이란 편법을 추구하게 된 것 같다. (…) 그러나 세조의 이러한 노력은 대세에 역행하는 일이었다. 조선왕조의 숭유억불 정책은 중세 사회가 성장한 결과 생긴 필연적인 변화였으며, 군주 한 사람의 힘으로 바꿀 수 있는 일이 아니었다. 15세기 조선 사회는 합리적이고 윤리적이며 실천적인 성리학이 지배층 가운데 널리 확산되어 뿌리를 내리고 있었다. 따라서 왕의 권위도 초자연적이고 신비적인 권위가 아닌, 합리적이고 윤리적인 권위만 성립할 수 있었다. 세조가 부처의 권위를 빌어 자신의 권위를 높이려 한 것은 시대착오였으며 관료들이 이의를 제기하지 않았던 것은 폭군이 두려웠기 때문이다. (…) 요컨대 세조의 불교 정책은 하나의 일탈이었다. 유교의 담지자인 양반 관료 중심의 지배 체제가 정착되어가는 과정에서 일어난 반동(反動)이었다.[34]

위에서 보듯 권연웅은 조선의 건국과 숭유억불 정책이 역사 발전의 필연적 결과였으므로, 세조의 숭불은 역사 전개의 일탈이자 반동이라고 보았다. 조선 사회에 합리적이고 윤리적이며 실천적인 성리학이 지배층에 확산되고 있던 상황에서, 세조가 초자연적이고 신비적인 권위, 곧 불교의 권위를 빌어 자신의 권위를 높이려 한 것은 시대착오였다는 인식도 확인할 수 있다. 이는 유교를 합리적인 이념, 불교를 비합리적인 종교로 대비하여, 조선의 건국과 유불 교체가 합리적 사회로의 발전이라고 보는 인식이 단적으로 나타난 사례로 생각된다. 곧 비합리적인 종교를 극복하고 합리적인 근대를 출현시킨 서유럽 근대의 역사 발전 모델을 여말선초에 적용한 것인데, 여기에는 조선

---

34 권연웅, 「世祖代의 佛敎政策」, 『진단학보』 75, 1993, 216~218쪽.

의 건국이 근대를 지향하는 역사 발전이었다는 인식이 작용하고 있다.[35]

그러나 이정주는 세조대의 실록(實錄) 기사에 빈번히 나타나는 불교적 상서(祥瑞)에 대해 논하면서, 세조가 취약한 정통성으로 인해 왕권을 강화하고자 불교를 숭신했다는 기존의 견해를 비판하고, 세조는 기본적으로 일체의 상서를 믿지 않는 합리성을 보인 인물이었다고 평가했다. 이에 이정주는 세조 후반기에 세조가 불교적 상서를 계기로 은전(恩典)을 하사하고 사면령(赦免令)을 내리며 법회에 참석한 것은, 세조 전반기의 엄격한 법 시행으로 인한 사회적 긴장을 완화하는 계기로 활용하기 위해서였다고 보았다.[36] 그리고 박세연도 세조대의 불교적 상서에 대해 논했는데, 세조는 신료와 야인(野人), 일본(日本)에게 자신의 권위를 높여줄 수 있으면서 동시에 백성을 위무할 수 있는 상징 체계가 필요했기 때문에, 자신에게 익숙하고 그의 의도에도 부합하는 종교인 불교를 정치적으로 활용했다고 보았다.[37] 박세연은 당시 국가 중앙집권화를 위한 정책들이 민의 반발에 직면하고 있었고, 야인과 일본의 조선 침략을 막으면서 조선이 그들보다 우위에 있음을 보여줘야 하는 상황에 있었다고 하면서, 세조는 불교를 통해 "자신의 권위를 초월적으로 이미지화할 수 있었을 뿐만 아니라 상서에 뒤따르는 사유와 은전을 통해 자비로운 모습을 동시에 강조하고, 일본과 유구에게 자신을 생불(生佛)로 이미지화할 수 있었"으며, 불교적 상서에 따른 은전과 사면은 "강력한 인신 지배 정책의 불만이 터져 나오는 상황에서 백성들에게까지 세조의 권위를 알리는 동시에 이

---

35 서유럽의 역사 발전 모델을 여말선초에 대입하여 불교와 유교의 대립을 이른바 성과 속의 대립이라고 해석한 견해도 정치학계에서 제시된 바 있다. 최연식, 「聖과 俗의 대립—조선 초기의 유불 논쟁」, 『정치사상연구』 11, 2005.

36 이정주, 「世祖代 후반기의 불교적 祥瑞와 恩典」, 『민족문화연구』 44, 2006, 261~264쪽.

37 박세연, 「朝鮮初期 世祖代 佛教的 祥瑞의 政治的 意味」, 『사총』 74, 2011, 58~60쪽.

들을 위무하는 대민 시책(對民施策)으로 작동"했다고 보았다. "세조는 간단하게 유교 군주와 불교 군주로 표현할 수 없는 인물이었다. 그는 모든 사상을 자신의 정치적 의도에 맞게 효과적으로 활용하고자 하였다"라고 본 점도 흥미롭다.[38] 이정주와 박세연의 견해는 세조의 불교 정책에 대한 기존의 해석과는 다르게, 특히 세조의 불교 정책을 통치와 외교 정책의 일환으로 보았다는 점에서 주목된다. 이러한 해석이 타당하다면 15세기 관판 불서 간행의 목적 또한 국왕의 국가 통치의 일환으로 재해석될 필요가 있어 보인다.

4. '유불 교체'와 '숭유억불' 담론의 한계

통념과는 달리 15세기는 국가와 왕실, 사찰에서 다수의 불교 서적을 간행한 시기였다. 적어도 불서 간행의 측면에서는 조선 건국 이전과 이후의 극적인 변화는 확인되지 않으며, 국왕·왕실판 불서의 간행이라는 특징적 현상이 나타났다. 그러나 그간 국왕·왕실판을 포함한 15세기 관판 불서의 간행은 흔히 개인적 신앙 행위로 치부되어 한국사 연구 주제로 크게 관심을 받지 못했다. 이는 조선시대에 불교가 쇠퇴하고 불교계가 억압당했다는 인식, 기술의 발달과 유교화를 중심으로 조선시대의 서적 간행을 바라보는 인식 등에 따라 조선시대 간행 불서가 소외되었기 때문으로 보인다. 특히 15세기 국가와 왕실의 불서 간행은 국왕의 통치 행위, 국가 승정 체제의 운영, 불교계의

---

38 고려의 국왕을 '불교적 군주'로 규정할 수 없듯이, 15세기 조선의 국왕을 '유교적 군주'로 단정하는 것이 타당한지에 대한 재검토도 필요해 보인다. 15세기까지 국가 승정 체제를 유지했다는 점, 국가적 불교 의례 설행, 불교 서적 간행을 지속했다는 점, 세조가 불교적 상서를 통치에 적극적으로 활용했다는 점 등에서 그러하다.

규모와 저변, 간행 서적의 향유 계층 등의 측면에서 고려와의 연속성, 곧 국가·사회적 측면의 지속과 변화 양상을 고려하여 해석될 필요가 있어 보인다.

'유불 교체'와 '숭유억불'은 각각 여말선초의 사상사적 전환, 조선시대의 이념적 지향을 규정하는 개념들이다. 이 개념들에는 여말선초의 정치사회적 변혁기에 불교에서 유교로 지배 이념이 전환되는 사상사적 전환이 이루어졌고, 그에 따라 조선시대에 유교를 숭상하고 불교를 억압하게 되었다는 사상사적 조망이 담겨 있다. 그리고 여기에는 고려에서 조선으로의 변혁이 이른바 역사의 발전이라는 인식, 불교에서 유교로의 전환이 합리성의 진전이라는 인식, 불교와 유교의 대립을 이념(이데올로기)이나 종교의 대립으로 바라보는 인식 등이 숨어 있는 듯하다. 이러한 인식에 따른다면 조선의 유교화는 역사의 발전이며, 조선의 불교는 퇴행적인 존재, 피억압의 대상이라고 할 수 있을 것이다.

그러나 주지하다시피 역사가 단선적으로 발전한다는 인식, 비합리에서 합리로 발전한다는 인식, 이념 또는 종교 간의 타협할 수 없는 대립 양상 등은 서유럽 근대의 역사적 소산이다. 서적의 보급이 지식을 확산하고 권위를 해체하여 근대를 추동한다는 인식 또한 그러하다. 다시 말해 '유불 교체', '숭유억불' 등은 보편적이라 여겨졌던 서유럽의 역사 발전 모델을 한국사에 대입하면서 지나친 일반화, 이분법, 관념론으로 과장 해석된 담론일 수 있다는 의미이다. 그러나 이러한 단선적·결정론적 인식에 따라 역사 현실을 일반화하면 소외되는 분야, 주체, 사건 등이 발생할 수밖에 없다. 조선시대 불교, 15세기의 불교 서적이 바로 그러한 사례 중의 하나라고 생각된다. 그러므로 한국사의 연구와 해석 또한 단선적 발전론, 곧 성장 제일주의에서 벗어나 그동안 소외된 곳을 돌아보고 당대의 맥락에서 그 시대를 제대로 성찰해야 하는 것은 아닌가 한다.

참고문헌

원사료

『高麗史』 　　　　　　　　『高麗史節要』
『經國大典』 　　　　　　　『朝鮮王朝實錄』 　　　　　　　『大東野乘』
金時習,『梅月堂集』
鄭道傳,『三峯集』
『宋史』 　　　　　　『金史』 　　　　　　『元史』 　　　　　『明史』
『明太祖實錄』 　　　　『明太宗實錄』
『元典章』 　　　　　『大明會典』

제1부 정치 세력과 성리학 이해

강문식,『권근의 경학사상 연구』, 일지사, 2008.
金光哲,『高麗後期 世族層研究』, 동아대학교출판부, 1991.
金成煥,『高麗時代의 檀君傳承과 認識』, 경인문화사, 2002.
존 B. 던컨 지음, 김범 옮김,『조선 왕조의 기원』, 너머북스, 2013.
도현철,『高麗末 士大夫의 政治思想研究』, 일조각, 1999.
도현철,『목은 이색의 정치사상 연구』, 혜안, 2011.
도현철,『조선 전기 정치사상사』, 태학사, 2013.
문철영,『고려 유학사상의 새로운 모색』, 경세원, 2005.
박종기,『새로 쓴 5백 년 고려사』, 푸른역사, 2008.
아마다 케이지 지음, 김석근 옮김,『주자의 자연학』, 통나무, 1991.
이수건,『韓國中世社會史研究』, 일조각, 1984.
이태진,『조선유교사회사론』, 지식산업사, 1989.
이태진,『韓國社會史研究—農業技術 발달과 社會變動』, 지식산업사, 1986.
이희덕,『高麗儒敎政治思想의 研究』, 일조각, 1984.
정두희,『朝鮮時代의 臺諫研究』, 일조각, 1994.
정재훈,『조선 전기 유교정치사상 연구』, 태학사, 2005.
최이돈,『朝鮮中期 士林政治構造研究』, 일조각, 1994.

포은사상연구원 편, 『원대성리학』, (사)포은사상연구원, 1993.
한영우, 『(개정판) 정도전 사상의 연구』, 서울대학교출판부, 1983.

강문식, 「圃隱 鄭夢周의 交遊 관계」, 『한국인물사연구』 11, 2009.
고영진, 「15·16세기 朱子家禮의 시행과 그 의의」, 『한국사론』 21, 1989.
김당택, 「忠宣王의 復位敎書에 보이는 '宰相之宗'에 대하여—소위 '權門勢族'의 구
　　　성분자와 관련하여」, 『歷史學報』 131, 1991.
金塘澤, 「忠烈王의 復位 과정을 통해 본 賤系 출신 관료와 '士族' 출신 관료의 정치
　　　적 갈등—'士大夫'의 개념에 대한 검토」, 『東亞研究』 17, 1989.
김돈, 「정치 세력인 사림의 역사적 성격과 과제」, 『내일을 여는 역사』 26, 2006.
金範, 「조선 전기 '훈구·사림 세력' 연구의 재검토」, 『韓國史學報』 15, 2003.
김인호, 「정도전의 역사인식과 군주론의 기반」, 『한국사연구』 131, 2005.
김정신, 「16~7세기 조선학계의 중국 사상사 이해와 중국 문헌」, 『규장각 자부(子部)
　　　도서와 사상사학의 신지평』(2017년 한국사상사학회 동계 학술대회 자료집),
　　　2017.
김준석, 「朝鮮前期의 社會思想」, 『동방학지』 29, 1981.
김항수, 「16세기 經書諺解의 思想史的 考察」, 『규장각』 10, 서울대학교 규장각,
　　　1987.
麓保孝, 「朱子의 歷史論」, 『中國의 歷史認識 (下)』, 창작과 비평사, 1985.
柳仁熙, 「退·栗 이전 朝鮮性理學의 問題發展」, 『동방학지』 42, 1984.
문중양, 「15세기의 '風土不同論'과 조선의 고유성」, 『韓國史研究』 162, 2013.
문철영, 「고려 중기 사상계의 동향과 新儒學」, 『국사관논총』 37, 1992.
閔賢九, 「高麗後期 權門勢族의 成立」, 『湖南文化研究』 6, 1974.
박사랑, 「15세기 조선 정부의 鄕禮 논의와 향촌 질서 구축」, 『韓國史論』 62, 2016.
백승아, 「15·16세기 부민고소금지법의 추이와 지방통치」, 『한국사론』 61, 2015.
송웅섭, 「조선 전기 主論者의 등장에 대한 검토」, 『조선시대사학보』 68, 2014.
송웅섭, 「조선 전기 淸要職의 위상과 인사이동 양상」, 『한국사상사학』 55, 2017.
Edward W. Wagner, 「李朝 士林問題에 관한 再檢討」, 『전북사학』 4, 1980.
Edward W. Wagner, 「政治史的 立場에서 본 李朝 士禍의 性格」, 『역사학보』 85,
　　　1981.

유승원,「조선시대 '양반' 계급의 탄생에 대한 시론」,『역사비평』 79, 2007.

尹南漢,「韓國儒學史」, 중앙문화연구원 편,『韓國文化史新論』, 중앙대학교출판국, 1975.

李佑成,「高麗朝의 吏에 對하여」,『歷史學報』 63, 1964.

이익주,「(서평) 고려 후기 사대부와 권문세족에 대한 새로운 이해—『고려 후기 세족층연구』(김광철, 동아대학교출판부, 1991)」,『역사와 현실』 8, 1992.

이익주,「권문세족과 사대부」,『한국역사입문 2. 중세편』, 풀빛, 1995.

이지훈,「조선 초기 循資法의 정비와 운영」,『역사학보』 229, 2016.

이태진,「15·16세기 新儒學 정착의 社會經濟的 배경」,『奎章閣』 5, 1981.

이태진,「士林派의 留鄕所 復立運動」 上·下,『진단학보』 34·35, 1972·1973.

이태진,「海東繹史의 學術史的 검토」,『진단학보』 53·54, 1982.

이해준,「매향신앙과 그 주도집단의 성격」,『김철준박사화갑기념사학논총』, 1983.

이해준,「淳昌 城隍祭의 變遷과 主導勢力」,『역사민속학』 7, 1998.

이희덕,「조선 초기 유교의 실천윤리에 대한 일고찰」,『서울산업대학논문집』 9, 1975.

장숙필,「권근의 입학도설과 그 영향」,『도설로 보는 한국 유학』, 예문서원, 2000.

정다함,「麗末鮮初의 동아시아 질서와 朝鮮에서의 漢語, 漢吏文, 訓民正音」,『韓國史學報』 36, 2009.

鄭杜熙,「朝鮮前期」,『歷史學報』 104, 1984.

鄭杜熙,「朝鮮前期 支配勢力의 形成과 變遷—그 研究史的인 成果와 課題」,『韓國社會發展史論』, 一潮閣, 1992.

鄭玉子,「麗末 朱子性理學의 도입에 관한 小考」,『진단학보』 51, 1981.

정재훈,「정도전 연구의 회고와 새로운 사상사의 모색」,『한국사상사학』 28, 2007.

정진영,「朝鮮前期 安東府 在地士族의 鄕村支配」,『대구사학』 27, 1985.

周采赫,「元 萬卷堂의 設置와 高麗 儒者」,『손보기박사정년기념 한국사학논총』, 1988.

池富一,「高麗 後期에 수용된 朱子學의 性格」,『백산학보』 45, 1995.

채웅석,「여말선초 향촌사회의 변화와 埋香 활동」,『역사학보』 143, 2002.

채웅석,「원 간섭기 성리학자들의 화이관과 국가관」,『역사와 현실』 49, 2003.

최봉준,「14세기 고려 성리학자의 역사인식과 문명론」, 연세대학교 박사학위논문, 2013.

최봉준, 「李穀의 箕子 중심의 국사관과 고려·원 典章調和論」, 『한국중세사연구』 36, 2013.

최봉준, 「고려 전기 역사계승의식과 이중적 자아인식」, 『한국중세사연구』 50, 2017.

최봉준, 「'조선' 국호로 본 여말선초의 역사인식과 이상국가론」, 『역사와 현실』 108, 2018.

최선혜, 「조선 초기 留鄕所와 국가지배체제의 정비」, 『역사학보』 22, 2002.

최선혜, 「조선 전기 재지품관의 제사와 기복 민속의식」, 『조선시대사학보』 29, 2004.

최종석, 「조선 전기 淫祀的 城隍祭의 양상과 그 성격」, 『역사학보』 204, 2009.

최종석, 「조선 초기 국가 위상과 '聖敎自由'」, 『韓國史硏究』 162, 2013.

최종석, 「13~15세기 천하질서하에서의 고려와 조선의 국가 정체성」, 『역사비평』 121, 2017.

최종석, 「고려 후기 '자신을 夷로 간주하는 화이의식'의 탄생과 내향화」, 『민족문화연구』 74, 2017.

河炫綱, 「高麗時代의 歷史繼承意識」, 『韓國의 歷史認識』(上), 창작과 비평사, 1976.

韓永愚, 「高麗~朝鮮前期의 箕子認識」, 『韓國文化』 3, 1982.

허태용, 「朝鮮王朝의 건국과 國號 문제」, 『韓國史學報』 61, 2015.

허태용, 「조선 초기 對明事大論의 역사적 성격 검토」, 『東洋史學研究』 135, 2017.

제2부 통치 제도의 개편과 정비

강은경, 『高麗時代 戶長層 研究』, 혜안, 2002.

강제훈, 『조선 초기 전세 제도 연구』, 고려대학교민족문화연구원, 2002.

강진철, 『고려토지제도사연구』, 일조각, 1980.

김건태, 『조선시대 양반가의 농업경영』, 역사비평사, 2004.

金錫亨, 『朝鮮封建時代 農民의 階級構成』, 신서원, 1993(과학원출판사, 1957).

김용섭, 『한국중세농업사연구』, 지식산업사, 2000.

김태영, 『조선 전기 토지제도사 연구』, 지식산업사, 1983.

노명호 외, 『韓國古代中世古文書研究(上)』, 서울대학교출판부, 2000.

박종기, 『지배와 자율의 공간, 고려의 지방사회』, 푸른역사, 2002.

위은숙, 『高麗後期 農業經濟研究』, 혜안, 1998.

이경식, 『조선전기토지제도사연구—토지분급제와 농민지배』, 일조각, 1986.

이경식, 『한국 중세 토지제도사—조선 전기』, 서울대학교출판부, 2005.

이상백, 『이조건국의 연구』, 을유문화사, 1949.

李樹健, 『韓國中世社會史研究』, 일조각, 1984.

이수건, 『朝鮮時代 地方行政史』, 民音社, 1989.

이숙경, 『고려 말 조선 초 사패전 연구』, 일조각, 2007.

임용한, 『朝鮮前期 守令制와 地方統治』, 혜안, 2002.

田川孝三, 『李朝貢納制の研究』, 東洋文庫, 1964.

채웅석, 『고려시대의 국가와 지방사회—'본관제'의 시행과 지방 지배 질서』, 서울대
학교출판부, 2000.

천관우, 『근세조선사연구』, 일조각, 1979.

河緯地, 『丹溪遺稿』.

강제훈, 「朝鮮初期의 田稅貢物」, 『역사학보』 158, 1998.

강제훈, 「朝鮮 太宗·世宗代 田稅의 부과와 수취」, 『한국사학보』 6, 1999.

구산우, 「고려시기 面에 관한 새로운 자료의 소개와 분석」, 『한국중세사연구』 30,
2011.

김기섭, 「高麗前期 農民의 土地所有와 田柴科의 性格」, 『한국사론』 17, 1987.

김기섭, 「고려 말 鄭道傳의 토지 문제 인식과 전제개혁론」, 『역사와경계』 101, 2006.

金東洙, 「고려 중·후기의 監務 파견」, 『全南史學』 3, 1989.

金炳秀, 「13世紀 後半 高麗의 奴婢辨正과 그 性格」, 『慶北史學』 19, 1996.

김형수, 「14세기 말 私田革罷論者의 田制觀」, 『복현사림』 25, 2002.

김형수, 「13世紀 後半 奴婢 문제를 둘러싼 대립과 國俗體例의 확립」, 『고려 후기 정
책과 정치』, 지성人, 2013.

김훈식, 「여말선초의 민본 사상과 명분론」, 『애산학보』 4, 1986.

노명호, 「羅末麗初 豪族勢力의 경제적 기반과 田柴科體制의 성립」, 『진단학보』 74,
1992.

劉承源, 「朝鮮初期의 「身良役賤」 계층」, 『朝鮮初期身分制研究』, 乙酉文化社.

李景植, 「高麗末期의 私田問題」, 『朝鮮前期土地制度研究』, 一潮閣, 1986.

李成茂, 「朝鮮初期 奴婢의 從母法과 從父法」, 『歷史學報』 115, 1987.

李成茂, 「京在所와 留鄕所」, 『擇窩許善道선생정년기념한국사학논총』, 일조각, 1992.

李泰鎭, 「士林派의 留鄕所 復立運動」, 『韓國社會史硏究』, 지식산업사, 1989.

민현구, 「高麗의 祿科田」, 『역사학보』 53·54, 1975.

민현구, 「고려에서 조선으로의 왕조 교체를 어떻게 평가할 것인가」, 『한국사시민강좌』 40, 2007.

박종진, 「고려 시기 안찰사의 기능과 위상」, 『동방학지』 122, 2003.

박종진, 「고려시기 조세 제도 연구의 쟁점과 과제」, 『울산사학』 11, 2004.

박종진, 「고려 말 조선 초 조세 제도와 재정 운영 체계의 성격」, 연세대학교 국학연구원 편, 『중세사회의 변화와 조선 건국』, 혜안, 2005.

朴鎭愚, 「朝鮮初期 面里制와 村落支配의 강화」, 『韓國史論』 20, 1988.

朴晉勳, 「麗末鮮初 奴婢政策 硏究」, 연세대학교 박사학위논문, 2005.

朴晉勳, 「조선 초기 사노비 정한법(定限法) 논의와 그 성격」, 『역사와 현실』 62, 2006.

에티엔 발리바르 지음, 윤소영 옮김, 「'마르크스주의의 전화'의 전망—인권의 정치와 정치의 탈소외」, 『알튀세르와 마르크스주의의 전화』, 이론, 1993.

변태섭, 「高麗時代 地方制度의 構造」, 『國史館論叢』 1, 1989.

邊太燮, 「高麗按察使考」, 『高麗政治制度史硏究』, 一潮閣, 1971.

北村秀人, 「高麗時代の貢戶について」, 『大阪市立大學 人文硏究』 32-9, 1981.

소순규, 「조선 초기 공납제 운영과 공안 개정」, 고려대학교 박사학위논문, 2017.

신은제, 「원종·충렬왕대 전민변정사업의 성격」, 『한국중세사연구』 21, 2006.

안병우, 「고려 후기 농업생산력의 발달과 농장」, 14세기고려사회성격연구반, 『14세기 고려의 정치와 사회』, 한길사, 1993.

안병우, 「고려 후기 임시세 징수의 배경과 유형」, 『한신논문집』 15-2, 1998.

위은숙, 「고려시대 토지 개념에 대한 재검토—私田을 중심으로」, 『한국사연구』 124, 2004.

위은숙, 「조선 건국의 경제적 기초로서의 과전법」, 『한국사시민강좌』 35, 일조각, 2004.

유현재, 「조선 초기 화폐 유통의 과정과 그 성격」, 『조선시대사학보』 49, 2009.

윤경진, 「高麗 郡縣制의 構造와 運營」, 서울대학교 박사학위논문, 2000.

윤한택, 「新羅 骨品貴族의 經濟的 基盤―骨品・品의 비교를 통한 文武官僚田・百姓 丁田의 복원 시도」, 『邊太燮博士華甲紀念史學論叢』, 삼영사, 1985.

윤한택, 「고려 전시과 체제하에서의 농민 신분―그 제도적 기초로서의 足丁制의 성격과 성립」, 『태동고전연구』 5, 1989.

윤한택, 「전시과 체제에서 사전의 성격」, 역사비평 편집위원회 엮음, 『논쟁으로 읽는 한국사』 1, 2009.

이강한, 「고려 후기 외관(外官)의 신설・승격 및 권위 제고」, 『한국사연구』 171, 2015.

이민우, 「고려 말 私田 혁파와 과전법에 대한 재검토」, 『규장각지』 47, 2015.

이민우, 「여말선초 私田 혁파와 토지제도 개혁구상」, 서울대학교 박사학위논문, 2015.

이상국, 「고려 직역전 연구」, 성균관대학교 박사학위논문, 2004.

이상국, 「고려시대 토지소유관계 재론」, 『역사와현실』 62, 2006.

이세영, 「조선전기의 '農莊的 地主制'」, 『역사문화연구』 45, 2013.

이수건, 「高麗時代 '邑司' 硏究」, 『國史館論叢』 3, 1989.

이영훈, 「고문서를 통해 본 조선 전기 노비의 경제적 성격」, 『한국사학』 9, 1987.

이영훈, 「朝鮮佃戶考」, 『역사학보』 142, 1994.

이영훈, 「한국사에 있어서 노비제의 추이와 성격」, 역사학회 편, 『노비・농노・노예』, 일조각, 1998.

이인재, 「고려 중후기 지방제 개혁과 감무」, 『외대사학』 3, 1989.

이재룡, 「조선 초기 포화전에 대한 일고찰」, 『韓國史硏究』 91, 1995.

이헌창, 「조선시대 耕地所有權의 성장」, 『경제사학』 58, 2015.

정요근, 「여말선초 군현 간 합병・통합과 신읍치(新邑治)의 입지경향」, 『역사와 현실』 80, 2011.

정요근, 「고려~조선 전기 전라도 서남해상 島嶼 지역의 郡縣 편제와 그 변화」, 『도서문화』 39, 2012.

정요근, 「전남 지역의 고려~조선시대 越境地 분석」, 『한국문화』 63, 2013.

정요근, 「고려~조선시대 낙동강 상류 지역의 越境地 분석」, 『한국문화』 71, 2015.

정요근, 「고려시대 鄕・部曲의 성격 재검토」, 『사학연구』 124, 2016.

池承鍾, 「主奴關係와 奴婢統制」, 『朝鮮前期 奴婢身分硏究』, 一潮閣, 1995.

채웅석, 「한국 중세 사회경제사 연구의 길잡이」, 『역사학보』 168, 2000.

채웅석, 「고려 말 조선 초기 향촌사회의 변화와 지배질서의 재편」, 『중세사회의 변화와 조선 건국』, 혜안, 2005.

최승희, 「태종조의 왕권과 정치 운영 체제」, 『국사관논총』 30, 1991.

최이돈, 「조선 초기 守令 告訴 관행의 형성 과정」, 『한국사연구』 82, 1993.

한국역사연구회, 「중세의 토지제도」, 『한국역사』, 역사비평사, 1992.

제3부 세계 인식과 국제 관계

김순자, 『韓國 中世 韓中關係史』, 혜안, 2007.

金子修一, 『隋唐の國際秩序と東アジア』, 名著刊行會, 2001.

김호동, 『몽골제국과 고려—쿠빌라이 정권의 탄생과 고려의 정치적 위상』, 서울대학교출판부, 2007.

김호동, 『몽골제국과 세계사의 탄생』, 돌베개, 2010.

檀上寬, 『明代海禁＝朝貢システムと華夷秩序』, 京都大學出版會, 2013.

檀上寬, 『天下と天朝の中国史』, 岩波新書, 2016.

桃木至朗, 『中世大越國家の成立と變容』, 大阪大學出版會, 2011.

도현철, 『목은 이색의 정치사상 연구』, 혜안, 2011.

李治安, 『元代分封度研究』, 天津古籍出版社, 1989.

朴元熇, 『明初朝鮮關係史研究』, 一潮閣, 2002.

山本達郎 編, 『ベトナム中國關係史―曲氏の擡頭から淸佛戰爭まで』, 山川出版社, 1975.

이명미, 『13~14세기 고려·몽골 관계 연구—정동행성 승상 부마 고려국왕, 그 복합적 위상에 대한 탐구』, 혜안, 2016.

이용희, 『일반국제정치학 (상)』, 박영사, 1962.

이익주, 『이색의 삶과 생각』, 일조각, 2013.

Reuven Amitai-preiss and David O. Morgan eds., *The Mongol Empire and Its Legacy*, Leiden: Brill, 1999.

Edward L. Farmer, *Zhu Yuanzhang and Early Ming Legislation—The Reordering of Chinese*

Society Following the Era of Mongol Rule, Leiden: Brill, 1995.

David M. Robinson, *Empire's Twilight*, Harvard University Press, 2009.

Paul Jakov Smith & Richard von Glahn ed., *The Song-Yuan-Ming Transitions in Chinese History*, Cambridge: Harvard University Press, 2003.

Feng Zhang, *Chinese Hegemony: Grand Strategy and International Institutions in East Asian History*, Stanford: Stanford University Press, 2015.

고병익, 「征東行省의 研究」, 『東亞交涉史의 研究』, 서울대학교출판부, 1970.

권선홍, 「유교의 '禮' 규범에서 본 전통시대 동아시아 국제관계」, 『한국정치외교사논총』 35-2, 2014.

김광철, 「홍자번 연구—충렬왕 대 정치와 사회의 일측면」, 『경남사학』 창간호, 1984.

呂志兴, 「元代"约会"审判制度與多民族国家的治理」, 『西南政法大学学报』 2011年 4期, 2011.

末松保和, 「麗末鮮初における對明關係」, 『城大史學論叢』 2, 1941.

문중양, 「15세기의 '風土不同論'과 조선의 고유성」, 『한국사연구』 162, 2013.

朴元熇, 「鐵嶺衛 設置에 대한 새로운 觀點」, 『韓國史研究』 136, 2007.

박재우, 「고려 君主의 국제적 위상」, 『한국사학보』 20, 2005.

北村秀人, 「高麗における征東行省について」, 『朝鮮學報』 32, 1964.

森田憲司, 「約會の現場」, 梅原郁 編, 『前近代中國の刑罰』, 京都大學人文科學研究所, 1996.

森平雅彦, 「元朝ケシク制度と高麗王家—高麗・元關係における禿魯花の意義について」, 『史學雜誌』 第110編 第2號, 2001 참조.

桑野榮治, 「高麗から李朝初期における圓丘壇祭祀の受用と變容—祈雨祭として機能を中心に」, 『朝鮮學報』 161, 1996.

신석호, 「조선왕조 개국 당시의 대명 관계」, 『국사상의 제문제』 1, 국사편찬위원회, 1959.

岩井茂樹, 「明代中國の禮制覇權主義と東アジアの秩序」, 『東洋文化』 85, 2005.

奧村周司, 「高麗の圜丘祀天禮と世界觀」, 武田幸男 編, 『朝鮮社會の史的展開と東アジア』, 山川出版社, 1997.

유경아, 「고려 말 정몽주 동조 세력의 형성과 활동」, 『이화사학연구』 25·26집, 1999.

有高巖, 「元代の司法制度—特に約會制について」, 『史潮』 6-1, 1936.

有高巖, 「元代の訴訟裁判制度の研究」, 『蒙古學報』 1, 1940.

이강한, 「征東行省官 闊里吉思의 고려 제도 개변 시도」, 『한국사연구』 139, 2007.

이명미, 「奇皇后 세력의 恭愍王 폐위 시도와 高麗國王權」, 『역사학보』 206, 2010.

이명미, 「恭愍王代 후반 親明 정책의 한 배경—몽골 복속기 권력구조에 대한 트라우마」, 『사학연구』 113, 2014.

이명미, 「고려 말 정치·권력구조의 한 측면—위화도 회군 이후 창왕 대 정국에서의 황제권 작용 양상을 중심으로」, 『동국사학』 58집, 2015a.

이명미, 「고려-몽골 간 使臣들의 활동 양상과 그 배경」, 『한국중세사연구』 제43호, 2015b.

이명미, 「司法 문제를 통해서 본 몽골 복속기 고려국왕 위상—다루가치·管軍官 체재기의 '雜問'을 중심으로」, 『사학연구』 121, 2016a.

이명미, 「몽골 황제권의 작용과 고려국왕의 사법적 위상 변화」, 『동국사학』 제60집, 2016b.

李相佰, 「李朝建國의 研究」 1·2·3, 『震檀學報』 4·5·7, 1936·1937.

이성규, 「中華帝國의 팽창과 축소—그 이념과 실제」, 『역사학보』 186, 2005.

이우성, 「牧隱에게 있어서 禑昌問題 및 田制問題」, 『목은 이색의 생애와 사상』, 일조각, 1996.

이익주, 「高麗·元 관계의 構造와 高麗後期 政治體制」, 서울대학교 국사학과 박사학위논문, 1996.

장동익, 「征東行省의 研究」, 『동방학지』 67, 1990.

정동훈, 「高麗-明 外交文書 書式의 성립과 배경」, 『한국사론』 56, 2010.

정동훈, 「명대의 예제 질서에서 조선국왕의 위상」, 『역사와 현실』 84, 2012.

정동훈, 「고려시대 사신 영접 의례의 변동과 국가 위상」, 『역사와 현실』 89, 2015.

정동훈, 「高麗時代 外交文書 研究」, 서울대학교 국사학과 박사학위논문, 2016.

정동훈, 「冊과 誥命—고려시대 국왕 책봉문서」, 『사학연구』 126, 2017.

정동훈, 「초기 고려-명 관계에서 제주 문제」, 『한국중세사연구』 51, 2017.

조계찬, 「朝鮮建國과 尹彝·李初事件」, 『斗溪李丙燾博士九旬紀念 韓國史學論叢』, 지

식산업사, 1987.

채웅석, 「원 간섭기 성리학자들의 화이관과 국가관」, 『역사와 현실』 49, 2003.

최종석, 「1356(공민왕 5)~1369년(공민왕 18) 고려–몽골(원) 관계의 성격—'원 간섭기'와의 연속성을 중심으로」, 『역사교육』 116, 2010.

최종석, 「고려시대 朝賀儀 의례구조의 변동과 국가 위상」, 『한국문화』 51, 2010.

최종석, 「『고려사』 세가 편목 설정의 문화사적 함의 탐색」, 『한국사연구』 158, 2012.

최종석, 「조선 초기 국가 위상과 '聖教自由'」, 『한국사연구』 162, 2013.

최종석, 「조선 초기 제천례와 그 개설 논란에 대한 재검토—태종·세종대를 중심으로」, 『조선시대사학보』 67, 2013.

최종석, 「고려 말기·조선 초기 迎詔儀禮에 관한 새로운 이해 모색」, 『민족문화연구』 69, 2015.

최종석, 「베트남 外王內帝 체제와의 비교를 통해 본 고려 전기 이중체제의 양상」, 『진단학보』 125, 2015.

최종석, 「중화 보편, 딜레마, 창의의 메커니즘—조선 초기 문물제도 정비 성격의 재검토」, 『조선시대 예교 담론과 예제 질서』, 소명출판, 2016.

최종석, 「현종대 고려–거란 관계와 외교 의례」, 『동국사학』 60, 2016.

최종석, 「고려 후기 '자신을 이(夷)로 간주하는 화이의식'의 탄생과 내향화—조선적 자기정체성의 모태를 찾아서」, 『민족문화연구』 74, 2017.

한영우, 「兩班官僚國家의 成立」, 국사편찬위원회 편, 『한국사』 9, 1974.

허태구, 「丙子胡亂 이해의 새로운 시각과 전망—胡亂期 斥和論의 성격과 그에 대한 맥락적 이해」, 『규장각』 47, 2015.

허태구, 「崔鳴吉의 主和論과 對明義理」, 『한국사연구』 162, 2013.

和田淸, 「明初の滿洲經略」 上, 『東亞史硏究』 滿洲篇, 東洋文庫, 1955.

Jung Donghun, "From a Lord to a Bureaucrat: The Change of Koryŏ King's Status in the Korea-China Relations", *The Review of Korean Studies* 19-2, 2016.

제4부 보편 문화의 수용과 대외 정벌

강순제, 『한국복식사전』, 민속원, 2016.

국사편찬위원회 편, 『옷차림과 치장의 변천』, 두산동아, 2006.

김순자, 『한국 중세 한중관계사』, 혜안, 2007.

김한규, 『한중관계사 1』, 아르케, 1999.

단죠 히로시 지음, 한종수 옮김, 『영락제—화이질서의 완성』, 아이필드, 2017.

都賢喆, 『高麗末 士大夫의 政治思想硏究』, 一潮閣, 1999.

박원호, 『明初操船關係史硏究』, 一潮閣, 2002.

이명미, 『13~14세기 고려·몽골관계 연구』, 혜안, 2016.

張佳, 『新天下之化』, 复旦大学出版社, 2014.

장동익, 『고려사 연구의 기초』, 경인문화사, 2016.

전용훈, 『한국 천문학사』, 들녘, 2017.

전해종, 『한중관계사연구』, 일조각, 1974.

Thomas T. Allsen, *Commodity and Exchanges in the Mongol Empire-A cultural history of Islamic textiles*, Cambridge University Press, 1997.

姜文植, 「태종~세종대 許稠의 禮制 정비와 禮 인식」, 『震檀學報』 105, 2008.

姜性文, 「世宗朝 婆猪野人의 征伐硏究」, 『陸士論文集』 30, 육군사관학교, 1986.

김문숙, 「13~14세기 고려 복식에 수용된 몽골 복식에 관한 연구」, 『몽골학』 17, 2004.

김문식, 「조선시대 國家典禮書의 편찬 양상」, 『장서각』 21, 2009.

김윤정, 「고려 전기 집권 체제의 정비와 官服制의 확립」, 『한국중세사연구』 28, 2010.

김윤정, 「충렬왕대 '衣冠改變令'의 반포와 國俗의 보존」, 『東方學志』 176, 2016.

김윤정, 「14세기 고려-원 관계 확장과 고려의 원 복식문화 수용」, 『歷史學報』 234, 2017.

김해영, 「조선 초기 禮制 연구와 『國朝五禮儀』의 편찬」, 『조선시대사학보』 55, 2010.

노영구, 「세종의 전쟁수행과 리더십」, 『오늘의 동양사상』 19, 예문동양사상연구원, 2008.

李益柱, 「高麗·元關係의 構造에 대한 硏究—소위 '世祖舊制'의 문석을 중심으로」, 『韓國史論』 36, 1996.

문중양, 「'鄕曆'에서 '東曆'으로—조선 후기 自國曆을 갖고자 하는 열망」, 『역사학보』 218, 2013.

박권수, 「조선의 역서 간행과 로컬 사이언스」, 『한국과학사학회지』 35(1), 2013.

박성주, 「고려·조선 견명사 연구」, 동국대학교 박사학위논문, 2005.

박원호, 「鐵嶺衛 설치에 대한 새로운 관점」, 『韓國史研究』 136, 韓國史研究會, 2007.

方東仁, 「4군 6진의 개척」, 『한국사』 22, 국사편찬위원회, 1995.

서은혜, 「여몽관계의 추이와 고려의 역법운용」, 서울대학교 석사학위논문, 2016.

宋炳基, 「東北·西北界의 修復」, 『한국사』 9, 국사편찬위원회, 1981.

宋正炫, 「世宗朝의 北方政策」, 『湖南文化研究』 3, 전남대학교 호남문화연구소, 1965.

신석호, 「조선 왕조 개국 당시의 대명 관계」, 『국사상의 제문제』 1, 국사편찬위원회, 1959.

오기승, 「공민왕대 동녕부 전역(戰役) 고찰」, 『軍史研究』 第134輯, 陸軍軍史研究所, 2012.

오종록, 「세종 시대 북방 영토 개척」, 『세종문화사대계』 3, 세종대왕기념사업회, 2001.

汪小虎, 「明朝頒历朝鮮及其影响」, 『史学月刊』 2014-7.

유희경·김문자, 『(개정판) 한국복식문화사』, 教文社, 2004.

尹薰杓, 「朝鮮前期 北方開拓과 領土意識」, 『韓國史研究』 129, 韓國史研究會, 2005.

이강한, 「공민왕대 관제 개편의 내용 및 의미」, 『역사학보』 201, 2009.

이종서, 「고려국왕과 관리의 복식(服飾)이 반영하는 국가 위상과 자의식의 변동」, 『한국문화』 60, 2012.

張佳, 「의관과 인정—여말선초 대명의관 사용 경위 고찰」, 박종천 편, 『조선시대 예교 담론과 예제질서』, 소명출판사, 2016.

전혜숙·류재운, 「명 홍무제의 관복 제정에 관한 연구」, 『服飾』 55-2, 2005.

전혜숙·류재운, 「조선 태조대 관복 제정에 관한 연구」, 『한국문화』 8-3, 2005.

정동훈, 「명대의 예제질서에서 조선국왕의 위상」, 『역사와현실』 84, 2012.

정동훈, 「고려시대 외교문서 연구」, 서울대학교 박사학위논문, 2016.

최종석, 「1356(공민왕 5)~1369년(공민왕 18) 고려-몽골(원)관계의 성격—'원 간섭 기'와의 연속성을 중심으로」, 『역사교육』 116, 2010.

최종석, 「고려시대 조하의 의례 구조의 변동과 국가위상」, 『한국문화』 51, 2010.

최종석, 「조선 초기 국가 위상과 '聲敎自由'」, 『한국사연구』 162, 2013.

최종석, 「조선 초기 제후국 체제 운영의 특징과 그에 대한 맥락적 이해」, 『한국사상과 문화』 70, 2014.

최종석, 「고려 말기, 조선 초기 영조의례(迎詔儀禮)에 관한 새로운 이해 모색—『번국의주(蕃國儀注)」의 소개와 복원」, 『민족문화연구』 69, 2015.

豊島悠果, 「金朝の外交制度と高麗使節—1204年の賀正使節行程の復元試案」, 『東洋史研究』 73-3, 2014.

한정수, 「10~12세기 초 국제 질서와 고려의 年號紀年」, 『한국중세사연구』 49, 2017.

한형주, 「대명의례를 통해 본 15세기 朝-明관계」, 『역사민속학』 28, 2008.

허윤섭, 「조선 후기 觀象監 天文學 부문의 조직과 업무—18세기 후반 이후를 중심으로」, 서울대학교 석사학위논문, 2000.

제5부 여말선초 불교사의 재인식

강명관, 『조선시대 책과 지식의 역사』, 천년의상상, 2014.

江田俊雄, 『朝鮮佛敎史の硏究』, 東京: 日本國書刊行會, 1977.

高橋亨, 『李朝佛敎』, 大阪: 寶文館, 1929.

權相老, 『朝鮮佛敎史槪說』, 佛敎時報社, 1939.

김기종, 『불교와 한글—글로컬리티의 문화사』, 동국대학교출판부, 2015.

김성수 외, 『朝鮮前記 記錄文化 硏究—목판인쇄 기록물』, 청주고인쇄박물관, 2013.

金映遂, 『朝鮮佛敎史稿』, 中央佛敎專門學敎, 1939.

김영태, 『한국불교사』, 경서원, 1986.

김용태, 『조선 후기 불교사 연구—임제법통과 교학전통』, 신구문화사, 2010.

남권희, 『高麗時代 記錄文化 硏究』, 청주고인쇄박물관, 2002.

리철화, 『조선출판문화사—고대~중세』, 사회과학출판사, 1995.

신양선, 『조선 초기 서지사 연구—15세기 관찬서를 중심으로』, 혜안, 2012.

안계현, 『韓國佛敎史硏究』, 同和出版社, 1982.

안지원, 『고려의 불교의례와 문화』, 서울대출판문화원, 2005.

연세대학교국학연구원 편, 『經濟六典輯錄』, 도서출판다은, 1993.

연세대학교국학연구원 편, 『중세사회의 변화와 조선 건국』, 혜안, 2005.

우정상·김영태 공저, 『韓國佛敎史』, 進修堂, 1969.

윤국일, 『경국대전연구』, 과학·백과사전출판사, 1986(1990, 신서원 영인본).

윤훈표·임용한·김인호, 『경제육전과 육전 체제의 성립』, 혜안, 2007.

이봉춘, 『조선시대 불교사 연구』, 민족사, 2015.

이병욱, 『고려시대의 불교사상』, 혜안, 2002.

李相佰, 『朝鮮文化史研究論攷』, 乙酉文化社, 1947.

李載昌, 『韓國佛敎寺院經濟硏究』, 불교시대사, 1991.

前間恭作, 『朝鮮の板本』, 松浦書店, 1937.

田鳳德, 『經濟六典拾遺』, 亞細亞文化社, 1989.

諸戶入雄, 『中國佛敎制度史の硏究』, 平河出版社, 1990.

최병헌 외, 『한국 불교사 연구 입문』, 지식산업사, 2013.

한국학중앙연구원 편, 『조선시대 책의 문화사—삼강행실도를 통한 지식의 전파와
    관습의 형성』, 휴머니스트, 2008.

한우근, 『儒敎政治와 佛敎—麗末鮮初 對佛敎施策』, 일조각, 1993.

忽滑谷快天, 『朝鮮禪敎史』, 東京: 春秋社, 1930.

황인규, 『고려 후기·조선 초 불교사 연구』, 혜안, 2003.

황인규, 『고려 말·조선 전기 불교계와 고승 연구』, 혜안, 2005.

江田俊雄, 「佛書刊行より見た李朝代佛敎」, 『印度學佛敎學硏究』 7, 1956.

강호선, 「14세기 전반기 麗元 불교 교류와 임제종」, 서울대학교 국사학과 석사논문,
    2000.

강호선, 「고려 말 나옹혜근 연구」, 서울대학교 국사학과 박사논문, 2011.

강호선, 「고려 말 禪僧의 入元遊歷과 元 淸規의 수용」, 『韓國思想史學』 40, 2012.

강호선, 「조선 태조 4년 國行水陸齋 설행과 그 의미」, 『한국문화』 62, 2013.

古谷淸, 「李朝佛敎史梗槪」, 『佛敎史學』 1-3·4·5·6·8·11·12, 1911~1912.

高橋亨, 「朝鮮宗敎史に現れる信仰の特色」, 朝鮮總督府學務局, 1921.

高橋亨, 「朝鮮佛敎の歷史的依他性」, 『朝鮮』 250, 1936.

高橋亨, 「朝鮮信仰文化の二重性と之を統合するもの」, 『天理大學學報』 2-1·2,
    1950.

국사편찬위원회, 『한국사 26·27, 조선 초기의 문화』, 1995.

권연웅, 「世祖代의 佛敎政策」, 『진단학보』 75, 1993.

金煐泰, 「朝鮮 太宗朝의 佛事와 斥佛」, 『東洋學』 18, 1988.

金煐泰, 「朝鮮前期의 度僧 및 赴役僧 문제」, 『佛敎學報』 32, 1995.

김용태, 「조선시대 불교의 유불공존 모색과 시대성의 추구」, 『조선시대사학보』 49, 2009.

金勳埴, 「麗末鮮初 儒佛交替와 朱子學의 定着」, 『韓國 古代·中世의 支配體制와 農民』, 지식산업사, 1997.

남동신, 「중세 한국 사회와 불교」, 『인문과학연구』 8, 2003.

남동신, 「나말여초 국왕과 불교의 관계」, 『역사와현실』 56, 2005.

도현철, 「원간섭기 『사서집주』 이해와 성리학 수용」, 『역사와 현실』 49, 2003.

도현철, 「원명교체기 고려사대부의 소중화의식」, 『역사와 현실』 37, 2000.

박세연, 「朝鮮初期 世祖代 佛教的 祥瑞의 政治的 意味」, 『사총』 74, 2011.

박영제, 「원 간섭기 초기 불교계의 변화」, 『14세기 고려의 정치와 사회』, 민음사, 1994.

박윤진, 「고려시대 불교 정책의 성격」, 『동국사학』 59, 2015.

박정미, 「조선시대 佛教式 喪·祭禮의 설행 양상―왕실의 국행불교상례와 사족의 봉제사사암을 중심으로」, 숙명여자대학교 사학과 박사학위논문, 2015.

박정숙, 「世祖代 刊經都監의 설치와 佛典 刊行」, 『부대사학』 20, 1996.

사문경, 「高麗末·朝鮮初 佛教機關 研究」, 충남대학교 사학과 박사학위논문, 2001.

손계영, 「출판문화사 연구현황과 생활사로의 접근」, 『영남학』 13, 2008.

손성필, 「16·17세기 불교 정책과 불교계의 동향」, 동국대학교 사학과 박사학위논문, 2013a.

손성필, 「조선시대 승려 賤人身分說의 재검토―高橋亨의 주장에 대한 비판을 중심으로」, 『보조사상』 40, 2013b.

손성필, 「조선시대 불교사 자료의 종류와 성격」, 『불교학연구』 39, 2014.

손성필, 「조선시대 불교사 시기구분 시론」, 『불교학연구』 45, 2015.

손성필, 「조선시대 불교 정책의 실제―승정체제, 사찰, 승도에 대한 정책의 성격과 변천」, 『한국문화』 83, 2018.

송일기, 「刊經都監 重修本에 대한 誤解」, 『서지학연구』 73, 2018.

양혜원, 「고려 후기~조선 전기 免役僧의 증가와 度牒制 시행의 성격」, 『韓國思想史學』 44, 2013.

양혜원, 「조선 초기 법전의 '僧' 연구」, 서울대학교 박사학위논문, 2017a.

양혜원, 「『경제육전』 도승·도첩 규정으로 본 조선초 도승제의 의미」, 『한국사상사학』57, 2017b.

李逢春, 「朝鮮開國初의 排佛推進과 그 實際」, 『한국불교학』15, 1990.

이상백, 「儒佛 兩教 交代의 機緣에 對한 一研究」, 『韓國文化史研究論攷』, 을유문화
사, 1954.

이익주, 「高麗·元 關係의 構造에 대한 研究―소위 '世祖舊制'의 분석을 중심으로」,
『韓國史論』36, 1996.

이정주, 「世祖代 후반기의 불교적 祥瑞와 恩典」, 『민족문화연구』44, 2006.

이정훈, 「고려 후기 僧官의 구성과 역할」, 『한국사학보』49, 2012.

정다함, 「'한국사' 상의 조선시대상―조선 전기를 중심으로」, 『사이』8, 2010.

조우영, 「『경국대전』의 신분제도」, 서울대학교 박사학위논문, 2003.

에릭 쥐르허 지음, 최연식 옮김, 『불교의 중국 정복』, 도서출판씨아이알, 2007.

崔南善, 「朝鮮佛教의 大觀으로부터 朝鮮佛教通史에 及함」, 『朝鮮佛教叢報』11,
1918.

최병헌, 「太古普愚의 불교사적 위치」, 『韓國文化』7, 1986.

최병헌, 「『月印釋譜』編纂의 佛教史的 意義」, 『진단학보』75, 1993.

최연식, 「聖과 俗의 대립―조선 초기의 유불 논쟁」, 『정치사상연구』11, 2005.

최연식, 「고려 말 간화선 전통의 확립 과정에 대한 검토」, 『간화선 수행과 한국禪』,
동국대학교출판부, 2012.

한우근, 「世宗朝에 있어서의 對佛教施策」, 『震檀學報』25-27, 1964.

한우근, 「朝鮮王朝初期에 있어서의 儒教理念의 實踐과 信仰·宗教―祀祭問題를 中
心으로」, 『한국사론』3, 1976.

橫井克信, 「王法と佛法」, 『佛教の東傳と受容』, 佼成出版社, 2010.

이 책의 집필진

강문식

서울대학교 규장각한국학연구원 학예연구관으로 재직 중이다. 조선시대 유학사상
사를 전공했으며, 최근에는 규장각에 소장된 유학 자료 및 국가기록물에 대한 연
구에 관심을 갖고 있다. 대표 논저로는 『권근의 경학사상 연구』, 「宋時烈의 『朱子大
全』 연구와 편찬」, 「조선 전기의 『孝經』 이해」, 「『조선왕조실록』 연구의 통설 재검토」
등이 있다.

김용태

동국대학교 불교학술원 HK교수로 재직 중이다. 조선시대 불교사를 전공했고, 최근
의 관심 주제는 사상사의 관점, 동아시아의 시각에서 바라본 조선 불교이다. 대표
논저로 『한국불교사』(일본 춘추사), *Glocal History of Korean Buddhism*, 『조선 후기 불교
사 연구—임제법통과 교학전통』, 「유교사회의 불교의례—17세기 불교 상례집의 오
복제 수용을 중심으로」, 「동아시아의 징관 화엄 계승과 그 역사적 전개」, 「동아시아
근대 불교 연구의 특성과 오리엔탈리즘의 투영」 등이 있다.

김윤정

서울시립대학교 박사후연구원으로 있다. 고려시대 대외관계사를 전공하여 「고려·
원 관계 추이와 복식문화의 변천」으로 연세대학교에서 박사학위를 받았다. 최근에
는 문화를 통해 전근대 국가가 타자와 구분되는 자신들의 정체성을 구축해가는 방
식에 관심을 갖고 있다. 대표 논문으로는 「고려 전기 집권 체제의 정비와 官服制의
확립」, 「14세기 고려-원 관계 확장과 고려의 원 복식문화 수용」 등이 있다.

박진훈

명지대학교 인문대학 사학과 교수로 재직 중이다. 전공 분야는 고려 후기와 조선 초기 사회경제사·생활사이다. 대표 논문으로는 「조선 초기 사노비 정한법(定限法) 논의와 그 성격」, 「고려시대 官人層의 火葬―墓誌銘 자료를 중심으로」 등이 있다.

서은혜

서울대학교 국사학과 박사과정을 수료했으며, 고려사를 연구하고 있다. 역서를 매개로 한 국제 관계의 양상에 관심을 갖고 있다. 대표 논문으로 「여몽관계의 추이와 고려의 역법 운용」이 있다.

소순규

고려대학교 민족문화연구원 연구교수로 재직 중이다. 조선 전기 재정사를 전공했으며, 「조선초기 공납제 운영과 공안개정」으로 고려대학교에서 박사학위를 수여했다. 현물납과 노동력의 편제를 근간으로 하는 한국 중세의 재정 구조에 관심을 두고 있으며, 이를 국가에서 어떠한 방법으로 제도화하고 있는지에 대해 연구하고 있다. 대표 논문으로는 「『세종실록』 지리지를 통해 본 조선초 공물 분정의 실제와 특성」, 「조선전기 요역의 종목 구분과 차정 방식에 대한 검토」 등이 있다.

손성필

한국고전번역원 선임연구원으로 재직 중이다. 16, 17세기의 불교 정책과 불교계 동향에 대한 연구로 박사학위를 받았고, 조선시대의 문헌·불교·사상 등에 관심을 갖고 있다. 대표 논문으로는 「『眞心直說』 판본 계통과 普照知訥 撰述說의 출현 배경」, 「17세기 浮休系 僧徒의 碑 건립과 門派 정체성의 형성」, 「16·17세기 '四集' 불서의 판본 계통과 불교계 재편」 등이 있다.

송웅섭

서울대학교 규장각한국학연구원 책임연구원으로 재직 중이다. 조선 전기 정치사를 전공했고, 최근에는 조선시대 언론 및 관료제 운영, 왕권 등에 관심을 갖고 있다. 대표 논저로 『16세기―성리학유토피아』(공저), 「성종대 臺諫 避嫌의 증가와 그 의미」, 「조선 초기 '공론'의 개념에 대한 검토」, 「조선 전기 淸要職의 위상과 인사이동 양상」 등이 있다.

양혜원

동국대학교 불교학술원 전임연구원으로 재직 중이다. 「조선 초기 법전의 '僧' 연구」
로 박사학위를 받았다. 조선 사회를 이해하는 방편으로 승(僧)과 사(寺)의 분포와
증감, 이들과 국가의 관계에 관심을 두고 연구하고 있다. 대표 논문으로 「고려 후기
~조선 전기 免役僧의 증가와 度牒制 시행의 성격」, 「『經國大典』 개정판본의 시행 단
계 재검토 —보물 제1521호 『經國大典』 간행년 판정을 중심으로」, 「『經國大典』 판본
연구」 등이 있다.

이규철

한국외국어대학교 강사로 재직 중이다. 조선 전기 국제관계사를 전공했고, 최근의
관심 주제는 역사문화콘텐츠의 분석과 활용이다. 대표 논문으로는 「조선 성종대 대
외정벌 정책의 한계와 국왕의 위상 약화」, 「조선 성종대 명(明)의 출병 요청과 대명
의식 변화」 등이 있다.

이명미

한국외국어대학교 강사로 재직 중이다. 고려 후기 관계사·정치사를 전공했고, 최근
에는 고려 후기 정치·외교 담론에 관심을 갖고 있다. 대표 논저로 『13~14세기 고려
·몽골 관계 연구 —정동행성 승상 부마 고려국왕, 그 복합적 위상에 대한 탐구』 등
이 있다.

이민우

서울대학교 규장각한국학연구원 학예연구사로 재직 중이다. 고려 말 조선 초 토지
제도 개혁론을 전공했고, 최근의 관심 주제는 조선 전기 호(戶)와 토지 지배의 관계
이다. 대표 논문으로 「고려 말 私田 혁파와 과전법에 대한 재검토」가 있다.

정동훈

서울교육대학교 사회과교육과 조교수로 재직 중이다. 고려시대 외교사를 전공하여
「高麗時代 外交文書 硏究」로 박사학위를 받았다. 최근에는 고려 후기와 조선 초기

의 관료제에 관심을 갖고 있다. 대표 논문으로 「冊과 誥命―고려국왕 책봉문서 연구」, 「永樂帝의 말과 글―영락 연간 조선-명 관계의 두 층위」 등이 있다.

정요근

서울대학교 국사학과 부교수로 재직 중이다. 고려시대사를 전공했고, 고려~조선시대 지방사회와 역사지리, 디지털 역사학 등에 관심을 가지고 있다. 대표 논문으로 「충청도 월경지 분석에 기초한 고려~조선시대 下三道 월경지의 유형 분류」, 「고려시대 향·부곡의 성격 재검토」, 「GIS 기법의 활용을 통한 조선 후기 월경지의 복원」 등이 있다.

최봉준

한림대학교 강사로 재직하고 있다. 고려시대 사상사를 전공했으며, 최근에는 고려시대의 사상 지형과 의식 구조에 관심을 갖고 연구하고 있다. 대표 논저로 「14세기 고려 성리학자의 역사인식과 문명론」, 「고려 태조~현종대 다원적 사상 지형과 국왕 중심의 사상 정책」, 「고려 전기 역사계승의식과 이중적 자아인식」 등이 있다.

최종석

동덕여자대학교 국사학과 부교수로 재직 중이다. 전공 분야는 고려시대와 조선 초기의 사회사·문화사이다. 대표 논저는 『한국 중세의 읍치와 성』, 「베트남 外王內帝 체제와의 비교를 통해 본 고려 전기 이중체제의 양상」, 「조선초기 '時王之制' 논의 구조의 특징과 중화 보편의 추구」 등이 있다.